मैंने माण्डू नहीं देखा

खण्डित जीवन का कोलाज

मैंने माण्डू नहीं देखा

खण्डित जीवन का कोलाज

स्वदेश दीपक

वाणी प्रकाशन

प्रकाशन के उत्कृष्टतम 61 वर्ष

पेपरबैक पहला संस्करण : 2024

vaniprakashan.com

वाणी प्रकाशन

4695, 21-ए, दरियागंज, नयी दिल्ली-110 002

फ़ोन : +91 11 23273167, 23275710

शाखाएँ

अशोक राजपथ, पटना-800 004, बिहार

कॉफ़ी हाउस कैम्पस, महात्मा गांधी मार्ग, प्रयागराज-211 001, उत्तर प्रदेश

महात्मा गांधी अन्तरराष्ट्रीय हिन्दी विश्वविद्यालय, वर्धा-442 001, महाराष्ट्र

36/ए, शेक्सपियर सरणी, रानी बिरला गर्ल्स कॉलेज के पास, कोलकाता-700 017, प. बंगाल

sales@vaniprakashan.in
vaniprakashan@gmail.com

Maine Mandu Nahin Dekha
by Swadesh Deepak

ISBN : 978-93-5775-351-7

Memoirs/Diary

मूल्य : ₹ 595

आर. टेक ऑफ़सेट प्रिंटर्स, दिल्ली-110 032 में मुद्रित

वाणी प्रकाशन का लोगो मक़बूल फ़िदा हुसेन की कूची से

यह किताब

सौमित्र मोहन

के लिए

अनुक्रम

यहाँ कोई पुल नहीं
(बतौर भूमिका)

कलकत्ता। वर्ष 1991 का ग्यारहवाँ महीना। मायाविनी ने मेरे माथे में कील ठोंक दी थी। मुझे बहुत देर बाद पता चला। मेरी दुनिया बहुआयामी से एकरंगी हो गयी, बीमार और बदसूरत। मेरी नदी खो गयी। मेरा कहीं कोई पुल न था।

मैं लगभग सात वर्ष तक एक मनोरोग से ग्रस्त रहा। इस रोग से जुड़ी लोगों की कल्पनाएँ डरावनी और प्रतिक्रियाएँ हिंसक, नफ़रत भरी होती हैं। परिचित और पराये दोनों डंक मारते हैं, हौसला नहीं देते। समाज में विक्षिप्त आदमी लांछन बन जाता है।

ये सात वर्ष। मौसमों के असर से मुक्त। सोचना बन्द, इसलिए महसूस करना बन्द। जब आग से धू–धू करते कपड़े और जिस्म जल रहा था, घर में सफ़ाई करने वाले सुल्तान ने बचाया। बाद में बताया कि उस वक़्त मैं कुर्सी पर बैठा सिगरेट पी रहा था।

दिमाग़ में ताला लगने के बाद न सर्दी लगती है, न गर्मी।

पी.जी.आई. चंडीगढ़ में पाँच महीने दाख़िल रहा। मनोरोग और बर्न्ज़ विभाग का साझा मरीज़। काली भविष्यवाणियों और अपशकुनों के बावजूद फ़रवरी 1995 में अस्पताल से रिहाई। फिर शुरू हुए पुनर्वास के कठिन दिन। दिल और दिमाग़ अलग–अलग दिशाओं में चलते थे, एक–दूसरे की बिल्कुल नहीं सुनते थे।

इस रोग से ठीक होने के बाद पहले *सबसे उदास कविता* नाटक लिखा। लेकिन दोस्तों की सलाह के बावजूद मैं अपने सात सालों के अनुभवों को नहीं लिख पा रहा था। मैं डरता था। डॉक्टर प्रतापशरण की राय थी कि अभी जल्दी नहीं करनी। कुछ वर्षों के बाद धुँधला चुकी और

खंडित स्मृतियाँ लौटने लगीं लेकिन सिलसिलेवार नहीं। फिर नोट्स लेने शुरू। जो ठीक से याद नहीं आया, परिवारजनों और मनोरोग व बर्न्ज़ विभाग से पूछा। मेरा शस्त्रागार भरने लगा। स्मृतियाँ रेत में सूख जाती हैं, मेरा ऐसा सोचना ग़लत था। स्मृतियों का निवास आत्मा में, इसलिए अमर। इसकी पहली कड़ी 'कथादेश' के नवम्बर 2001 में छपी, आख़िरी मई 2003 में। इसी अवधि में मैंने इसे पूरा किया।

ऐसी किताब पूजा–प्रशंसा दृष्टि से नहीं लिखी जा सकती। पगला चुका समय दुख और अपमानों का कुल जमा होता है। सबसे पहले मुझे यह नैतिक निर्णय लेना था कि कुछ भी छिपाया नहीं जाना।

मैंने माण्डू नहीं देखा बाहरी समय का इतिहास नहीं है। किसी मेडिकल जर्नल के लिए लिखा गया पेपर भी नहीं। यह खंडित आत्म–संस्मरण है। मेरे अन्दर जब वर्षा होने लगी तो स्मृतियाँ हरिया गयीं। क्योंकि सब कुछ क्रम से याद नहीं आ रहा था, मैं एक अंश के साथ दूसरा अंश रखता गया यानी कोलाज को माध्यम चुना। जितने बरस आत्म बन्धक रही, अंग्रेज़ी बोलने और इस भाषा में सोचने की लत लग गयी। डॉक्टर बाहरी का अंग्रेज़ी–हिन्दी शब्दकोश बड़ा काम आया।

अभी बहुत कुछ लिखने को बाकी था। बीच में छोड़ दिया। कोई कब तब अपने दुखों का बयान करे। वैसे भी इस रोग की काली छाया पूरी तरह नहीं हटती। हैमलेट की मृत्यु के बाद उसके मित्र होरेशियो के कहे शब्द शायद मेरी दुविधा को बता सकें : The rest is silence.

स्वदेश दीपक

अंबाला
3 जून, 2003

एक ज़रूरी सलाह

जहाँ ठीक समझें 'शायद' शब्द
लगा लें क्योंकि कुछ अस्थायी
स्मृतियाँ खंडित होती हैं।

1

देर रात तक : निर्मल वर्मा के साथ

सारी वासनाएँ दुष्ट नहीं होतीं।

—कात्यायनी

स्थान : दिल्ली

शीला संधू का घर

निर्मल वर्मा बोले थे : स्वदेश जी, आप अब बिल्कुल ठीक हैं। आपकी आँखों में वही पहले वाली चमक है।

सुनकर पहले सोचा, शायद निर्मल ने यह बात मेरा हारा हुआ हौसला बढ़ाने के लिए कही हो। फिर याद आया कि उनकी आब्ज़रवेशन न कभी ग़लत होती है और न वे झूठ कहते हैं—मैं सचमुच थोड़ा ख़ुश हुआ, अँधेरे से उजाले में आने की निडर ख़ुशी।

मेरे ठीक होने वाली बात उन्होंने शीला संधू के घर में बतायी, जहाँ हम थोड़े—से लोग 1996 के किसी ठंडे महीने की एक सर्द रात में साथ थे।

सात वर्ष मैं एक गहरी काली खाई में रहा। भाषा का इस्तेमाल भी धीरे—धीरे भूल गया। लेकिन अँधेरे से बतियाता रहता था : अँधेरे की भाषा में। एक लगातार अशान्त रह रही आत्मा विचित्र भाषाएँ सीख लेती है। और इसके शब्द नहीं होते किसी भी शब्दकोश में।

जब पता चल जाये कि रोग असाध्य है तो सब साथ छोड़ देते हैं—दोस्त भी, और चाहने वाले भी। केवल दो लोग खाई के मुँह पर खड़े रहे—मेरी पत्नी गीता और मेरे दोस्त विकासनारायण राय। लेकिन बाहर निकलने के लिए पहली छलाँग तो मुझे लगानी थी। और नहीं लगाई यह छलाँग सात वर्ष, और नहीं आया बाहर। मैं तेज़ाब की नदी में तैर रहा था। लगा दी मैंने एक दिन एक छोटी—सी छलाँग और पकड़कर खींच

लिया बाहर मुझे गीता और विकास ने। ले आये घर चंडीगढ़ के बहुत बड़े अस्पताल से। वह अस्पताल जहाँ के डॉक्टर आकाश से उतर आये देवता थे और नर्सें फ़्लोरेंस नाइटेंगेल। अस्पताल में जब मुझे इंटेन्सिव केयर यूनिट से बाहर लाया गया, लगभग छूने की दूरी पर खड़ी मृत्यु को परास्त करने के बाद, तब उन्हें पता चला कि रोगी स्वदेश दीपक लेखक है। उन सबका प्यार एक रुके हुए झरने की तरह फूट पड़ा। पता नहीं, डॉक्टर को लेखक से निजी प्यार क्योंकर हो जाता है, इस शिक्षा के बावजूद कि मरीज़ से उचित दूरी बनाये रखें, ताकि उसके मर जाने पर निजी दुख न हो। उन्हें हैरानी होती थी कि मैं हमेशा अंग्रेज़ी क्यों बोलता था। असाध्य रोग हो तो हमें अपनी मातृभाषा बोलनी भी भूल जाती हैं, क्योंकि हमारा वास इन दिनों वर्जित स्मृतियों के देश में होता है। तब हम विदेशी स्वप्नलोक में चले जाते हैं।

घर आया। मुझे उजाले से डर लगना शुरू हो गया। सात वर्ष तलहीन खाई में रहने के बाद उजाला शत्रुपक्ष का योद्धा था। कमरे के बाहर निकलना बन्द। गीता और विकास को डर कि कहीं यह दूसरा आक्रमण न हो, जिससे साक्षात प्रभु जी भी हाथ पकड़ बाहर न निकाल सकेंगे। लगातार युद्धरत रहें तो शरीर के साथ आत्मबल भी कमज़ोर पड़ जाता है। मैं जो कुछ कहूँ, विकास को उसमें विश्वास हो जाता है। न वह बहस करता है, न हल्के दोस्तों की तरह हल्की सलाह देता है–स्वदेश, हिम्मत रखो। जल्दी ठीक हो जाओगे : हिम्मत जैसे कि कोई रूठी हुई प्रेमिका हो जो लौट आयेगी। खुरच ली जाती है हिम्मत भी, जब शरीर कोंचा जा रहा हो आधुनिक मेडिकल यन्त्रों से। तीन फुट ऊपर उठ जाता है शरीर जब बिजली का झटका लगाया जाता है। तब यह नासमझ लोग बन जायेंगे एक आउटसाइडर–बाहरी आदमी। मेरे लिए सब कुछ डरावना, घिनावना बन गया था–मैकाबर।

विकास ने पूछा : जैसी डॉक्टरों की हिदायत थी, टहलने जाते हैं?

स्वदेश : नहीं। डर लगता है।

विकास : लगेगा ही, सात साल से कमरे से बाहर जो नहीं निकले।

मुझे छोटी–सी ख़ुशी मिली कि किसी ने तो मेरा कहा सच माना, लेक्चर नहीं पिलाया।

विकास : चलिए। कुछ दिन दिल्ली हो आते हैं। मैं भी वहाँ अकेला रह रहा हूँ इन दिनों।

स्वदेश : दि्ल्ली क्या करूँगा?

विकास : इतने मित्र हैं वहाँ आपके। कृष्णा सोबती, शीला संधू, सौमित्र मोहन, निर्मल वर्मा, इन सबसे मिलें, बातें करें। अच्छा लगेगा।

विकास इलाहाबाद का है, साहित्य में रचा–बसा। यह दुनिया उसके लिए परिचित दुनिया है। मैं मान गया। दिल की स्क्रीन पर, जो सात साल से ब्लैंक था, कुछ लोग, उनकी मीठी बातें फिर से अंकित होना शुरू हो गयीं। जब चलने लगे तो गीता ने विकास को कहा–इन्हें अकेला कहीं भी मत जाने दें। विकास कभी भी, किसी भी बात पर हैरान नहीं होता। इस बार हुआ। उसे तो सब पता है। फिर हिदायत क्यों? लेकिन छोटी–छोटी बातों पर उसकी बहस करने की आदत नहीं। विकास जितना लम्बा है, जवाब उतने ही छोटे देता है। उसने कहा–अच्छा।

और ख़त्म हो गया दिल्ली से मेरा सात वर्ष का बनवास। थोड़ा घबराया था दिल्ली जाते हुए। परिचित मुझसे कैसे पेश आयेंगे? कुरेदेंगे। हो सकता है, हँसी भी उड़ाएँ। क्योंकि मैं अतीत में था और वर्तमान में आने की कोशिश में। सोया भी था और जगा भी। शरीर मुझे कुछ नहीं बताता था–न दर्द, न दुख, और आत्मा मुझसे रूठ गयी थी। मैं एक अपरिचित संसार में वास करता था...

हम दिल्ली में काकानगर पहुँच गये। कार से बाहर निकला। दोनों सड़कें सुनसान, वीरान। न खेलते हुए बच्चे, न साइकल पर सब्ज़ी बेचने वाले, न कामकाजी औरतें–मर्द। एक ही छलाँग पीछे लगी। फ़िल्म रिवाइंड होना शुरू हुई। पहुँच गया मैं सात बरस पहले के एक महानगर में। वहाँ मेरे नाटक *कोर्ट मार्शल* का मंचन था। बिल्कुल ऐसा ही वीरान इलाक़ा जहाँ ठहराया गया। उस सुन्दर मायाविनी ने नाटक देखा, फिर एक सिडक्ट्रेस में बदल गयी। निर्मल वर्मा से फ़ोन पर (20.2.2000) पूछा कि सिडक्ट्रेस की हिन्दी क्या करूँ तो उन्होंने सलाह दी कि अंग्रेज़ी शब्द ही लिखें, हिन्दी में सिडक्ट्रेस कहाँ। उसने मेरा कोर्ट मार्शल किया और सात वर्ष का कारावास, क्योंकि मैंने उसकी ताक़तों का मुक़ाबला करने की कोशिश की थी। और डाकिनी, सुन्दर डाकिनी, कोई विरोध बर्दाश्त नहीं करती। प्रेम करेगी तो

हमारी आत्मा में पंजे गाड़ उसका ध्वंस कर देती है। आप नहीं मानते तो न मानें। आई नो इट एट माई ओन कॉस्ट।

विकास से पूछा : सड़कें बिल्कुल ख़ाली क्यों हैं?

विकास : उच्च वर्ग के आई.ए.एस., आई.पी.एस. रहते हैं। सड़कों पर ही क्यों, कहीं भी दिखाई नहीं देते।

स्वदेश : यह काकानगर क्या नाम हुआ।

विकास : आपके पंजाब में काका बच्चों को कहते हैं न! ये भी भोले–भाले बच्चे हैं। कुछ अता–पता नहीं। अपनी एक मासूम दुनिया।

नीचे, कार के पास, दो आदमी आये। जिस तरह पैर ठोंककर खड़े हुए, समझ गया, सादे कपड़ों में दो पुलिसकर्मी। विकास ने दो रक्षक तैनात कर दिये मेरे लिए।

दोपहर के खाने के बाद विकास ने पूछा : दोपहर को दवाई लेनी होती है?

मैंने हाँ में सिर हिलाया।

विकास : तो लीजिए।

मैंने दवाई खा ली।

विकास : अब आप सो जायें। मैं दफ़्तर का चक्कर लगा चार बजे लौटूँगा। ये दोनों आपके कमरे के आसपास ही रहेंगे।

मैं सो गया, पूरे दो घंटे। कई सालों के बाद सिडक्ट्रेस कमरे में नहीं आयी, बिस्तर के पास रखी कुर्सी पर बैठ विलाप नहीं किया–वेटिंग फ़ॉर हर डीमन लवर। ख़ुश हुआ। मुक्त कर दिया। नहीं। बाहर बैठे दो पुलिसकर्मियों से डर गयी। सारा देश पुलिस से थर–थर काँपता है, उसकी क्या मजाल!

विकास का फ़ोन आया : जाग गये?

जी। हालाँकि उसे पता है, मैं जागते हुए भी सोता हूँ, दिन में अठारह–बीस घंटे, नवजात शिशु।

–टी.वी. लगा लें।

–नहीं।

–कुछ पढ़ लें।

–नहीं।

विकास ने फ़ोन रख दिया। जानता है, मैंने ख़ुद से बातें करने की कला सीख ली। मेरे पास कोई बैठे, चाहे न बैठे, कोई फ़र्क़ नहीं पड़ता। मेरे लिखे जाने वाले नाटक *जलता हुआ रथ* के बाबा का जन्म हो चुका था, लेकिन अभी उसे न लिखना आया था न बोलना। मुझे इब्राहिम अल्काजी की याद आ गयी। इस नाटक का जब रफ ड्राफ्ट पढ़ा था, एकदम उदास होकर पूछा था : व्हाई आर यू सो क्रुअल? व्हाई सो मच डार्कनैस? आई विल डू दिस प्ले। तब उनको नहीं बताया कि मैं अँधेरे की सुरंग के मुँह पर खड़ा हूँ। छलाँग लगायी कि लगायी, सात साल के लिए भूमिगत हो गया। शायद शीला संधू से उन्हें ख़बर मिली थी कि अब स्वदेश नहीं आयेगा। मेरे लौट आने की उम्मीद सब छोड़ चुके थे।

खिड़की के काँच पर छोटी–छोटी आवाज़ें हुईं। सोचा, हवा को सर्दी लग रही है, अन्दर आने के लिए दस्तक। फिर आखेट में बदल गया। शरीर सिकुड़ा। अहेरी आ गया। उसका चेहरा खिड़की–काँच के साथ सटा था। नैन–नक्श दिखाई नहीं दिये। वह एक पारदर्शी में बदल गयी, कुछ पढ़ती। समझ गया, मेरा आख़िरी ख़त जो असल में एलियट की कविता–पंक्तियों का अनुवाद था :

मेरा शव जो तुमने अपने बाग़ीचे में पिछले वर्ष बोया था,
क्या यह अंकुरित हो गया? क्या इस वर्ष इसमें फूल आयेंगे?

हम शीला संधू के घर के बाहर पहुँच गये। देर हो गयी। विकास को ग़लत रास्ता बता दिया। फिर सफ़ाई पेश की मुझे तो पता मालूम था, रास्ता नहीं। विकास ने कहा : कोई बात नहीं। सारे देश को रास्ता मालूम नहीं। आप भूल गये तो कौन बड़ी बात।

कल शाम शीला जी को फ़ोन किया था। मेरी आवाज़ पहचान, एकदम ख़ुश :

–कहाँ से बोल रहे हो?

–दिल्ली।

–कौन लाया?

–विकास राय।

–मैं तो तुम्हें अंबाला से लिवा लाने की सोच रही थी। कैनेडा से मेरे कुछ रिश्तेदार आये हैं। दिल्ली में कुछ दिखाने को कहा। मैंने तुम्हारा *कोर्ट मार्शल* दिखा दिया। मिलने को तड़प रहे हैं।

—मिलूँगा।

—फ़ोन विकास को दो।

अकेली शीला जी मेरे पिछले सात साल के बनवास के बारे में सब कुछ जानती हैं। सबसे छिपाकर भी रखा। गीता से उनकी कोई गुप्त सन्धि थी। वह शीला जी को मेरे गो, वेन्ट, गॉन की मंज़िलें बता चुकी थी। उन्होंने किसी को भी मुझे देखने आने नहीं दिया क्योंकि वैल विशर्ज़ से मुझे नफ़रत थी। उन्हें देखते ही मैं खाई के निपट अँधेरे वाले हिस्से में सरक जाता था।

बड़ी बैठक में आये। शीला जी ने इतने सारे लोग बुला लिए। अभी सौमित्र मोहन को पहचाना, निर्मल वर्मा को पहचाना, लेकिन किसी किताब से निकल आयी उनके पास बैठी गरिमामयी लड़की से औरत बन चुकी को नहीं पहचाना। शीला जी को नमस्ते की, उन्होंने उलाहना दिया : ऐसे मिलते हैं स्वदेश! उन्होंने किसी माँ—पक्षी की तरह बाँहें फैलायीं। मैं उनमें समा गया और बीच के सात वर्ष अनुपस्थित हो गये। सौमित्र के पास रुका। मेरी रग—रग से परिचित मेरा दोस्त। उसने सलाह दी—उलझना मत। विकास सौमित्र के पास बैठा, कहा—बीमारी की बातें न ही करें।

किताब से निकल आयी महिला थोड़ा सरकीं। मैं निर्मल वर्मा के पास बैठ गया। उन्होंने मेरे दोनों हाथ पकड़े, बोले :

—स्वदेश जी, आप अब बिल्कुल ठीक हैं। आपकी आँखों में वही पहले वाली चमक है।

निर्मल जब बोलते हैं, लिखते हैं, शब्द पवित्र हो जाते हैं क्योंकि उनके पीछे कोई दुर्भाव नहीं होता। यह स्थिति कोई कठोर साधना के पश्चात प्राप्त करता है और तब मिल जाता है दुख धो देने वाले शब्दों का वरदान। और हो जाता है सुनने—पढ़ने वालों का शुद्धीकरण। कैथारसिस।

उनके पास बैठी भली, गरिमामयी लड़की ने, जो अब बड़ी हो गयी, कहा : स्वदेश जी, पहचाना नहीं! मैं गगन गिल हूँ। भोपाल में कुछ दिन साथ बिताये थे, मंजूर एहतेशाम के संग। झाड़ी के पीछे दुबकी बैठी स्मृति ने छोटी छलाँग लगायी। तब गगन एक विस्थापित लड़की लगी थी। रिफ्यूज़ी। कहीं से उजाड़ के दिनों इस देश में आयी, एक छोटी—सी जगह तलाशती लड़की। और अब। साड़ी। सौम्य। माथे पर बिंदिया। चेहरे पर एक गहन गरिमा। फिर देखा। अब वह सत्यजित रे की उस फ़िल्म की

महिला लगी जिसमें माधवी मुकर्जी ने काम किया था। और उस फ़िल्म का नाम मुझे याद नहीं।

स्वदेश : आपके साथ एक अंग्रेज़ सहेली थी।

गगन : क्या नाम था उसका?

गगन ने एक अपर–केजी के बच्चे की याददाश्त ताज़ा की। मैंने न में सिर हिलाया।

गगन : वह कौन थी! आपकी दोस्त बन गयी थी।

मैं : आपने कविता सुनायी थी।

गगन : कौन–सी?

मैं : चूड़ियों वाली।

गगन : याद कीजिए। नाम बताइये।

मैंने न में सिर हिलाया।

गगन : परेशान न हों। 'एक इच्छा चूड़ियों में'। अच्छा, बताइये, आपने कौन–सी सुनायी?

मैं : लेकिन मैं तो कविता लिखता ही नहीं।

गगन : अपनी नहीं। सिल्विया प्लैथ की। तब आपको उसकी बहुत सारी कविताएँ याद थीं। मरने और कला के बारे में थी।

पंचमढ़ी। बागी सैनिकों की तरह हल्ला करती हवा। मंजूर ने समझाया कि यहाँ दिन भर हवा बनाते हैं, कमरे में बन्द कर देते हैं और शाम को दरवाज़े खोल देते हैं। तब आ जाते हैं हवा के बहुत सारे छापामार दस्ते बाहर। इस दस्ते के एक सैनिक ने बरछा मेरे गले पर रखा और मुझे सिल्विया प्लैथ याद आ गयी, मेरा उन दिनों का आब्सैशन। लाइन बोली–

डाइंग इज़ एन आर्ट लाइक एवरीथिंग एल्स

एंड आई डू इट एक्सेप्शनएली वैल

गगन खुश हो गयी। अपर–केजी का बच्चा टेस्ट में जो पास हो गया। शीला संधू ने पास बैठी स्वस्थ और सजी हुई महिला से परिचय कराया–डॉक्टर निर्मला जैन। हिन्दी की हैड। बहुत अच्छी आलोचक। शीला जी विभागाध्यक्ष जैसे फ़ालतू शब्द नहीं बोलतीं।

मुझे कोई आश्चर्य नहीं हुआ कि उनका नाम निर्मला जैन है। हिन्दी की हैड हैं। आलोचक भी। आश्चर्य यह हुआ कि वह कविता क्यों नहीं लिखतीं, क्योंकि हिन्दी के हैड हमेशा कवि–आलोचक होते हैं, एकाध तो

उपन्यास लिखने की धमकी भी दे रहे हैं। ये लोग इसीलिए लेखक को नीची नज़र से देखते हैं। साहित्य के औज़ार हैं इनके पास। जब जी चाहा, कुछ भी गढ़ लिया। ये लोग समझदार बहुत होते हैं, लेकिन स्याने? किसने कहा था–एजुकेशन कम्ज़ बट विज़डम लिंगर्ज़। साहित्य के डॉक्टर को पता चल गया, न मैं उन्हें जानता हूँ, न पढ़ा है। आक्रमण किया–

डॉक्टर जैन : शीला जी ने राजकमल छोड़ दिया है। अब अशोक माहेश्वरी के पास है।

मुझे इसी क्षण यह ख़बर मिली कि शीला जी ने राजकमल छोड़ दिया है।

शीला जी जो करती हैं, हमेशा ठीक करती हैं।

डॉक्टर जैन : अब राजकमल में काम करने का तरीक़ा बदल गया है। एक सम्पादक–मंडल बनाया गया है जो प्रकाशन के लिए पुस्तकों का चुनाव करता है। आपकी दो पांडुलिपियाँ पड़ी हैं। क्या करना है इनका?

मेरे माथे में हमेशा एक हथगोला बैठा रहता है, क्षणांश में हाथ में सरक आया हथगोला। लेकिन जब पाँच महीने अस्पताल रहा तो डॉक्टरों ने इसका पिन निकाल लिया। विस्फोट नहीं हुआ। डॉक्टर निर्मला जैन को, जो हिन्दी की हैड हैं, इतना पता नहीं कि लेखक की पांडुलिपि लौटाई जाती है अथवा प्रकाशित की जाती है। 'क्या करना' वाली कोई स्थिति नहीं होती। वैसे भी ये दो नाटक मैंने शीला जी को दिये थे। जो लिखता था, उनको दे देता था। बेचारी डॉक्टर निर्मला जैन! मुझे डराना चाहती हैं! हो सकता है, पेट्रेनाइज करना चाहती हों। उनको क्या मालूम कि मेरे हथगोले में पिन नहीं। बता दिया–

–जला दीजिए इन्हें। बर्न दैम।

डॉक्टर निर्मला जैन को बिजली का पावरफुल झटका लगा। बाकी के तीन घंटे उन्होंने किसी बातचीत में कोई हिस्सा नहीं लिया। इसमें अशोक माहेश्वरी की कोई ग़लती नहीं थी, फिर भी ये दो किताबें वाणी से प्रकाशित करवाईं।

शीला जी के घर कैनेडा से आये उन अच्छे लोगों ने *कोर्ट मार्शल* पर अच्छी बातें कीं। लेकिन मैं अनइज़ी हो गया। प्रशंसा मुझे ख़तों में अच्छी लगती है। सामने बैठ नहीं सुन सकता।

क्या कहा था उस सिडक्ट्रेस ने?

—यू आर द मोस्ट हैंडसम बट मोस्ट एरोगेंट मैन आय हैव एवर सीन।

मुझे इस बात का पता है। दसियों लोगों के सामने उसे अंग्रेज़ी में गालियाँ दी थीं।

—बहुत ख़ूबसूरत औरत देखते ही मैं उसका शत्रु बन जाता हूँ। हर्ट करता हूँ।

—आप मेरी शक्तियाँ नहीं जानते। आऊँगी आपके घर। देखें। कब तक क्रोध।

मैंने समझा, हाँक रही है। यह इस शहर में। मैं दो हज़ार किलोमीटर दूर दूसरे शहर में। आज यह शहर छोड़ दूँगा।

मैंने ग़लत समझा कि वह हाँक रही है। वह प्रतिदिन दोपहर मेरे शहर, मेरे कमरे में आने लगी और सात साल के लिए मुझे टेम कर लिया। मैं कब जानता था कि वह अशरीर भी हो सकती है। सबसे पहले मेरी भाषा छीन ली। फिर क़लम। फिर दायीं बाँह मर गयी और दायाँ हाथ भी जिसमें क़लम पकड़ता था। मैं निहत्था हो गया, निढाल हो गया, लेकिन अभी तक पूरी तरह पराजित नहीं, क्योंकि डॉक्टर रोग खोज नहीं पाये थे। मैं तो शत्रु को जानता था। लेकिन उसके बारे में किसी को क्योंकर बताता। सब मेरी हँसी उड़ाते। सिवाय निर्मल वर्मा के।

मेरी भूल थी कि मैं उसे साक्षात वासना समझता रहा क्योंकि वह मुझे अपने साथ माण्डू ले जाना चाहती थी। रानी रूपमती और बाजबहादुर के महल में। मैंने अंग्रेज़ी में गालियाँ देकर इनकार कर दिया। तब बहुत गर्व था अपनी काया पर। भूल गया था शेक्सपियर को—

हैल हॉथ नो फ्यूरी लाइक ए वोमेन स्कार्न्ड

यह मेरी भूल थी कि मैं उस सिडक्ट्रेस को मात्र औरत समझता रहा। जब पता चला कि मायाविनी है तो बहुत देर हो चुकी थी।

मैं काल की सीमा फलाँग चुका था। अतीत और वर्तमान एक ही स्थान पर थे। मेरी स्मृति में लगातार अपना तयशुदा स्थान बदलते हुए।

मैं आदमी से लोथ में बदलना शुरू तब हुआ, जब पहली बार वह गर्मियों की दोपहर में मेरे घर आयी, मेरे कमरे में बिस्तर के पास रखी कुर्सी पर बैठ गयी, न राम–राम, न नमस्ते। सिर सफ़ेद साड़ी से ढाँपा हुआ और बैन, शोकगीत गाना शुरू हो गयी। मैंने उसे रोने से रोका नहीं। औरतों

के सन्दर्भ में एक ताक़तवर आदमी जिसका नाम है–स्वदेश दीपक। जब पता चला कि यह शोकगीत मेरी मौत का है, तो मैं चीख़ा। बिस्तरे से बरामदे में आया। उसने कहा, अब रोज़ आऊँगी। मेरा कवच टूटना शुरू। उस दिन वह मुझे बाहर दरवाज़े तक छोड़ने आयी। स्टेशन आने से रोक दिया था। हम संगमरमर के दो शेरों के बीच खड़े थे। उसने पर्स खोला। सुनहरे फ्रेम की गोल्डन ऐनक लगायी। अब वह सीरियस नहीं, सैक्सी लग रही थी। मेरे कानों में लहू बजने लगा। बड़े खम्भे के पीछे छिपा बैठा हवा का गोला उठा, उसकी तरफ़ छोटे अन्धड़ की तरह झपट्टा मारा। उसकी साड़ी उड़ा ले जाना चाहता था। मैंने पल्लू पकड़ा। उसने गर्दन के पास उड़ता हिस्सा। मैं हैरान रह गया। जितना गोरा उसका गला था उतनी ही गोरी उसकी गर्दन।

वह कहीं मुझे अच्छी लगनी तो शुरू नहीं हो गयी! लेकिन एक बार भी, चलते वक़्त, पीछे मुड़कर नहीं देखा।

वह मुझे गहरी, तलहीन, काली खाई की तरफ़ पहला धक्का दे चुकी थी। वह सिडक्ट्रेस थी। मायाविनी थी। लेकिन मुझे इसका पता क्योंकर चलता। मैं एक अशान्त आत्मा में बदलना शुरू हो चुका था।

निर्मल बोले : स्वदेश, आप मुझे ख़त लिखते। एक बार देखने तो आ सकता था।

शीला संधू : यह किसी से नहीं मिलना चाहता था। ही डिड नॉट वांट एनी सिम्थी। सालीटेरी हीरो जो ठहरा। गीता मुझे फ़ोन पर बताती रहती थी।

निर्मल : कोई नहीं गया देखने?

शीला : कृष्णा जी गयी थीं। उन्हें कौन रोक सकता है!

मैंने शीला जी को कभी बताया नहीं, लेकिन दिल ही दिल में उन्हें जरनैल कहता हूँ। अंग्रेज़ी के जैनरल में उतना दबदबा कहाँ! वह कुछ भी तुरन्त समझ लेती हैं, तुरन्त निर्णय लेती हैं और एक्शन शुरू। कई बार सोचा कि अगर प्रधानमंत्री होतीं तो देश भी उसी सहज अनुशासन में चलातीं जैसे राजकमल। गीता से उनकी गुप्त–सन्धि हो गयी। उन्हें सब कुछ पता चला, समझ आ गया, सब को समझाया कि कोई मिलने, देखने आये तो स्वदेश डिस्टर्ब हो जाता है। कितनी बार रोका, समझाया था।

इतना गुस्सा ठीक नहीं होता। लेकिन मैं क्योंकर मानता उनकी बात। भाग्य में जो लिखा था काली, तलहीन खाई में वास। कारण बन गया उस मायाविनी पर अन्धा—अकारण क्रोध।

निर्मल : किसी ने ख़त लिखा?

स्वदेश : जी। राजेन्द्र यादव ने लिखा गीता को। उनका लिटरेरी नैटवर्क बहुत स्ट्रांग है, जबकि उनसे मिले हुए शायद बीस बरस हो गये होंगे।

गगन गिल : भोपाल में जब साथ थे तो आपने मुझसे कोई बात नहीं की।

स्वदेश : कैसे करता! तुम्हारे साथ अंग्रेज़ सहेली जेन थी। मंजूर एहतेशाम एक शरारती बच्चा भी है। मुझे बताया—देखो स्वदेश, हम चारों हिन्दी में बातें करते हैं। जेन को आती नहीं। यार, तुम अंग्रेज़ी के हो। जेन को बातों का सार—संक्षेप अंग्रेज़ी में बताते रहो। मेहमान तो भगवान होते हैं न! और मैं तीन दिन पेड़ों के नाम, परिन्दों के नाम, बातचीत का सार उसे इंग्लिश में बताता रहा। किसी से कोई बात कर ही नहीं सका।

शीला : मंजूर इज़ मंजूर।

स्वदेश : गगन, याद है एक दिन अचानक, बिलावजह तुम्हारी रुलाई फूट पड़ी थी। मंजूर ने मुझे चुप कराने को कहा। मैंने टिफिन खोला और कहा...

गगन : आपने कहा था : गगन, भूख लगी है तो रोटी खा लो। रोते नहीं। ऐसा क्यों कहा था?

स्वदेश : मैं जब भी रोता था, माँ समझती थी कि भूख लगी है। खाने को देती। मैं चुप हो जाता।

गगन : मैं भी चुप हो जाती थी। अच्छा। एक बात पूछूँ ? उन दिनों आप सिल्विया प्लैथ की पोयम्ज़ क्यों सुनाते रहते थे?

स्वदेश : उन दिनों सिल्विया ने मेरी आत्मा में सूराख कर दिया था।

गगन : पंचमढ़ी में आपकी मंजूर से गरमागरम बहस हो गयी थी निर्मल को लेकर। शुरुआत कहाँ हुई?

मैं थोड़ी देर चुप रहा। शीला जी के घर से पंचमढ़ी पहुँच गया। लेकिन अस्थायी स्मृति स्थान और समय बदलती रहती है। तेज़, दनदनाती हवा तो याद आ गयी, लेकिन...गगन गिल शुद्ध कवि—टोटल पोएट है।

इसलिए उसकी स्मृति बहुत धार–धार। मेरी सहायता की–मुझे याद है, 'एक चिथड़ा सुख' पर कुछ था।

हाँ। जब बताया कि 'एक चिथड़ा सुख' मुझे सबसे प्रिय है, क्योंकि यह शुरू तो बाहर से हुआ, लेकिन फिर अन्दर मुड़ गया। थिएटर वालों पर हिन्दी में पहला उपन्यास। जहाँ निर्मल किसी के प्रति क्रूर नहीं हुए, यहाँ तक कि डायरी लिखने वाला लड़का भी एक सम्पूर्ण चरित्र बन जाता है। जब ख़त्म किया तो लगातार एक लम्बी लेकिन घायल सीटी बजती रही।

मंजूर का कहना था कि इस उपन्यास में निर्मल जानबूझकर कुछ ख़ाली जगहें छोड़ गये हैं–गैप्स।

मैं शायद कुछ तेज़ हो गया : जेनुइन लेखक को पाठक की समझदारी पर पूरा भरोसा होता है। इसलिए कुछ इंच जगह उसके लिए ख़ाली छोड़ देता है। नाटक की तरह।

मंजूर : ठीक कह रहे हो। लेकिन इतना तेज़ क्यों हो गये?

स्वदेश : क्योंकि निर्मल महिलाओं के प्रिय लेखक हैं।

मंजूर : और तुम लड़कियों के प्रिय लेखक हो।

पाँच लोगों के ठहाके से हवा डर गयी, अपने कमरे में चली गयी। पंचमढ़ी एकदम चुप। और मैं जेन को सारी बात का अंग्रेज़ी अनुवाद सुनाने लगा। निर्मल से पूँछूँ, कहूँ न कहूँ। बेटे सुकान्त ने कहा था, मिलें तो ज़रूर पूछना। जो पूछना है, निजी तो नहीं लेकिन थोड़ा डर लगा। बुरा न लगे। यह डर इसलिए कि निर्मल वर्मा को अपना मित्र कहना न मेरा सौभाग्य है, न साहस। हम दोनों कभी भी स्थान–समय तय करके नहीं मिले। पिछले तीस वर्षों में संयोग से मिले, त्रिवेणी में, श्रीराम सेंटर में और एक बार लंच के लिए किसी अच्छे होटल में, वह भी निर्मल के एक मित्र के साथ। वह हमें वहाँ ले गया। अपनी–अपनी टेबलों पर लोग पी रहे थे। बीयर अथवा जिन। मैं नीबू–पानी। निर्मल हैरान हुए लेकिन कहा, पूछा कुछ नहीं।

कॉटन की साड़ी पहने दो लड़कियाँ अलग बैठी थीं। मित्र ने कहा–कॉल गर्ल्ज हैं।

निर्मल बोले : तो फिर कॉल कर लो।

बात के मज़े लेने वाला निर्मल का यह पक्ष मैंने पहली बार देखा। अब तक उन दो लड़कियों को दो शराबियों ने ज्वाइन कर लिया और

चित्र पूरा हो गया। मैंने निर्मल से पूछा था : आपकी सबसे अच्छी किताब कौन–सी है?

निर्मल ने मेरी तरफ़ देखा। ऐसा प्रश्न पूछने का कारण जानना चाहा। समझ गये, मैं कोई गोष्ठीबाजी बहस नहीं करूँगा। बोले : स्वदेश, सबसे अच्छी किताब लिखने की आशा ही हमें जीवित रखे हुए है।

नतमस्तक हो गया। एक अन्य साझे मित्र की तरह वह घंटों अपनी किताब, किसी पुस्तक पर बोल सकते थे। साहित्य में इतनी नम्रता। चाहे इंग्लिश म्यूज़िक बज रहा था, मुझे एलियट की लाइन याद आ गयी : Humility is endless.

मैंने शायद दो–तीन बार दरवाज़े की तरफ़ देखा। शीला जी समझ गयीं, बताया–पहुँचने वाली हैं कृष्णा जी। कार भेज दी है।

शीला जी जानती हैं, मैं कृष्णा सोबती का, उनके लेखन का पूजा की सीमा तक प्रशंसक हूँ। यह दूसरी बात है कि वे हमेशा मुझे डाँट–डराकर रखती हैं। मेरे भले के लिए। एक कठोर हो गये मर्द के भले के लिए।

निर्मल के चेहरे का स्थायी भाव है, एक उत्सुक मुस्कान। एक स्याना बालक जो सब कुछ जानना–समझना चाहता है दूसरों की सुनकर। कई बार मेरी फ़ालतू और डरावने कथानक की कहानियों के प्लॉट सुनकर भी यह मुस्कान कहीं ग़ायब नहीं हुई। यह अहानिकारक मुस्कान हमें बोलने के लिए उकसाती है और ट्रंक में सँजोकर रखा उनका पात्रों का ख़ज़ाना थोड़ा और बड़ा हो जाता है। लेकिन मुझे ऐसी कोई ग़लतफ़हमी कभी नहीं रही कि उनके पात्र–परिचय में कभी मैं हूँ। हिंसक राजनीतिक सोच और विचार–वायलैंस के ये विरुद्ध हैं, और मेरा लिखना तो इन सब के इर्द–गिर्द है। मैं अपने पात्रों के पीछे भरी हुई बन्दूक़ लेकर चलता हूँ।

मैंने उनसे कह ही दिया : मेरा बेटा है सुकान्त। सोलह वर्ष का। उसे आपकी कहानियाँ अच्छी लगती हैं लेकिन समझ...

–मेरी माँ भी यह सोचती थी। बहुत सुन्दर थी मेरी माँ स्वदेश। उस समय की कायस्थ औरतें बहुत सुन्दर होती थीं।

निर्मल : माँ ने कहा था–तुम राम (रामकुमार) की तरह समझ आ जाने वाली कहानियाँ क्यों नहीं लिखते? मैं चुप रहा। वे सदा राम को मुझसे बड़ा लेखक मानती रहीं।

शीला जी : और आप?

निर्मल : राम को। (छोटी चुप्पी के बाद)–स्वदेश, जब मैं लन्दन में था तो माँ की मृत्यु हुई। सुबह घर से बाहर निकला, लोकल बस पकड़ने के लिए। डाकिया तार लाया। पकड़ी। खोली। पढ़ने से पहले काँप गया। तार अब भी हम लोगों की साइकी के लिए दुख की पूर्व–सूचना है। पढ़ी। राम ने भेजी थी–मदर डैड। शी डाइड विदाउट पेन।

सारा दिन पार्क की बेंच पर बैठा सोचता रहा–बिना पेन, बिना दर्द कोई क्योंकर मर सकता है!

निर्मल तो अपने बारे में कभी बोलते नहीं। फिर मस्तिष्क में बिजली कौंधी–अपना दुःख बता तेरे दुःख से जुड़ रहे हैं निर्मल।

निर्मल बोले : स्वदेश, आपकी एक लम्बी कहानी में मेरा उल्लेख आया था। किसी ने पढ़ने को कहा। समझ गया उसके कहने का कारण। चाहता था, आपसे नाराज़ हो जाऊँ। शायद याद आया?

शीला जी ने थोड़ी उदास आवाज़ में कहा कि पहले यह कहानियाँ भी लम्बी लिखता था और बातें भी लम्बी। और अब...मैंने न में सिर हिलाया।

गगन : नायिका बीमार है। आयु में उससे बीस साल बड़ा नायक देखने जाता वह निर्मल जी की 'एक चिथड़ा सुख'...

'आशंका', मैं ख़ुश हो गया। मैमरी पूरी तरह डैमेज नहीं हुई।

स्वदेश : नायक उसे यह किताब पढ़ते देख कहता है, उसने मन में कहा–इस लड़की के भाग्य में दुःख ही दुःख लिखा है, क्योंकि इसे निर्मल वर्मा इतना अच्छा लगता है।

निर्मल : मेरा इतना सही इस्तेमाल पहली बार हुआ। जब हम उदास किताबें पढ़ते हैं तो पात्रों के दुःख का हिस्सा बन जाते हैं।

गगन : 'सड़क आगे नहीं जाती' और 'आशंका' में इतना अन्तराल क्यों? फिर हैं एक ही कहानी दो अलग कहानियाँ क्योंकर?

स्वदेश : दरअसल 'सड़क आगे नहीं जाती' पहले प्रकाशित हुई थी। ख़ूब अच्छी लगी पाठकों को भी और कृष्णा सोबती को भी। जब मिले तो उन्होंने मुझे शक की निगाहों से देखा और कहा–इस कहानी का पहला हिस्सा कहाँ गया? क्यों नहीं लिखा? डर गये क्या बीवी से?

घर लौटा। सोबती का कहा सही भी लगा और सच्चा भी। पीछे लौटा। और 'आशंका' लिखी गयी।

गगन : मकान का वर्णन बिल्कुल ज़िन्दा है।

स्वदेश : मेरा अपना मकान!

गगन : और वह लड़की! निम्मी?

स्वदेश : मेरे आत्मा–घर से बाहर निकल गयी।

हम लोग उस लड़की निम्मी, जो निर्मल वर्मा की किताबों के लिए पागलपन की हद तक प्रशंसक थी, के चले जाने पर चुप भी हो गये, उदास भी हो गये।

शीला जी ने पूछा–कब तक यहाँ बैठोगे?

कहा–अब लेट नाइट्स...

शीला जी : बहुत लेट नाइट्स हो गयी। अब बीबा बन जाओ। 'सुबह की सैर' की बातें करो।

उन्होंने इस कहानी से जुड़ी बहुत–सी बातें याद करा दीं।

निर्मल वर्मा को साहित्य अकादेमी सम्मान मिला था और कृष्णा सोबती ने पार्टी देने का फ़ैसला किया। मुझे फ़ोन पर अंबाला में हुक्मनामा मिला कि कल पहुँच जाऊँ। साथ हिदायत भी कि तमीज़ के कपड़े साथ लाऊँ। शॉल ओढ़े मर्द उन्हें छायावादी कवि लगते हैं। बकौल उनके हमेशा पेड़ों–पत्तों की बातें लिखते। और कोई जीव–जन्तु उन्हें नहीं भाता। उन्होंने आगे बताया कि छोटी–सी पार्टी है। अंबाला से बारूद लाने की ज़रूरत नहीं।

मैं दोपहर को पहुँचा। तब कृष्णा सोबती का वास माल रोड वाले मकान में था। निर्मल आये। सबसे मिले। जाने क्यों मेरे पास बैठे जो मात्र एक परिचित था। साहित्य अकादेमी से सम्मानित 'कव्वे और काला पानी' पर बातें हुई। मैं बहुत देर 'सुबह की सैर' पर बोलता रहा था। एक निर्मल मुस्कान चमकी और कहा : यह कहानी तो आपको अच्छी लगनी ही थी। आपकी कहानियों जैसी जो है। झट से किसी को मार दिया। अच्छा, आपको 'एक दिन का मेहमान' पसन्द नहीं आयी? कोई बात नहीं की।

स्वदेश : मुझे बहुत अच्छी लगी। लेकिन शीला जी ने इस कहानी पर बात करने से रोका था।

हैरान निर्मल : शीला जी ने रोका था! क्यों रोका था?

स्वदेश : कहती थीं, आप हर्ट होंगे।

निर्मल : कितना ख़याल रखती हैं शीला जी हम सबका।

एक असहज चुप्पी हम दोनों के बीच बैठ गयी। निर्मल ने इसे तोड़ा और सलाह दी : स्वदेश, आपको अपनी कहानी 'किसी एक पेड़ का नाम लो' में अजय सिंह को फाँसी नहीं लगवानी चाहिए। माया बख्शी को कितना लम्बा दुःख दिया! वह कुछ भी कर सकती है। माया बख्शी जैसी लड़कियाँ कुछ भी कर सकती हैं।

माया बख्शी! क्षणांश में माया बख्शी और उस सिडक्ट्रेस की काया एक हो गयी, घातक सौन्दर्य एक–दूसरे का हिस्सा हो गया। कुछ भी हासिल करने का हठ एक हो गया। और मुझे अपने पाप का सात वर्ष लम्बा दंड मिलना शुरू। कॉलरिज का लाइफ़–इन–डैथ।

जिस दिन उस मायाविनी के शहर से राजधानी ट्रेन से दिल्ली तक लौटा, उस रात को चलती गाड़ी में हिलता हुआ पहला विभ्रम–दुःस्वप्न...

तलैया के किनारे बैठा मैं। ठहरे हुए पानी में तैरती एक लम्बी, पतली और गीली टहनी। यह धीरे–से तैर इसलिए रही है क्योंकि थोड़ी देर के बाद हवा का हल्का झोंका इसे आगे सरकाता है। टहनी पर तीन अफ्रीकी तोते, लम्बी पूँछवाले तोते बैठे हैं। सिर झुके, आँखें बन्द, ध्यानलीन। साथ आ बैठी मायाविनी ने कहा : तीनों तोते तलैया के गहरे जल में सरके और डूब गये। वह चली गयी। यह उसकी मुझसे पहली भेंट थी–तीन मरे हुए तोते।

काल वर्तमान

मैंने आदतन बाँह से माथे पर आया पसीना पोंछा। शीला जी ने देख लिया, पूछा : थक गये स्वदेश?

मैंने न में सिर हिलाया।

उन्होंने फिर पूछा : आजकल सोते कितने बजे हो?

–दस बजे।

शीला जी ने सबसे कहा : स्वदेश दस बजे जायेगा। खाना नौ तीन पर। अपनी–अपनी चीज़ें ख़त्म करें।

निर्मल : स्वदेश, आपको पता चला आने वाली बीमारी का?

मुझे पता नहीं चला था, दो भाषाओं, अंग्रेज़ी और हिन्दी में, वार्निंग, चेतावनी मिली थी : उस बहुत बड़े शहर में मेरे नाटक *कोर्ट मार्शल* की पहली रात (ओपनिंग नाइट का शरारती अनुवाद) थी। निर्देशक चाहता था

कि मैं नाटक शुरू होने से कुछ मिनट पहले आऊँ। दर्शकों को मेरा वहाँ होने का पता नहीं चलना चाहिए। मेरी ड्रेमेटिक उपस्थिति दर्ज की जानी थी। इस गेस्ट हाउस में उस शाम बिल्कुल अकेला। बाहर बरामदे में आ गया। लोहे के जंगले से घिरा बरामदा।

यह गेस्ट हाउस कुलीन वर्ग के निवासियों का था। जैसे शाम वीरान, वैसे सामने बिछी सड़क सुनसान। हवा मुझे छूकर निकल रही थी। सिगरेट सुलगाई। खम्भे के पीछे झाँका। वहाँ दुबककर बैठी हवा को देख लिया। शायद हिश कहा। हवा झेंप गयी। अपना–सा मुँह ले उड़ी और सड़क पर लेट गयी। लेकिन जाते–जाते मेरी तीखी नाक पर तीखी चिकोटी काट गयी। हवा की यह शरारत मुझे कतई बुरी नहीं लगी 'क्योंकि हवा पढ़ नहीं सकती', मेरी पुरानी प्रिया जो ठहरी।

सामने सड़क पर एक आदमी गुज़रा, कोट, पैंट, टाई। इस हल्की गर्मी में। ज़रूर क्लब जा रहा होगा। दिल में कहा–अंग्रेज़ों की जूठन। वह आदमी थम गया। मुड़ा। मेरी तरफ़ बढ़ा। दिल में बैठे डर ने बताया। शराबी। मैं काँप गया। क्योंकि मैं साँप से इतना नहीं डरता जितना शराबी से। फ़र्श पर निगाह दौड़ायी। शायद कोई पत्थर। नहीं, कुलीन इलाक़े में पत्थर कहाँ! अब वह मेरे सामने खड़ा मेरा माथा देख रहा था। बोला :

रन अवे। अदरवाइज़ यू विल डाई। वह मुड़ा। चलना शुरू किया। फिर लौटा। फिर कहा : अंग्रेज़ी नहीं आती? भाग जा। मर जायेगा।

वह पलटा, चला, और फिर विलीन हो गया। पहले मैं थोड़ा–सा डरा क्योंकि हवा ने मेरे दोनों कानों के पास मुँह लगाकर कहा : भागते क्यों नहीं? यह आदमी कह गया, 'मारे जाओगे'। कुछ लोगों को सब कुछ मालूम होता है। इसलिए। भागते क्यों नहीं? मुझे अपनी कहानी 'क्या कोई यहाँ है' याद आ गयी। फिर ख़ुद को एक वज़नी गाली दी। कहीं अपनी कहानी भी सच होती है। हवा को डपट दिया। वह रूठी और खम्भे के पीछे दुबक गयी।

जानता हूँ, निर्मल अपने सवाल के जवाब का इन्तज़ार कर रहे हैं : चेतावनी मिली थी। दो भाषाओं में। लेकिन मैंने उस आदमी को शराबी मान डिसमिस कर दिया।

निर्मल थोड़ा उदास : हाँ। जो लोग हमें काली सूचनाएँ देते हैं, हम उन्हें शराबी अथवा पागल कहकर ख़ारिज कर देते हैं।

मैंने हाँ में सिर हिलाया लेकिन बोला कुछ नहीं। निर्मल आत्मा के सीक्रेट–सर्विस–एजेंट हैं। देख रखे हैं इसके सारे काले कमरे, काले कोने। समझ गये कि मैं स्थायी स्मृति के वर्जित क्षेत्र में प्रवेश नहीं करना चाहता। मैं फिर से तीन मरे हुए अफ्रीकी तोते नहीं देखना चाहता। मैं निष्ठाहीन था। जो कुछ 'सिनिस्टर' है, अनर्थकारी है, स्वदेश के साथ ही होना था क्योंकि मानसिक–पौरुष अहंकारी ले गया उसे सात बरस के लिए एक विभ्रम संसार में। हैलूसीनेशन्ज़ की इस दुनिया में फाइनल एंट्री के लिए उसका राशन कार्ड भी बन गया था। इस अन्तिम प्रवेश में लाँघ जाने को रोका किसने था उस मायाविनी ने। उस सिडक्ट्रेस ने, जिसे अकारण मैं एक बुरी औरत मान बैठा। तब मैंने कात्यायनी की यह कविता पंक्ति नहीं पढ़ी थी : सारी वासनाएँ दुष्ट नहीं होतीं।

निर्मल समझ गये–जिसने मुझे विलुब्ध किया, उसकी बात नहीं करूँगा। जिसने एक मासूम इच्छा प्रकट की थी–'आपके साथ माण्डू देखना चाहती हूँ', उसे सरेआम, सबके सामने गालियाँ दी थीं।

उन्होंने बात बदल दी : पढ़ाने जाते हैं कॉलेज?

–नौकरी तो डॉक्टरों ने छुड़वा दी थी।

–फिर तो...स्वदेश, भाग्य कुछ करेगा।

उन्हें सौमित्र मोहन की एक पंक्ति में जवाब देना चाहता था। दिया नहीं। कविता सुबह पढ़ी थी। शीर्षक याद नहीं, पता नहीं कैसे एक लाइन याद रह गयी : भाग्य कहीं थमा हुआ है।

कैसे बताता। क्योंकर बताता। शब्द सख़्त और स्तम्भित हो गये थे। मेरी काया अलग, तो मेरे शब्द अलग। कोई सही शब्द अगर पेट से गले की ओर चलता भी तो फँस जाता है, रुक जाता है भिंचे हुए दाँतों के पीछे। मैं बातूनी अकेला हो गया रे! मैं स्वदेश, जिसके साथ–साथ शब्दों की नदी बहती थी। मेरा तो दायाँ हाथ, दायीं बाँह मार दी उसने। क़लम पकड़े तो कौन। नाड़ा बाँधे तो कौन। अगर...अगर...अगर... एकलव्य का एक अँगूठा ही तो लिया था द्रोण ने। शस्त्राभ्यास जारी रख सका। लेकिन मेरा तो अनमोल हाथ, क़लम पकड़ने वाले हाथ...लेकिन रोगी मन ने दृष्टि–दायरा सीमित कर दिया था। भविष्य में देखने वाली आँख बन्द। शायद तभी मैं सोच भी न सका था कि एक दिन यह मायाविनी मेरा सब कुछ लौटा देगी। तब आयेगी किलकारी भरते शब्दों की बाढ़ और मीठी मनौती : तुम हमसे

खेलते क्यों नहीं? लेकिन मैं अभी तक पूरी तरह बाहर नहीं आया था अपने मैकाबर–डरावने राज्य से, द फाइनल किंगडम ऑफ़ द मैड।

सम्पूर्ण पराजय की न कोई तिथि निश्चित होती है, न समय। आपको कैसे पता चले कि दूसरा कोई फैटेल है। इसने मेरे पास कुर्सी पर घोषणा की थी : 'आपकी अब मृत्यु नहीं होगी।' कहाँ मानी कभी भी किसी की बात–तीन प्रयास, तीन बार कोशिश। नहीं हुई एक्सीडेंटल डैथ। तीनों कोशिशें प्राणहर कोशिशें नहीं थीं। क्यों नहीं मानता मैं मायाविनी की बात? इसलिए कि अभी मुझमें लड़ने की ताक़त बाकी थी। इसलिए कि पत्नी गीता एक दुर्ग में बदल गयी। मैं देखने आने वालों से नहीं मिलना चाहता था। उसने देखने आने वालों को मेरे कमरे में आने से रोक दिया। सहमे हुए घर में सहमे हुए लोग। लेकिन कभी–कभी एक तिनका भी बोफोर्स–तोप बन जाता है। लाम लगे पाँच वर्ष हो चले थे। गीता मेरे कन्धे से कन्धा मिला युद्धरत। एक दिन अस्पताल में अपनी बायीं गाल बार–बार दबा रहा था। उसने पूछा : क्या हुआ? मैंने कहा : दाँत–दर्द।

जो गीता तीन बार मेरे नरक–प्रवेश की कोशिश से नहीं डरी, जो गीता मेरे चालीस परसेंट बर्न्ज़ के कारण मुझे नहलाने से नहीं डरी, क्योंकि जले हुए शरीर से घिन आती है, दाँत–दर्द की बात सुन उसके कन्धे झुक गये। यह शायद उसकी अन्तिम पराजय का एक अस्थायी क्षण था। मुझसे कहा : ओ दीपक, मैं क्या–क्या करूँ तुम्हारे लिए! उसने ऐसा इसलिए कहा क्योंकि सम्पूर्ण पराजय की न कोई तिथि निश्चित होती है न समय। सामने का दरवाज़ा खुला। लौट आया मैं अस्पताल–लोक से शीला जी के घर।

कृष्णा सोबती ने प्रवेश किया, साथ में एक भव्य व्यक्ति। बाद में पता चला, शिवनाथ हैं। जितने दिखने में भव्य, उतने बोलने में मधुर। शिवनाथ जी को देखा, ब्राउनिंग की लाइन याद आयी : ग्रो ओल्ड विद मी, द बैस्ट इज़ यैट टू बी।

कृष्णा सोबती ने प्रवेश किया इसलिए:

मध्यान्तर

कृष्णा सोबती साधारण लेखकों की तरह 'आती नहीं', प्रवेश करती हैं। स्टार्स की तरह। देर से एंट्री का तरीक़ा अपनी उपस्थिति एकदम दर्ज कराने के लिए। मेरे घर सोबती दस–बारह वर्ष देर से आयीं। शायद उन्हें

मेरे बीमार पड़ने का इन्तज़ार रहा हो। इस शाम सोबती अपने ट्रेडमार्क काले लिबास में नहीं। किसी मुग़लकालीन मलिका की तरह संगमरमर–सी पीलाई लिए सफ़ेद कपड़े। कन्धों के ऊपर सिर नहीं, उगता हुआ सूरज। उन्होंने मुझे निर्मल वर्मा के पास बैठे देख लिया। मेरी नमस्ते के जवाब में हैलो कहा। सोचा, पूछेंगी, कैसे हो। नहीं पूछा। जानती हैं, मैं उनका मुरीद हूँ। उनका कहा–लिखा सच। मेरे लिए सच। उनका कहा–लिखा झूठ भी मेरे लिए सच। सोचा, मेरे पास बैठेंगी। नहीं बैठीं। शायद उन्हें मेरा निर्मल वर्मा के पास बैठना अच्छा नहीं लगा। हो सकता है, मैं ही उन्हें अच्छा लगना बन्द हो गया। क्या लेना है मल्लिका ने ऐसे दरबारी से जिसके हाथ से तलवार छिन गयी हो। जिसके हाथ की क़लम अब नपुंसक है। पिछले सात सालों से नपुंसक हो गयी क़लम। वे मुझसे दूर, विकास और सौमित्र के पास बैठ गयीं। आने वाले तीन घंटों में वह न एक बार भी मेरा हाल पूछेंगी, न मुझसे बोलेंगी। मैं बिल्कुल हैरान नहीं हुआ। मुझ अस्त होते सूर्य को कितने छोड़ गये। एक कृष्णा सोबती और सही।

भविष्य में

इसके कुछ अरसे के बाद कृष्णा सोबती ने शिखंडी 'हशमत' की आड़ में मुझ पर, मेरी गुस्सैल आदतों पर लेख लिखा। मेरे लेखन पर शायद एक शब्द भी नहीं। मृत्यु–घर से लौट आये स्वदेश पर यह सोचा–समझा जानलेवा हमला कृष्णा सोबती ही कर सकती थीं। मेरे सारे दुःखों, मेरे परिवार, मेरे दोस्तों के सारे दुःखों को जानते हुए भी यह कैलकुलेटेड आक्रमण कृष्णा सोबती ने किया। लगा मुझे शॉक, बिल्कुल शॉक लगा। लेकिन मुझे बचा लिया मायाविनी ने। प्राण लेने के सारे अधिकार उसके पास सुरक्षित जो हैं।

काल वर्तमान

पता नहीं कैसे और किसने यह बात चलायी कि हमारे सारे धार्मिक अनुष्ठान और रीति–रिवाज़ कुछ नहीं, सिवाय समय और पैसा नष्ट करने के। ये डैडवुड हैं। सदी ख़त्म होने को आ गयी। और अब भी बात–बात पर हरिद्वार और गेन्जिज़ (गंगा को गेन्जिज़ बुला हम अपना आधुनिक होना सिद्ध करते हैं)।

निर्मल वर्मा एक घातक चारुता (लीथेल एलेगैंस) से, जब ज़रूरी समझें, आक्रमण कर सकते हैं।

निर्मल वर्मा बोले : जन्म के, विवाह के, मृत्यु के धार्मिक अनुष्ठान तो क्रिश्चियन्ज़ में भी हैं। वे हमें फ़ालतू और समय नष्ट करने वाले क्यों नहीं लगते? केवल इसलिए नहीं लगते कि वह गोरे जो हैं। उनका जो कुछ वह आधुनिक, हमारा जो कुछ भी हमारे राष्ट्रीय मानस का हिस्सा है–पिछड़ा और पुराना। क्योंकि अंग्रेज़ बंगले में रहते हैं और हम उपभवन में।

मैंने एक और सिगरेट सुलगाई। बिल्कुल हिले–डुले बिना बैठा था। अब मैं, मेरी बातें, तस्वीर से बाहर हो गयी थीं। इसलिए मुझे लेकर सौमित्र इस वक़्त बिल्कुल नहीं कह सकता : 'तस्वीर में हिलता हुआ आदमी पागल होता है।'

निर्मल वर्मा ने बात जारी रखी : स्वदेश, मेरे पिताजी की जब मृत्यु हुई तो अस्थियाँ लेकर हरिद्वार गया। आत्मा पर उतनी ही दुःख की काली चादर थी जितनी पिता की मृत्यु पर हो सकती है।

पंडित जी तर्पण के लिए मुझे कनखल ले गये। यहाँ गंगा का प्रवाह बहुत तेज़ है। अस्थियाँ पानी में डालीं। तेज़ प्रवाह में एकदम बह गयीं। मैंने साफ़ महसूस किया कि अस्थियों के साथ मेरे दुःख भी बह गये। मेरी आत्मा पर से दुःख की काली चादर उठ गयी।

उस दिन पता चला, लोग गंगा को गंगा मैया क्यों कहते हैं। भूल जाते हैं हम सारे दुःख माँ की गोद में।

...जब निर्मल यह बता रहे थे तब उनके चेहरे पर एक पवित्र तेज था।

उस दिन मायाविनी के मुँह पर भी एक पवित्र तेज था। उस दिन वहाँ से मुझे शुभ विदाई दी जानी थी। लेकिन यह बहुत समय बाद पता चला कि वस्तुतः वहाँ से मेरी अशुभ विदाई होनी थी। उस बहुत बड़े घर अथवा हवेली के अन्दर ही मन्दिर। मुझे बैठक में बैठा, दस मिनट के लिए इजाज़त माँगी, मन्दिर जाने की। कहा कि सिगरेट पी लूँ। कल रात जब गालियाँ दीं तो लगातार सिगरेट पी रहा था।

वह गयी। लेकिन वह वहीं थी। उसकी शरीर–गन्ध मेरी नाक के पास मँडरा रही थी। इसे भगाने के लिए सिगरेट लगायी। लेकिन तीखा धुआँ भी नाक के पास से गन्ध न हटा सका।

मुझे बैठे–बैठे ख़तरे का अहसास क्यों होने लगा? क्या समझता हूँ अपने को? महाभारत काल का योद्धा! धर्म के पक्ष से युद्धरत है इसलिए विजयश्री प्राप्त तो होगी। कल रात इसे गालियाँ दीं, आज घर आ गये। पुरुष होने का इतना अहंकार! वह मायाविनी क्या है? फिर ख़ुद को डाँटा। जो औरतें शत्रु हों, वह नाश्ते पर अपने घर नहीं ले जातीं। मायापोत। मेरा अपना उपन्यास *मायापोत*–फैन्टम शिप। सुख एक *मायापोत*, उस तक पहुँचने के लिए तैरते रहते हैं हम लोग : और निश्चित अन्त है डैथ बाय ड्राउनिंग। शीला जी को कितना ग़ुस्सैल एतराज़ था *मायापोत* के तन्त्र वाले हिस्सों पर। उन्हें काटने से इनकार कर दिया। और अन्ततः *मायापोत* राधाकृष्ण से प्रकाशित। इसके बाद शीला जी मेरी दोस्त बन गयीं। नकेल डाल लिखवाने की कला केवल उनके पास है। एक फार्मूला निकला। जिन औरतों से मेरा झगड़ा होता है, बाद में गहरी दोस्ती।

अभागे! इससे दोस्ती करेगा। तो असली नाम से क्यों नहीं बुलाता? यह सिडक्ट्रेस, मायाविनी क्यों? इसलिए कि तुम्हारी सुप्त स्मृतियों से तुम्हारे तन्त्र गुरु लगातार डेंजर सिगनल दे रहे हैं। ऐसी औरतों को असली नाम से बुलाओगे तो अपने काले–कारागृह में तुम्हारी आत्मा बन्दी बना लेंगी। इस कारागार में प्रवेश के बाद द्वार हमेशा के लिए बन्द। तुम्हें सहज वृत्ति से ख़तरे और कठोर कारावास का ज्ञान हुआ। इसीलिए तो मायाविनी। और चाहते हो इसे मित्र बनाना। क्योंकि तुम्हें एक दीवार चाहिए ही चाहिए सिर पटकने के लिए। यह तोतों के श्लोक पढ़ने की शब्दावाज़ कहाँ से आ रही है? क्यों आ रही है? इसकी इच्छाशक्ति का मीडियम–माध्यम तोते होंगे।

सिडक्ट्रेस पूजा–घर से बाहर आयी। चेहरे पर एक पवित्र तेज, लेकिन आँखें? किसी और देश की आँखें थीं उस चेहरे पर।

वह मेरे काँधे के पास खड़ी थी। यह मुझे बाद में पता चला कि वह मेरी सुख–सन्देश–वाहक न थी। मेरी अशुभ विदाई का समय आ गया था...

तब काले कव्वे हंसों में बदलने शुरू हो गये। काले कव्वे : हंस क्यों होते हैं रंग बदलने से? हंसों में बदल चुके कव्वे बैठते तो गन्दगी पर ही हैं। जो ख़ुद को बहुत स्याना समझें, उनका यही हश्र होता है। जैसे कि स्वदेश दीपक : चीता–पिछली दोनों टाँगें टूटी हुईं, कि तोड़ दी गयीं। नहीं लगती अब इससे प्राणघातक छलाँग! क्योंकि चीता लंगड़ा : शिकार पास आये,

जिसे शायद अगले हाथों से मारा–पकड़ा जा सके। लेकिन दहाड़ चीते की : स्वदेश की लम्बी चीख़। बेटी, पत्नी का एकदम जागना। बेटा सोया रहता। छोटी आयु में रात की चीख़ें सुनायी नहीं देतीं। इस आयु में लँगड़े चीते की दहाड़ और आदमी की चीख़ में कोई अन्तर नहीं रह जाता।

पत्नी : कोई सपना आया?

मैं : नहीं।

बेटी : तो चीख़े क्यों?

मैं : न। चीता दहाड़ा।

पत्नी : मैं चाय बनाती हूँ।

बेटी : सिगरेट पी लो।

बेटा सो रहा है।

कहाँ चले गये आप : गगन ने पूछा। हो सकता है, शीला जी ने पूछा हो। लो लौट आया मैं अपने डरा देने वाले स्वप्नलोक से। मेरा स्वप्न जिसमें रूप बदलता रहा हूँ, न समाप्त होता है, न टूटता है, जब तक कि कोई पर्दा न गिराये। सौमित्र ने एक किताब दी थी–'डिक्शनरी फॉर ड्रीमर्स'। लेकिन किसी सपने का अर्थ नहीं मिलता। उसने इसे कन्सल्ट करने का तरीक़ा बताया था–पहले डामिनेंट इमेज–मुख्य बिम्ब खोजो। लेकिन क्या करूँ मैं सौमित्र! प्रत्येक सपने का डामिनेंट इमेज मैं स्वयं हूँ। एक बार कृष्णा सोबती से शिखंडी हशमत में बदल गया। अशोक वाजपेयी को छोड़ सारे हिन्दी लेखक हशमत को साहित्य का कोढ़ लगे। यह मेरा सबसे घिनावना और डरावना सपना था। लँगड़े चीते की चीख़ से और लम्बी चीख़ : वापस शीला जी के घर।

मैं : बैठे–बैठे सो गया था।

गगन : आप तो संन्यासी हो गये।

शीला जी (लाड़ से) : औरतें बनने देंगी तो संन्यासी बनेगा।

निजी संसार से कामना संसार में लौट आया। भारत में साम्प्रदायिक दंगों को ले बहस छिड़ गयी थी। राष्ट्रीय एकता कैसे बनी रहे जब धर्म के नाम पर मार–काट हो?

निर्मल : (थोड़ा उत्तेजित) यह एक झूठा मिथ है कि भारत में धार्मिक सहिष्णुता नहीं। बिल्कुल झूठा मिथ, जिसका प्रचार हमारे नेता, टी.वी. और समाचार–पत्र करते रहे हैं। आयरलैंड में सौ वर्ष हो चले धर्म के

नाम पर हत्याएँ होते। अमेरिका में बैठे–बिठाये हो जाती है हत्या अश्वेतों की। लेकिन भारत में यह दंगे करवाये जाते हैं, इसके पीछे है वेस्टेड इंटरेस्ट...

हिन्दू–मुस्लिम एक ही स्कूल–कॉलेज में पढ़ते हैं। अमेरिका में ऐसे स्कूलों के बाहर पुलिस तैनात रहती है, जहाँ गोरों के स्कूल में नीग्रो पढ़ते हैं। हमारे देश में अल्पसंख्यक लोग ऊँचे से ऊँचे ओहदे पर हैं। राष्ट्रपति, सेना में जेनरल, डॉक्टर, प्रोफ़ेसर, क्या कभी किसी ने एतराज़ किया? जुलूस निकाला कि ये अल्पसंख्यक ऐसी सेन्सेटिव पोस्टों पर क्यों हैं? नहीं। पाकिस्तान में बहुत–से हिन्दू सिख रह रहे हैं। क्या वहाँ कोई भी अल्पसंख्यक पहुँच सका इस ओहदे पर? नहीं। मैं तो कहूँगा, साम्प्रदायिक सद्भाव जैसे शब्द को मीडिया पर बैन कर देना चाहिए। इंडिया इज़ द मोस्ट टाल्रेन्ट कंट्री इन द होल वर्ल्ड।

शीला संधू ने खाने की घोषणा की। सब उठे। निर्मल नहीं उठे। इसलिए मैं भी बैठा रहा।

–आप थक तो नहीं गये स्वदेश?

–कितने वर्षों के बाद एकदम फ्रेश लग रहा है। अन्दर भी। बाहर भी।

–अच्छा! आपने मेरी कहानी 'सूखा' पर इतना गुस्सा क्यों उतारा था?

–जिस वर्ष 'सूखा' प्रकाशित हुई, उस वर्ष भयंकर सूखा पड़ा था। मुझे लगा लोगों के ज़िन्दा रहने के दुःखों का उपयोग आत्मा में पड़ रहे सूखे के प्रतीक के लिए नहीं होना चाहिए। हो सकता है, मेरे उत्तेजना के काल की शुरुआत हो चुकी हो!

हम दोनों खाने की मेज़ की तरफ़ बढ़े और अलग हो गये। सब खड़े हो खा रहे थे। मैं भी प्लेट पकड़ खड़ा रहा।

विकास ने कहा : आप बैठकर खायें।

मैं बैठ गया विकास जानता है, अभी दायीं बाँह और दायें हाथ में थोड़ी–सी शक्ति और पकड़ ही लौटी है।

सौमित्र ने कहा : आज की रात निर्मल वर्मा की रात रही।

विकास : आप थके तो नहीं?

स्वदेश : बिल्कुल नहीं।

विकास : अच्छी बात। नींद आ रही है?

स्वदेश : अभी नहीं।

मैंने थोड़ा–सा खाया। रुक गया।

विकास : थोड़ा और खा लें।

मैंने थोड़ा और खाना लिया। बिल्कुल पास खड़े लोगों को पता चल गया, विकास राय के नियन्त्रण में हूँ। मैंने शिवनाथ जी से पूछा :

–आपको क्या कहकर पुकारूँ?

–शिवनाथ।

–बड़ा अटपटा लगता है।

–आप नाम के साथ मिस्टर अथवा श्रीमान लगायेंगे तो मुझे अटपटा लगेगा। अभी इतना बूढ़ा लगता हूँ क्या?

मैंने सोच लिया कि इस ग्रेसफुल आदमी का नाम लेकर ही पुकारूँगा। तब क्या पता था कि शिवनाथ जी से लगभग आख़िरी मुलाक़ात होगी क्योंकि कृष्णा सोबती से भी आख़िरी मुलाक़ात रहेगी।

स्थान : कार में

विकास और मैं निर्मल–गगन को उनके करोलबाग वाले घर छोड़ने जा रहे हैं।

गगन : स्वदेश जी, सुना है, आपको किसी ने पकड़ लिया था। डायन थी क्या?

निर्मल : डायन नहीं चुड़ैल।

गगन : क्या अन्तर हुआ?

निर्मल : हमारे क्षेत्र में चुड़ैल एक सुन्दर और नटखट लड़की को कहते हैं। चुड़ैल दुःख नहीं देती। बस एक मीठी परेशानी।

गगन : लेकिन स्वदेश तो सुन्दर और नटखट लड़कियों से बोलते ही नहीं।

निर्मल : यह आपको लगता है। स्वदेश जी की उमर में युवा और नटखट लड़कियों का अता–पता छिपाकर रखा जाता है।

चलती कार में एक मीठी चुप्पी! निर्मल वर्मा, जिसे आज तक केवल दुःखों का संवाददाता समझता रहा, बतरस भी कर सकते हैं! जबकि इनकी सन्दूक अभी जाने कितने लोगों के दुःखों से भरी हुई है। निर्मल ने किताबों की संख्या के मुताबिक़ बहुत नहीं लिखा। उनमें कुछ बड़ा विस्तार नहीं।

उनमें बहुत गहराई है। वे अपने गुप्त ख़ज़ाने को बहुत होशियारी, नहीं तो कंजूसी से ख़र्च कर रहे हैं।

निर्मल : विकास, आप क्या करते हैं?

विकास : पुलिस विभाग में हूँ।

विकास ने आदतन छोटा और अधूरा जवाब दिया। अपने बारे में पूरी सूचना न देने की उसकी ट्रेनिंग भी है और स्वभाव भी।

निर्मल : स्वदेश, आपके पात्रों ने आपसे प्रतिकार...

गगन : क्यों?

निर्मल : क्योंकि इन्होंने अपने पात्रों को बहुत दुःख...

गगन : आप भी अपने पात्रों को बहुत दुःख देते हैं।

निर्मल : लेकिन मैं उन्हें जान से तो नहीं मारता। इन्होंने प्रत्येक कहानी में किसी के प्राण ज़रूर लिए, कैसी जी रही होगी माया बख़्शी। 'सड़क आगे नहीं जाती' कहानी की निम्मो को दुःखों के किस संसार में अकेला छोड़ दिया। इन सारे पात्रों ने मिलकर स्वदेश से अपने दुःखों का प्रतिकार लिया।

माया बख़्शी का नाम आया तो फिर मायाविनी मुझे छू गयी। क्यों खड़ी है यह प्रतिकार और अपनेपन के दो विपरीत ध्रुवों के बीच? मुझे तैरना नहीं आता। फिर क्यों सोचता रहता हूँ एक नदी के बारे में : तय है, तैरने के लिए नहीं—फिर क्यों है यह मारबिड आब्सैशन? क्यों डैथ बाई ड्राउनिंग? एक स्थायी सपना हो गया है। कहानी का सच जीवन का सच क्योंकर बन सकता है?

स्थान : निर्मल—गगन का घर

कमरा किताबों से अटा हुआ। और तो और सोफ़े पर भी किताबें। गगन—निर्मल इन्हें उठाने लगे। गगन ने मेरे हाथ में रामकुमार की चित्रों वाली किताब पकड़ायी, सम्पादन उसने किया है। पन्ने पलटे। अब राम जी के चित्रों के रंग सौम्य हैं। मेरी नसें थोड़ा शान्त हो गयीं। दाम देखा। आउट ऑफ़ माई रीच। ख़रीदने का इरादा छोड़ दिया। सोचा, निर्मल से पूछूँगा कि ऐसी किताबों को कॉफ़ी टेबल बुक्स क्यों कहते हैं। भूल गया। पता नहीं, राम जी की किताब देख यह स्वप्न क्यों याद आ गया जो लगातार देखता हूँ, पिछले कई दिन से नहीं देखा :

खिड़–खिड़ हँसतीं, चेहरों पर लगातार हाथ फेरतीं, जंगल के ख़ाली हिस्से में लगातार गोल–गोल घूमती बूढ़ी औरतें। सूखी लकड़ियाँ चुन रही हैं। किसी की चिता के लिए?

'डिक्शनरी फॉर ड्रीमर्ज' की मदद से भी अभी तक इस सपने का भेद खोलना मेरे लिए सम्भव नहीं हुआ। प्रमुख बिम्ब तलाश करूँ तो आँखों में सपने से अलग बिम्ब आ जाता है। सूख चुका कामना–कुआँ, विशिंग वैल। निर्मल से न पूछने का निर्णय लिया। विकास से पूछने का मतलब ही नहीं, क्योंकि वह खुली आँखों से अलग प्रकार के सपने देखता है।

क्या मुझे प्रार्थना करने में बहुत देर हो गयी : एलियट की तरह 'आई एम एन ओल्ड मैन वेटिंग फॉर द रेन'। निर्मल पूछेंगे तो क्या बताऊँगा? शरीर के, मन के दुःख का कारण वह मायाविनी, सिडक्ट्रेस, जो कभी भी मेरे कन्धे के पीछे खड़ी हो कोई नया शाप दे डालेगी। बिल्कुल सामने खड़ी नहीं होती क्योंकि *कोर्ट मार्शल* देख उसने आपा खो दिया था और मुझे अपने साथ माण्डू ले जाने की ज़िद पकड़ बैठी। और मैं अभागा! अपने पौरुष का एक अदना बन्दी, इस न्यौते के बदले उसे अंग्रेज़ी में गालियाँ दी थीं। वे विशेष गालियाँ जो केवल सुन्दर औरतों को दी जाती हैं। अब याद नहीं। सारांश याद है उनका। मैं क्या पुरुष–वेश्या हूँ कि वह कहे और चल पड़ूँ मैं माण्डू?

यह जानते हुए भी कि निर्मल मेरा वहम कहकर हँसी में नहीं उड़ाएँगे, न बताने का निर्णय लिया। कुछ रहस्य हमें बचाकर रखने चाहिए। मेरे विभ्रम। मेरे अपने विभ्रम। अभी वर्षों तक यह विभ्रम मेरे अपने रहेंगे। किसी से शेयर न हो सकने वाले छोटे–छोटे राज़। अविराम खंडित जीना शायद मेरा स्थायी भाग्य बन गया।

गगन ने चाय दी। निर्मल ने पूछा : स्वदेश, आप ठीक तो हैं न?

मैंने हाँ में सिर हिलाया।

निर्मल : एकदम चुप क्यों हो गये? चेहरा कुछ कसा हुआ।

स्वदेश : मुझसे लिखा नहीं जा रहा।

जो निर्मल वर्मा शब्द–सागर से एक–एक सही और सटीक मोती चुनकर लाते हैं, थोड़ी देर के लिए अवाक् रह गये। मैंने देखा अपना दुःख उनके चेहरे पर। आख़िर हैं तो मानव–मन के दुःखों के इतिहासकार, 'एक चिथड़ा सुख' कब बन पाया है जीवन का लगातार और लम्बा सम्बल!

अब वह समाधि में लीन होने वाली स्थिति में आने लगे। दरवेश की आँखें। किसी और के गहन दुःख में सराबोर दरवेश की आँखें।

निर्मल : कहाँ ज़रूरी है लिखना? क्यों ज़रूरी है लिखना? एक किताब कब बड़ी हो सकती है जीवन से! जीवन भगवान की कृति है, इससे बड़ी कभी नहीं हो सकती हम लोगों की कृति, जिसे किताब कहते हैं। एक ही रंग में डूबी होती है किताब। और जीवन–पल–पल बदलता जीवन जिसे कीट्स ने कैमलियन कहा है। प्रकाश–अन्धकार, सुख–दुःख, हँसी–रोना, सतत परिवर्तनशील जीवन। क्योंकर इससे बड़ी हो सकती है एक किताब!

अब दरवेश के साथ–साथ निर्मल आत्मा के सीक्रेट–सर्विस–एजेंट भी बन गये, बन रहे थे। भाषा बाँदी–सी हाथ बाँधे खड़ी रहती है निर्मल वर्मा के सामने।

निर्मल : आप और मैं हमेशा ट्रेजडी लिखते हैं। त्रासद है हमारा विज़न ऑफ़ लाइफ़। कैसे सोच लिया आपने स्वदेश कि चाहने भर से किताब लिखी जायेगी? नहीं। पहले बरसों, महीनों पात्रों के साथ–साथ उनके अवसाद का, दुःख का भाग बनना होगा, उनके साथ अन्दर से क्षत–विक्षत, लहूलुहान होना पड़ेगा। भूल जाने होते हैं पहले लेखक को निजी दुःख, तभी जी पायेगा, लिख पायेगा पात्रों के दुःख। आप जानते हैं सब कुछ। जिस दिन पकड़ लेंगे पात्र आपका हाथ, लिखी जायेगी आप से किताब। फिर यह पुस्तक बड़ी चाहे न हो, मुक्ति की ओर ले जाने वाली पुस्तक होगी। तब यह लम्बा उजाड़ हो जायेगा समाप्त।

निर्मल की आँखें इस समय किसी और संसार में थीं। वह एक भविष्यद्रष्टा बन गये और मेरी आँखों में मेरी नयी किताब हिलनी शुरू हो गयी।

काल : भविष्य

इस बातचीत के कारण कुछ महीनों के बाद नया नाटक *सबसे उदास कविता* लिखा। सुख और दुःख की नदी को पार करती नायिका अपूर्वा, जो शायद थोड़ा–सा मैं स्वयं भी हूँ। राजेश जोशी ने इस नाटक के लिए विशेष कविता लिखी। तब न परिचय था न खतोकिताब। मृत्यु भय से मुक्त होने वाली। मृत्यु का आह्वान करती कविता :

आ और मुझे अपनी अँधेरे के तागों से बुनी शाल में ढाँप ले।
जीवन के सारे दृश्य को मेरी आँखों की स्लेट से
मिटा देने वाली ओ दुष्ट बुढ़िया आ।

जब नाटक *सबसे उदास कविता* पूरा हुआ तो समर्पण के लिए नाम चुनने में एक क्षण भी नहीं लगा। आठ साल के अन्तराल के बाद नयी किताब। विश्वास था निर्मल वर्मा को कि मेरी लेखनी को, जो सूखा पड़ चुका है, एक दिन हरियाली इसे उँगली पकड़ शब्दों के लहलहाते खेतों में ले जायेगी। यह जानते हुए भी कि निर्मल राजनीतिक हिंसा के विरुद्ध हैं, सशस्त्र क्रान्ति का यह नाटक उनको समर्पित किया।

काल : वर्तमान

लेकिन उस रात तो मैं अवसाद की नदी में तैर रहा था। नहीं हो पाया निर्मल की बातों में विश्वास :

स्वदेश : लेकिन मैं ज़िन्दा नहीं रह सकता अगर लिखा नहीं गया।

निर्मल फिर से अपने स्यानों के प्रभु जी के पहुँचे हुए संसार में चले गये।

निर्मल : आपने जे. कृष्णमूर्ति को पढ़ा है?

मैंने न में सिर हिलाया।

निर्मल : उन्होंने लिखा है कि हम जब जन्म लेते हैं तो पहले से मरे होते हैं—वी आर आलरेडी डैड बिफोर वी टेक बर्थ। मृत्यु उस लम्बी यात्रा का अन्तिम पड़ाव है जहाँ पहुँचने के लिए हम आयु—पर्यन्त चलते रहते हैं। फिर तयशुदा मंज़िल पर पहुँचने का डर कैसा! आपकी प्रत्येक कहानी के केन्द्र में मृत्यु है। जीवन देखिए। जीवन जो अनेक रंगों में आपके सामने गुज़र रहा है।

क्यों है इतना विश्वास निर्मल को मेरी क़लम में। इस मायाविनी ने मुझे सबसे भयंकर शाप दिया था : जाओ, तुम कुछ भी नहीं लिख सकोगे। एक ख़त तक नहीं।

क्या बताऊँ निर्मल को—एकरंगी इन्द्रधनुष की कोई छटा नहीं होती। लेकिन बताया : समय कैसे काटूँ उस छोटे—से शहर में?

निर्मल : घर के आँगन में पेड़—पौधे हैं?

मैंने हाँ की।

निर्मल : चुग्गा लाइए। पक्षियों को डालिए। उन्हें चुगते देखेंगे तो अन्दर के रिक्त स्थान भरने शुरू हो जायेंगे। पत्तों पर पड़ती सूर्य किरणों के कारण बदलते रंग देखिए। सैर को जाइए। मन के स्टोर रूम में आवाज़ें जमा हो जायेंगी। यह आवाज़ें शब्दों का रूप धारण कर लेंगी।

निर्मल चुप हुए तो कमरे में एक चुप्पी, लम्बी भी। आशावान भी।

निर्मल का कमरा एक गिरजाघर के छोटे–से कमरे में बदल गया।

मैं अपने शत्रु समय से बाहर निकलना शुरू हो गया।

पहले मैंने की दुष्कर्म स्वीकृति–कन्फैशन।

और फिर पाप–मुक्ति–रिडैम्पशन।

उठे। सीढ़ियों से उतरते हुए विकासनारायण राय ने कहा :

–निर्मल सन्तों की वाणी में बोल रहे थे।

2

मैंने माण्डू नहीं देखा

Footfalls echo in the memory
Down the passage which we did not take
Towards the door we never opened
Into the rosegarden

—T. S. Eliot

काल : 1991 नवम्बर

स्थान : बताऊँगा नहीं

मेरे ऐन सामने खड़े होकर उसने कहा—मैंने माण्डू नहीं देखा।

यह मुझे बोला गया उसका दूसरा वाक्य था। पहले में नाटक *कोर्ट मार्शल* की प्रशंसा की थी। मैंने छोटा—सा थैंक्स कहा। यह वाक्य कि मैंने माण्डू नहीं देखा, मेरे मस्तिष्क पर अंकित नहीं हुआ, क्योंकि अभी तक मेरे सारे सन्दर्भ *कोर्ट मार्शल* से जुड़े हुए थे।

मुझे अवाक् देख समझ गयी कि मैं नहीं समझा। मेरा सामान्य ज्ञान बढ़ाया—माण्डू मध्य प्रदेश में रानी रूपमती और बाजबहादुर का महल है।

जब बोली तो संयोग से मुझे उसके दाँत दिख गये, तारों के से चमकते। मैं चौकस और चौकन्ना। उसे ध्यान से पहली बार देखा। रीतिकालीन कवियों के नायिका—भेद समझ भी आ गये, याद भी आ गये। उसका सिर मेरे कन्धे तक। मैंने पुलोवर डाल रखा था, जो नवम्बर में डालना चाहिए। उसने साड़ी डाल रखी थी, काटन की साड़ी, जो नवम्बर में नहीं डालनी चाहिए। अभी तक अपने अन्दर से कोई ख़तरा सिगनेल नहीं मिला। हालाँकि माथे में रखा हैंड—ग्रेनेड हिला ज़रूर।

इसे देख किसकी याद शिद्दत से आयी? लेकिन याद के साथ चेहरा क्यों नहीं जुड़ रहा?

पहली बार उसे ध्यान से देखा। सूर्य रात को उदय हो गया। साक्षात् सूर्य : नारी–शरीर आकृति में। थोड़ी–सी टेढ़ी–हुक्ड नोज़। न गले में कोई गहना, न कलाइयों में कोई चूड़ी। जोगन है क्या? वह मेरे सामने खड़ी थी लेकिन साँस नहीं ले रही थी। उसके आत्मविश्वास ने गवाही दी कि कॉल गर्ल नहीं। क्योंकि कॉल गर्ल्ज़ नाटक देखने नहीं आतीं, फ़िल्म देखने जाती हैं। वह तीस से ऊपर तो होगी ही। मुझसे दस वर्ष छोटी। ख़तरा सिगनेल मिले। सिडक्ट्रेस। ऐसी औरतों के पास हथियार बिल्कुल नहीं होते। फिर भी कर देती हैं क्षत–विक्षत। मुझे उनका अनुभव है। हमेशा बचकर निकल गया। इस बार भी बच निकलने का पूर्ण विश्वास था। पक्का विश्वास। बी कोल्ड एंड क्रुअल विद हर।

एकदम याद आ गया। उसे देख मुझे अपनी कहानी 'किसी एक पेड़ का नाम लो' की माया बख्शी याद आ गयी। कभी कमरे में चलता सूरज, कभी सोफ़े पर बैठा सूरज। अत्यन्त लम्बा दुःख जी रही माया बख्शी। मिलने के अन्तिम क्षण में उसके प्रेमी को फाँसी लगवा दी। सच सुनकर शिथिल हो गयी माया बख्शी। रो भी न सकी थी। क्या कहा था निर्मल जी ने यह कहानी सुनकर–स्वदेश, तुम्हें माया छोड़ेगी नहीं। जो उसका है, हासिल करके रहेगी। मैं काँपा था–दाँत–दर्द से अथवा भविष्य की वाणी से? लेखक के पास ऐसा जिगरा कहाँ कि अपने ही पात्र का सामना कर सके।

मायाविनी एक क़दम और मेरे क़रीब आयी। मैंने उसके शरीर की गन्ध ग्रहण की। यह किसी तरह की परफ़्यूम न थी। मैंने अपनी क़िलेबन्दी और मज़बूत की। दुर्ग का मुख्य द्वार बन्द कर दिया। अब मैं झरोखे में खड़ा था। वह क़िले के बाहर। उसने कहा–दि फोर्ट इज़ ए सिम्बल ऑफ़ लव ऑफ़ रूपमती एंड बाजबहादुर। सूर्य अस्त होने के बाद क़िले में उनकी बातें करने की आवाज़ें आती हैं।

एक और ख़तरा सिगनेल। इस क्षेत्र के लोग शुद्ध हिन्दी नहीं बोलते। अंग्रेज़ी बोलने में भी अलग प्रकार का लिल्ट–लय है, तो क्या किसी और लोक से आयी है? पहले मेरा नाटक देखने, फिर मुझे क़िले से बाहर निकाल अपने सुगन्धित कारावास में रखने। कहीं यह मुझे तोता तो नहीं... तोता हमारे लोक–मानस का स्थायी अंग है। परी अथवा जादूगरनी हमेशा हमें तोते में बदल, पिंजरे में बन्द कर, अपनी क़ैद में रखती है।

भविष्य से

दो हज़ार के फ़रवरी मास में अरुण कमल के साथ दिल्ली में सतीश गुजराल के चित्रों की प्रदर्शनी देखी। कई चित्रों में पिंजरे में बन्द तोते के पास खड़ी नायिका। अरुण जी से पूछा तो जवाब मिला : स्वदेश दा, मुझे चित्रकला का कोई विशेष ज्ञान नहीं। हमारी लोककथाओं और परियों की कहानी में हमेशा तोता होता है। स्त्रीलिंग तोता नहीं। क्योंकि सौन्दर्य का प्रतीक तो है पुरुष, नारी नहीं। और नायिकाएँ हमेशा सुन्दर पुरुष को वश में रखना चाहती हैं। असली पुरुष न सही उसका सुन्दर प्रतीक तोता क़ैद कर लेती हैं।

अरुण कमल को चित्रकला का ज्ञान नहीं, फिर भी चित्रों में क़ैद तोते को सिम्बल के रूप में ठीक से डिकोड किया। कैसे किया? क्या मेरे बारे में...डरा हुआ आदमी हमेशा संशय में। मुझे ठिठका खड़ा देख उन्होंने अपनी हिमाचली टोपी का कोण ठीक किया जो पहले से ही ठीक है। सोचा, पूछूँ, इतने दिनों से उसे क्यों पहने हैं? मिसलीड करने के लिए कि वह बिहार के नहीं, हिमाचल के हैं? उनकी कविता में भी उनकी तरह कहीं–कहीं है इनडायरैक्शन। इतने गोरे–चिट्टे मीठे वचन बोलते कम लोग देखे हैं बिहार से। मुझे ठिठका देख उन्होंने पूछा–ग़लत कहा मैंने?

स्वदेश : ठीक कहा आपने। लेकिन यह बात मुझे 1991 में क्यों नहीं बतायी?

अरुण सकते में आ गये–तब मैं कैसे बताता स्वदेश दा? हम तो फ़रवरी 2000 में दो दिन पहले मिले।

स्वदेश : बता देते तो बच गया होता। अरुण कमल कुछ उदास हो गये। उन्हें शायद लगा हो, यह बातें मेरी किसी असफल प्रेम–कथा से जुड़ी हैं। लेकिन नहीं। गहराई के कवि हैं। उन्हें मालूम पड़ गया होगा, यह बातें मेरी आत्मा के सात साल लम्बे ध्वंस से जुड़ी हैं। बिल्कुल अन्तरंग मित्र की आवाज़ में बोले–स्वदेश, आप मेरे युवा अवस्था के दिनों के नायक हैं। तब मिले होते तो क्यों न बताता? लेकिन कुछ बातें होनी का हिस्सा हैं। इनका घटना होगा ही।

स्वदेश : आप बचा लेते ज़रूर अरुण। क्योंकि आप किसी का भी मखौल नहीं उड़ाते। पहले विश्वास करना होता है फिर उपाय।

अरुण कमल हिन्दी के कवि हैं तो अंग्रेज़ी के प्रोफ़ेसर। क्या उन्हें शेक्सपियर याद आया :

The lunatic, the lover, and the poet

Are of imagination all compact.

अरुण कमल ने मेरे साथ दुःख के रास्ते पर चलना शुरू किया। मेरा हाथ पकड़ा नहीं लेकिन पकड़कर : स्वदेश, जब मन करे, उस शत्रु के बारे में बतायें। आप नाटककार, मैं कवि, दोनों मिलकर उसे अवश्य परास्त कर लेंगे।

हम दोनों चुपचाप अरुण के कमरे में आये। मैंने उनके, अब अपने भी, बाबूजी को नमस्कार किया। उन्होंने डायरी लिखना बन्द कर मुझे अपना महँगा सिगरेट पेश किया। मैंने इनकार। बाबूजी ने अरुण से पूछा : कोई बुरा समाचार आया क्या? स्वदेश जी का चेहरा...

अरुण : नहीं तो, आपसे किसने कहा?

बाबूजी : अरे, कहेगा कौन! बुरी ख़बर इनके माथे पर लिखी हुई है।

उठा। अरुण साथ उठे। मेरे कमरे के दरवाज़े तक छोड़ने आये। बोले : बाबूजी को घुमाने ले जा रहा हूँ। घंटे भर में लौट लूँगा। कमरे में रहें। डरें नहीं। डर लगे तो दिल में बम–बम भोले बोलें। आप अच्छे आदमी हैं स्वदेश दा। भगवान शिव तैनात हो जायेंगे आपकी रक्षा में। अरुण गये। मैं कोसता रहा अपने आपको। आज तक क्यों नहीं चुना मैंने किसी देवता को अपनी रक्षा के लिए? अपनी शक्ति, मानसिक शक्ति, में सम्पूर्ण विश्वास होना कब से हो गया चरित्र का दोष। अहंकार तो न किया था कभी। फिर एक सौम्य, कुलीन, लगभग तीस वर्ष से ऊपर की महिला को गालियाँ क्यों दीं? क्या उसकी इतनी ही मासूम इच्छा थी जितना उसका वाक्य था : मैंने माण्डू नहीं देखा। भरी दोपहर मुझे डर लगना शुरू हो गया। मेज़ पर रखी दवाई की गोलियाँ उठायीं। ख़ुद को रोका। नो, यू बास्टर्ड। तुम दवाई रात को खाओगे। दोपहर को नहीं। डर बढ़ा। एक और गाली दी और सिडक्ट्रेस से कहा :

–प्लीज़ स्टे विद मी। मुझे डर लग रहा है।

उसकी साड़ी की सरसराहट सुनी। कमरे में आने की अथवा कमरे से जाने की। उसने मौन की भाषा में कहा : क्यों देते हैं गालियाँ अपने को। छोड़िए ऐसी क्रोधी आदत। नीचे जाकर चाय पी लें। डरने की कौन–सी

बात? फिर छेड़ा, मुस्करायी, होंठों के बीच के दाँत अचानक दिखे, छेड़ने वाली आवाज़ में छेड़ा :

डर कैसा? अब तो मैं माण्डू चलने को कहती नहीं...

अतीत

जब उसने कहा कि मैंने माण्डू नहीं देखा तो मेरे पास कृति वर्मा खड़े थे। वहाँ के क्षेत्रीय फ़िल्मों के नायक। कुछ और लोग भी। नाटक के निर्देशक और अभिनेता अभी बाहर नहीं निकले थे उस सभागार से जहाँ *कोर्ट मार्शल* का मंचन हुआ था। पता है, प्रॉपर्टी समेटने में थोड़ा वक़्त लगेगा। कृति से मेरा परिचय थोड़ी देर पहले हुआ था। उनकी पत्नी साथ थी तथा अभी–अभी बने मेरे कुछ फैन्ज़। नाटक और माण्डू की तुक न मिलने की वजह से वे भी परेशान थे। सिडक्ट्रेस ने जान लिया कि उसका वाक्य मुझ पर रजिस्टर नहीं हुआ। कुंजी लगा ताला खोला उसने उस अद्‌भुत स्थान का :

माण्डू का महल रानी रूपमती और बाजबहादुर के प्रेम का प्रतीक है। हो सकता है मैंने बुरा माना हो कि उसे *कोर्ट मार्शल* का यशोगान करना चाहिए और ले बैठी माण्डू को। माथे में बैठा हैंड ग्रेनेड हाथों में सरक आया और उसे कहा :

–देन गो एंड सी माण्डू।

–बट आई वांट टू सी माण्डू विद यू।

हथगोले का पिन निकाला, उसे मायाविनी की तरफ़ फेंका–गू ब्लडी वोमेन। डू यू थिंक आय एम ए मेल प्रॉस्टीटयूट?

शायद कृति को पता चल गया कि मेरा हाथ उठ जायेगा। उसने मज़बूती से मेरा हाथ पकड़ लिया।

वह एक क़दम पीछे हटी थी। अब चेहरे का रंग पीला। दाँतों से निचला होंठ दबा हुआ। समझ गया हथगोला बिल्कुल उसके ऊपर फटा। ख़ुश हुआ। उस छोटे राजा की तरह जो दूसरे छोटे राजा को पराजित कर अपने आपको चक्रवर्ती सम्राट समझ लेता है। कृति ने कहा : शी हैज़ सैड नथिंग इंसल्टिंग। एज वी इनवाइट सम वन फॉर ए कप ऑफ़ टी, शी इनवाइटेड यू टू सी माण्डू।

अपने पौरुष के दर्प में धनुष बना हुआ था मैं अभी तक : प्लीज़ कृति, प्लीज़! डोंट ट्राई टू एक्सप्लेन थिंग्स–आय एम नॉट नोन टू हर। हाउ

कैन शी इनवाइट एन अननोन परसन टू सी माण्डू विद हर? आई नो सच टाइप ऑफ़ वोमेन।

–तो स्वदेश जी। यू डोंट नो हर। नॉट एट आल। शी इज़ अ लीडिंग डॉक्टर ऑफ़ दिस टाउन। शी लव्ज़ हिन्दी थिएटर।

अब मैं हथगोला फेंकने पर गिल्टी फील करने लगा। उन दिनों ग़ुस्से में नहीं, कोप में आता था। मुझे सबके सामने उसका अपमान नहीं करना चाहिए था। किया। क्योंकि ख़ूबसूरत औरतों से तब मेरा रण ठना रहता था। उन्हें पराजित करने का कारगर तरीक़ा...औरों के सामने अपमानित करना। एक कमीनी रणनीति–हिटिंग बिलो द बेल्ट। लेकिन नहीं बोला एक छोटा–सा वाक्य जो जीवन के नब्बे प्रतिशत छोटे–छोटे निजी अवसाद दूर कर देता है। आय एम सॉरी।

दुष्कर्म स्वीकृति तो दूर की बात, मैंने ग़लती तक नहीं मानी। और रख लिया अपनी हिट लिस्ट पर मुझे इस मायाविनी ने। इसका पता जब चलेगा तो देर हो चुकी होगी।

एक रमणीय स्त्री का सारा इतिहास प्रेम का इतिहास होता है। तब मैं नहीं जानता था।

एक औरत बहुत सुन्दर हो तो उससे प्रणय–याचना करनी चाहिए। तब मैं नहीं जानता था।

जाओ, क्योंकि वह तुम्हें पुकार रही है। तब मैं नहीं जानता था। इसलिए सात वर्ष एकाकी कारावास बदा है भाग्य में। तब मैं नहीं जानता था। एक अत्यन्त सुन्दर औरत दिल से हमेशा बाँकी होती है। तब मैं नहीं जानता था।

यह तीन बार मेरे आसपास एक दायरा बनायेगी और मैं पागल हो जाऊँगा। तब मैं नहीं जानता था।

वह जब अपनी राख से जीवित बाहर आयेगी तो उसकी केशराशि लाल होगी। तब मैं नहीं जानता था।

बन जाऊँगा मैं सम्राट धज्जियों और थिगलियों का। तब मैं नहीं जानता था।

विपरीत होगी मेरी दशा हैमलेट से, क्योंकि मेरी मैडनेस में कोई मैथड नहीं होगा। तब मैं नहीं जानता था।

पास बने मन्दिर का आँगन उबासी ले रहा था। तब मैं नहीं जानता था।

–परमात्मा के जासूस मेरे पीछे लग जायेंगे। तब मैं नहीं जानता था।

मेरा चौड़ा–चमकता माथा त्रासद भविष्य की भविष्यवाणी बन जायेगा। तब मैं नहीं जानता था।

मैं एलियट का बूढ़ा बन जाऊँगा। सूखा पड़ गये महीने में जिसके लिए एक लड़का कविता पढ़ेगा। वर्षा की प्रतीक्षा की कविता। तब मैं नहीं जानता था।

मैंने कृति वर्मा से कहा, कोई टैक्सी बुलवा दें। गेस्ट हाउस जाऊँगा।

कृति ने कहा–पार्टी टू सेलिब्रेट द प्ले। फूड।

–टू हैल विद पार्टी। आय डोंट वांट फूड।

मायाविनी बिल्कुल पास आ गयी। अब उसका चेहरा पीला नहीं था। मीठा बोली–सर, आई कैन ड्रॉप यू एट द गेस्ट हाउस।

वास्तव में 'सर' कहकर उसने दूसरा दायरा खैंच दिया था मेरे चारों ओर। तब मुझे उसका पता नहीं था। उसके वक्ष पर निगाह पड़ी। दो स्वस्थ उभारों के बीच एक तीसरा छोटा उभार। क्या मायाविनी सौमित्र मोहन की कविता की त्रिस्तनी है? वह दुःस्वप्न काल में मेरा पहला क़दम था। तब मुझे इसका पता नहीं था।

टैक्सी ड्राइवर को कहा, किसी दुकान से बिस्किट के पैकेट ख़रीद दे।

–कितने सर?

–चार।

अच्छी तरह मालूम है, भूखे पेट नींद नहीं आयेगी। शुरू–शादी के दिनों में एक छोटे झगड़े को बड़े झगड़े में बदलने के लिए पत्नी को खाना न खाने की धमकी दी। उसने समझदार मुस्कान से कहा था कि खाना तो खा ही लो। रात एक बजे तक बिस्तरे में कूदता रहा। उठा। रसोई की लाइट जलायी। पीछे आन खड़ी पत्नी ने कहा था–हटो, मैं गरम कर दूँ। बर्तन तोड़ोगे। वहीं खड़े–खड़े खाया। शायद झेंप से मुँह लाल था। रसोई से जाते हुए उसने कहा था–तुम मर्द लोग पता नहीं झगड़े की सज़ा रोटी को क्यों देते हो! एक बात सीख लो। तुम्हें भूखे पेट नहीं आती नींद।

उसने टैक्सी रोक बिस्किट लिए। गेस्ट हाउस पहुँच गये। दरवाज़े के बाहर मेरा दोस्त बन गया कुत्ता बैठा था। एक कानवाला कुत्ता। प्रेम के

मौसम में ज़रूर बाकी कुत्तों ने मिलकर उसका कान कुतरा होगा। नीचे उतरा। टैक्सीवाले को सौ का नोट दिया। उसने कहा कि बिस्किट के पैसे मिला तीस रुपये बनते हैं। मैं बोला—बाकी रख लो। वह हैरान। ऐसी हरकतें तो शराबी करते हैं।

—नहीं सर! बहुत हैं।

—रख लो, बच्चों के लिए मिठाई ले जाना।

वह चकित गया वहाँ से। नहीं जानता कि स्वदेश रात के समय टैक्सी, ऑटोवालों को ज़्यादा पैसे देता है। दिन के समय इन्हीं से किराये को लेकर तकरार करता है।

दरवाज़ा खोला, एक कानवाला कुत्ता दरवाज़े के सामने बैठ गया। मैंने स्टूल खैंचा। उसके पास बैठा। रात के दस भी नहीं बजे, लेकिन ख़ामोशी और सघन अँधेरा, आधी रात वाले। कुत्ते के आगे बिस्किट रखे। नहीं खाये। मैंने दो खाये। उसने खाने शुरू किये। स्वाद आया। तेज़ी से पूँछ हिलानी शुरू। सारा पैकेट उसके सामने रख दिया। बरामदे के फ़र्श पर थपकी की—सी आवाज़ें। तो मेह बरसना शुरू। अँधेरे में बारिश दिखती नहीं सुनाई देती है।

अब हवा गीली भी थी। अब हवा ठंडी भी थी। अचानक मुझे शाम वाला आदमी याद आ गया, जिसने दो भाषाओं में चेतावनी दी थी—रन अवे फ्रॉम हियर। यू विल डाई।

भाग जाओ यहाँ से, नहीं तो मर जाओगे।

वह अँधेरे के शरीर में फिर मेरे सामने खड़ा हो गया। कुत्ते ने बिस्किट खाने बन्द कर दिये। पेट फ़र्श से चिपका, धौंकनी का—सा तेज़ चलता। एक कानवाले भयाक्रान्त कुत्ते की कूँ—कूँ।

मुझे पता था वहाँ कोई नहीं इस समय। फिर भी उस अनुपस्थित को कहा—

जाओ बाबा। जाओ। कोई नहीं मार सकता मुझे। तुम्हारे शहर की सिडक्ट्रेस क्योंकर मारेगी।

दुःखों के उस अनुपस्थित हरकारे के सामने मुझे गर्वोक्ति नहीं करनी चाहिए थी। लेकिन तब मुझे क्या पता था।

एक कानवाला कुत्ता खम्भे के पीछे छिप गया। बहुत सारे बिस्किट अनखाये छोड़कर।

बारिश की बूँदों ने उस स्थान के अँधेरे को धो दिया जहाँ सन्देशवाहक ने खड़े हो भयावनी पूर्व–सूचना दी थी। मैंने गाली दी, ब्लडी बास्टर्ड। डर गया बारिश से।

तब मुझे क्या पता था कि डरावनी भविष्यवाणी करनेवाले को गाली नहीं देते, प्रार्थना करते हैं। लेकिन तब मुझे प्रार्थना करनी भी नहीं आती थी।

इस आदमी का प्रत्येक हाव–भाव, जैस्चर, दिलो–दिमाग़ पर ख़ुद गया। किसी क़ब्र पर खुदे प्रार्थना अथवा स्मरण शब्द। दो भाषाओं में बोले, दो वाक्यों ने लम्बे समय के लिए मेरे दोनों हाथ पकड़ लिए। डर से भी। और सुनकर अपने लोगों को उसके बारे में कुछ नहीं बताया। बहुत कुछ जो समझ में न आये, वहम नहीं तो काली कल्पना कहकर टाल दिया जाता है। लेकिन अस्पताल में डॉक्टरों को बताया, उन्होंने न केवल माना, मेरा विश्वास भी किया। काली आत्माओं के डॉक्टर। उस आदमी की चेतावनी सच से भी डरावनी निकली। मैं सात साल लम्बी मौत मरा।

डॉक्टर पार्थो चौधरी तीन महीने के पी.जी.आई. चंडीगढ़ में विज़िटिंग प्रोफ़ेसर। उन्होंने मेरा केस हाथ में लिया। इन्चार्ज डॉक्टर अवनीत शर्मा ने बताया, आप क्रिएटिव पर्सन हैं इसलिए आपको चुना। बंगाल में तो कला–साहित्य को प्रभु जितना मान देते हैं।

वह मेरे बिस्तर के पास रखी कुर्सी पर दो घंटे बैठे रहे। मैं कुछ नहीं बोला। हिस्ट्री पढ़ चुके हैं, जानते होंगे, किसी ने मेरे शब्द चुरा लिए हैं, गूँगा बना दिया। एक हठी गूँगा। डॉक्टरों को कुछ बताने में अहं जो टूटेगा। एक ही–मैन। सारी शक्तियाँ खो चुका ही–मैन। अब सब कुछ मायाविनी का। स्वदेश का बाकी कुछ भी नहीं।

डॉ. पार्थो चौधरी ने उठते हुए कहा–कल फिर आऊँगा। वह मुस्कुरा रहे थे। एक जासूस जिसने रहस्य खोला। गीता ने कहा–भगवान के लिए यह जो पूछें, बताओ। फिर घंटों बैठे रहेंगे। इट लुक्स सो ऑकवर्ड। चीज़ों का दुखदायी होना इतना बुरा नहीं लगता जितना ऑकवर्ड होना। मैंने शायद अच्छा कहा। यादें आतीं तो लगातार आतीं, स्मृतियों का शब्दकोश खुल जाता। कहीं से भी। और उन्हें किसी सिलसिले में पिरोने की कोशिश में हताश हो जाता।

अभी अस्पताल में भरती नहीं हुआ था। घर के बरामदे में एक शालीन महिला आयी। देखता रहा। उसे पता चल गया, पहचाना नहीं। मुस्कुराकर परिचय दिया—नीरू हूँ स्वदेश जी। निरुपमा दत्त फ्रॉम *इंडियन एक्सप्रेस*।

मेरी बहुत प्रिय मित्र नीरू और मैं उसे भी भूल गया।

—नीरू. मेरी मेमोरी मर गयी...

—अच्छा है। भूलना अच्छा होता है। यादें एक बहुत सुन्दर प्रेमिका जो ठहरीं। दुःख भी देती हैं और धोखा भी।

बहुत देर बैठी नीरू। बीते दिनों का ख़ज़ाना खोल दिया उसने। लेकिन बहुत कहा, फिर भी उसने अपनी कोई भी पंजाबी कविता नहीं सुनायी। उसने पर्स खोला, छोटा—सा कैमरा निकाला, मेरी तस्वीरें लेनी शुरू कर दीं। मैं पहले चौंका, फिर डर गया।

—फ़ोटो क्यों ले रही हो?

—आपके बारे में लिखना है।

—मेरी बीमारी के बारे में कुछ मत लिखना।

—क्यों?

—लोगों को पता चल जायेगा। जान—पहचान वाले देखने आयेंगे। आई डोंट वांट फ्रेंड्स टू सी मी इन दिस कंडीशन।

—तो मैं लिखूँगी क्या! *एक्सप्रेस* की स्पेशल असाइनमेंट है, इसीलिए तो चंडीगढ़ से टैक्सी में आयी हूँ।

चुप रहा। एक प्यारे दोस्त को राज़ी कराने की ज़रूरत नहीं होती, वह हमारा आधा हिस्सा जो होता है। ठीक। लिखना तो है। बीमारी की बात नहीं करूँगी। अच्छा, पूछूँ, सुन्दर औरतों को देखकर आपको अब भी गुस्सा आता है? मत करें ऐसा। कहीं किसी फैटल ब्यूटी से टकराव हो गया...

कैसे बताऊँ नीरू को कि घातक सौन्दर्य से हो गया सामना। बना लिया उसने क़ैदी। वर्षों से बिस्तर से लगा उसका क़ैदी स्वदेश दीपक : आग्नेय सौन्दर्य का जन्मजात शत्रु।

नीरू को बरामदे से बाहर छोड़ने आया, शायद उदास थे दोनों। उसे बताया :

—नीरू, एक बार मुझे तुमसे तीन दिन के लिए प्यार हो गया था।

—स्वदेश जी, एक बार मुझे भी आपसे तीन दिन के लिए प्यार हो गया था। हमने यह वाक्य बिन बोले कहे थे। यह भाषा समझते हैं।

निरूपमा दत्त चली गयी। वह नाटक *कोर्ट मार्शल* की दीवानी है। दूसरे दिन उसका आर्टिकल आया–'*The Trial Survives from Kafka to Swadesh Deepak.* नीरू ने सब कुछ कहा, लिखा, लेकिन बीमारी के बारे में कुछ पता नहीं चलने दिया। तभी तो सारे लेखक, कवि और चित्रकार मानते हैं–द लेडी विद ए गोल्डेन पेन। निरूपमा दत्त चली गयी। अब फिर मिलेगी सात वर्ष बाद, दिल्ली में। वह कई बार ग़ायब हो जाती है, दिखेगी तभी जब उसका जी चाहे।

मैं डॉक्टर पार्थो चौधरी के कमरे में बैठा हूँ, मेडिकल कॉलेज के कुछ डॉक्टर, जो एम.डी. कर रहे थे।

चौधरी : आप सिगरेट पी सकते हैं।

मैंने बायें हाथ से माचिस जलायी। दायीं बाँह, दायाँ हाथ बेकार हो चुके थे, लोहे के मोटे पाइप से बँधे हुए।

चौधरी : मैंने कल आपकी कुछ कहानियाँ पढ़ीं। एवरी स्टोरी एंड्ज इन ट्रैजडी। डोंट यू एवर सी सनशाइन इन लाइफ?

मैं : नो। नो। नो।

मुझे तीन बार नो नहीं कहना चाहिए था। अभिशप्त हो जाते हैं।

चौधरी : कब गये थे वहाँ?

मैं : 1991 में गया था आपके देश।

चौधरी : देश नहीं, प्रदेश। लोग कैसे लगे?

मैं : बहुत अच्छा। फुल ऑव वार्म्थ। उसे छोड़कर।

चौधरी : उसे किसे? नाम बोलिए।

मैं : कामना।

नाम बोलते ही मैं उस कमरे से उठा और उसके पास पहुँच गया उसकी बैठक में। वह सफ़ेद साड़ी में, कन्धे तक कटे बालों से टपकती बूँदें। मैं उसकी शरीर–गन्ध से पगला गया। वह खड़ी होती तो उसके नितम्बों पर निगाह जाती। थोड़े भारी।

–कुछ दिनों हिप्स का पाँच किलो वज़न कम कर लूँगी। फिर तो माण्डू चलेंगे न?

वह खिड़खिड़ हँसी और सोलह वर्ष की लड़की में बदल गयी जिसे अपने प्रेमी को तंग करने में मज़ा आता है। मैं चौकस–चौकन्ना हो गया।

इसकी हँसी विजयी कैसे हो गयी? कर लिया फतह मुझे। शेक्सपियर याद आ गये : *So fair was never so fatal.* शेक्सपियर का लिखा झूठ नहीं होता। *My fatal time had already started.*

चौधरी : उन्होंने पहला वाक्य क्या बोला आपसे?

मैं : मैंने माण्डू नहीं देखा।

चौधरी : यह तो बिल्कुल हार्मलैस और इनोसेंट वाक्य है।

मैं : नो ब्लडी सेन्टेंस इज़ हार्मलैस ऐंड इनोसेंट। जब बेटे ने माँ के क़त्ल के बाद कहा–जब बहुत बड़ा पेड़ गिरता है तो धरती हिलती है। वाज़ इट इनोसेंट? नो। सैकड़ों सिखों का क़त्ल कर दिया गया। यू आर टेकिंग हर साइड। दैट ब्लडी सिडक्ट्रेस हू हैज़ पुश्ड मी टू द ब्रिंक ऑफ़ मैडनेस। आई एम लीयर ऑन द हीथ। हैमलेट इन हिज़ डार्कनेस। आई एम ओफ़ीलिया मोमेंट्स बिफोर हर डैथ। गुड नाइट! गुड नाइट डॉक्टर पार्थो चौधरी! गुड नाइट एवरी बॉडी!

अंग्रेज़ी सुनकर दो अर्दली कमरे में आये। मुझे मज़बूती से पकड़कर बाहर ले गये। जानते हैं, फिर पागल हो गया हूँ क्योंकि जो अंग्रेज़ी बोले, वह पागल–इसका उन्हें पक्का पता। उन्होंने बिस्तर पर लिटा दिया।

पास बैठी बिल्कुल माँ जैसी बड़ी बहन ने उनसे पूछा, क्या हुआ बच्चो?

–साहब ने फिर अंग्रेज़ी बोलनी शुरू कर दी।

बहन उदास, मुँह में कोई मन्त्र पढ़ना शुरू कर दिया। अब घंटों उसके होंठ हिलते रहेंगे। प्रभु जी से मुझे वापस लेगी। उसने मुझे पाला है। कई बरस शिमला में। वह मेरी आत्मा की रखवाली है।

गयी रात ख़ाली कुर्सी के पास कपड़ों की सरसराहट। आँखें खोलीं। वह बैठी कुर्सी पर। मायाविनी पहुँच गयी पी.जी.आई. चंडीगढ़। सफ़ेद साड़ी। सफ़ेद ब्लाउज़। सिर पर पल्लू। कुछ कटे बाल बाहर दिखते। अब वह एक संन्यासिन थी। अतृप्त संन्यासिन। इसलिए उदास संन्यासिन। मैं शायद अंग्रेज़ी बोला।

वह : बन्द कीजिए इंग्लिश बोलना। शोभा नहीं देता आपको।

मैंने जूठी भाषा बोलनी बन्द कर दी।

वह : आप जल्दी से ठीक हो जायें।

मैं : अब नहीं हो सकता।

वह : होंगे। होंगे, स्वदेश जी। मैं प्रत्येक रविवार काली मन्दिर में प्रसाद चढ़ा रही हूँ।

मैं : थोड़ी बार प्रसाद चढ़ाने से नहीं बच सकता। चर्च में छोटे–से कमरे में अपराध–स्वीकृति जो नहीं की।

वह : मत बहकिए फिर से। आपको अभी तक मेरी शक्तियों का पता नहीं। और माँ काली की असीम कृपा–क्रोध का पता नहीं। मैं आपको विदेश ले जाऊँगी इलाज के लिए। मैं आपको मरने नहीं दूँगी स्वदेश।

उसने मेरे नाम के साथ पहली बार जी नहीं लगाया। मैं थोड़ा–सा और अभिशप्त हो गया।

मैं : नहीं जाऊँगा विदेश इलाज के लिए। गया था श्रीकान्त वर्मा अमरीका इलाज के लिए। कांग्रेस आई का सेक्रेटरी। ख़र्चा पार्टी ने किया। नहीं बचा। मैं परायी ज़मीन पर नहीं मरूँगा।

वह : मैं मरने दूँ तब न। आप मेरे हैं। मेरा पूरा अधिकार–भगवान भैरव स्वयं दवाई देंगे।

वह उठी, दो स्तनों के बीच तीसरा छोटा स्तन दिखा। मैंने उसका पल्लू खैंच सिर के नीचे किया। कमरे में छोटा–सा सूर्य। मेरे पास छोटा–सा सूर्य।

वह : आँखें बन्द करें।

कर लीं।

वह : लम्बी साँस लें।

लिया।

वह : मुक्त कीजिए अपने अन्दर को। अब आप सो जायेंगे।

मैं सो गया। नींद की नदी में हिलोरे। कामना गयी। आयी भी थी क्या? वह थी कि हैलूसिनेशन।

भविष्य

सन् 2000 का फ़रवरी महीना। गोमती होस्टल दिल्ली में मलय से मुलाक़ात। दो दिन समझता रहा, मलय भोपाल से हैं, वह राजेश जोशी के साथ जो रह रहे थे। उन्होंने दो बार बताया कि जबलपुर से हैं।

बिल्कुल सवेर–सवेर, मुँह अँधेरे हम दोनों चाय की तलाश में गोमती से बाहर निकले। सड़कें सोयीं। चायवाले क्या खाक जागेंगे! बंगाली मार्किट की परिक्रमा का फ़ैसला लिया।

मैंने मलय को बताया कि उनके बारे में मुझे कुछ भी पता नहीं।

मलय : मैं जबलपुर का हूँ। कविता लिखने की कोशिश करता हूँ। वैसे मेरे बारे में सबने अपनी स्लेटें पोंछ रखी हैं।

छोटी चुपकी। अब आगे क्या बोलूँ।

मलय : आप तो स्वस्थ हैं। कौन बीमारी थी? जबलपुर में तो आपकी मृत्यु की ख़बर सुनी थी।

मृत्यु–ख़बरें मैं भी सुनता रहा, जब इन्टेंसिव केयर कमरे में था। चोरी से कोई अति–उत्साही पत्रकार अन्दर आया, फ़ोटो भी ली। चारपाई के साथ बँधा स्वदेश। नाक–मुँह में ट्यूबें और हाथ में ड्रिप। ख़बर अपने बिगड़े रूप में सम्भावित मृत्यु की जगह मृत्यु में बदल गयी। शायद यह पढ़कर राजेन्द्र यादव का ख़त आया था।

हम दोनों पैदल पथ पर। अभी तक किसी पक्षी ने अपनी बोली में सुबह होने की घोषणा नहीं की। उस सन्देशवाहक की चेतावनी एक साँस में मलय को सुना दी, जो काले भविष्य की काली ख़बर देकर विलीन हो गया था। उसी समय एक सफ़ेद बिल्ली ने रास्ता काटा। मैं थम गया। मलय ने कहा, पालतू है। इसका रास्ता काटना अशुभ नहीं होता। नहीं तो घर में सारा दिन रुकते–चलते ही बीत जाये।

मलय : जब उस आदमी ने आपको वहाँ से चले जाने की वार्निंग दी तो क्या कोई और था वहाँ?

–नहीं।

–तब किसी ने आपको चेताया नहीं?

–लेकिन उसने दो बार, दो भाषाओं में...

–ऐसा कुछ नहीं हुआ।

–मैंने दो बार देखा। कपड़े भी याद हैं। कोट, पैंट और टाई।

–मैंने कब कहा, आपने नहीं देखा। ज़रूर देखा। आपकी शक्तिशाली कल्पना ने उसे जन्म दिया था।

–उसका शरीर था मलय जी। वह केवल आवाज़ नहीं था।

–अँधेरा काट आपकी कल्पना ने उसे शरीरधारी बना दिया। आपके अन्दर के डर ने उससे सब कुछ कहलवाया।

–लेकिन मेरे अन्दर कोई डर नहीं था।

—था। उस शहर में नाटक के प्रथम मंचन का डर था। वहाँ के अहिन्दी भाषी दर्शकों का डर था। लेकिन हम अपने भय कभी स्वीकारते नहीं। हमारा पौरुष। हमारा पुरुष होना।

चाय की दुकानें बन्द। गोमती लौट पड़े।

मलय : तो क्या चेतावनी सच निकली?

—सच? सम्पूर्ण सच। सात साल एक गहरी काली और अतल गुफा का वासी रहा। उसने शब्द भी छीन लिए।

मलय : हो सकता है, कोई देवदूत आकाश से उतरा हो आने वाले ख़तरे से चौकस करने के लिए। क्या हुआ फिर?

कैसे मान लेता उसकी बात। मेरा पौरुष, मेरा दम्भ। कैसे मान लेता उसकी बात। वह आग्नेय सौन्दर्य जो देखना था। कैसे मान लेता उसकी बात। वह तेजस्विनी फिर गालियाँ कैसे खाती। कैसे मान लेता उसकी बात। उसके स्तनों का पीला संगरमरी जो देखना था। कैसे मान लेता उसकी बात। फिर उस मन्द साफ़ समय पास कैसे बैठते। कैसे मान लेता उसकी बात। सात साल तक बिस्तर के पास रखी कुर्सी पर कौन बैठता। कौन डालता बैन। कौन करता विलाप। कैसे मान लेता उसकी बात। तब विलियम फाकनर कैसे याद आता :

Between grief and nothing, I will take grief.

मलय : फिर क्या हुआ?

मेरे अन्दर चल रहा कैसेट बन्द, फिल्म दिखनी बन्द। मागातिनी तो मेरा निजी रहस्य है, लम्बी छुट्टी, लाँग़ लीव पर जा चुकी आत्मा का रहस्य और आत्मा का कोई भी हिस्सा, कभी भी बाँटा नहीं जा सकता।

वह घातक सौन्दर्य की स्वामिनी सपने नहीं देखती। यही वजह है उसकी रमणीयता की। मुझे पता है इस सत्य का। जिस दिन इसके सपने में प्रवेश कर गया, उसके काँचघर के सारे खिलौने ग़ायब हो जायेंगे। तब बन्द हो जायेगा मुझे दिखना इसके स्तनों का ऊपरवाला पीला हिस्सा।

वह द्विस्तनी है अथवा त्रिस्तनी।

मुझे उसे बहुत देर नहीं देखना चाहिए था। क्योंकि सौन्दर्य से आँखें परायी हो जाती हैं और तब प्राप्ति—लालसा बढ़ जाती है।

बदमाश बुजुर्ग दोस्तों की यह सीख मैं उस सुबह भूल गया। जब उसके कमरे में बैठा था, उसकी शरीर—गन्ध में स्नान किया था।

अतीत

दो काम्पोज़ खाने के बावजूद उसके शहर में मैं रात सुख से नहीं सोया। मैं ख़ुद को गालियाँ देता रहा। उतार दे ग़ुस्सा तीखी नाक से। वश में रख शब्दों को। लेखक हो। गुंडे तो नहीं। मेरे पास तो इसका फ़ोन नम्बर भी नहीं। माँग क्षमा, जाने से पहले। तुम और मुआफ़ीनामा! चीता अपनी जीवनधारा कभी नहीं बदलता। ए लैपर्ड नैवर चेंजिज़ स्पॉट्स।

सवेरा होने से पहले आदतन उठ बैठा। मुँह धोया। लिखे जाने वाले नाटक का नाम कौंधा–*काल कोठरी*। रोशनी की लम्बी लकीर खिंच गयी अन्दर की दुनिया में। शरीर धारण कर लिए पात्रों ने और मजमून भी बिल्कुल स्पष्ट। नाटक के अन्तिम दृश्य का एकालाप एकबारगी लिख गया। एक आक्रमण था, फिर सन्तोष और अन्त में मुक्ति। थिएटरवाले। मंच पर चम–चम करता जीवन। लगातार उधार पर चलता जीवन। बड़े दम्भ से सोचा, बीस दिन में लिख लूँगा। तब मुझे क्या पता था कि इसे पूरा करने में दस वर्ष लगेंगे, मैं अपनी काल कोठरी में चला जाऊँगा। रुककर सोचा, यह नया नाटक आक्रोश और सन्ताप के दो ध्रुवों के बीच क्यों चल रहा है? कहीं उसके कारण। कुछ समझ नहीं आया। मेज़ पर रखा गिलास फ़र्श पर मारा। टूटा नहीं। काँसे का जो था। विशेष कारण था ग़ुस्से का। मेरे लेखन में कभी भी बाहरी प्रेरणा नहीं रही। नारी तो कभी नहीं। पता है, औरत सोखेगी, फिर कुछ घटाएगी। फिर पड़ गये उसके पीछे। उल्टे आदमी जो ठहरे। माँ ने बताया था कि मैं उल्टा पैदा हुआ था। क्या हुआ इस अस्थायी पश्चात्ताप का? कौन–सी मुआफ़ी? किससे क्षमा : चीता तो आक्रमण ही करता है।

दो सफ़े फिर पढ़े, कुछ शब्द काटे। नाटक में शब्दों से मोह हो जाता है। यह फ़ालतू का मोह जानलेवा हो जाता है। अभिनेता के लिए भी, निर्देशक के लिए भी। यह बात मुझे रंजीत कपूर ने बतायी थी। *कोर्ट मार्शल* का प्रथम मंचन दिल्ली में रंजीत कपूर के निर्देशन में हुआ था। उसने प्वाइंट आउट किया था : स्वदेश जी, आपकी आदत है शब्दों को किफ़ायत से ख़र्च करना। लम्बी बात के जवाब में छोटा–सा जवाब नाटक की अन्दरूनी ताक़त को उभारता है। दोनों पात्र लम्बा बोलें तो भाषण–प्रतियोगिता बन जायेगी। जब विकास राय लम्बी स्पीच दे चुकता है तो कैप्टन कपूर पूछता है :

—तो फिर?

रंजीत ने चश्मा उतारा, शीशे साफ़ किये—बिना गाली का प्रयोग किये आप भाषा को इतना घातक और अपमानजनक कैसे बना लेते हैं? मैं क्या जवाब देता। यह सच बताना न ठीक समझा, न ज़रूरी कि मेरा सारे का सारा वजूद घातक है। किसी को एकदम अपनी तरफ़ खैंचूँगा, फिर एक छोटे—से वाक्य में उसे मिटा दूँगा। जैसे कि डू यू थिंक आय एम ए मेल प्रॉस्टीच्यूट।

रंजीत ने सलाह दी थी—अगर ज़िन्दगी में और नाटकों में गुस्सा कम करना है तो लड़कियों से दोस्ती करें।

जब रंजीत को क्योंकर समझाता कि जिनसे जन्मजात बैर है, उनसे दोस्ती कैसी...

मानसिक तनाव से ध्यान हटाने के लिए कोई काम करना ज़रूरी है। शेव शुरू की। लेकिन एकालाप के बाहर रह गये *काल कोठरी* के पात्र मेरा घेराव किये हैं। क़लम पकड़ ली। हमें हमारा जीवन दो। काट लिया गाल। झाग में लाली। छोटे घाव पर चुटकी भर पाउडर दबाया, फिर दूसरे गाल के पीछे पड़ गया। नाटक की गरजती—बरसती औरत ने कहा—मेरा नाम लिखो। लिखा। दूसरे गाल पर भी कट लग गया। हँसा। कल शाम से पहली बार हँसा—ए मिडल एजिड काउ—ब्वॉय बिट्टन आन द चीक्स बाय ए गर्ल इन हर टीन्ज।

इस गेस्ट हाउस में केवल सुबह की चाय देते हैं। सेवादार को पहली सुबह बोल दिया था। चार कप लाया करे। ट्रे से प्याला उसने स्टूल पर रखा। उसे बैठने को कहा। मान गया, डर भी गया। किसी ऐसी—वैसी चीज़ की माँग न कर बैठूँ। सिगरेट बढ़ायी। उसने ली, जेब में डाली और अपनी बीड़ी सुलगा ली। मैंने पूछा :

—क्या तुम्हारे शहर में जादू कर देते हैं?

—हाँ साहब, इधर की औरतें बाँध लेती हैं?

बात को मोड़ा।

—ज़रा चादर बदल दो।

—अभी लाया साब।

एक—एक करके चारों चाय प्याले ख़त्म किये। वह लौटा। चादर बदली। कमरा कुछ उजला हो गया।

—तुम पर किया किसी ने जादू?

—किया साहब। किया। बीस बरस होने को आये बिहार से इधर आया, आज तक घर नहीं लौटा।

जाने लगा तो हथेली पर दस का नोट रखा। अब मेरे नहाने के बाद भी चाय ले आयेगा।

ठंडे पानी से बाल्टी भरी। शावर से नहीं नहाता। सिर पर पानी डालने लगा, रुक गया। अलफ नंगा कमरे में आया। सिगरेट लगायी। क्यों आत्मा के जाग्रत हिस्से से स्पष्ट संकेत आ रहे हैं।

वह असाधारण सुन्दर औरत तुम्हारी प्रतीक्षा कर रही है।

अपने आपको खुश मत करो। कल गालियाँ सुनीं, आज प्रतीक्षा करेगी। फिर सुबह सात बजे नहा–धोकर तैयार किसके लिए हो रहे हो?

थिएटरवाले अगर देर से जाते हैं तो आते भी देर से हैं।

जब उसने टैक्सी का दरवाज़ा खोला था तो थोड़ा नीचे झुकी—उसके स्तनों का ऊपर वाला हिस्सा पीला था।

क्या सारा शरीर सुच्चे–मोतियों की पीली आभा वाला होगा?

आत्मकेन्द्र में तरंगें उठ रही हैं। कुछ ग्रहण कर रही हैं।

इस समय मैं दोनों ओर से संवाद बोल रहा हूँ। जो लेखक फ़िक्शन से ड्रामा में आते हैं, उनकी गहराई और पकड़ तेज़ होती है।

—उसकी तरफ़ से बोला : मुझे आपको माण्डू चलने के लिए नहीं कहना चाहिए था।

—कभी हम कहते कुछ और हैं, चाहते कुछ और।

—आपको इतना ग़ुस्सा क्यों आता है?

—कर दिया था आपने मन्त्रमुग्ध। पत्थर–टीले में बदल गया।

कट। संवाद बन्द। अपने पक्ष के संवाद ही बोल रहा था।

तौलिया लपेटा। बैठ गया। खिड़की से आती हवा चिकौटियाँ काट रही है। सोचा और चाहा कि शरीर का तापमान ज़ीरो डिग्री माइनस हो जाये।

ग़ुस्सैल लफ़्ज़ जन्म ही न लें। पीठ दरवाज़े की तरफ़। वह चाय लाया। बिल्कुल जिगरी दोस्त राजेन्द्र कौल ने एक बार कहा था :

—तेरी पीठ कितनी स्मूथ है, आयरिश औरतों की तरह!

राजेन्द्र कौल सी.बी.आई. का बड़ा अधिकारी। ज़रूर आयरलैंड गया होगा।

—आयरिश क्यों?

—अंग्रेज़ औरतों की पीठ देखो, लगता है कोई स्किन डिजीज़ और आयरिश। आधी ज़िन्दगी सूर्य—स्नान करती हैं। सुन मेरे महान लेखक। किसी ख़ूबसूरत औरत को पीठ मत देखने देना। लिपटेगी भी, काटेगी भी। उसने चाय स्टूल पर रखी, पूछा—बच्चे हैं?

—न जी। बिहार में जो छोड़ आया था, बस वहीं। यहाँ वाली बाँझ।

—किसी को दिखाया?

—न साब। मुझे बाँझ ही अच्छी लगती है। सारा समय प्यासी ही प्यासी। और क्या माँगना। हमेशा एक जवान औरत। मैंने हूँ—हाँ की। यह आदमी कामसूत्र की सारी नायिकाओं को जानता होगा। मुझे चुप हो गया देख चला गया।

सलाखों वाले रोशनदान से लाइनों में कटकर रोशनी अन्दर आयी।

अभी नवजात है। दोपहर तक जालिम हो जायेगी।

पैर सुखाना। पालिश किये जूते पहनना। मेरा ऑब्सैशन है। वह ख़ाली कप लेने आया। पालिश के लिए बूट ले गया।

वायरलैस से एक वाक्य मन पर टेप होना शुरू।

—जल्दी तैयार हो लो। तुम्हें जाना होगा।

क्या डब्ल्यू.वी. येट्स के शब्दों में मेरे अन्दर उसके लिए नफ़रत भी है, कामवासना भी—बिटवीन हेटरेड एंड डिज़ायर।

एक आदिम ख़ुशी मेरे अन्दर जन्म ले रही थी। जो चीते की होती है जब शिकार उसकी जद में आ जाये। ज़मीन पर लगा पेट, बेआवाज़ आगे सरकना, प्रत्येक अंग की ताक़त टाँगों में ट्रांसफर हो जाना, और अन्त में एक जानलेवा छलाँग। चीता हमेशा एक विशेष—कोण पर गर्दन उठा आसमान को देखता है। बिल्कुल विश्वविजयी : विलियम ब्लेक का चीता—टाइगर बर्निंग ब्राइट। इन द फॉरिस्ट ऑफ़ द नाइट।

छोटी—सी आशंका पैदा हुई। कौन है आखेट? और कौन अहेरी? ख़ुद को डाँटा। कहाँ से पैदा हुआ यह सवाल? मैं अहेरी हूँ। एक शाश्वत अहेरी। कोई मुझे पराजित करे। नहीं जानता था यह सत्य कि जिससे द्वन्द्व होगा, वह तो मायाविनी है, इंटरनल सिडक्ट्रेस। अद्भुत शक्तियाँ हैं उसके

पास। आने वाली सख़्त और सर्द जंग का पूर्वाभास होने लगा। फ़ैज़ अहमद फ़ैज़ ने चेतावनी दी–

जंग ठहरी है, कोई खेल नहीं है ए दिल।
दुश्मने जाँ हैं सभी, सारे के सारे क़ातिल।

वक़्त आया कि आया। अपने ही घर का पता भूल जाऊँगा। ज़िन्दगी की हर सुबह लहुलूहान हो जायेगी। सात सालों के लिए। अपने तक शक करने लगेंगे। मेरा सब कुछ झूठ। यह सच क्योंकर बता पाऊँगा कि एक मादा अहेरी ने मेरा आखेट कर डाला और दे दी सात साल लम्बी मौत, मेरा अहंकार। पहाड़ जितना अहंकार। बन जाऊँगा एक युद्धबन्दी। जेनेवा कन्वेंशन का कोई भी युद्धबन्दी–नियम मुझ पर लागू नहीं होता। ह्यूमन राइट्स वालों के पास अपनी शिकायत भी दर्ज नहीं करा सकूँगा। कुछ दंड चुप–चुप भोगने होते हैं।

बिल्कुल सफ़ेद क़मीज़ डाली। एक फरियादी का पैरहन। आ गया आमना–सामना होने का वक़्त। कन्फ्रंटेशन ऑफ़ द माइटी। वह आयी कि आयी क्या मेरी इच्छाशक्ति इसे यहाँ लायी? पहले ख़ुश। इतनी आसान विजय। इज़ी विक्टरी। जूलियस सीजर ने जब इंग्लैंड जीत लिया तो पत्नी को ख़त लिखा था–आई केम, आई सॉ, आई कान्कर्ड। मायाविनी कहीं स्वपीड़ित रतिशील, मैसॅकिस्ट तो नहीं? जितना जुल्म करो, उसकी रतिशीलता को उतना ही सुख मिलता है।

कोई दरवाज़े पे खड़ा हुआ, उसकी काया से दरवाज़ा भर गया। हाथ में कैप और वर्दी। ड्राइवर। इतना लम्बा, इतना सेहतमन्द ड्राइवर आज तक नहीं देखा। नमस्ते की, कहा–सर, दीदी आयी हैं। आपको लिवा लेने के लिए।

–कौन दीदी?

–आपके नाटक के बाद जो कल रात मिली थीं।

वह सीढ़ियाँ उतरने के लिए मुड़ा। मेरा शरीर थोड़ा–सा काँपा। यह चाहे तो क्षणभर में मेरी हत्या कर दे, गला दबाकर। केवल ड्राइवर नहीं अंगरक्षक भी। नीचे पहुँचे। वह कार से निकली। बिल्कुल सफ़ेद साड़ी।

कन्धों तक कटे बाल गीले। पहल मैंने की :

–वैरी गड मार्निंग।

लगा, थोड़ा शरमायी। वैरी गुड मार्निंग, शरीर का खेल हो जाने के बाद प्रेयसी अथवा मिस्ट्रेस को की जाती है। बीवी को कभी नहीं।

ठीक से देखा। उसका शरीर किसी बाँझ औरत का सा। एकदम कसा। कसाव और प्रत्येक कोण अपनी जगह पर सही। वह बात उसने बाद में बतायी कि दो बेटियाँ हैं। उसे हिप्स थोड़ा भारी। बताऊँ?

ख़ुद को डाँटा, ऐसे निजी रहस्य अपरिचितों को नहीं बताये जाते। उसकी कलाई पर बँधा मोटा लाल धागा–छोटी उँगली पर लम्बी घास की लिपटी अँगूठी। हम उस लम्बी विदेशी कार में बैठे। ड्राइवर ने बीच का शीशा ऊपर चढ़ाया। अब वह कुछ नहीं सुन पायेगा।

वह आधी मेरी तरफ़ मुड़ी, बोली :

–ओ गॉड। स्वदेश जी, आप तो मुझसे भी गोरे हैं। कहाँ से मिला यह रंग? मैं चुप। वह एक छोटी हँसी से थोड़ा हिली। पहली बार उसकी शरीर–सुगन्ध ग्रहण की। हँसती है तो दस साल छोटी हो जाती है। उसके चेहरे का कायाकल्प हो गया। सितारों जैसे दाँत और पानी के गोलाव का सा लगातार चक्कर काटती हवा। क्योंकि हवा का कोई बिम्ब नहीं होता। कोई नाम क्योंकर। क्योंकि हवा पढ़ नहीं सकती। कहानी याद आ गयी। ख़ुद मेरी लिखी। कितनी ख़ुश–तबियत है! कल रात दी गयी गालियों के लिए शायद सॉरी न कहना पड़े। अचानक एक डरावने सत्य का पता चला। जो औरत इतनी ख़ूबसूरती से हँसती है, उसके साथ बात दोस्ती तक ही नहीं रह सकती। उससे प्यार करना मेरे एजेंडे पर नहीं था। कैसे सह सकता हूँ प्यार इस औरत से जो पहली मुलाक़ात में सबके सामने कहे :

–मैंने माण्डू नहीं देखा। आई वांट टू सी इट विद यू।

हमेशा अपनी टर्म्ज़ पर किसी को चाहता हूँ। पुरुष जो ठहरा।

–आप बोलते बहुत कम हैं स्वदेश जी।

–सुनना अच्छा लगता है।

–आपने पूछा नहीं, मेरा रंग इतना गोरा क्यों, नैन–नक्श एकदम तीखे। मैंने उसकी ओर देखा।

–मेरे दादा आपके पंजाब से आये थे। यहाँ माइग्रेट किया। ही रेज़्ड अ बिजनैस अंपायर। बहुत मेहनती लोग।

—ऐसा कुछ नहीं। मुझे देखें। दिन में चालीस—पचास सिगरेट पीने की मेहनत।

—एक बात बतायें। आप कृष्णा सोबती के दोस्त हैं न?

—कृष्णा सोबती किसी की दोस्त नहीं।

—मिले तो होंगे?

—कैसे मिलूँगा? कृष्णा सोबती तो पाकिस्तान में रहती हैं। वह बिल्कुल हैरतजदा हो गयी। मैंने बात का खुलासा किया—जो लिखा है, फिर पढ़ें। वही पाकिस्तान। ज़मींदारों को शाहजी नाम देकर लगातार गुणगान। राजा सुखी तो प्रजा सुखी होगी ही। हर हाथ में एक बाँसुरी जो हर एक का ज़िन्दगीनामा बन गया। दास्ताने खुशहाली। फिर टप्पे। लोकगीत। हिन्दी पाठक दहशतजदा। तारीफ़ के पुल। अब अज्ञेय से किसी ने इस किताब पर राय माँगी तो उन्होंने कहा था, *ज़िन्दगीनामा* जब हिन्दी में प्रकाशित होगा तो पढ़ूँगा। लोकेल पाकिस्तान, भाषा लगभग पंजाबी। फिर कृष्णा सोबती दिल्ली में कैसे रह सकती हैं? निर्मल वर्मा को घर के आसपास घूमते सूअरों को देखने की सलाह देती हैं। खुद तो घर के आसपास चलते आदमियों को नहीं देखतीं।

—यू डोंट लाइक हर?

—आई नाइदर लाइक नॉर डिसलाइक हर।

—आलोचक तो उन्हें महान मानते हैं।

—यह आलोचकों का षड्यन्त्र है। जब किसी लेखक के महान होने की घोषणा कर दें तो दरअसल यह उसकी श्रद्धांजलि होती है। क्योंकि तब उसके लिखे पर सही विचार होना बन्द हो जाता है।

एक अधेड़ आयु की महिला अन्दर आयी, टी—ट्रे के साथ।

—दीदी, चाय डाल दूँ?

—नहीं। जाओ तुम। मैं बनाऊँगी।

उसने मुझे देखा, सिर का पल्लू ठीक किया, एक भेद—भरी मुस्कान मेरी तरफ़ डाल चली गयी।

—मैं नहीं लूँगा।

—क्यों, क्या हुआ?

—मैं चाय के साथ सिगरेट पीता हूँ।

—तो पीजिए फिर।

–कमरे में अलग–अलग प्रभुओं की मूर्तियाँ।

–कोई फ़र्क़ नहीं पड़ता प्रभुजी को धुएँ से। हाँ, जो माँगूँ, देते हैं। कल रात प्रार्थना की थी, आप मेरे घर आ जायें, आ गये आप। इतना ग़ुस्सा करने के बावजूद। गालियाँ तो दूर, मुझे आज तक किसी ने डाँटा भी नहीं। हस्बैंड ने भी नहीं।

–आपके हस्बैंड बहुत बदसूरत होंगे।

–वेरी अग्ली। बट वैरी रिच। लेकिन आपको कैसे पता?

मैंने सिगरेट जलायी। पहले कश के साथ तृप्ति मिली।

–स्वदेश जी! आप सिगरेट पीते हुए बहुत अच्छे लगते हैं। राइट आउट ऑफ़ ए हालीवुड फ़िल्म। स्लिम, ट्रिम, टफ एंड क्रुएल आलसो।

सुनकर अच्छा लगा। लेकिन चौकस भी हो गया। क्या उसने मेरे लिए पहली बारूदी सुरंग बिछायी है?

–आप तो कभी बीमार नहीं पड़े होंगे ना?

–एक बार। सिर्फ़ एक बार।

–हुआ क्या था?

–ब्रेन हैमरेज। लेकिन राजेन्द्र यादव नहीं माना था।

–लेकिन वह तो लेखक हैं। डॉक्टर तो नहीं। क्या हुआ...

अतीत

लखनऊ बैठा था अमृतलाल नागर जी के घर। बात चली कि हिन्दी वाले हमेशा अतिगम्भीर क्यों रहते हैं। सेंस ऑफ़ ह्यूमर है ही नहीं। नागर जी बोले थे–स्वदेश, कुछ पढ़ भी लिया करो। अब धारा तो याद नहीं लेकिन संविधान में साफ़ लिखा है–हिन्दी वाले हँस नहीं सकते। मुहावरे वाली नानी नहीं, जैसे इनकी माँ मरी है अभी–अभी। मिमियाते, अटक–अटककर बोलते और देश की चिन्ता में दुबले होते। उनके बेटे शरद ने मुझसे पूछा :

–स्वदेश जी, आपने कभी बम्बई जाने का नहीं सोचा? फ़िल्मों में...

नागर जी ने टोका–शरद, क्या कहर ढाना चाहते हो? मत दो ऐसी सलाह। वहाँ की औरतें इन्हें कच्चा खा जायेंगी। नागर जी सन्दर्भहीन बोलना शुरू हो चुके थे।

–हिन्दी में जिसे बतियाना आता है, खुलकर हँसना भी। पता है, कौन? राजेन्द्र यादव। मिले हैं कभी?

–जी। अच्छी तरह जानता हूँ।

–राजेन्द्र यादव को कोई भी अच्छी तरह नहीं जानता। मैं उठा। बहुत रोकने पर भी नागर जी बाहर छोड़ने आये। आँगन में चलते हुए बोले :

–स्वदेश, सौन्दर्य कई बार घातक भी होता है। और आपको क्रोध नहीं, कोप आता है। कभी आमना–सामना हुआ तो आपका सर्वनाश हो जायेगा। बचकर रहें। ध्यान से रहें। तब नहीं जानता था कि मेरा काला भविष्य उन्होंने पढ़ लिया था। जाने क्यों हुआ कि नागर जी के पैर छूने नीचे झुका। शायद ही माता–पिता के पाँव कभी छुए हों। नागर जी ने रोक दिया :

–किस जाति से हैं स्वदेश?

–ब्राह्मण।

–ब्राह्मण कभी किसी के पैर नहीं छूते। कहकर नागर जी कमरे में लौट गये। कट।

कॉलेज से पढ़ाकर लौटा था। कुर्सी पर पाँव रख तस्मे खोले। गिरा। मुँह से ख़ून निकला। पड़ोसी शहर के सबसे सफल और सबसे मूर्ख डॉक्टर को बुला लाये। उसने सूई–टीका लगाया और यह कहकर लगभग वहाँ से भाग गया :

–ब्रेन हैमरेज। दाख़िल करायें।

भागा इसलिए कि मैं मर जाता तो उसकी रेपुटेशन ख़राब हो जाती। सेना के दोस्तों ने सैनिक अस्पताल में दाख़िल कराया। चार दिन में ठीक हो गया। वहाँ के सी.ओ. कर्नल हरमिन्दर सिंह ने कहा–नथिंग हैपेंड। बिकाज़ यू आर ए परफैक्टली हैल्दी मैन।

शायद अगले महीने राजेन्द्र यादव के पास दिल्ली में था। उसे अपने ब्रेन हैमरेज की बात बतायी। वह छूटते ही बोला :

–तुम झूठ बोल रहे हो दीपक।

–क्यों? मुझे बुरा लगा।

–क्योंकि तुम पंजाबी हो और उनको ब्रेन हैमरेज हो ही नहीं सकता। पंजाबियों के ब्रेन होता ही नहीं।

वर्तमान

ख़ूब मज़ेदार आदमी हैं यादव जी। आपके अच्छे दोस्त हैं।

–राजेन्द्र के बारे में हर बात पास्ट टैंस में करनी चाहिए। उसके सम्बन्ध, उसके सरोकार जल्दी–जल्दी बदलते रहते हैं। मुझे इन बदमाशियों

के कारण अच्छा लगता है। बतरस की कला है उसके पास।

—अरे, आपकी चाय तो ठंडी हो गयी। मैं अपने हाथ से बनाकर लाती हूँ। गयी और आयी।

वह कमरे से रसोई में गयी। अपनी शरीर—सुगन्ध पीछे छोड़कर। किताबों पर निगाह दौड़ायी। लगभग सारी की सारी धार्मिक विषयों पर। अधिकतर जैन मत के बारे में, आकार में बड़ी किताब लोहे के शेल्फ से बाहर निकाली। मुखपृष्ठ पर अंग्रेज़ी में लिखा था—द ब्लैक तन्त्रा। नीचे लेटे एक मर्द के साथ वाइल्ड हो चुकी कुछ औरतें जिन विचित्र आसनों में जो कुछ कर रही थीं, वह मेरी कल्पना से परे था। मर्द निढाल और लगभग अधमरा। लेकिन चेहरे पर वहशी ख़ुशी। किताब वापस रख दी।

वह कमरे में आयी। चाय का प्याला पकड़ा, घूँट लिया।

—आप चाय ख़ूब अच्छी बनाती हैं।

—मैं बहुत सारी चीज़ें ख़ूब अच्छी बनाती हूँ।

मैंने उसकी तरफ़ देखना बन्द कर दिया। बहुत ख़ूबसूरत औरत को बहुत देर देखें तो आँखें नशई हो जाती हैं। देखने की इच्छा बेक़ाबू हो जाती है।

—आप प्रभुजी में विश्वास करते हैं?

—नहीं। आज तक किसी पूजा—स्थल के अन्दर नहीं गया।

अब उसकी आँखों में मेरे लिए करुणा थी।

—बहुत जल्दी विश्वास करने लगेंगे।

यह उसकी फाइनल स्टेटमेंट थी।

—हाथ आगे बढ़ाइए।

—क्यों, मैंने हाथ आगे बढ़ा दिया। अब उसकी उँगलियों में एक रंगीन मोटा धागा था। बिल्कुल वैसा जैसा उसकी कलाई पर।

—यह मोटा धागा...

—धागा नहीं, मौली। आपका रक्षा—कवच। मैंने बँधवा लिया।

—मूर्ख—बातों पर बहस नहीं करता। वह मेरा हाथ पकड़े रही।

—कितना सॉफ्ट, कितना गोरा!

—प्रशंसा पुरुष करते हैं, नारी नहीं।

—यही याद दिलाने की कोशिश कर रही हूँ।

—हम दोनों पहली बार साथ—साथ हँसे। सारा कमरा ख़ुशबू से सराबोर हो गया। खिड़कियों के काँच पर खट—खट की आवाज़ें।

—उसने हैरान हो उधर देखा।

—हवा है। अन्दर आना चाहती है।

—क्यों?

—हवा को अच्छा लगता है एक चमत्कार—सी सुन्दर औरत और मर्द के पास बैठकर उनकी मीठी बातें सुनना। उसने अभी तक मेरा हाथ नहीं छोड़ा था।

—हवा को अच्छा लगता है मीठी बातें सुनना। आपको नहीं। कितने प्यार से माण्डू चलने को कहा। आपने गाली दे डाली—यू ब्लडी वोमेन।

—आप जिस वर्ग, जिस सोशल—क्लास से हैं, वहाँ अफेयर हो सकते हैं, प्रेम नहीं। और प्रेम में हम बचकर नहीं चलते, कुछ समझीं कामना जी? इसलिए इतने ज़ोर से एन—ओ नो कहा था।

—आप जानते हैं, मेरा नाम कामना नहीं।

—जानता हूँ। लेकिन अपनी दोस्त का दूसरा नाम रख लेता हूँ। लगता है, एक की जगह दो दोस्त हैं।

—यू आर स्ट्रेंज। रियली स्ट्रेंज स्वदेश।

मेरे नाम के साथ 'जी' ग़ायब हो गया।

—अच्छा, जब आप लिख रहे होते हैं तो कैसा लगता है? थकान होती है?

—जब लिख रहा होता हूँ तो उन दिनों नपुंसक हो जाता हूँ। इंपो।

—तब तो मैं आपको कभी न लिखने दूँ।

—जानता हूँ।

वह खुलकर हँसी। उसका सारा शरीर इस हँसी में शामिल हो गया। कर्णफूल उसके गालों पर झूम रहे थे। इतना ज़ोर से हँसने पर कमरे में रखी धार्मिक किताबें उसको ग़ुस्से से देख रही थीं।

—मैं आपके लिए नाश्ता...

—आवाज़ लगाइए। अन्नपूर्णा ले आयेगी।

—नहीं। आज अपने हाथ से नाश्ता बनाऊँगी। बरसों बीत गये किसी को नाश्ता कराये अपने हाथों से।

वह रसोई में दरवाज़े तक पहुँची। मैंने कहा—रुकिए। रुक गयी। मेरी तरफ़ मुड़ी। गालों पर उग आये अंगारे देखे।

—हैव यू रैड द प्ले *डॉक्टर फास्टस* बाय मारलो?

उसने न में सिर हिलाया।

—हैलेन, लेटर काल्ड हैलेन ऑफ़ ट्रॉय इलोप्ड विद पैरिस, द प्रिंस ऑफ़ ट्रॉय। इट वाज़ टेकन एज़ नेशनल इन्सल्ट बाई द ग्रीक्स। थाउज़ैड ऑफ़ शिप्स विद सोल्जर्स अटैक्ड ट्रॉय। दिस गेव बर्थ टू द मिथ ऑफ़ फ़ेसे—फ़ेतेल—द फैटल ब्यूटी। इन अवर ओन लिटरेचर वी हैव द एग्जैम्पल ऑफ़ द्रोपदी। डू यू नो वाट मारलो रोट अबाउट द फैटल ब्यूटी ऑव हैलन?

वाज़ दिस द फेस टैट लांचड़ ए थाउज़ैंड शिप्स
एंड बर्न्ट द टापलैस टावर्ज़ ऑफ़ इलियांज

वह थोड़ी देर शिथिल रही। मेरी ओर बढ़ी। उसका पैरहन बदलना शुरू हो गया। उसके अपने कपड़े ग़ायब होना शुरू हो गये। अब ग्रीक वस्त्र थे उसके शरीर पर। क़द कुछ इंच बढ़ गया। वह एक औरत से एक सपने में तब्दील हो चुकी थी। वह अपने स्वप्नकाल में चली गयी। चेहरे पर स्वस्थ अहंकार और आँखों में वर्जनाएँ।

—प्लीज, मेक मी हैलन ऑफ़ ट्रॉय। उसे बताया नहीं, वह पहले से हैलन ऑफ़ ट्रॉय है।

—सो दैट यू आलसो कैन लांच ए थाउज़ैंड शिप्स।

वर्तमान

यह बात मैंने उसकी उजली बाँह छूकर कही और वह रसोई में चली गयी। उसने रसोई में पहुँचकर हैलन ऑफ़ ट्रॉय की काया धारण कर ली। मेरी आत्मा को सात साल लम्बे अवकाश पर भेज दिया और लगा दिये मेरे पीछे सशस्त्र सैनिकों से अँटे सैकड़ों जलपोत। भूल गया मैं अपने सारे के सारे सन्दर्भ। आत्मा में हो चुके सूराख से पहले प्रियजन निकले, फिर सारी सोबतियाँ, सारे यादव निकल गये। किसी चर्म—प्रसाधक ने चमड़े में मढ़कर चारपाई पर लिटा दिया। अब मैं विचारशून्य, वैजिटेबल बन गया था। खोखल में न अहंकार बच रहता है, न ग़ुस्सा। फिर शब्दों ने साथ छोड़ना शुरू कर दिया। मैं लोअर के.जी. में दाख़िल करा दिया गया।

सी.ए.टी.–कैट। र.आ.म.–राम। टीचर ने बड़े शब्द सिखाने से इनकार कर दिया। सात साल लगेंगे।

मेरे भग्नाशा के दिन शुरू हो गये। मेरे पास तो कोई देवी–देवता भी नहीं थे कि प्रार्थना करूँ। नैराश्य ने वह खिड़की भी बन्द कर दी जिसके काँच के पीछे सुख सन्देशवाहक खड़ी होती थी। कोई किताब पढ़ता, शाम तक ख़त्म करता। दूसरे दिन फिर वहीं पढ़ना शुरू कर देता। रात्रि को भूल जो जाता–हानी भी, पात्र भी। फ्लावेयर की *मादाम बोवेरी* बीस बार पढ़ गया। मेरा स्त्रीकरण हो गया। मैं और बोवेरी एक हो गये।

एक बार सोचा जरूर कि राष्ट्रपति को दया–याचिका, मर्सी अपील, करूँ। नहीं की। क्योंकि वह इतना स्याना नहीं लगा कि पानी पर लिख सके।

कोई बेवकूफ़ बूढ़ा घर आया, सलाह दी–तुम रोते क्यों नहीं?

दैट इज़ द एंड।

मेरा मन लगातार चाहता कि शुभ विदाई, गुड बाई करूँ। लेकिन किसे? अब कैसे निकाल पायेगा पीयूष दईया, स्वदेश दीपक पर केन्द्रित अंक? क्या तुम मुझे देख सकती हो हैलन ऑफ़ ट्रॉय? क्या बहुत देर कर दी? मुझे गर्मियों में साइबेरियाई जाड़ा लगने लगा।

दुष्कर्म स्वीकृति करो। स्कारलेट लैटर ने नायक की तरह।

पहले मुक्ति। फिर मृत्यु।

तब सुन सकोगे सूर्योदय का संगीत।

जलजला आया। जलजला गया। मुझे पता ही न चला। क्योंकि एक–एक करके मेरी इन्द्रियों की मृत्यु हो रही थी।

बेटी पारुल उस कॉलेज में नहीं पढ़ना चाहती जहाँ मैं पढ़ाता था। साथी प्रोफ़ेसर उसे रोकते, मेरा हालचाल पूछने के बहाने।

–अरे कुछ नहीं हुआ प्रोफ़ेसर दीपक को। ऐश कर रहे हैं, ऐश। सारा दिन बिस्तरे पर और हाथ में किताब। ही इज़ ए लक्की मैन।

तब इस दुखदायी सच का पता चला कि पढ़े–लिखे कमीने भी होते हैं और क्रूर भी जबकि घर में काम करने वाले नौकर, दूधवाला और डाकिया मेरा हालचाल पूछने के लिए कुछ देर रुकते थे।

इस सामाजिक दंड से तंग आकर बेटी शहर छोड़ दिल्ली चली गयी। मैं आतंकित रहने लगा–कहीं गीता भी न छोड़ जाये! इन दिनों

मेरी कल्पनाएँ डरावनी हो गयीं। पानी भरी बाल्टी से डूब जाने की दहशत होती। नहाना बन्द कर दिया।

भगवान के लिए मेरे पास बैठो। मुझे डर लग रहा है।

एक बहुत बड़े विस्तार में मैं निपट अकेला।

कोई हरकारा नहीं आता, कोई भी सुख–सन्देश लेकर।

मेरी आत्मा ने अविराम रोना शुरू कर दिया।

क्योंकि अभी मेरा समय नहीं आया था।

वर्तमान

विकासनारायण राय के पास रहता हूँ तो मायाविनी नहीं आती। वहाँ दो कमांडो जो होते हैं।

इस बार गेस्टहाउस में ठहरा। दोस्त शाम को आते हैं।

सौमित्र मोहन सवेरे–सवेरे आ जाता है। पता है उसे कि मुझे बहुत देर अकेले नहीं छोड़ना होता। मैं पीछे की ओर, अतीत में यात्रा पर निकल जाता हूँ।

मैंने उसे देखा, कोई अभिवादन नहीं किया। वह समझ गया।

–वह आयी थी क्या?

मैंने हाँ में सिर हिलाया।

–कुछ कहा क्या उसने?

मैंने हाँ में सिर हिलाया।

–क्या कहा?

–स्वदेश! आपने मेरा पिंजरा खोल मेरी मैना क्यों उड़ा दी?

सौमित्र और मैं उस कुर्सी को देखते ही रहे जिस पर बैठ मायाविनी ने अपने पिंजरे से अपनी मैना उड़ जाने की बात कही थी।

3

आपने कितने ख़ून किये हैं

Hippolytus : Do you see my pligh, queen.
Stricken as I am?
Artemis: I see. But my eyes are not permitted to
shed tears.

—Euripides

मैं अस्पताल से रिहा किया जा चुका था। हफ़्ते में एक बार पी.जी.आई. चंडीगढ़ जाना होता है। सलाहकार डॉक्टर प्रतापशरण के पास। अपने क्षेत्र के प्रकांड विद्वान, पटना से हैं, बोलते इतना हौले कि भ्रम हो जाये कि अज्ञेय के पास बैठे हैं। अपार सह्य सीमा। वह मांसाहारी तितली अब भी कमरे में आती है, लेकिन हर रोज़ नहीं। कुछ दिन बाद आयी तो कहा—भली लड़कियाँ अपना वादा पूरा करती हैं।

उसने कहा : आप बहुत शरारती हो गये हैं।

मैं : शरारती के साथ 'तुम' लगता है, 'आप' नहीं।

अस्पताल भी आती थी, जब बड़ी बहन ऊँघ रही होती थी और डॉक्टरों का लंच–ब्रेक होता था। उस समय अँधेरे और मृत्यु में एक क़दम की दूरी थी। अब उसे पश्चात्ताप होना शुरू हो गया था, क्योंकि उसका दंड बहुत बड़ा था मेरे दोष से।

—मैं रुक नहीं सकता।

—क्यों?

—क्योंकि मैं रुक नहीं सकता।

उस दिन कोई हौसला दिये बग़ैर वह चली गयी। मैं एक गड़बड़ाया रूपक बन गया। मुझे रोने से अब भी डर लगता है। जब अस्पताल से रिहा

करेंगे तो उसके साथ पिकनिक पर जाऊँगा। सुन्दरवन जायेंगे।

वह बीमारी के शुरुआती दिन थे। अख़बार पढ़ना बन्द कर दिया। सुबह होते ही बड़े बरामदे में बैठता हूँ। गीता ने चाय का प्याला मेज़ पर रखा। गेट के पास से अख़बार उठाया। रसोई की तरफ़ बढ़ी। रुक गयी।

–तुम अख़बार क्यों नहीं पढ़ते?

–समझ नहीं आता।

–पच्चीस साल अंग्रेज़ी के प्रोफ़ेसर रहे हो और अख़बार समझ नहीं आता! नानसेन्स। अच्छा, ट्राई करो, प्लीज़!

मैंने ट्राई करने के लिए अख़बार उठाया। पहले पेज पर देश के नेता का फ़ोटो था। धीरे–धीरे उसकी जीभ बाहर निकली और वह छिपकली में बदलना शुरू हो गया। मैंने अपना रंगीन पाजामा उतारा और लुकमान अली में बदलना शुरू हो ग़ायब। लेकिन मेरे पास मेरा शागिर्द था ही नहीं। भूत–प्रेतों की कहानियाँ किसे सुनाता!

भाषाएँ मेरे दिमाग़ से बाहर जा रही थीं। लेकिन दूर संवेदना मेरे पास थी। दूसरे शहरों में रह रहे अपनों से बातचीत कर लेता था। लेकिन पास के लोगों से बातचीत के लिए तो अपनी भाषा चाहिए ही। एक बार उदयपुर रह रहे पीयूष दईया से पूछा :

–भगवान का क्या हालचाल है?

थोड़ा पॉज़ के बाद बोला :

–आपका क्या हालचाल है?

अब पीयूष से बात नहीं करूँगा। सच भाँप लेता है। अब किससे पूछूँ कि क्या प्रभु से सौदेबाज़ी की जा सकती है? अगर मैं अपना शव बहुत गहरे गाड़ दूँ? अब सब मुझसे एक दुर्बोध भाषा में बातें करते। कुछ नहीं हुआ तुम्हें। भजनों के कैसेट सुनो। लम्बी साँस लो और दिल में ओऊँम बोलो। सुबह उठते ही चार गिलास पानी पीयो। ...कितने सरल इलाज होते हैं लोगों के पास!

आँगन में लगे छोटे पेड़ों के बीच चिड़ियाँ आती हैं। भूरे रंग की सात बहनें भी, सामूहिक स्वर में नाश्ते की माँग करती हैं।

हवा में कान कुतरने की आवाज़ आयी। एक बहुत बड़ा पक्षी फाइटर प्लेन की तरह डाइव कर रहा है। पंख हिल नहीं रहे। सबसे ऊँची टहनी पर बैठा। एक निरंकुश राजा की तरह गर्दन घुमा सारे आँगन में देखा।

चिड़िया और सात बहनें हाहाकर करती उड़ गयीं।

डोम पक्षी

माँ की बतायी बात याद आ गयी। जब ऐसे डरांवने पंछी घर में आयें तो कोई न कोई मरता ज़रूर है।

मैं बहुत खुश। कोई न कोई कौन हो सकता है मेरे सिवा। मृत्यु–इच्छा। डैथ विश हावी हो चुकी है मेरे ऊपर–तीन बार कोशिश करूँगा। लेकिन डोम पक्षी बचा लेगा, केवल अपने लिए।

मैं कहाँ जाना चाहता हूँ।

मैं दूसरी तरफ़ जाना चाहता हूँ। यह दूसरी तरह शायद कहीं हो ही न। मेरा शरीर मेरे पछतावे का गवाह बन गया। लेकिन इन दिनों मायाविनी फ्रैंच भाषा बोलती है।

उसे हिन्दी न समझ आती है, न बोल पाती है।

कोलरिज मेरे पास बैठ मेरा हालचाल बताता है :

वीव ए सरकल अराउंड हिम थ्राइस
एंड क्लोज युअर आइज़ विद होली ड्रैड।

बचपन में जब बहुत दुःख–तकलीफ़ में होता तो माँ हमेशा सीख देती :

–हौसला रख काका!

अब और कितना हौसला रखे तेरा काका : सालभर हो गया तेरे काके को बिस्तर से लगे।

और डोम पक्षी

मेरे न नहाने की वजह से रोज़ तकरार हो जाती।

–तुम नहाते क्यों नहीं?

–पानी की बाल्टी में डूब गया तो?

–कपड़े क्यों नहीं बदलते?

–यह फट गये तो पहनूँगा क्या?

–दस कुर्ते–पाजामे तुम्हारी अलमारी में रखे हैं। लेकिन बदलोगे नहीं। तुम लोगों को दिखाना चाहते हो कि पहनने को कपड़े नहीं देती।

स्वदेश चुप। पास बैठा बेटा सुकान्त चुप। आठवीं में पढ़ता है। भन्ना चुकी गीता ने कुर्ते के निचले सिरे पकड़े। अब फाड़ने के लिए झटका देगी।

सुकान्त : मम्मी। बिहेव यूअरसैल्फ।

वह तेज़ क़दमों से अन्दर चली गयी।

सुकान्त ने पूछा : वाट इज़ रांग विद यू?

सालभर हो गया, पता नहीं चला कि मेरे साथ रांग क्या है। सुकान्त ट्यूशन पढ़ने चला गया।

परिवार के लोगों का पास बैठना लगभग बन्द। खाने की थाली सामने रख दी जाती है, खा लेता हूँ।

वज़न तेजी से कम होता। पहले ही इकहरा बदन था। कपड़े ढीले हुए। लटक गये। अचानक मिर्ज़ा याद आया। साहिबां की याद में गलियाँ–गलियाँ भटकता मिर्ज़ा। औरतें और बच्चे ताने देते हैं। अब कोई नहीं डरता इस पीले पड़ चुके योद्धा से। मुर्दों का बादशाह मिर्ज़ा।

लेकिन मैं अभागा न अपनी साहिबां का नाम ले सकता हूँ, न उसके शहर का। लोग मखौल उड़ायेंगे। दुख ने मेरा परिचय उससे कराया, फिर मेरा दोस्त बनाया। और मैं सिद्ध–दोष करार दे दिया गया। आनन्द और कोमलता के क्षण मर गये। लिखना बन्द। हवा में आग लग गयी थी। मेरे लिए अब न गीली होगी, न ठंडी। मुझे एक कानवाला कुत्ता याद आया। उसके शहर के गेस्टहाउस में मिलता था। जब जाग रहा होता हूँ, तो नींद आने लगती है। जब सोता तो नींद खुल जाती। क्या वह सदा तेजस्विनी है? हाँ, हैं। क्योंकि असाधारण सुन्दर औरतें कभी सपने नहीं देखतीं। इसलिए दुःख इन्हें छूकर भी नहीं निकलता। प्रत्येक माँ–जाये को पगला देती हैं।

सुकान्त रात को ट्यूशन से लौटा। हैरानी हुई। यह तो मेरे पास से गुज़रता तक नहीं। कमरे में क्यों?

–मेरे साथ डी.आई.जी. की बेटी ट्यूशन पढ़ती है।

मैं उसे देखता रहा।

–कल उसे बताया, आप नहाते नहीं। शी टाक्ड टू हर फादर।

आगे क्या कहेगा।

–उसके फादर ने बताया कि अगर कोई न नहाये तो पुलिस पकड़ लेती है। डी.आई.जी. ने कहा तो ठीक कहा। सीनियर अफ़सर सारे क़ानून जानते हैं। खड़ा हो गया–नहाऊँगा।

–सुबह नहा लेना।

–नो, आई वांट टू टेक बाथ नाउ।

पत्नी ने साफ़ कुर्ता–पाजामा निकाला, पूछा–मैं नहला दूँ? पीठ पर साबुन कैसे लगाओगे?

–डू यू थिंक आई कांट टेक ब्लडी बाथ माईसैल्फ?

वह हैरान। यह तेजस्वी ग़ुस्सा कहाँ से लौट आया? क्या ठीक...नहाते हुए यह सोचकर ख़ुश हुआ कि हमारी पुलिस के पास कितने अच्छे–अच्छे क़ानून हैं! न नहायें तो पकड़ लें।

घर में दोपहर दो बजे तक अकेला। गीता काम पर। सुकान्त स्कूल। शिशिर के दिन आ गये।

वीरान निर्जनता का अपना एक अलग सुख, अलग पीला सौन्दर्य। लकड़ी की अलमारी से पुरानी तस्वीरों वाला एल्बम ले आया। यह देख साँस थम गयी कि प्रत्येक तस्वीर में मुस्कुरा रहा था। कौन ले गया वे दिन, कहाँ ले गया! मेरे खुश रहने वाले दिन! अब तो समय गर्मियों के सूर्य की तरह हो गया है। निर्दय। कुछ नहीं लेना–देना बदलते मौसम से। रजिस्टर ही नहीं होते। न तन पर, न मन पर। जानलेवा सर्दी की सुबह बनियान में बाहर बैठा रहता हूँ। तब मैं संन्यासी बनना शुरू हो गया था। अथवा मानसिक विकलांग। उसने दिल को मन्त्रमुग्ध किया और एक पत्थर में बदल दिया। लगातार दवाइयाँ। कुछ अपने बताते हैं–मेरी आँखें सन्त की आँखें हैं। मेरी आँखें शराबी की आँखें हैं। चीज़ों का केन्द्र सरकना शुरू हो गया। मैं पहाड़ पर नहीं जाऊँगा।

उस बरस, उसके शहर में, उसके घर, उसके पास था। उसने बताया :

–स्वदेश जी, हमारे गेस्ट हाउस हैं। मनाली में, धर्मशाला में, मसूरी और नैनीताल में। लिखने के लिए जब जाना चाहें, मैनेजर को फ़ोन कर दूँगी।

–मुझे पहाड़ अच्छे नहीं लगते।

उसकी आँखों में हैरानी। पहाड़ लेखकों के प्रिय जो हैं।

–पहाड़ मूर्ख होते हैं। बोथ डम्ब एंड स्टैटिक। क्या संवाद करेंगे?

–मुझे बुला लीजिए। जब अच्छे लगेंगे।

–तब लोग हमारे माथों पर लिखा पढ़ लेंगे कि हम पहाड़ पर क्या करने आये हैं।

उसने हँसना शुरू किया तो हँसती ही रही। पहली बार नोट किया, जब हँसती है तो उसकी एक आँख थोड़ी छोटी हो जाती है। कमरे में

रखी किताबें उससे रूठ जाती हैं। उसने हँसना बन्द किया। झरना बहना बन्द। साँस लेकर बोली :

—वह मुहावरा है न, याद आ गया। आपके मुँह में घी—शक्कर।

पराया सुख और पराया घर बहुत दिन बाँध नहीं सकते।

मैं झट से अपने घर अंबाला लौट आया।

दिल जब मन्त्रमुग्ध हो तो पत्थर में बदल जाता है।

तब चीज़ों का क्रम बदलना और बिगड़ना शुरू हो जाता है। तब राबर्ट ब्राउनिंग की प्रेम की परिभाषा याद आती है—आई वांट दिस वोमेन।

दुःख ने मुझे अपना दोस्त बना लिया।

पता नहीं, अधसोये हुए मुझे, चाँद की तरफ़ मुँह उठा रोता कुत्ता क्यों दिखने लगा!

मैं निर्मल वर्मा का *एक चिथड़ा सुख* फिर पढ़ना चाहता हूँ।

अब यहाँ हवा कभी नहीं चलती।

मायाविनी ने कहा था : आपने तो आयु को मात दे दी, डिफाई कर दिया। हैं पैंतालीस के, लगते तीस के हैं।

तब मुझे खुश नहीं होना चाहिए था। जो आयु को चैलेंज करेगा, आस्कर वाइल्ड की *पिक्चर ऑफ़ डोरियन ग्रे* बन जायेगा।

तुम्हें देख प्रत्येक माँ—जाया पगला जायेगा।

मेरा शरीर मेरे पश्चात्ताप का, अनुताप का गवाह बनना शुरू हो गया।

अब शरीर मन्त्र नहीं पढ़ता।

मैं दूसरी तरफ़ जाना चाहता हूँ।

हवा ठंडी होनी शुरू हो चुकी है।

दिनों बाद कॉलेज गया। कामना के शहर में तेरह दिन रहा।

ब्रिटिश कपड़े डालता हूँ। डबल—ब्रेस्ट ब्लेजर। लाल रंग की पोलका डाट्स टाई, स्टील ग्रे पैंट। कपड़ों के मुआमले में तीसवें—चालीसवें दशक का पैरोकार हूँ।

आज अमेरिकन कवि राबर्ट लोवेल इंट्रोड्यूस करना है। तीन बार पागलखाने रहा था।

क्लास—कमरे में पहुँचा तो एम.ए. इंग्लिश की लड़कियाँ—लड़के एकदम खुश। शुरू के पाँच मिनट गपशप के लिए देता हूँ। बाद में फिर नहीं बोलते।

उस महानगर के बारे में पूछा जहाँ नाटक था।

जब एक कानवाले कुत्ते से दोस्ती के बारे में बताया तो उन्हें बहुत मज़ा आया।

मुँहलगी निम्मी ने पूछा—सर, डिड समवन फॉल इन लव विद यू?

—यैस। समवन डिड फॉल इन लव विद माई इमेज।

मुझे पता ही न चला कि लोवेल के बारे में दो वाक्य बोलने के बाद मैंने बर्नार्ड शॉ के नाटक *सेंट जोन* पर बातें करना शुरू कर दिया।

किसी ने याद दिलाया—आई थिंक वी ऑर डूइंग लोवेल एंड नाट शॉ!

मैं एकदम चुप। सारी क्लास हैरानी से, डर से मुझे देखती। दीपक सर को क्या हो गया? घंटों बोलते हैं बिना नोट्स के, और आज? मुँहलगी निम्मी ने कहा—सर, टेक रेस्ट टुडे। वी विल डू लोवेल टुमारो।

कॉलेज से निकला। माल रोड की पुलिया पर बैठा। छावनी की सड़कें लगभग सुनसान रहती हैं। घर अगर जल्दी लौट गया तो सवाल पूछे जायेंगे।

सिगरेट जलायी। मुझे टुमारो का अर्थ समझ नहीं आ रहा। क्या अगला दिन? टुमारो का विस्तार होना शुरू हो गया। महीनों में, फिर बरसों में। अन्दर बैठे डर ने हाथ पकड़ बताया—शायद तुम्हारा टुमारो बहुत लम्बा है किसी कवि की लाइन याद आ गयी—टुमारो, एंड टुमारो, एंड टुमारो।

तर्क ने समझाया—आज भूल गये तो क्या, कल नोट्स लेकर क्लास में जाओ। आदमी हो, कभी भूलोगे भी। पुलिया पर क्यों बैठे हो किसी नाकाम आशिक़ की तरह?

तब मुझे कहाँ पता था कि लॉजिक पर विश्वास नहीं करना चाहिए।

तब मुझे कहाँ पता था कि दो जमा दो चार कर लेने से हल नहीं निकलते।

तब मुझे कहाँ पता था कि अपने आज से इतनी घिन हो जायेगी, टुमारो मर जायेगा।

तब मुझे कहाँ पता था कि सपने अर्थहीन भी हो जायेंगे, डरावने भी।

तब मुझे कहाँ पता था कि काफ्का की कहानी 'मैटामोरफ़ेसिस' का नायक हूँ जो एक कॉक्रोच में बदलना शुरू हो चुका था।

तब मुझे कहाँ पता था कि अपने लोग शक की निगाह से देखना शुरू हो जायेंगे। इसे कुछ नहीं हुआ। बीमारी का बहाना कर रहा है।

विकासनारायण न शक करेगा, न सवाल।

पत्नी गीता डॉक्टर अवनीत से कहेगी–नथिंग इज़ रांग विद हिम। ही डज़ंट वांट टू वर्क। डॉक्टर अवनीत उसे कुछ नहीं समझाएँगे अभी।

तब मुझे कहाँ पता था कि इतिहास एक मूक अन्त की तरफ़ पहुँच रहा है।

चाँद की छाती बिल्कुल सर्द है।

शरीर के मन्त्र ख़त्म। तर्क डूब गया।

मैं इस अजनबी को दफ़न कर दूँगा।

मुझे उसने कहा–इस परिन्दे की हत्या कर दो।

अब तुम मृत्युगीत को उत्सव नृत्य में नहीं बदल पाओगे।

मैं दिन से रात में बदल रहा था।

अतीत

दोपहर। सोया था। घर के लोग घर में नहीं थे। फिर वायु–तरंगें क्योंकर महसूस हो रही हैं? कोई और कमरे में है। बिस्तर के पास रखी कुर्सी। आँखें खोलीं।

मायाविनी बैठी थी। मेरे कमरे में पहली बार आयी। वही सफ़ेद साड़ी। पल्लू से सिर ढँका। पंजाब की औरतों की तरह बैन डाल रही थी। शोकगीत। आज मुझे उसकी शरीर–सुगन्ध नहीं आयी कमरा बिल्कुल स्तब्ध शान्त। उसके विलाप की गूँज भी मर गयी। क्या वह मेरी मास्टर पोयम है?

–आप कब आयीं?

–जब आपने देखा।

दरवाज़ा बन्द। कैसे आयी अन्दर? अन्दर बैठे अजगर ने कुंडली खोलनी शुरू कर दी।

–दरवाज़ा तो बन्द है। फिर अन्दर कैसे आयीं?

–मुझे बन्द दरवाज़े रोकते नहीं। जहाँ चाहूँ जाऊँ।

–थक तो गयी होंगी। चाय...

–मेरा शरीर तो उसी शहर में है जहाँ आप मिले थे। इस समय, आपके पास मेरी अशरीरी काया बैठी है।

मेरा अन्दर थर, थर, थर। मैं काली और अतल गुफा की ओर चल पड़ा।

—आपने मेरे ख़तों का जवाब देना बन्द क्यों कर दिया?

—लिखने को कुछ नहीं था।

—था। सब कुछ था। बट यू डिसाइडेड टू डिनाई मी। यू लाइक मी। बट यू डिनाई इट। यूअर मेल एरोगेंस।

—इट्स लेट। डैथ इज़ नाकिंग ऐट माई डोर।

—नहीं, आप मरेंगे नहीं। मैं रक्षा करूँगी। मैंने आपको साल लम्बी मौत दी है। एक–एक करके सब छोड़ जायेंगे। मैं रहूँगी आपके पास।

मैंने हाथ बढ़ा उसका हाथ पकड़ना चाहा। हाथ में नहीं आया। अशरीरी जो है। मैं बिल्कुल डर गया। कमरा भी डर गया। वह मेरी तरफ़ देख रही है। आँखों में करुणा ही करुणा।

—माई स्वदेश, माई पूअर स्वदेश! यूअर नेम विल चेंज इंटू सफरिंग। मैं भी कुछ नहीं कर सकूँगी।

—तुम डाकिनी हो क्या?

—मैं मायाविनी हूँ। द इंटरनल सिडक्ट्रेस।

जब से आयी है, परिन्दों की आवाज़ें बन्द। इस समय मिट्टी के बर्तन से पानी पीने आते हैं। कुछ नहा भी लेते हैं। दूसरे परिन्दे प्रोटेस्ट करते हैं—मेरी बारी, मेरी बारी। डर गये, तभी नहीं आये।

—आप क्या पढ़ रहे हैं आजकल?

—डॉक्टर हरदेव बाहरी का शब्दकोश।

मायाविनी कभी हैरान नहीं होती। आज इसका तीसरा स्तन नहीं है।

—इतने उदास क्यों हैं?

—भेड़िए के बेटी नहीं, इसलिए उदास।

वह एकदम उठ खड़ी हुई। साड़ी की सरसराहट तक नहीं। पैर देखे। धूल। क्या इतनी दूर से पैदल चलकर आयी?

—मैं दरवाज़ा खोलता हूँ।

—मैं बन्द दरवाज़े से आ भी सकती हूँ। जा भी सकती हूँ। ख़त लिखूँगी।

—न लिखिए। बिना खोले फाड़ देता हूँ।

—क्यों? पढ़ लिया करो। कोई अच्छा ख़त भी हो सकता है।

–नहीं आते अब अच्छे ख़त। चाँद के मुँह पर चेचक हो गयी।

–डू यू वांट टू स्लीप?

–यैस, आई वांट टू स्लीप।

–दैन क्लोज यूअर आइज़।

आई क्लोज़्ड माई आइज़। शी पुट हर हैंड आन माई फोरहैड। आई डिड नॉट फील हर टच। द बर्ड्स स्टार्टेड चिरपिंग। सो शी हैज़ गान। द वुल्फ़ इज़ सेड। ही डज़ंट हैव ए डॉटर। एम आई गोइंग इंटू स्लम्बर? यैस। स्लम्बर...

गीता ने जालीवाले दरवाज़े के बाहर खड़े हो आवाज़ दी–चाय ले लो।

अब वह कमरे के अन्दर नहीं आती।

दरवाज़े के पास गया।

–मुँह इतना पीला क्यों है? किससे डर गये? कोई आया था क्या?

न में सिर हिलाया।

–अब कौन आयेगा तुम्हें मिलने!

उसने कवि बिहारी वाला नाविक का तीर चलाया और चली गयी।

पिछले दिनों भोपाल से ज्ञान चतुर्वेदी आये थे देखने। मेरे बहुत प्रिय। गीता ने शिकायत की थी उनसे कि अब कोई नहीं आता। पहले रोज़ शाम जमावड़ा रहता था।

–भाभी जी! खंडित मूर्ति की पूजा करने कोई नहीं आता। लोगों को चल गया पता कि स्वदेश जी अब किसी के काम नहीं आ सकते। आपको आदत डालनी होगी।

आख़िरी बात कहते हुए ज्ञान फिर उदास हो गया। हालाँकि हम सबमें सबसे ज़्यादा शरारती लेखक भी है, आदमी भी।

शाम को गीता सुकान्त के साथ कमरे में आयी।

–इसे यह पोयम पढ़ा दो। और कुछ करने से तो रहे।

सुकान्त की तरफ़ देखा।

उसने बताया : राबर्ट फ्रास्ट की। स्टापिंग बाय वुड्ज़ आन ए स्नोई ईवनिंग।

भारत में यह कविता एकदम लोकप्रिय हो गयी थी। जब पंडित नेहरू मरे तो उनकी मेज़ पर रखे ब्लाटिंग पेपर पर कविता की आख़िरी लाइन लिखी हुई थी—एंड माइल्ज़ टू गो बिफोर आई स्लीप।

एम.एम. में पढ़ाई है। आज पढ़ी। बिल्कुल समझ नहीं आयी। झूठे आत्मविश्वास की झूठी कविता। कविता का अच्छा होना ही काफ़ी नहीं, सवाल यह है कि कविता कहीं जाती भी है।

सुकान्त से कहा—समझ नहीं आयी। वह भन्नाकर उठा।

—आई विल नैवर कम टू यू फॉर हैल्प।

एक और पुल टूट गया।

उसने दूसरे कमरे में जा माँ से शिकायत की। वह गरजती—बरसती आयी :

—पच्चीस साल अंग्रेज़ी के प्रोफ़ेसर रहे और बेटे को एक पोयम नहीं पढ़ा सकते। यू आर शैमिंग। कुछ नहीं हुआ तुम्हें। बिस्तर में लेटे—लेटे बीवी की कमाई से रोटी खाने की आदत पड़ गयी है। कैसे मर्द हो, ज़रा भी शर्म नहीं!

वह मध्यवर्ग से निम्नवर्ग की भाषा की तरफ़ जा रही है और उसे इसका पता ही नहीं।

पिता का थोड़ा—सा आग्नेय सामन्ती ख़ून अब भी मेरी रगों में है। लेकिन अब ठंडा। इतनी बात पहले किसी ने कही होती तो ख़ून...

भेड़िया उदास है। उसके बेटी नहीं।

पुरुष जब बिस्तर में बेकार हो जाये, बेरोज़गार हो जाये, बीमार हो जाये तो पत्नी को सारे सच्चे—झूठे झगड़े याद आने लगते हैं। तब वह आततायी बन जाती है। उसके सर्पीले दाँत बाहर निकल आते हैं। गीता के नाख़ून एकदम लम्बे होना शुरू हो गये।

एक बार सोचा ज़रूर कि उसे बताऊँ—छब्बीस वर्ष कमाई मैंने भी की। फिर माँ की सीख याद आ गयी।

एक चुप—सौ सुख।

देर—शाम बेटे ने अपने कमरे से आवाज़ दी—कम एंड वाच द टी.वी.।

डॉक्टर अवनीत शर्मा ने हिदायत दे रखी है कि मुझे टी.वी. ज़रूर दिखानी है। फिर मैं सुकान्त से भी डरने लगा हूँ। डी.आई.जी. की बेटी इसके साथ पढ़ती है। शिकायत की तो? अगर न नहाने पर पुलिस पकड़

सकती है तो हो सकता है, टी.वी. न देखने पर भी पकड़ ले!

कोई सीरियल शुरू होता। कथा–सूत्र, अभिनेताओं के नाम मैं पहले ही भूल चुका होता। गीता, सुकान्त से बार–बार पूछता–

इस एक्ट्रेस का नाम क्या है?

यह रो क्यों रही है?

इसके बच्चे कहाँ हैं? रात है, स्कूल तो हो नहीं सकते।

वह रोती है तो पेड़ों से पत्ते क्यों गिरते हैं?

सुकान्त : कीप क्वाएट। शी इजंट मैरिड। हर लवर हैज़ बिट्रेड हर।

गीता : सुकान्त, डोंट टैल हिम एनीथिंग। ही विल नॉट अंडरस्टैंड। ही इज़ गोइंग मैड।

वह उठी। रसोई की तरफ़ जाने लगी।

सुकान्त : डोंट यू वांट टू वॉच द सीरियल ? इट्स योअर फेवरिट।

गीता : नो। आई कांट ब्रीद इन द प्रेजन्स ऑफ़ दिस मैन।

घर कान्वेंट स्कूल में बदल चुका है। मैं उठने लगा।

सुकान्त : (तेज़ आवाज़) सिट डाउन। वॉच टी.वी.।

दीपक : थोड़ी देर के लिए अपने कमरे में जाऊँगा। लौट आऊँगा।

सुकान्त : बट व्हाई?

दीपक : भेड़िया उदास है, उसके बेटी नहीं।

सुकान्त का मुँह पीला। मैं अपने कमरे में पहुँच गया। बारिश एकदम आयी। बारिश का मौसम नहीं था। आज हवा भी उसके साथ। दोनों मिलकर सेना के हरावल दस्ते की गर्जना करती हुई। छत में बनी स्काइलाइट पर गोलियाँ चलने की आवाज़ें।

लाइट चली गयी। सुकान्त मेरे कमरे के दरवाज़े पर–डोंट सिट अलोन इन द डार्कनेस। कम टू द फैमिली रूम। कैंडल जला दी है।

उसे मुझ पर दया आ गयी आज। 'कैंडल जला दी है', हिन्दी में क्यों बोला? अभी इतनी अंग्रेज़ी नहीं आती। आठवीं में है।

टी.वी. बन्द। मैं ख़ुश। न कुछ पूछूँगा, न डाँट पड़ेगी।

सुकान्त से पूछा : लोग बारिश से डरते क्यों हैं?

सुकान्त : (नाराज़) हाउ डू आई नो?

मैं चुप। हैरान। हिन्दी लेखक के घर जन्मे के लिए हिन्दी टफ क्योंकर हो गयी?

गीता दरवाज़े में खड़ी हमारी बातें सुन रही। छलाँगकर अन्दर आयी।

गीता : सुकान्त, स्कूटर बाहर निकाल दो।

सुकान्त : क्यों?

गीता : तुम्हारे बाप को जी.टी. रोड पर छोड़ूँगी।

सुकान्त : क्यों?

गीता : किसी बस, किसी ट्रक के आगे कूद जाये। पुलिस केस भी नहीं बनेगा। ख़ुद भी मुक्त हो। हम भी मुक्त।

सुकान्त : (चीख़कर) बोथ ऑफ़ यू आर मैड। यू विल ड्राइव मी क्रेजी। मैं पढ़ूँ कैसे? फेल हो जाऊँगा। ओ माई गॉड! व्हाई डिड आई टेक बर्थ इन दिस कर्स्ड होम।

वह अपने कमरे में गया। लगातार ऊँची आवाज़ में रोता?

मैं उसे चुप कराने नहीं गया। मुझसे बहुत जुड़ा है। उसका नायक हूँ। रोल मॉडल। और जब रोल मॉडल आँखों के सामने टूटने लगे तो रोना आता ही है।

सुकान्त रोते–रोते सो गया।

टीन एजर्स गो टू स्लीप व्हाइल क्राइंग। दे आलसी क्राई व्हाइल स्लीपिंग।

जब उसने जी.टी. रोड पर ट्रक–बस के नीचे आ मरने की सलाह दी तो अच्छे दिनों को छोटा–सा नेगेटिव पाज़िटिव में बदला।

उन्नीस वर्ष की दुबली–पतली लड़की। जो सोच ले, वही कर गुज़रने वाली लड़की।

मैं उसे अच्छा लगने लगा।

इसलिए नहीं कि लेखक था। इसलिए कि मुझे गुस्सा बहुत आता था। और उसे चमचा मर्द सिरे से अच्छे नहीं लगते।

घरेलू विरोध का सामना बोलकर नहीं किया। बड़ी आँखों से उनकी तरफ़ देखा भर। आँखों में लिखी इबारत उन्होंने पढ़ ली। जो करना है, करो। आई लाइक दीपक। दैट्स इट। शादी हो गयी।

जब दुःख के दिन बरसों में बदल जायें तो क्या–क्या मर जाता है।

मेरे वाले रोग में शुभकामनाएँ और आशीर्वाद मर जाते हैं।

विपक्ष शक्तिशाली हो जाता है। मत बढ़ रहे हैं। सत्ता छीनी कि छीनी।

आय एम ट्रांसफिक्स्ड। मैं भेदा जा चुका हूँ।

शरीर के, आत्मा के सारे मन्त्र मर गये।

मैं फिर *लोलिता* पढ़ना चाहता हूँ।

आज तक न धर्मवीर भारती को देखा है, न कमलेश्वर को।

शीला संधू लाडली डाँट लगाती हैं–दीपक, मर्द बन।

निर्मल ज़रूर नाराज़ होंगे। बरसों से ख़त नहीं लिखा।

सब जो इतना प्यार देते थे, नाराज़ क्यों हो गये?

मैं मरता क्यों नहीं?

डॉक्टर अवनीत शर्मा ने समझाया था–इस रोग में आयु लम्बी हो जाती है। देयर इज़ लिटल स्ट्रेन ऑन बाडी एंड माइंड।

अन्दर इतनी सुनसान ख़ामोशी कि गूँज मर गयी।

कृष्णा सोबती ने दिल्ली से सलाह दी–लिखने की कोशिश करो स्वदेश। हो सकता है, प्रेत पछाड़ दो। फतह हमेशा तुम्हारी होनी है।

लिखने की मेज़ पर बैठता हूँ। दिमाग़ में बुख़ार चढ़ जाता है। डिलीरियम। मन करता है इस अजनबी का, जो स्वदेश था, अन्तिम संस्कार हो जाये। क़ब्र में दब जाये।

पक्षी एक बौने के पीछे उड़ रहा है।

मायाविनी कहती है–इस पक्षी को मार दो। ड्रेस्ट्रॉय इट।

मैं क्या करूँ। उसकी उपस्थिति में अब सूर्य नहीं होता।

मुझे हमेशा अपने बसन्त में विश्वास क्यों था?

क्या मेरे इतिहास का मौन काल आ गया?

तुम बस–ट्रक के नीचे आकर मर क्यों नहीं जाते?

पी.जी.आई. चंडीगढ़ में डॉक्टर अवनीत शर्मा का कमरा।

आज सुकान्त साथ। गीता की छुट्टियाँ थोड़ी–सी बाकी। शायद आने वाले और बुरे दिनों के लिए बचा रही है।

अवनीत मुझे अतिरिक्त मान देते हैं। जम्मू मेडिकल कॉलेज में थे तो मेरी कहानियाँ पढ़ी थीं। उन्हें याद है। साहित्य–प्रेम के कारण ही मनोरोग विशेषज्ञ बने। अन्दर के अँधेरे कोनों को जानना, रहस्य तक पहुँचना उनको अच्छा लगता है।

अवनीत : कैसे हैं? यह जवाब मत दीजिए, ठीक हूँ।

मेरे इस जवाब से उन्हें चिढ़ है।

अवनीत : इस बार मैडम साथ नहीं आयीं?

सुकान्त : शी कुडंट गैट लीव।

अवनीत : (शरारत से) कुडंट ऑर डिडंट?

मैं : अब मेरे लिए ठीक भाषा का यूज़ नहीं करती।

अवनीत : सीधे कहिए, गालियाँ देती है। मरने के लिए उकसाती है।

मेरा सिर झुका का झुका।

अवनीत : आपको मार भी सकती हैं। तैयार रहें। इस रोग को इस देश में सामाजिक स्वीकृति नहीं मिली। नो सोशल सैंक्शन। सड़क पर मैले–कुचैले, फटे–पुराने कपड़ों में देखकर पहले बच्चों और फिर बड़ों के हाथों में पत्थर आ जाता है। और हम बर्बर में बदल जाते हैं। टोटल बारबेरियन्ज़।

मेरा सिर झुका हुआ।

अवनीत : इस बीमारी का सामना करने के लिए पहाड़ जितनी सहनशीलता चाहिए। पत्नी ठीक गालियाँ देती है। ठीक मारती है। आप तो बीमारी से जूझ रहे हैं। उसे सामाजिक कलंक और बीमारी, दोनों का सामना करना है। आपके साथ अनहोना कुछ नहीं हो रहा।

मैं हमेशा हैरान। इस विभाग के सारे डॉक्टर केरल के, तमिलनाडु के, पंजाब के भी, इतनी शुद्ध और हिन्दी कैसे बोलते हैं! क्या सबको डॉक्टर नामवर सिंह ने पढ़ाया है?

सुकान्त : ही डजंट शेव। ही डजंट टेक बाथ। ही हैज़ स्टाप्ड ईटिंग।

अवनीत : इन हिज़ इमेजिनेशन ही इज़ इंटरनली डैड। एंड ए डैड मैन नाइदर शेब्ज़ नार ईट्स। दिस हैपन्ज़। डोंट बी अफ्रेड।

मेरा सिर झुका हुआ।

अवनीत : और बातें करें स्वदेश जी।

मैंने न में सिर हिलाया।

अवनीत : ठीक है। थक गये होंगे।

मैं उठा।

अवनीत : मेरी सलाह है, आप यहाँ दाख़िल हो जायें।

स्वदेश : कितनी देर के लिए?

अवनीत : कम–से–कम तीन महीने।

मैं : आई कांट रिमेन इन हॉस्पिटल फॉर थ्री ब्लडी मंथ्स।

हम दोनों कमरे से बाहर आ गये।

सुकान्त : यू शुड नॉट यूज़ द वर्ड ब्लडी फॉर डॉक्टर।

मैं : आई यूज्ड इट फॉर द ब्लडी हॉस्पिटल। तुमने कब से सोच लिया कि मुझसे ज़्यादा इंग्लिश जानते हो?

मैं और सुकान्त बस स्टैंड की ओर चल पड़े। अपने कमरे में पहुँचने की जल्दी। दोपहर को मायाविनी जो आयेगी।

घर पहुँचते ही गीता ने सुकान्त से पूछा :

–क्या कहा डॉक्टर ने?

–कुछ नहीं। ही वांट्स टू एडमिट हिम फॉर थ्री मंथ्स।

–इसने क्या कहा?

–ही डज़ंट वांट टू बी एडमिटेड।

–यह क्योंकर दाख़िल होगा! बैठे–बैठे ऐश जो कर रहा है! फिर यह जुल–जुल का मारा वहाँ भी क्या ठीक होगा!

वह मेरे लिए नये–नये शब्द गढ़ती है आजकल। हिन्दी और अंग्रेज़ी, फ्रेंच और लैटिन तक के शब्दकोश देखे। जुल–जुल शब्द कहीं नहीं मिला। ज़रूर इसके पास कोई सीक्रेट डिक्शनरी है।

वह औरत से बारूदी सुरंग में बदल रही है।

कहाँ से लाऊँ मैं पहाड़ जितनी सहनशीलता?

वे गर्व के, आत्मविश्वास के दिन कहाँ गये जिनकी गर्दन कोण विशेष पर अकड़ी रहती थी?

अब सूर्य को गेंद की तरह हाथ में क्यों नहीं पकड़ सकता।

दरवेश और मानसिक विकलांग में क्या कोई अन्तर है?

किसने छीन लिया मेरा वसन्त।

देयर इज़ नो मैथड इन दिस मैडनैस।

मैंने मरने का मन बना लिया। द एंड।

सवेरे उठा। अब दिन देखने के लिए अख़बार उठाता हूँ। पढ़ता नहीं। रविवार। छुट्टी का दिन। मेरे लिए बिल्कुल दुखदायी दिन। सब लोग घर में। मुझे सारा दिन टोकेंगे। बात–बात पर कोई सलाह। आँखों में वही

जाना–पहचाना कसैलापन और ज़ुबान में नुकीले पत्थर। अब मेरी मृत्यु की प्रतीक्षा में।

हॉलीवुड की फ़िल्में याद आयीं। रोमांटिक उपन्यास याद आये। नायिका पानी में हीटिंग राड लगायेगी। स्विच ऑन करेगी। पानी में हाथ डालेगी। और मर जायेगी। वट एन ईजी वे आउट।

मुझे बाथरूम में खट–पट करते उसने सुन लिया। आयी।

–सवेरे–सवेरे क्या कर रहे हो?

–नहाऊँगा।

–कौन–सी मुसीबत है! किसी से मिलने जाना है?

–मेरी मरजी।

मैं थोड़ा तीखा बोला। मर जाने का फ़ैसला निडर बना देता है।

–नहाना है तो नहाओ। सारा दिन भाँ–भाँ क्यों करते हो?

उसने अपनी सीक्रेट डिक्शनरी से एक और शब्द निकाला, मारा और वहाँ से चली गयी। मैंने दरवाज़ा बन्द कर लिया।

रॉड बाल्टी में। स्विच ऑन। आईने में देखा। दाढ़ी बढ़ी हुई। वाहियात ख़याल आया। मरने वाले की दाढ़ी बढ़ी हुई नहीं होती। बनायी नहीं।

अपने हिसाब से अपने जीवन की आख़िरी सिगरेट जलायी।

पानी से हल्का धुआँ उठना शुरू। झटके से दोनों हाथ बाल्टी में डाले।

कुछ नहीं हुआ। बिल्कुल कुछ नहीं हुआ। छोटा–सा झटका भी नहीं।

देखूँ, स्विच ऑन है न?

पागल। आर यू रेविंग मैड? जब पानी गर्म है तो स्विच ऑन ही होगा।

कौन खेल रहा है हाइड एंड सीक मेरे साथ!

क्या कृष्ण ने मुझे अश्वत्थामा होने का शाप दे डाला?

क्या एलियट के रोज–गार्डन में प्रवेश नहीं होना!

अपने अस्तिव से काट दिया गया हूँ। मैं कच्चा मांस हूँ। परमात्मा बन गया।

मैं ख़ुद अपना प्रेत बन गया। मेरे बिस्तर में कोई और सोता है।

वह मेरी पताका है। मैं उसका ध्वज–वाहक।

अब वह न अपना नाम बताती है, न मेरा नाम पूछती है।

उसका नाम मायाविनी तो है ही नहीं।

जब उसके पास, उसके घर में, उसके शहर था तो उसे अपनी चाभी क्यों दी?

अब मुझे मिलने वे आते हैं जो अवास्तविक हैं।

बरामदे में बैठता हूँ तो एक चिड़िया भीख माँगने आती है।

अब शरीर अनुपस्थित क्यों रहता है?

इब्राहिम अल्काजी जब पहली बार मिले तो कहा था :

सफरिंग इज़ यूअर डैस्टिनी। डोंट ट्राई टू एस्केप इट। द डोर इज़ क्लोज़्ड...

अतीत से

दोपहर को दिल्ली से घर पहुँचा। कन्धा–बैग उतारा।

गीता : बैग मत खोलना। अल्काजी साहब का टेलीग्राम आया है। कल बारह बजे मिलने को बुलाया है।

मैं : अभी तो पहुँचा हूँ, कल कैसे...

गीता : यह डिसाइड तुम करो, मेरे हिसाब से जाना चाहिए।

मैं : ठीक।

उषा गांगुली ने कलकत्ता से लिखा था कि वह अपने ग्रुप रंगकर्मी का *कोर्ट मार्शल* दिल्ली ले गयी थी गंचन के लिए। अल्काजी साहब देखने आये। उन्हें आपका नाटक और मेरा निर्देशन बहुत अच्छा लगा। हम लोगों का सौभाग्य।

तब नाटक *जलता हुआ रथ* का पहला ड्राफ्ट लिखा था। अभी तक न अल्काजी से मिला था, उनका कोई काम और उन्हें भी नहीं देखा था। पढ़ने के लिए उनको त्रिवेणीवाली आर्ट गैलरी के पते पर भेज दिया। मंचन के लिए नहीं। इतना पता था कि वह नाटकों से संन्यास ले चुके हैं।

ग्यारह बजे सौमित्र के पास ललित कला अकादमी पहुँचा। तब वह वहीं काम करता था। सौमित्र को कभी भी, किसी बात पर हैरानी नहीं होती। इसलिए पूछता कुछ नहीं, जितना बताना चाहते हो, बताओ। अगर मैं उसे कहूँ कि मैंने दूसरी शादी कर ली है तो कहेगा–अच्छा किया। बाकी बात घर चलकर करेंगे।

बताया कि कल जाकर आज क्यों लौट आया!

—ठीक किया। अल्काजी से मिलोगे तो नाटक का फ़ायदा होगा। मैं त्रिवेणी तक पहुँचा दूँगा।

—चला जाऊँगा। पता मालूम है।

—पता मालूम होने से रास्ता मालूम नहीं हो जाता। लंच साथ करेंगे।

—मुझे देर लग सकती है।

—नहीं। अल्काजी पन्द्रह मिनट से ऊपर टाइम नहीं देते।

सौमित्र ने त्रिवेणी के बाहर छोड़ा। अल्काजी गर्मजोशी से मिले। सबसे पहले कन्धे से थैला उतारा और मेज़ पर रखा।

—रिलैक्स। इट्स सेफ। सम्टाइम्ज़ वी कैरी द होल होम विद अस।

मैं चुप।

—पहले लंच कर लें। त्रिवेणी में भीड़ हो जायेगी। डोंट माइंड माई आर्स्किग। कैन वी कनवर्स इन इंग्लिश। आई नो हिन्दी। लेकिन बहुत ठीक से नहीं।

—वी कैन। आई टीच इंग्लिश लिट्रेचर टू पोस्टग्रेजुएट क्लासिस।

—देट्स इट। वैट इज़ द रीज़न यू हैव कोटेड इंग्लिश क्लैसिक्स इन *जलता हुआ रथ,* इट्स एप्ट। वैरी एप्ट। दीज़ आर मीनिंगफुल पार्ट ऑफ़ द स्ट्रक्चर एंड थीम ऑफ़ यूअर प्ले।

खाते हुए सब्ज़ी, चावल वग़ैरह कमीज़ पर आदतन गिरे।

—डोंट यू एवर कम आउट ऑफ़ यूअर क्रिएटिव वर्ड। ट्रेनिंग होनी चाहिए। एक वर्ड को लॉक कर दूसरे वर्ड में आने की। बोथ मस्ट बी सेपरेटिड।

मैं चावल खाता रहा, कपड़ों पर गिराता रहा।

—डू यू हैव ए डॉटर?

चौंका। सिर हिलाया।

—स्वदेश। लक्की हो। बेटी से शेयर किया करो। अ डॉटर नेवर मेक्स फन ऑफ़ फादर।

—शी इज़ स्माल एज़ येट।

—नो। ए डॉटर इज़ नैवर स्माल। शी इज़ सैकेंड मदर।

उनके कमरे में। उन्होंने *जलता हुआ रथ* की फ़ाइल निकाली। लगभग हर पन्ने पर पेंसिल से निशान और नोट्स। कुछ पढ़ा। पूछा :

–सेंट्रल कैरेक्टर बाबा है। पागल भी। इंटेलेक्चुअल भी। कौन है वह?

–बाबा मैं हूँ।

–जानता था। कन्फर्म करना था। मैडनेस इन ग्रेट्स मेक्स दैम ग्रेट। यह प्ले पोलिटिकल है। आपने लीडर्ज़ का नाम लिया है उनके मिसडीड्स के साथ। जैलसिंह, इन्दिरा, संजय, राजीव एंड अदर्ज़, आरन्ट यू अफ्रेड?

–आय एम नैवर अफ्रेड ऑफ़ एनी वन।

अल्काजी की आँखों में चमक कम हो गयी। थोड़ा उदास।

–यू शुड आलवेज़ बी अफ्रेड ऑफ़ समवन। इट कीप्स यूअर माइंड इन्टैक्ट। वे क्या कोई भविष्यवाणी कर रहे हैं?

–जानते हैं, आपको यहाँ क्यों बुलाया? देखना चाहता था। हू कैन राइट एज़ ग्रेट ए ट्रैजडी एज़ शेक्सपीयर्ज़ *किंग लियर*।

–नो सर। *लियर* इज़ द ग्रेटेस्ट।

–नो स्वदेश। लियर एक राजा की ट्रैजडी है। *जलता हुआ रथ* एक देश की।

मैं सिगरेट पीना चाहता था। कुर्सी पर कई बार हिला।

–बाहर चलते हैं स्वदेश।

हम बाहर पेड़ के नीचे। उनसे पूछा–सिगरेट पी लूँ?

शरारत से जवाब दिया–इसीलिए तो बाहर लाया हूँ।

त्रिवेणी से आते–जाते लोगों ने उन्हें ग्रीट दिया। मुझे अच्छा लगा, किसी से मेरा परिचय नहीं कराया। जान गये होंगे, मेरे संसार में प्रवेश निषिद्ध है।

–स्वदेश! यू आर ए वैरी वैल–ड्रैस्ड परसन। आई लाइक इट। पीपल ऑफ़ यूअर ट्राइब आर ड्रैस्ड लाइक बैगर्ज़ एंड टॉल्क लाइक बैगर्ज़।

–क्रैडिट गीता, मेरी वाइफ को मिलना चाहिए। शी कीप्स मी लाइक दिवस।

–गुड लेडी। बट अ पूअर वोमेन। डज़ंट नो द डेंजर्स ऑफ़ कीपिंग अ हस्बैंड वैल ड्रैस्ड। अच्छा। अन्दर चलें। यू हैव स्मोक्ड थ्री सिगरेट्स। अन्दर आये। बैठे। उन्होंने आलेख के पन्ने पलटे। रुके।

अल्काजी : नाटक में शब्द जितने इम्पोर्टेंट होते हैं, उतने ही जेस्चर्ज़। दीज रिप्लेस वर्ड्स इन अ मोर पावरफुल मैनर। देखो। भिखारियों से जगह ख़ाली कराने के लिए पुलिस मारती है। छोटी भिखारिन की उँगलियाँ बूट

से कुचली जाती हैं। जब बाबा पूछता है कि दर्द हुआ तो दुर्गा वह पूरी घटना बयान करती है। कैसे भागी, गिरी और एक पुलिसवाले ने उसके हाथ पर बूट रख दिया। क्रॉस इट आउट। शी मस्ट नाट स्पीक एट आल।

मैंने आँखों से पूछा कि क्या लिखूँ?

अल्काजी : यह हाथ ऊपर करेगी। टपकता ब्लड देखेगी। फिर एक लम्बी चीख़ मारेगी। शी विल गिव ए लांग क्राई ऑफ़ पेन।

तभी उनकी पत्नी अन्दर आयी। बताया–सत्यजित रे मर गये हैं। दूरदर्शन से लोग आये हैं। फार यूअर इंटरव्यू।

अल्काजी : (सख़्त आवाज़) टैल दैम टू वेट। आय आम टाकिंग टू स्वदेश। सुनो, यह स्वदेश दीपक हैं। तुमने इनका *जलता हुआ रथ* पढ़ा है न?

पत्नी : आई वाज़ रियली डिस्टर्ब्ड। ए टैरीफाइंग प्ले।

अल्काजी : लैट्स गो फॉर ए ड्राइव स्वदेश।

गाड़ी बंगाली मार्केट की सड़कों पर चलती रही।

अल्काजी : स्वदेश, जब ऐसा क्रुअल प्ले लिखते हो तो कभी सोचा कि दर्शकों पर क्या बीतेगी? अच्छा, बताओ, इसके नायक बाबा का रोल कौन कर सकता है? यू केन नेम फ़िल्म पीपल आल्सो।

मैं : पंकज कपूर।

अल्काजी : सोच रहा था, नसीर कहोगे।

मैं : नसीरुद्दीन शाह अपने आपको नाटक के पात्र से बड़ा समझने लगा है।

अल्काजी : बिल्कुल ठीक। बट इट्स सैड। अच्छा, स्वदेश! जब यह प्ले शुरू करूँगा तो आपको मेरे साथ एक महीना रहना होगा। वी विल लुक आफ्टर यू।

मैं : आ जाऊँगा सर!

अल्काजी : प्लीज डोंट काल मी सर! अच्छा, एक बात पूछूँ? हम आधा दिन साथ रहे। आपने अपनी ओर से कुछ नहीं कहा। फिर आप हमेशा टैन्स क्यों हैं?

स्वदेश : उसने मेरी आत्मा पर अपने हस्ताक्षर कर दिये हैं।

अल्काजी : (हैरान कुर्सी से थोड़ा ऊपर उठे) किसने क्या कर दिया?

स्वदेश : शी हैज़ पुट हर ऑटोग्राफ ऑन माई सोल।

अल्काजी ने कुछ नहीं पूछा। चल गया पता उन्हें। आँखों में करुणा। बाहर तक छोड़ने आये।

अल्काजी : डू यू बिलीव इन गॉड स्वदेश?

मैं : नो सर!

अल्काजी : इवन दैन गॉड मे ब्लैस यू!

मैं वहाँ से आ गया। अब सात वर्ष बाद मिलूँगा। गॉड ने मुझे ब्लैस नहीं किया।

भविष्य

दोपहर का खाना शीला संधू के घर। कृष्णा सोबती भी मौजूद। जब दोनों को बताया कि अल्काजी *जलता हुआ रथ* का मंचन करेंगे तो प्यार–भरी बधाई मिली। शीला जी ने अचानक पूछा :

–तुम्हारे कितने कहानी संग्रह हैं?

–चार–पाँच तो होंगे।

–कैसे लेखक हो पता ही नहीं, कितने संग्रह हैं!

सोबती बोलीं : इनके पास याद रखने को बहुत हसीन चीज़ें हैं।

शीला : तुम्हारी सम्पूर्ण कहानियाँ प्रकाशित करूँगी। तीन वॉल्यूम तो बन जायेंगे। आप क्या सोचती हैं कृष्णा जी?

सोबती : यह काम तो राजकमल को बरसों पहले कर लेना था। स्वदेश सबसे अलग लेखक है।

शीला : तो हो गया तय, स्वदेश एक छोटी–सी भूमिका...

मैं : नहीं लिखूँगा। मुझे अपनी कहानियों के बारे में नहीं लिखना।

शीला : न लिखना। डॉक्टर नामवर से कहना। लिख देंगे।

मैं : जानना तो दूर, मैंने डॉक्टर नामवर सिंह को देखा तक नहीं।

शीला : आई डोंट बिलीव। तुम हाँक रहे हो।

मैं : हिन्दी के भविष्य को लेकर जो मातमी गोष्ठियाँ होती हैं, उनमें जाता नहीं। बिन बुलाये किसी के घर आशीर्वाद लेने जाता नहीं। फिर क्योंकर देखूँगा।

शीला : यू आर ए स्ट्रेन्ज मैन। देयर इज़ ए टच ऑफ़ मैडनेस इन यू।

सोबती : स्ट्रेन्ज तो हैं। इसीलिए लड़कियों के हीरो। हिन्दी के सबसे सुन्दर लेखक।

शीला : फूलना मत स्वदेश। कृष्णा जी तुम्हारी शक्ल देखकर सबसे सुन्दर कह रही हैं। लेखन देख करके नहीं। आख़िर हशमत भी हैं। विद ए सर्जन्ज़ नाइफ। तुम कहानियाँ ठीक–ठाक कर दो। अगले महीने पब्लिश कर दूँगी।

सोबती : दीपक इज़ ए ब्लू–आइड ब्वॉय ऑफ़ राजकमल ...शीला जी।

सोबती ने जब यह वाक्य बोला तो न उछाह था, न उत्साह। वो तो एक हल्की–सी शिकायत।

शाम को सौमित्र से सम्पूर्ण कहानी वाली बात शेयर की। थोड़ी देर चुप रहा। कहा :

–शीला जी को सोबती के सामने यह बात नहीं करनी चाहिए थी।

–क्यों! सोबती मेरी शत्रु हैं क्या?

–प्रत्येक लेखक की कल्पना में कुछ शत्रु हैं। राजकमल से किताब प्रकाशित होने में समय लगता है। तुम्हारी किताबें एक महीने में प्रकाशित हो जाती हैं। *कोर्ट मार्शल* शायद दस दिन में आ गया था। तभी तो सोबती ने तुम्हें शीला जी का ब्लू–आइड ब्वॉय कहा। अब तुम्हारी सम्पूर्ण कहानियाँ प्रकाशित नहीं होंगी।

–क्यों नहीं होंगी? यू आर रांग।

–इसलिए कि कृष्णा सोबती तुमसे सीनियर लेखक हैं। चाहेंगी, पहले उनकी संकलित पुस्तक आनी चाहिए। स्वदेश, सीनियर लेखकों का बड़ा निर्धन अहं होता है।

सौमित्र का कहा सच निकला। कुछ महीनों बाद सोबती की आधी–अधूरी किताबों का संकलन आ गया–सोबती की सोहबत। मेरी सम्पूर्ण कहानियाँ आज तक प्रकाशित नहीं हुईं।

शब्द–तान्त्रिक सौमित्र मोहन ठीक था–निर्धन अहंकार लेखकों का।

बस में अंबाला के लिए बैठा। साथ की ख़ाली सीट पर वह बैठ गयी। पूछूँ, टिकट लिया कि नहीं। वह समझ गयी। कहा–आप चिन्ता न करें। बिना टिकट कहीं भी आ–जा सकती हूँ। मेरा शरीर उपस्थित जो नहीं होता।

क्या वह मेरे दुःस्वप्न काल की शुरुआत थी?

चाँद आजकल गुस्से में क्यों रहता है?

ऐसी औरत कभी औरत हो ही नहीं सकती।

मेरे अन्दर विस्मृति की इच्छा जन्म ले रही थी।

मैं उसके क़िले में प्रवेश कर रहा था। कितनी निखरी हमेशा नहाई जेलर।

वह मुस्कुरायी और मेरा अलौकिक स्वप्न बन गयी।

एक उन्माद—नृत्य शुरू हो चुका है।

अब मुझे उससे डर लग रहा है।

मैंने साफ़ महसूस किया कि वह चलती बस से उतर गयी। शायद उसे हरियाणा रोडवेज की बस अच्छी नहीं लगी। ख़ूबसूरत से ख़ूबसूरत औरत भी बार—बार मिलने आये तो कभी—कभी अच्छा नहीं लगता। शायद मैं नारसीसेस हूँ—ख़ुद पर मुग्ध पगलाया हुआ आदमी। उसे आने से रोकूँगा।

हो गया मेरा दिल यतीम।

शब्दों ने काग़ज़ पर उतरने से इनकार कर दिया। अब वह किसी के बोले गये शब्दों की तरफ़ दोस्ती का हाथ नहीं बढ़ाते। मुझे अपनों का मिलने आना बुरा लगने लगा। मेरी दुनिया सिमटकर सिर्फ़ मुझ तक रह गयी। मैं आदमी से इकाई में बदलने लगा। मेरे डरावने दिनों की शुरुआत हो चुकी थी।

मेरा जिस्म ग़ैरहाज़िर होने लगा।

उस रात सोये हुए मैंने पहली चीख़ मारी।

गीता दौड़कर कमरे में आयी। लाइट जलायी। मेरी नींद खुल गयी।

—तुम चीख़े क्यों? कोई बुरा ड्रीम देखा क्या?

—मैं तो नहीं चीख़ा। क्यों चीख़ूँगा!

—सोए हुए आदमी को अपनी चीख़ सुनायी नहीं देती। डर गये क्या?

—तुम जानती हो, मैं कभी भी डरता नहीं।

—कभी तो बन्द किया करो टफ होना—यूअर पैन डज़ंट राइट विद इंक। इट राइट्स विद ब्लड। कोई कहानी पढ़ लो। कोई न कोई मरता है।

क्या गीता ठीक बात कर रही है? मन्नू भंडारी ने एक बार कहा था— स्वदेश जी, आप अपने पात्रों के पीछे भरी हुई बन्दूक़ लेकर क्यों चलते हैं?

गीता : मुँह पीला क्यों पड़ गया? अल्काजी *साहब जलता हुआ रथ* डायरेक्ट करेंगे। तुम्हें तो खुश होना चाहिए।

मैं : प्लीज़ डोंट क्रॉस एग्ज़ामिन मी।

गीता : आँखें बन्द करो। मैं बालों में उँगलियाँ फेरती हूँ। नींद आ जायेगी।

बालों में उँगलियाँ फेरती है तो मेरे अन्दर एयरकंडीशनर चलना शुरू हो जाता है, सारा मानसिक ताप सोखता हुआ। शी हैज़ हीलिंग टच इन हर फिंगर्ज़।

भविष्य से

पी.जी.आई. चंडीगढ़ से पाँच महीने बाद छुट्टी। मैं इनडोर पेशेंट से आउटडोर पेशेंट बन गया। हर हफ़्ते डॉक्टर के पास जाना होता है। अब प्रतापशरण मेरे डॉक्टर हैं। एक खोजी की आँखें। डॉ. अवनीत शर्मा लुधियाना मेडिकल कॉलेज चले गये हैं, रीडर बनकर।

डॉ. प्रतापशरण : कैसे हैं?

मैं : ठीक हूँ।

डॉ. शरण : आप बात के पक्के हैं, हमेशा वही जवाब। मैडम कैसी हैं?

मैं : ठीक। मेरी बहुत केयर कर रही हैं। वज़न पाँच किलो बढ़ गया।

डॉ. शरण : बताया था आपको। बहुत सोच लेते हैं। शी स्टुड लाइक ए राक विद यू। इस बीमारी में पढ़ी–लिखी औरतें प्रायः पति को छोड़ देती हैं।

मैं : कब तक आना है अस्पताल? ठीक तो हो गया।

'डॉ. शरण : इस रोग से पूरी तरह ठीक नहीं होते। सारा जीवन दवाई लेनी है। अभी तो आते रहिये। आपसे बातें करना अच्छा लगता है। कुछ सीरियस रीडिंग शुरू की?

मैं : जी। खुद को टैस्ट करने के लिए कृष्ण बलदेव वैद का उपन्यास *काला कोलाज* पढ़ा। समझ आ गया। तभी तो कहा, ठीक हूँ।

डॉ. शरण : बहुत कठिन लिखते हैं वैद। मैंने अभी पढ़ा नहीं।

मैं : हिन्दी के हैनरी मिलर हैं। लेकिन मुझसे रूठे रहते हैं। अर्थहीन जीवन के लेखक।

डॉ. शरण : अब आप पन्द्रह दिन बाद आयेंगे।

मैं ख़ुश। डॉक्टर जितनी लम्बी डेट दे, पेशेंट उतना ठीक। उठते हुए शिकायत की–लिखना नहीं हो रहा।

डॉक्टर शरण लेखक के न लिखने के दु:ख को समझते हैं। कहा–स्वेदश जी, आपको पता है कि हमारे चाहने भर से लिखा नहीं जा सकता। फिर आपके अन्दर का संसार अभी बिल्कुल उजाड़ है। बस जायें वहाँ कुछ लोग तो फिर आपका हाथ पकड़ लिखवा लेंगे। समय तो लगेगा।

उनके कमरे से बाहर आया।

दीवार के साथ लगे बेंच पर एक सम्पूर्ण स्वस्थ नौजवान बैठा है। खादी के सफ़ेद कपड़े। कटी हुई दाढ़ी और हाथों में! हाथों में हथकड़ियाँ। साथ हथियारबन्द दो पुलिसकर्मी। उसने मुझे देखा। मैंने उसकी आँखों में अन्तहीन रेगिस्तान का सूखा देख लिया। पुलिसकर्मी ने मुझे कहा–साहब, थोड़ी देर तेजवीर के पास बैठ लें। बातें कर लें।

मैं बैठ गया उसके पास।

पुलिसकर्मी दो : साहब. तेजवीर हमारे अंबाला जेल का सबसे अच्छा क़ैदी था। हमेशा हँसता–गाता। एम.ए. पास। जेलर साहब इससे हमेशा अंग्रेज़ी में बातें करते।

एक : उम्रक़ैद की सज़ा भुगत रहा है। दो–ख़ून किये हैं। अचानक पता नहीं क्या हुआ। अब न किसी से बोलता है, न गाता है, न खेलों में हिस्सा लेता है। साहब, आप तेजवीर से थोड़ी देर बातें करें। इसका हौसला बढ़ जाये शायद। पहले सरकारी अस्पताल वाले इलाज करते रहे। फिर सिविल सर्जन ने ही पी.जी.आई. चंडीगढ़ भेजा है।

दो : साहब, तेजवीर हमारी अंबाला जेल का सबसे अच्छा क़ैदी है।

मैं तेजवीर के पास बैठा। उसके हथकड़ी लगे हाथ अपने हाथों में लिए।

–दो आदमियों को क्यों मारा तेजवीर?

–उन्हें मारना हमारा धर्म बनता था साहब। मैं ख़ून न करता तो मेरा छोटा भाई कर देता।

–डर नहीं लगा कि सज़ा होगी?

–जब हम न्याय करने के लिए ख़ून करते हैं तो ताक़त बढ़ जाती है। गुरु महाराज हमारे हाथ में खुद तलवार पकड़ाते हैं।

–कुछ पढ़ते हो?

—जी साहब। लेकिन अब रोमांटिक किताबें अच्छी नहीं लगतीं। धार्मिक किताबें पढ़ता हूँ। गीता, गुरबाणी, महाभारत और रामायण। इन दिनों स्वामी विवेकानन्द की किताब पढ़ रहा हूँ। अच्छा साहब, आप करते क्या हैं?

—कॉलेज में प्रोफ़ेसर था।

तेजवीर नीचे झुका। मेरे पैर छुए। अपने माथे से लगाये। मैंने समझाया कि किसी के पैर नहीं छूने चाहिए।

—गुरु तो साक्षात् भगवान होता है सर! उनकी किरपा से किसान का बेटा एम.ए. हो गया। सर, बुरा न मानें तो एक बात पूछूँ? औरत का साथ, औरत का सुख कैसा होता है? मैंने देखा ही नहीं।

—तेजवीर! औरत एक छोटा–सा सुख तो देती है, लेकिन दुख बहुत लम्बा देती है। प्रभुजी का बनाया विनाशकारी जीव। उसका घातक सौन्दर्य पहले हमें बाँध लेता है, फिर सर्वनाश कर देता है। शेक्सपियर ने लिखा है--सो फेयर वाज़ नेवर सो फेटेल। द्रौपदी को याद करो, उसके नागदंश को याद करो।

तेजवीर : सर, मैं ठीक हो जाऊँगा?

मैं : ज़रूर हो जाओगे। यहाँ के डाक्टर दिल्ली के डॉक्टरों से अच्छे हैं।

तेजवीर : आपको ठीक होने में कितना टाइम लगा?

मैं : सात साल।

तेजवीर के चेहरे का रंग पीला पड़ने लगा। डरी आवाज़ में पूछा :

—आपने कितने ख़ून किये हैं?

मुझे अपने नाटक, कहानियों, उपन्यासों के पात्र याद आ गये जिनकी हत्या की है। मज़बूत आवाज़ में तेजवीर को बताया :

—मैंने साठ ख़ून किये हैं।

तेजवीर उछलकर मुझसे दूर हो गया। सिपाही ने कन्धा छुआ, कहा :

—साहब, अब आप जायें।

बस में लौटते हुए सोचा कि तेजवीर को केन्द्र में रखकर एक लम्बी ट्रैजिक कहानी लिखी जा सकती है। लम्बी कहानी वाली बात पर अपनी दोस्त निम्मी की याद आ गयी। सुन्दर भी, मूर्ख भी। मेरी कहानी, जो लगभग लघु उपन्यास है 'किसी एक पेड़ का नाम लो', पढ़ने के लिए ले गयी। दूसरे दिन आयी तो शिकायत की—कहानी बहुत लम्बी है।

—कुछ पेज फाड़कर पढ़ लेनी थी।

वह रूठ गयी—तुम हमेशा मुझे छेड़ते क्यों हो? बेवकूफ़ समझते हो।

—कहाँ है मोटी! पीछे पड़े रहते हो मेरी क्यूट नाक के।

—कहो तो बाकी हिस्सों के पीछे पड़ जाऊँ!

—ओ शटअप! घर में फ़ोन लगवा लो। अगले महीने अमेरिका चली जाऊँगी। वहाँ किसी से शादी तय हो गयी।

—फ्रॉम माई साइड यू कैन गो टू हैल।

—आ गया गुस्सा! नहीं जाती। तुम रख लो। है हिम्मत? नहीं। इन फैक्ट यू आर ए कावर्ड।

—मैं तुम्हारी शादी पर क्या गिफ्ट दूँगा?

उसने अपने बहुत लम्बे बालों पर हाथ फेरा। खिड़की थोड़ी खुली थी। पतझड़ उड़कर अन्दर आयी। उसके चेहरे पर बैठ गयी। वह बेआवाज़ रोती रही। मैंने चुप नहीं कराया। थोड़ी देर बाद कहा :

—आई विल वाश माई फेस एंड गो। आई विल नैवर कम हेयर।

वह फेस वाश करके आयी। एकदम स्कूल गोइंग लड़की लग रही है।

—तुम अमेरिका जाओगी तो ख़त लिखूँगा। जवाब दोगी?

—नो।

—फ़ोन करोगी?

—नो। आई विल किल यूअर मेमरी इंच बाई इंच। डू यू नो डू आर फेटेड टू सफ़र। मेरे जाते ही तुम्हारे दुख का इतिहास शुरू हो जायेगा।

बिना गुड–बाय कहे वह चली गयी। मैंने लम्बी कहानियाँ लिखनी बन्द कर दी।

तेजवीर की कहानी आज तक नहीं लिख पाया।

लगा, बस में बैठे लोग मुझे लगातार देख रहे हैं।

क्या अब भी उस गुफा से पूरी तरह नहीं निकला?

जिनके ब्रैन–सैल मरने लगें, वह पूरी तरह कभी भी गुफा से बाहर नहीं निकलते।

डिमिनशिया उनका सदा का साथी बन जाता है।

तब वह अन्दर की यात्रा पर कहीं भी, कभी भी नहीं निकलते।

जब अन्दर सूखा पड़ जाता है, शब्द अपरिचित। लिखना बन्द। दूसरा अभिशाप।

फिर अतीत

लाइफ इज़ ए टेल टोल्ड बाई एन ईडियट। मुझे तो देखा नहीं था। फिर कैसे पता चल गया शेक्सपियर को इस सत्य का?

मेरे इतिहास का पेट मोटा हो गया। मैं भौंडा हो गया।

मेरा दृष्टि–दायरा मेरी दवाइयाँ बन गयीं। मुझे भूख बहुत लगती है। मुझे बिल्कुल भूख नहीं लगती।

मेरी पूँछ में कनस्तर बँध गया था।

ऐसी औरत कभी औरत हो ही नहीं सकती।

मेरे दोनों हाथों की लकीरें मिट गयीं।

मुझे उसके क़िले का प्रवेशद्वार नहीं मिल रहा था।

मेरा दिल यतीम हो गया। मैं अपने ही घर में शरणार्थी था।

मैं उसका बन्धक हूँ, होस्टेज ऑफ़ हर डिज़ायर।

दैट इज़ नो कंट्री फार द ओल्ड मैन–डब्ल्यू.बी. येट्स।

मेरा समय हिजड़ा हो गया था।

परिवार के लोगों की चिन्ता अब ग़ुस्से में बदल गयी थी।

दे वांट मी डैड।

मैं अब गोदो के इन्तज़ार में था।

भाषाएँ मुझसे रूठना शुरू हो गयीं।

डॉक्टर लगभग पराजित हो गये।

अब साधु और तान्त्रिक आना शुरू होंगे।

गेट के बाहर मोटरसाइकल रुकने की आवाज़। तो बिली आ गया। पहले मेरा शिष्य, फिर सहकर्मी और बहुत गहरा और ज़िम्मेदार दोस्त। बाज़ार से जो दवाइयाँ चाहिए हों, गीता लिस्ट बना मेज़ पर रखती है। वह ले आता है। दिन में तीन बार आता है। मुझे थोड़ा दबा भी लेता है।

कमरे में आया, मेरे पाँव छुए। मुझे ध्यान से देखा।

–कोई हुक्मनामा?

मैंने मेज़ पर रखे काग़ज़ की तरफ़ इशारा किया।

–अख़बार पढ़ा आज?

हाँ में सिर हिलाया।

–मुख्य समाचार क्या था?

–एक गंजा साधू गंगा में डूबकर मर गया।

–अच्छा! मेरे पेपर में तो ऐसी कोई न्यूज़ न थी।

–ऐसी ख़बरें मेरे अख़बार में छपती हैं।

उसने एक लम्बा 'ठीक' कहा और पास रखी कुर्सी पर बैठ गया।

–सर जी! थोड़ी हिम्मत करें। भाभी जी डर गयी हैं। बच्चों में दहशत। पारुल कॉलेज में खुश नहीं। टीचर्स टॉक टू हर इन ए सारकेस्टिक मैनर। अब मैं अपने कालीग्ज़ को तो मारने से रहा।

बिली बिल्कुल निडर आदमी। किसी को भी पीट सकता है।

–आपकी सब तरह की लीव ख़त्म। अब से आप विदाउट पे।

–और जो भी बुरा है, बता दो।

–डॉक्टर अब मेडिकल सर्टिफिकेट नहीं दे रहे। आख़िर तीन साल हो गये।

–सन्नी से ले आओ।

डॉ. नीरज कालरा को हम सन्नी बुलाते हैं। मेरी बड़ी बहन का दामाद। बहुत मान करता है।

–गया था कल। तीन महीने का मेडिकल दिया है। इसके बाद फिर नहीं देंगे। कहते हैं, पी.जी.आई. चंडीगढ़ एडमिट होना चाहिए।

–आई विल नॉट गो टू एनी ब्लडी हॉस्पिटल।

–क्या सोच लेंगे! घर कैसे चलेगा?

–मैं खोज लूँगा कोई तरीक़ा। देयर इज़ आल्वेज़ ए वे आउट।

बिली ने चश्मा उतार मुझे ध्यान से देखा।

–क्या ये आउट है अदर दैन द पी.जी.आई.? आप कुछ उल्टा–सीधा करने की तो नहीं सोच रहे? कुछ नहीं होगा। बस, भाभी जी को पुलिस कचहरी चढ़ना पड़ेगा। चलता हूँ। क्लास का टाइम हो गया। थोड़ी तकलीफ़ तो होगी। शेव कर लें। भाभी जी का कहा तो आप मानते नहीं।

मैंने शेव बनायी। हाथ काँपते हैं। दो–तीन जगह कट लग गये। नाश्ता लूँ कि सो जाऊँ! मैं सो गया। लेकिन तन से। याददाश्त की सूराखों से कुछ रिसता रहा। जो कुछ अच्छा बीत गया, वह याद नहीं आता। दहलीज पर यादें लगातार बैठी रहती हैं। कमरे में प्रवेश करने के लिए हरदम तैयार–बर–तैयार।

दरवाज़ा खुला। जानता हूँ, वह आयी है। कमरा उजला गया। वह ऐसे दरवाज़ा खोलकर अन्दर आयी कि लगा कि अब दरवाज़ा कभी बन्द नहीं करेगी। हमेशा अपने साथ वसन्त को ले आती है।

आसमान का पीला टुकड़ा खिड़की के अन्दर आ गया।

वह बैठी। किरणों के धागे उसकी टाँगों पर फैल गये।

—कल फिर *कोर्ट मार्शल* देखा। फनटास्टिक। लोग नाटक से जुड़ गये।

—कहाँ देखा?

—वहीं। मेरे शहर में। जहाँ आप आये थे। मुझे गालियाँ दी थीं।

—हमें गालियों वाली बात भूल जानी चाहिए।

उसके होंठों पर छोटी–सी मुस्कान। माथे पर आये बाल हटाये।

—वही तो याद रखने वाली बात है। किसी पुरुष ने पहली बार मुझे गालियाँ दी थीं। आपका चेहरा जलता सूरज था। आई लव दैट स्वदेश।

—मैं तो मर जाऊँगा। फिर?

—मैं मरने दूँगी तब न! आई विल हैव यू एट एनी कास्ट।

—फिर मुझे यह भयानक रोग क्यों लगाया? सारे के सारे ब्रेन सैल्ज नष्ट करोगी तो क्या बचेगा ले जाने के लिए?

—आपको प्राप्त तो करना है। बिल्कुल हैल्दी आप थे तो बात ही नहीं करते थे। अपने पास रखूँगी। ठीक करूँगी। मेरे पास बहुत सारी शक्तियाँ हैं।

—तुम्हें मेरी हालत पर रोना नहीं आता कभी?

—माई आइज़ आर नॉट परमिटेड टू शैड टीयर्ज़।

मेरे अन्दर एक कमज़ोर ग़ुस्सा भरने लगा।

—एक तरफ़ अच्छा लगता हूँ। दूसरी तरफ़ इतना घृणित बदला लेती हो। यू आर टोटल डार्कनैस। तुमने चिता पर जलती लाशों का मांस भी खाया होगा। जल्दी ही मेरा मांस भी खा लोगी। एक मर रहे आदमी के साथ हाइड एंड सीक खेलती हो। यू विल नैवर गैट मी! नैवर! नैवर! नैवर!

—फिर आ गया ग़ुस्सा!

उसकी आवाज़ उदास थी। उसकी आँखें उदास थीं।

—आय वांटेड टू पोज़ेस एवरी इंच ऑफ़ यू। माई ड्रीम मैन। मुझे सदियों से प्रतीक्षा थी।

—नाउ यूअर नाइटमेयर मैन। शरीर से बाहर निकलती हड्डियों वाला आदमी। लोगी?

—लेकिन मैं तो आपकी आत्मा पर अधिकार करना चाहती थी। आय वांटेड टू पोज़ेस यूअर ब्राइट एंड पावरफुल सोल।

उसका झुका हुआ सिर उसकी छाती को छू रहा है। जो प्रेतसिद्धि कर लेते हैं, वे भी अवश हो जाते हैं। लगा, मुझसे अधिक असहाय है।

—यू पुअर हैल्पलेस सिडेक्ट्रेस। अपने हाथ मेरे हाथ में दो।

उसने हाथ आगे किये। लेकिन मेरी पकड़ में नहीं आये। सूर्य उसके चेहरे पर लौट आया। उसकी आँखों में मरुस्थल था।

मैं एक बीभत्स बिस्तर में था।

उसके आस—पास सूखे पत्तों की कराहट थी।

मैं एक मकबरे में समाधि ले रहा था।

वह मुझे एकदम अच्छी लगने लगी। डैथ वारंट।

जानता हूँ, जाने की तैयारी कर रही है।

मैंने कहा—कुछ माँगूँ?

वह चकित भी। ख़ुश भी।

—मुझे किसी और देश भेज दो। अपनों में नहीं रहना चाहता।

—कहाँ जायेंगे?

—जहाँ न कोई मेरी भाषा समझे, न मैं वहाँ के वासियों की।

—तब आप बोलना भूल जायेंगे।

—आय एम सिक ऑफ़ डैड वर्ड्ज़।

—ठीक है। भेजूँगी।

—कब तक?

—बहुत जल्दी में हैं। आपका पासपोर्ट बनेगा। वीज़ा बनेगा। आप मेरी तरह काया—मुक्त तो हैं नहीं। बताइए, विदेश से लौटेंगे तो एक बार मिलने आयेंगे?

—एक बार क्यों! रहने आऊँगा।

—नहीं, आई कांट कैच द स्टार्म। जाने से पहले मित्रों से मिलना चाहेंगे। शीला संधू, सोबती, निर्मल वर्मा, सौमित्र। कहें तो उन्हें ख़बर कर दूँ! और हाँ, आपका क़द दो इंच बढ़ाना होगा। रंग तो बहुत गोरा है ही। बिल्कुल विदेशी दिखेंगे।

—नो। आय डोंट वांट टू मीट माई फ्रेंड्स ऑफ़ माई ब्राइट डेज़।

—मैं विदेश मिलने नहीं आ सकती। अच्छा, आपका माथा चूम लूँ।

वह झुकी। माथा चूमा। जाते हुए दरवाज़ा बन्द नहीं किया। उसके पीछे—पीछे आसमान का नीला टुकड़ा बाहर निकल गया।

विकासनारायण राय आया। उसके बैठते ही उसे कहा :

—मैं मरना चाहता हूँ।

—आपकी स्थिति में कोई भी मरना चाहेगा।

विकास न फ़िज़ूल की बहस करता है, न लेक्चर पिलाता है। खुश हुआ मेरी इच्छा मानी तो। ज़रूर कुछ कर लेगा। इतना बड़ा पुलिस अफ़सर है।

—विकास। आपका गनमैन आपका ऑर्डर मानता है?

—हाँ।

—तो उसे ऑर्डर दीजिए कि मुझे गोली मार दे। ही शुड किल मी।

विकास ने मेरी चारमिनार की सिगरेट लगायी। मेरी तरफ़ देखा। भावहीन आँखें।

—गोली तो वह मार देगा। उसे फ़ाँसी हो जायेगी। मुझे उम्रक़ैद। क्या यह उचित होगा?

मेरी देह–मुक्ति की उम्मीद पर पानी फिर गया। अगर विकास कुछ नहीं कर सकता तो कोई कुछ नहीं कर सकता। अब तो मायाविनी ही कुछ करेगी। मैं विदेश जाने की तैयारी करने लगा। विकास समझ गया। मैं कुछ कर लूँगा।

—दीपक जी, मरना लगभग असम्भव है। क्यों न हम जीने की कोशिश करें!

—क्या करूँगा ज़िन्दा रहकर! मन से भी नपुंसक। तन से भी नपुंसक।

—लिखेंगे। *कोर्ट मार्शल* जैसे नाटक लिखेंगे। क़लम में और बारूद भरेंगे।

—रात को कुत्ते रोते हैं। मेरा मातम। शीला जी फ़ोन नहीं करतीं। मेरे पास टेलीफ़ोन नहीं। मुझे सेना में भरती करा दें। निर्मल नाराज़। मुझे बहुत भूख लगती है। बिल्कुल नहीं लगती। वह मुझे विदेश भेजेगी। मैं फ्रेंच सीखूँगा। नहीं तो किशोरी अमोनकर का शिष्य बन जाऊँगा। तब उड़ जा रे कागा!

—आप थोड़ी देर सो जायें। बहुत बोले। थक गये होंगे।

—सोता हूँ। आप क्या करेंगे?

—मैं कुछ पढ़ लूँगा।

मैं पन्द्रह मिनट लम्बी नींद सो गया। विकास के हाथ में किताब। गीता काम से लौटी। विकास और उसने नमस्ते की। दोनों में वार्तालाप लगभग नमस्ते तक। मेरे पास बैठी। चेहरा देखा, उदास हो गयी।

–आज फेस इतना पीला क्यों है? डरो मत। मैं तुम्हें कुछ नहीं होने दूँगी।

–यैस। यू आर दुर्गा। माई प्रोटेक्टिंग गॉडेस।

–विकास जी। यह आजकल इंग्लिश बहुत बोलते हैं।

–बोलने दीजिए। हम समझ लेते हैं।

–आय हैव हिट द नेल ऑन द हैड।

कृष्णा सोबती जब पहली बार मिली थीं तो कहा था–स्वदेश साहब, आप कमांडो लगते हैं। पैनी आँखें। लगातार तलाशती आँखें। छलाँग लगाने को तैयार जिस्म।

कृष्णा जी भाषा की बादशाह। कुछ फिकरों में तन–मन बाँध लेती हैं।

विकास : कुछ बातें आपको बिल्कुल याद रहती हैं। मैमरी स्ट्रांग है।

मैं : आय रिमेंबर थिंग्स इन बिट्स एंड पीसेज़। आय एम ए ग्रीक फीनिक्स। वाज़ इट माई डैड बाडी यू सॉ इन द गेन्जिज़?

गीता ने माथे पर हाथ रखा। मैं चुप–चुप।

गीता : विकास, दीपक वॉज़ ए वैरी हैंडसम मैन। क्या हाल हो गया, अब! ही हैज़ लॉस्ट फिफ्टीन केजी।

मैं : आय एम किंग ऑफ़ द डैड एंड मैड।

गीता–विकास बाहर गये। मेरे बारे में बात की होगी। लौटे।

विकास : डॉक्टर का कहा मानें। पी.जी.आई. दाख़िल हो जायें। मैं हूँ न। कोई दिक़्क़त नहीं होगी।

मैं : नहीं, मैं तो विदेश जा रहा हूँ।

गीता : कहाँ जाओगे? कैसे जाओगे? पासपोर्ट है?

मैं : वह बनवा देगी।

गीता : वह कौन?

मैं : मेरी मायाविनी। साथ जायेगी। शी विल लुक आफ्टर मी।

गीता : हू इज़ दिस ब्लडी मायाविनी?

मैं : शी इज़ माई ब्लडी मायाविनी।

उसका चेहरा दहशतज़दा। 'ओ माई गॉड' कहकर बाहर निकल गयी।

विकास : मैं खाना खाकर जाऊँगा।

मैं : मुझे नहीं खाना।

विकास : मेरे साथ तो खा लें।

मैं : खाऊँगा।

विकास : मेरा फ़ोन नम्बर डायरी में लिख लिया?

—हाँ। लेकिन करूँगा कैसे? मेरे पास तो फ़ोन है ही नहीं!

—कोई बात हो, यहाँ के थाने में ख़बर करवा दें। बाकी वे लोग ख़ुद कर लेंगे।

—आप मत आया करें विकास। मुझे बातें करना अच्छा नहीं लगता।

—आया तो करूँगा। लेकिन चुप बैठ लेंगे।

देर रात तक सोया रहा। पहली बार आज मायाविनी आयी रात को। मेरे हाथ पकड़ अपने हाथों में देखती रही। मुझे याद कुछ आया।

—उस दिन तुम्हारे शहर में था। घर ले गयी। दरवाज़े पर खड़ा रहने को कहा। लौटी। चम्मच हाथ। नमक चाटने को कहा। क्यों?

—आपकी नज़र उतार रही थी स्वदेश।

—लग गयी नज़र। देखो मेरा हाल।

—मुझ अभागिन की अपनी ही नज़र लग गयी।

उसे माथा आगे करने का संकेत किया। मेरी ओर झुकी। चूमा। स्पर्शहीन।

—जाओ। कल जाना। विदेश। तैयारी। आओगी। विदेश।

बिल्कुल हाड़—मांस की हो गयी। टोटल सेंड। औरत जो सच की औरत।

—विदेश आने की शक्तियाँ मेरे पास नहीं। लौटेंगे तो आऊँगी।

—इट विल बी लेट दैन। इट मे बी वैरी लेट।

—मत डराओ मुझे। इट इज़ नैवर वैरी लेट फॉर म़ी। ले जाऊँगी अपने पास और बना लूँगी पहले जैसा उज्ज्वल स्वदेश। शुभकामनाएँ।

—मैं शुभकामनाएँ स्वीकार नहीं करता। गो। गो माई मायाविनी। गो इन पीस। वह गयी। गीता दरवाज़े के बाहर खड़ी।

—रोटी।

—नहीं खानी।

—ऐश करो।

मेरे अन्दर से एक—एक करके सब बाहर जाने लगे। सितम्बर। बहुत गरम। शरीर चूस लेने वाला। सितम्बर। दहलीज पर बैठे दुःख ने अन्दर देखा। बैठ गया। प्रभु का भेजा देवदूत है। विदेश छोड़ अपने घर लौट जायेगा। माँ बताया करती थी—काका, परमात्मा तुझे बहुत प्यार करते हैं। कभी दुःख न देंगे।

माँ को सच का कितना ज्ञान था। दैट ब्लडी सैडिस्ट गॉड।

कुछ बाहर सरकता। आत्मा होगी। भाग रही है। डर गयी। अजर। अमर। पाखंड। किसी को दुःख दिया। नहीं। किया तो ग़ुस्सा। फिर मेरा सात लम्बा रौरव नरक। कर्मा थ्योरी। अमीर लोगों की साज़िश। राज करने वालों का ख़ूबसूरत हथियार।

राबर्ट ब्राउनिंग—गॉड इज़ इन हिज़ हैवन एंड आल इज़ राइट विद द वर्ल्ड।

स्वदेश दीपक—गॉड इज़ नॉट इन हिज़ हैवन एंड ऑल इज़ राइट विद द वर्ल्ड।

नींद आयी। देर से। किसी शरारती प्रेमिका की तरह। देर से आये। जल्दी जाने का हल्ला मचाये। ग़ालिब साहब से पूछा—नींद क्यों रात भर नहीं आती?

घर का काम करने वाली जुड़वाँ बहनें पहुँच गयीं।

बरामदे में आ गया। उनकी नमस्ते का जवाब दिया :

जिबाजाजिब। जिबाजाजिब। तनतरारा तरतरा तनतरारा।

बड़ी वाली बाहर आयी। पूछा—साहब, चाय?

जिबाजिब जिब, तनतरारा, जिबातन तरा। जिब।

बोलते—बोलते दाँत थक गये। गालें थक गयीं। गला हो गया ख़ुश्क।

चाय। बनाओ। गरम शाल। दोनों चूल्हे जलाये। जल्दी बन गयी। गिलास ले कुर्सी पर बैठा। शाल के निचले हिस्से आग। पाजामा आग। कुर्ता जलता। दर्द तो हो नहीं रहा। जलने दो। धीमी गति से ट्रेन से बरामदे में प्रवेश किया। गार्ड बाहर आया। अंग्रेज़ गार्ड पूछा :

—विह्यर डज़ दिस ट्रेन गो?

—हिन्दी में पूछें। मैं अंग्रेज़ हूँ। इसलिए अंग्रेज़ी नहीं आती।

—गाड़ी कहाँ जायेगी?

—कहीं नहीं।

—बैठ सकता हूँ?

—कहीं जाना है?

—कहीं नहीं।

—फिर बैठ जायें।

मैं अन्दर बैठा। गार्ड ने लाल झंडी दी। ट्रेन एकदम तेज़। यह बिजली से चलने वाली गाड़ी थी।

4

अँधेरे में अन्धा आदमी

तस्वीर में हिलता हुआ आदमी पागल होता है।

—सौमित्र मोहन

मैंने ख़ुद को कई बार तस्वीर में हिलते देखा। लेकिन तब मुझे इस बात का पता ही न था कि इसका मतलब पागल हो जाना है। सौमित्र ने बताया ही नहीं। दोस्ती का लिहाज़ आ गया होगा।

बीभत्स बातें बताने का गीता का स्वभाव नहीं।

उन पाँच दिनों का डरावना ब्यौरा बाद में मेरी दो बहनों और भाई ने दिया। वह पाँच दिन इंटेन्सिव केयर यूनिट में। डॉक्टरों ने गीता को स्पष्ट बता दिया : ही विल नॉट सरवाइव। किसी भी दिन मृत्यु। मेरा दिल अनाथ हो गया। वह मुस्करायी और मेरा दिव्य—दर्शन बन गयी। उन पाँच दिनों में सिर्फ़ आवाज़ें सुनाई देती थीं—शब्दों के बिना आवाज़ें।

मैं शान्त था। जब अनिष्ट निश्चित हो तो मन शान्त।

सत्य कभी भी दयावान नहीं होता। हम कहाँ चुन सकते हैं अपना भाग्य।

छोटी बहन ज़ोर—ज़ोर से बोलती—वीर जी, मैं आपजी की छोटी बहन सरिता हूँ। देखो। पहचानो।

कान्ता कहती—बेटे, मैं तेरी बड़ी बहन कान्ता हूँ। कोशिश करो। पहचानो।

—देखो। तुम्हारा छोटा भाई बिल्लू जयपुर से पहुँच गया। पता है न? तुम्हें परमात्मा मानता है।

आँखें बन्द कर लीं। यह लोग इतना शोर क्यों करते हैं? मेरे सिर पर क्यों खड़े रहते हैं? इस शोर में शब्द तो हैं नहीं।

उस अंग्रेज़ गार्ड ने मुझे ट्रेन से यहाँ क्यों उतार दिया? क्या मेरे डैथ वारंट जारी हो गये?

जब उसने मुझे मुस्कुराकर देखा, मेरे अन्दर पक्षाघात हो गया। अभागिन। अब कर रही है प्रार्थना काली मन्दिर में। यह कहाँ ज़रूरी है कि प्रत्येक स्वीकार हो जाये।

फिर मेरे जैसे के लिए।

बर्न्ज़ विभाग, न्यूरो, हार्ट स्पेशलिस्ट और मनोरोग विभाग के डॉक्टर आई.सी.यू. में लगातार आते–जाते। मैं सबका साझा मरीज। हृदयरोग–विशेषज्ञ की बहुत बड़ी परेशानी। वे मेरी ई.सी.जी. नहीं ले सकते। छाती जली हुई।

सब बार–बार पहचानने के लिए कह रहे हैं।

अब मैं अपने मनचाहे स्वर्ग में हूँ। आँखें देखती हैं। पहचान में नहीं बदलतीं।

कान सुनते हैं, शब्दों को अर्थ में नहीं बदलते।

पूरी की पूरी बाँह पर, छाती पर पट्टियाँ। कर्टसी बर्न्ज़ डिपार्टमेंट।

मुझे बिल्कुल दर्द नहीं हो रहा। न आह, न कराह।

डॉक्टरों की सबसे बड़ी चिन्ता। मैं रिएक्ट क्यों नहीं कर रहा? क्या ब्रेन डैड?

छोटी बहन ने फिर पहचानने की गुहार की।

गीता : क्यों तंग कर रही हो? दीपक को शान्ति से पड़ा रहने दो।

सरिता : भाभी, हमारे पिताजी नहीं रहे। अब वीर जी पिता हैं। मैं कहाँ से लाऊँ शान्ति! कोशिश तो करनी है। शायद पहचान जायें। आप सुकान्त को ले आयें। शायद उसे देख...

गीता : सुकान्त बच्चा है। डर जायेगा।

बड़ी बहन : नहीं डरेगा। बच्चे बहुत मज़बूत होते हैं।

गीता चुप। सारी वोटें विपक्ष में।

बिल्लू : आप यहीं रहें। मैं अंबाले जाकर ले आऊँगा।

गीता ने डॉक्टरों से आई.सी.यू. से बाहर आने को कहा।

अन्दर लौटी। उसके चेहरे पर पत्थर उग आये थे। बड़ी–बड़ी आँखों में कुछ अशुभ सुनकर दिल मज़बूत करने की कठोरता।

बड़ी बहन : गीता, दीपक लगातार तुम्हें देख रहा है। कुछ पूछना चाहता है।

गीता : जानती हूँ। मैं ही बताऊँगी।

वह बिस्तर के पास रखे स्टूल पर बैठी। हाथ से मुँह अपनी तरफ़ किया। उसमें दुर्गा आ गयी। कठिन समय में प्रत्येक पत्नी दुर्गा बन जाती है।

मेरा बायाँ हाथ अपने दोनों हाथों में लिया, दबाया : डर लग रहा है।

मेरी आँखों में देख समझ गयी, डर नहीं लग रहा।

—आज की ख़बर बुरी है। डॉक्टरों ने बताया, तुम बच नहीं सकते। नो होप। देयर इज़ नो होप एट ऑल।

वह तेज़ी से बाहर चली गयी। कमरे के कोने में बैठी मायाविनी उठी, मेरे पास बिस्तर पर बैठ गयी। साड़ी के पल्लू से मेरा मुँह पोंछा : कितनी धूल पड़ी हुई है! पीला पड़ गया मेरा चमकता चेहरा। भर दूँगी फिर से रंग।

लगा, नंगी रोशनी में नहीं हूँ। साँसों में मशक्कत भी नहीं रही। खिड़की के काँच से मुँह सटाये कौन खड़ा है? लगातार निर्वस्त्र होता शिविर।

—अब आपको माण्डू नहीं ले जाऊँगी। लन्दन चलेंगे? ऑक्सफोर्ड। आपको शैले, कीट्स और एलियट की क़ब्रें दिखाऊँगी। जानते हैं, एलियट की क़ब्र पर खुदे प्रार्थना—शब्द—प्लीज़, प्रे फॉर मी। सुना है, अब कोई उसके लिए प्रार्थना नहीं करता।

—शायद आप जानते नहीं थे। स्वदेश जी, आप मेरे कल्पना—पुरुष हैं। सदियों से खो गये मेरे पुरुष। प्राप्त तो करना है। आप मर नहीं सकते। डॉक्टर ग़लत हैं। बरसों बाद आप मिले। मरने नहीं दूँगी।

मैं बोल नहीं सकता। समझ भी नहीं सकता। लेकिन मेरी मायाविनी सब समझती।

वह मेरे ऊपर झुकी हुई। खजुराहो की मूर्तियों के सुडौल स्तन मेरा चेहरा छूते हुए। मादक सुगन्ध।

मैंने यीट्स के शब्दों में उसे कहा : (बोले बिना) But one man loved the pilgrim soul in you.

बड़ी बहन कान्ता ने बताया : गीता पूरे पाँच दिन—रात तुम्हारे पास आई. सी.यू. में बैठी रही। बहुत समझाया, थोड़ा सो ले। हममें से कोई बैठेगा।

बस, एक ही रट–नहीं। सच पूछो, काका, मैंने कभी सोचा ही न था इस लड़की में इतनी ताक़त। प्रभु जी दुःख के दिनों में कितनी शक्ति दे देते हैं! जान गये। तुम्हें मरने नहीं देगी।

अब राजेन्द्र यादव को कहूँगा : अपने वायदे के मुताबिक़ गीता को महावीर चक्र दिलायें। राजेन्द्र का अंबाला आना हुआ। गीता से परिचय करवाया।

राजेन्द्र यादव : दीपक से शादी के पच्चीस वर्ष हो गये?

गीता : (हैरान) नहीं। अभी नहीं। लेकिन क्यों?

यादव : जब हो जायें तो ख़बर दें। सरकार से आपको महावीर चक्र देने की सिफ़ारिश करेंगे।

गीता : बट व्हाई?

यादव : इस नीच आदमी दीपक के साथ पच्चीस वर्ष गुज़ारने पर आपको महावीर चक्र तो मिलना ही चाहिए।

गीता हैरतज़दा। राजेन्द्र यादव को जानती जो नहीं। स्ट्रांग सेंस ऑफ़ ह्यूमर। बर्नार्ड शॉ की तरह। मैंने उसे विकट दिनों में ठहाका लगाते सुना है।

बीमारी के दिनों हिदायत कर दी थी कि माँ को ख़बर नहीं करनी। शुरू से उसका राजा बेटा। दो–चार छींकें आ जायें तो धाड़े मारकर रोती थी। खाविन्द को डॉक्टर बुलाने को कहती। नहीं बुलाते। लेकिन उस सामन्ती मनवाले की आँखें इस अनपढ़ औरत के लिए हिकारत से भर जातीं। उन्हें मिर्ज़ा ग़ालिब इन्सानों से ज़्यादा अच्छा लगता था। जिया भी शाही, मरा भी शाही मौत। बिल्कुल बेचारा नहीं। पास बैठी बेटी से कहा : बेटी जी, हम चले।

और वह सचमुच चला गया उसी क्षण।

छोटे भाई बिल्लू ने बताया : बर्न्ज़ विभाग के हैड डॉक्टर चारी दिन में दो बार आते हैं। सब उनसे डरते हैं। कमरा बिल्कुल चुप। हालाँकि वह न तो किसी को डाँटते हैं, न ऊँचा बोलते हैं। दुनिया के चार बर्न्ज़ सर्जन्ज़ में शुमार।

मेरी दायीं बाँह को उठाया। हिलाया। बीच का हिस्सा अकड़ना शुरू। साथ खड़े डॉक्टर से कहा : अल्मूनियम की रॉड के साथ बाँह सीधी बाँध दो, अदरवाइज़ ही विज लूज द यूज़ ऑफ़ राइट आर्म फॉर एवर।

बड़ी बहन : बाँह बाँध देंगे तो खायेगा कैसे?

डॉ. चारी : अभी कुछ हफ़्ते न यह कुछ खायेंगे, न कुछ करेंगे। रॉड बाँधने से तकलीफ़ नहीं लगेगी। हीज़ आल्मोस्ट ब्रेन डैड। तभी तो इन्हें दर्द नहीं होते। चीख़ते नहीं। आई थिंक वी विल सेव हिम विद द ग्रेस ऑफ़ गॉड। प्रे। जस्ट प्रे।

भाई बिल्लू ने बताया कि जो कोई नर्स आई.सी.यू. में आती, ख़ून निकालती, नहीं तो टीका लगाती। हाल यह हो गया कि टीका लगाने के लिए नर्स मिलनी बन्द हो गयी। डॉक्टर ने पैर में रबर की ट्यूब लगायी। अब इसके द्वारा टीके लगते हैं।

मैं अभी तक एक शब्द भी नहीं बोला था। डॉक्टर की हिदायत थी, जैसे ही कुछ बोलूँ, उन्हें बताया जाये।

मैं कमरे से भागने की कोशिश करता था। निवार की पट्टियों से बाँध दिया गया। सारे मौसम एक जैसे–सारी घड़ियाँ बन्द। मैं अपने आपसे बाहर हो रहा था। मैं दरवेश बन रहा था। एक ही पुकार–या अल्ला, या अल्ला !

यह मेरे अच्छे दिनों की शुरुआत थी।

न बचने की आशंका तो ख़ुशख़बरी है। मुझे डर नहीं लग रहा था।

भविष्य

यादें माज़ी अज़ाब है या रब
छीन ले हाफ़्ज़ा मेरा रब
नहीं छीनता याददाश्त।

नादिरा बब्बर के एकजुट ने जब बम्बई में *कोर्ट मार्शल* किया, तो प्रथम मंचन के अवसर पर पहुँच न पाया। तब 'विदेश' जाने की तैयारी में था। उन्हें बीमारी का पता चल गया। अस्पताल से छुट्टी मिली। नादिरा अंबाला आयी तो पूछा : कैसा रहा *कोर्ट मार्शल?*

–स्वदेश जी, *कोर्ट मार्शल* अकेला ऐसा नाटक है जिसे डायरेक्टर की ज़रूरत नहीं, एक्टर्ज़ अपनी जगह पर खड़े–खड़े ठीक से संवाद बोल दें तो नाटक सफल। हमारे पचास शो हो गये। निर्देशन राकेश परमार ने किया है। लोग यूँ ही मुझे क्रेडिट देते हैं।

नादिरा दो मिनट के बाद महसूस नहीं होने देतीं कि पहली बार आयी हैं। बड़ी शाइस्तगी से एक–एक को जीत लिया।

–गीता! आपने फ़ोन पर बताया कि स्वदेश जी बीमार रहते हैं। यह तो सुर्ख पड़े हैं, बिल्कुल चमकते–दमकते। भाई, कभी–कभी खाविन्द को छुट्टी दे देनी चाहिए। लेकिन आप नहीं दे सकेंगी।

–क्यों?

–इतने हसीन मर्द से थोड़े दिन के लिए बिछुड़ना भी मुश्किल होता है।

गीता के चेहरे पर लाल गुलाब उग आये। बरसों बाद उसे ब्लश करते देखा।

नादिरा ने बेटी पारुल से पूछा : और आप?

–जर्नेलिस्ट हूँ 'इंडियन एक्सप्रेस' में।

–तब आपसे बात नहीं हो सकती। डर लगता है आप लोगों से।

नादिरा : कोई नाटक लिखा?

मैं : *काल कोठरी* रिवाइज़ कर रहा हूँ। पहला ड्राफ्ट बीमारी से पहले...

नादिरा : मत कीजिए बीमारी की बात। खुदा ने भूलने की ताक़त दी है। भूल जाइए। *काल कोठरी* भेजिए ज़रूर। अब पृथ्वी थिएटर में हफ़्ते में एक दिन नाटक की रीडिंग होती है।

तभी रेलवे के बहुत बड़े अधिकारी अपने दरबारी के साथ आ गये। मेरे दोस्त नहीं। अमला राय को सूँघते हुए आते हैं। औरत को देखते ही वह कुत्ते में बदल जाते हैं। बाहर निकल आयी जीभ और थूक की बूँदें गिरती हुईं। परिचय कराया।

सिंह : ओ, आप राज बब्बर की बीवी हैं!

नादिरा : जी नहीं। राज साहब मेरे खाविन्द हैं, वैसे मेरी अपनी अलग पहचान है, अस्तित्व है।

'अस्तित्व' शब्द सुनकर सिंह हैरान भी, परेशान भी। यह शब्द शायद उनके पिताश्री ने भी न सुना होगा। साथ आये दरबारी ने बात सँभालने की कोशिश की।

दरबारी : सिंह साहब डिवीजनल मैनेजर कॉमर्स हैं। बहुत बड़ी पोस्ट हैं।

नादिरा : जानती हूँ साहब। राज साहब के वालिद भी रेलवे में थे।

सिंह : (चहका) अच्छा, क्या करते थे?

नादिरा मुस्कुरायी। समझ गया, पिन निकालेगी और गुब्बारा फोड़ देगी। अंग्रेज़ी में इसे डिफ्लेट करना कहते हैं।

नादिरा : रेलवे में जो सबसे छोटी नौकरी होती है, वही करते थे। काँटा बदलने का काम।

सिंह साहब को अचानक कोई काम याद आ गया। उठे। बहुत कहने पर भी रुके नहीं। गये। साथ दरबारी भी गया।

नादिरा : कुछ मर्दों का हाथ हमेशा धोती में ही रहता है।

परिवार के लोग थोड़ी देर के लिए उठ गये।

नादिरा : आप कुछ डरे हुए लगते हैं। मुझे तो पता चला कि बहुत ग़ुस्सैल हैं। श्रीराम सेंटर में अपनी निहायत हसीन दोस्त को बीसियों लोगों के सामने थप्पड़ मारा था।

मैं : मारा नहीं। मारने लगा था।

नादिरा : हम नाटकवाले कुछ तो जोड़ेंगे ही। आप जैसे बीमारी से लड़े, इस डर से भी लड़ना होगा। मैं बिल्कुल नहीं कहती कि बेबुनियाद है। लेकिन *कोर्ट मार्शल* का स्वदेश किसी से भी जंग कर सकता है। अपने एकजुट ग्रुप का उत्सव मनाने जा रहे हैं। आपको बम्बई आना होगा। *कोर्ट मार्शल* के सत्तर शो हो लिये। आपने एक भी नहीं देखा।

मैं : बम्बई आऊँगा। कलकत्ता नहीं जाऊँगा।

नादिरा : मैंने तो कलकत्ता के लिए कहा ही नहीं। आपकी चहेती निर्देशक उषा गांगुली ज़रूर आयेंगी।

मैं एकदम कुछ अरसा पीछे चला गया। उषा ने मायाविनी को देखा है, शायद थोड़ा जानती है। मेरे सात बरसों के खंडित, पगला गये इतिहास को जानती हैं। उषा ने कहा था : वह जितनी सुन्दर, जितनी आकर्षक हैं, कोई औरत हो ही नहीं सकती। चमत्कार हैं। साक्षात् चमत्कार।

एक साम्यवादी के मुँह से 'चमत्कार' शब्द सुनकर मैं फिर डर गया था।

फिर अतीत में

डॉक्टरों के जारी किये डैथ वारंट से मैं क्यों डरता? राष्ट्रपति खुद चलकर आये थे बताने–आपको मृत्युदंड से मुक्त कर रहा हूँ। लेकिन कुछ महीनों

की टोकन क़ैद। आप अच्छे आदमी नहीं। सुन्दर औरतों को गालियाँ देते हैं।

बन्र्ज़ विभाग ने इंजेक्शन की रफ़्तार बढ़ा दी। जले हुए हिस्सों में ज़हर फैलने का डर। अब मेरे इस हिस्से के इन्चार्ज डॉक्टर नायडू। अपने हाथ से दवाई का लेप करते हैं। पारे से भरा खुशतबियत आदमी। यह पता होने पर भी कि मैं कुछ नहीं समझता, बात करेंगे :

–राइटर साहब, जब ठीक होंगे तो हमारी भाषा में लिखें। हम हिन्दी बोल लेता, ठीक से पढ़ नहीं सकता।

–आप लोग इतना बड़ा किताब कैसे लिखता! हम तो ख़त नहीं लिखता।

–डरें मत दीपक साहब, जला हुआ निशान दिखेगा नहीं। मैं ऑपरेशन करूँगा। स्किन ग्राफ्टिंग करूँगा। यू विल अगेन बी हैंडसम मैन। आपको दर्द नहीं लगता फिर भी थोड़ा चीख़ें। डॉक्टरों को, आपके घरवालों को अच्छा लगेगा। उनका डर कम होगा। आप शर–शैया पर लेटे भीष्म पितामह क्यों बन गये?

डॉक्टर नायडू जब कमरे में आते हैं तो अपनों में आशा का संचार हो जाता है।

उनके आशावादी होने से मैं नाराज़ हो गया। इतनी यातना के बाद मृत्युद्वार तक पहुँचा। डॉक्टर नायडू मुझे दरवाज़ा खोलने ही नहीं देते।

मरे हुए सम्बन्धों के मुर्दे घेर रहे हैं।

मैं अब समर्थ नहीं रहा। सबके हाथों में एक खिलौना।

उजाला इतना डरावना क्यों हो गया? हवा से दोस्ती क्यों टूटी?

निर्मल वर्मा के परिन्दे मर गये। उनका स्थान कव्वों ने ले लिया।

कृष्णा सोबती की मित्रो मरजानी पर ग़ुस्सा क्यों आता है? हर वक़्त, हर जगह घाघरा उठाये खड़ी है।

जब कोई बीमार पड़ जाये तो हिन्दी के छुटभैए लेखक ख़ुश।

साँस लेना संघर्ष बन गया।

तुम्हारे आग्नेय सौन्दर्य और कलाइयों की ढलान। स्थायी बिम्ब।

मुझे ये बातें क्योंकर याद! जीवन तो नहीं। अफ़वाहें हैं।

बाकियों से पहले 'जनसत्ता' के पत्रकार ने मुझे खोज निकाला मेरे आई.सी.यू. में। तब यह अख़बार चंडीगढ़ से भी प्रकाशित होता था।

बाहर बैठी बहनों से उसने मेरे बारे में पूछ लिया। अन्दर आया। उनकी बातें कन्फर्म करने के लिए मुझसे कुछ पूछा। जब उसने बताया कि पत्रकार है तो ड्यूटी अगेन्स्ट रूल।

उसने उस आकर्षक नर्स से कहा : बहन जी, हमसे तो सब नाराज़ ही रहते हैं। इस देश में सब कुछ अगेन्स्ट रूल्ज़ है। स्वदेश दीपक पर केवल पी.जी.आई. का अधिकार नहीं है। पूरे हिन्दी संसार का इन पर हक बनता है। आप शायद जानती नहीं, हमारी युवा पीढ़ी के प्रिय लेखक। इन्होंने *कोर्ट मार्शल* लिखा है।

उसने नर्स को बातों में लगाये रखा। छोटे–से जेबी कैमरे से मेरी दो–तीन तस्वीरें लीं। जब तक नर्स को पता चले, वह कमरे से भाग गया। जानता होगा, मेरे जैसे पेशेंट की फ़ोटो लेना गै़रक़ानूनी है। उसे पुलिस के हवाले किया जा सकता है।

दूसरे दिन ख़बर छपी। फ़ोटो देखकर कोई पहचान ही न पाया कि मैं हूँ। नाक और मुँह में लगी ट्यूबों और ऑक्सीजन मास्क के कारण चेहरा दिख ही नहीं रहा था। आँखें थीं। फटी की फटी, एकटक देखती। पत्रकार ने ख़बर का शीर्षक बनाया–स्वदेश दीपक मृतप्राय। किसी तकनीकी ग़लती से 'मृत' और 'प्राय' दो अलग–अलग शब्दों में छप गये। जब दूसरे शहरों के स्थानीय अख़बारों ने ख़बर उठायी तो मेरे लिए मृत बचा रहा। प्राय ग़ायब हो गया।

इस बात का पता बाद में चला कि मैं मृत घोषित हो चुका हूँ।

भविष्य से

गर्मियाँ। लाइट गयी। मैं बरामदे में, गीता रसोई में, जो बरामदे के सिरे पर। एक अनजान स्वस्थ युवक अन्दर आया। नमस्ते के बाद बोला, मैं सिरसा से आया हूँ सर!

उच्चारण से पता चला कि हरियाणा का है।

–मैं स्वदेश दीपक सर से मिलने आया हूँ।

–मिल लीजिए। मैं ही हूँ स्वदेश।

उसने मुझे बिल्कुल हैरानी से देखा। डरते–डरते पूछा :

–आप सचमुच स्वदेश दीपक हैं न?

पारा ऊपर चढ़ा। कोशिश कर नीचे खींचा। अब मैं अपने ग़ुस्से से डरता हूँ।

—जी। मैं सचमुच स्वदेश दीपक हूँ।

उसने चेहरे पर दोनों हाथ रखे। सुनाई देने वाली आवाज़ में रोने लगा। मैं हैरान भी, परेशान भी। हैरत हुई। अभी तो मैंने कुछ कहा ही नहीं। गीता ने इशारे से रसोई में बुलाया।

—वह आदमी क्यों रो रहा है?

—पता नहीं।

—ज़रूर तुमने कुछ कहा होगा।

—अभी—अभी तो आया है। इतनी जल्दी क्या कह लूँगा।

—चुप कराओ उसे।

—मुझे चुप कराना नहीं आता।

—जानती हूँ। आय नो इट एट माई ओन कॉस्ट। किसी को रोते देख तुम्हें ग़ुस्सा आता है। यू हैव नो पिटी फॉर एनीवन।

पानी का गिलास ले बाहर निकलते हुए गीता ने आदतन छोटा—सा तीर छोड़ा। न लगा, न चुभा। कर्ण का कवच जो है।

गीता ने उसके कन्धे पर हाथ रखा। खड़ा हुआ। पाँव छुए। पानी पीया।

—बहन जी, मैं सिरसा से आया हूँ। अमृत नाम है। सर के नाटक *कोर्ट मार्शल* खेलने का हमारी सभा में निर्णय हुआ। वहाँ के कॉलेज गया चन्दा माँगने। अंग्रेज़ी के प्रोफ़ेसर ने बताया कि स्वदेश दीपक की तो डैथ हो चुकी है, कुछ महीने पहले ख़बर छपी थी...हमारे प्रधान रिटायर्ड कर्नल हैं। शोकसभा की गयी। बहुत लोग आये श्रद्धांजलि देने...फिर कुछ दिन पहले 'इंडियन एक्सप्रेस' में सर का फ़ोटो छपा। न्यूज़ थी कि चंडीगढ़ के टैगोर थिएटर में सर ने अपना नाटक *काल कोठरी* पढ़ा। कर्नल साहब ने आदेश दिया, अमृत, अंबाला जाओ। ख़ुद देखकर आओ। अख़बारों का क्या! कुछ भी छाप दें। कभी डैड, कभी एलाइव।

अमृत ने जब सिरसा आने का न्योता दिया तो गीता ने मना कर दिया।

—बहन जी, मैं टैक्सी लेकर आऊँगा। छोड़ भी जाऊँगा।

—नहीं। डॉक्टरों ने मना किया है।

—क्यों मना किया है?

—ही इज़ नाइदर डेड नार एलाइव।

अमृत एकदम उठा। गया। कहीं कोई और डरावनी ख़बर न मिले।

मैं अपने दोनों लोकों, डैड एवं एलाइव में, लौट आया।

गीता : कितना प्यार देते हैं लोग तुम्हें! कुछ लिखो। बहुत साल हो गये।

मैं : शायद लिखने की उम्मीद ने ही ज़िन्दा रखा है।

गीता : सो जाओ थोड़ी देर। नहीं तो शाम कों सबसे झगड़ोगे।

आँखें बन्द। एकदम नींद। मैं लौट गया आई.सी.यू. में।

अतीत से

मायाविनी आधी रात को। साथ में सारा का सारा जंगल लेकर। जानती है, पेड़ मुझे बहुत अच्छे लगते हैं। मेरी शीत निष्क्रियता—हाइबरनेशन जारी। उसने पेड़ों पर बैठे परिन्दों को बोलने के लिए कहा। वे बतियाने लगे। मैं जाग गया। वह मुस्कुरायी। मैं कविता हो गया।

—आपको याद है, अब मेरे घर बैठे थे तो मैंने एक नाटक का विषय बताया था?

—क्या? फिर बताओ।

अब हम उसके हवेलीनुमा घर में थे। वह मेरे पास बड़े सोफ़े पर बैठी। सुडौल जाँघ का दबाव है। आदिम इच्छाएँ करवट लेने लगीं। मन किया, साड़ी हटाकर देखूँ, क्या इसकी जाँघें भी इसके चेहरे की तरह उज्ज्वल हैं?

—नाटक का विषय महाभारत काल से है।

—मैं महाभारत इंडस्ट्री पर नहीं लिखता।

—सुन तो लें। द्रोणाचार्य ने एकलव्य से तर्जनी माँग ली थी। एक दलित वर्ग का युवक उनके उच्चकुल के शिष्य अर्जुन से अधिक निपुण कैसे होगा धुनर्विद्या में! गुरु—दक्षिणा में तर्जनी इसलिए माँगी कि धनुष की डोर इसी उँगली से खींची जाती है।

—आगे।

—आपने कभी ध्यान दिया, आजकल राष्ट्रीय और अन्तरराष्ट्रीय तीरंदाज़ी प्रतियोगिताओं में धनुष की डोरी मध्यमा से खींची जाती है।

—तो फिर?

—द्रोणाचार्य को ज़रूर पश्चात्ताप हुआ होगा। उसने ही एकलव्य को मध्यमा से डोरी खींचना, तीर चलाना सिखाया होगा।

मैंने सिगरेट लगायी। वह जवाब सुनने के लिए मेरी ओर देखती। औरतों को कड़वी बातें बताना, सुनाना मुझे अच्छा लगता है। रणनीति का ज़रूरी हिस्सा।

—स्टेज के लिए थीम अच्छी रहेगी। जैसे किसी हिन्दी के हैड ऑफ़ डिपार्टमेंट का लिखा नाटक। सबका सुधार और अन्त में फ़ैमिली—फ़ोटोग्राफ़। नहीं चाहिए दर्शकों को ऐसे नाटक।

—क्योंकि ऊब चुके हैं वे इन झूठों से जिन्हें आदर्शवाद के कपड़े पहनाकर प्रस्तुत किया जाता है। राजा—रानियों की कहानियों के माध्यम से। नाटक तो तब सार्थक बनेगा जब एकलव्य अपनी उँगली की जगह द्रोणाचार्य की उँगलियाँ काट दें। ऐसी अमानुषिक और अन्यायपूर्ण गुरु—दक्षिणा माँगने के लिए।

—नाटक आगे कैसे बढ़ेगा?

—ज़रूर बढ़ेगा। एकलव्य के साथ मिलकर सब विद्रोह कर सकते हैं।

—तो इस कोण से लिखा जाये।

—नहीं लिखा जा सकता। जो आदमी व्यवस्था का हिस्सा बन जाये, राजा का दरबारी और कर्मचारी बन जाये, उसमें पाप—बोध और पश्चात्ताप की भावनाएँ मर जाती हैं। ये उजली आत्माओं के गुण हैं, चाकरों के नहीं। द्रोण को एक ही पश्चात्ताप हो सकता है—एकलव्य के प्राण क्यों नहीं माँगे।

उसने मेरी डिब्बी से मेरी सिगरेट निकालकर दी।

—पी लीजिए, उत्तेजित हो गये हैं। कितनी सारी बातों के बारे में आप जानते हैं!

—ऐसा कुछ नहीं। आप एक बहुत मासूम संसार में जी रही हैं।

—तो मुझ पर भी एक नाटक लिखिए न!

—आप पर लिखने के लिए दस स्वदेश चाहिए।

उसने मेरे दोनों हाथों पर हाथ रखा।

—मेरे लिए एक स्वदेश ही बहुत है। आप साल के कुछ महीने यहाँ रहें।

—कहाँ रहूँगा? ख़र्चा कैसे चलेगा?

—वी विल हैव बैड टाइम। एक पुरुष—वेश्या के साथ ज़्यादा देर रहना कभी अच्छा नहीं लगता।

—यू आर इम्पॉसीबल। आपकी डिक्शनरी में न के अलावा कोई और शब्द है भी?

—बहुत शब्द हैं। गरमाइश से भरे भले शब्द। हमारी उँगली पकड़कर बताते हैं कि दोस्ती के लिए यह बिल्कुल ज़रूरी नहीं कि हम साथ रहें।

उसने पूरी आँखें खोल मुझे देखा। शरीर का रक्त चेहरे पर चढ़ आया। दर्प से इठला गयी भाषा बोली : आई वांट टू पोज़ेस यू स्वेदश दीपक।

उसने मेरा पूरा नाम बोल अपमान किया। मुँह कसैला के हो गया। यह औरत क्योंकर दोस्त बनेगी जो सब कुछ अपनी टर्म्ज़ पर हासिल करना चाहती है!

—आयम सॉरी फॉर यू। रियली सॉरी। नैवर ट्राई टू विन ए मैन बाई थ्रेट्स। जस्ट पैंपर हिम अ लिटिल एंड द फूल विल बी युअर्ज़।

—मुझे पैंपर करना बिल्कुल नहीं आता। उसने असहाय हो कहा।

—नैवर यूज़ योअर ब्यूटी एज़ ए वैपन। मैं हथियारों से बिल्कुल नहीं डरता।

—आप तो किसी से नहीं डरते।

—ज़रूर डरता हूँ। मैं अपनी वाइफ से बेहद डरता हूँ।

वह मुस्कुरायी। तनाव खिड़की से बाहर। धार्मिक पुस्तकें हिलीं।

—आपको शायद बताया नहीं, मेरी दोनों बेटियाँ देखने में बिल्कुल साधारण, रादर अग्ली। बाप पर गयी हैं।

—शादी में मुश्किल आयेगी।

—शादी सुन्दरता से नहीं, बैंक—बैलेंस से होती है। मैं कुछ और कह रही थी। मेरा मन कर रहा है, आप जैसा बेटा हो। स्ट्रांग एंड वायलेंट।

—बरबाद हो जायेंगी आप अगर मेरे जैसा बेटा हो गया।

—लेकिन मैं बरबाद होना चाहती हूँ स्वदेश जी। एक सुरक्षित और टाइम—टेबल में बँधा जीवन अब नहीं जी सकती। द मोमेंट आय सॉ यू आय वांट टू बी डेस्ट्रॉयड बाई यू।

मैंने जवाब के लिए शेक्सपियर की सहायता ली—इफ एवरी डे वर संडे।

वह पूरी खुली आँखों से देखती हुई। नाक–नोक पर पसीना बूँद। शरीर–अंग आक्रमण की मुद्रा में–एक मादा नरभक्षी। वह बोली (मुझे साफ़ पता चला कि बैठी तो सामने है। उसकी आवाज़ कहीं बहुत दूर मरुस्थल से आ रही–रेत–सी सूखी भी, रूखी भी)।

–स्वदेश जी, आपकी डिक्शनरी में क्या केवल इनकार शब्द है?

ग़ुस्से में तमतमाई लड़कियाँ मुझे बहुत अच्छी लगती हैं। असल में जब ग़ुस्से में हों तो असहाय होती हैं। एक मीठा शब्द। एक मीठी छुअन और सूरजमुखी बन जाती हैं।

लेकिन मैं, पाँच फुट आठ इंच लम्बा अहंकार। लेकिन दम्भ आड़े आ गया और मैं अभिशप्त हो गया। वह मेरी अच्छी मित्र हो सकती है. प्रिया नहीं। जो लड़कियाँ मेरे लिए फ़्लैट ख़रीदना चाहें, मुझे अच्छी नहीं लगतीं। लेकिन मुझे उसके प्यार के ज्वालामुखी का पता नहीं चला।

उसने मुझे शाप दे डाला। सात साल लम्बा शाप। आज भी सोचता हूँ। तो फ़ैसला अपने पक्ष में होता है। उसे कोई नैतिक अथवा अनैतिक हक नहीं था मुझे सात साल लम्बा दंड देना। मेरे ब्रेन सैल्ज़ मारना। मेरी क़लम छीन लेना। मुझे आदमी से कॉक्रोच में बदल देना। लेकिन मादा नरभक्षी को कोई नहीं रोक सकता। *The Man-Eating Tigress of Kolkata.* अब वह सिल्विया प्लैथ बन गयी है।

Out of my ash
I rise with my red hair
And eat men like air.

सोचा, समझाऊँ। मैंने तो कोई बुरा नहीं किया। मैंने तो उसे ख़ुद से बचाया। उसके माथे को गर्म लोहे से दाग दिया जाता और बन जाती द स्कारलेट की नायिका–हैस्टर प्रीन, अ ब्रैंडिड फोरहैड। लेकिन मादा नरभक्षी को कार्य–कारण की बातें समझ नहीं आतीं।

The man-eating tigress had decided to attack and kiss. लेकिन तब मुझे उसके डरावने निर्णय का पता नहीं था कि एक अति आकर्षक औरत जब क्षत–विक्षत करे तो शरीर के अंग–अंग को सुख मिलता है।

लेकिन तब मुझे पता नहीं था कि मेरा सूर्य अब उसके हाथ में था।

लेकिन तब मुझे पता नहीं था कि मृत्यु के लिए दिन–रात गिड़गिड़ाऊँगा। लेकिन वह मेरे प्राण कसकर अपनी मुट्ठी में पकड़े है।

तब पता नहीं था कि वह धूप में बैठी बिल्ली है।

तब पता नहीं था कि वह मायाविनी है। विचित्र शक्तियों को जिसने साध रखा है, वह मायाविनी।

जब पता चला तो देर हो चुकी थी। मेरे हथियार छिन गये थे।

मैं स्वदेश दीपक से डिमेनशिया बनने लगा।

उसकी नाराज़गी का कुछ हिस्सा अपने रिटायर्ड दोस्त कर्न शिचोकंद को बताया। शिकवा किया।

–मैंने तो न उसे छेड़ा, न छुआ, फिर भी इतने ग़ुस्से में थी।

कर्नल मुझसे ज़्यादा सिगरेट पीते हैं। नयी सिगरेट लगायी।

–यू ब्लडी इडियट। हू हैज़ मेड यू ए राइटर? वह इसलिए ग़ुस्से में थी कि तुमने उसे छुआ क्यों नहीं। छेड़ा क्यों नहीं। ए ब्यूटीफुल वोमेन हैज़ डिवाइन राइट टू बी टच्ड, टू बी लव्ड। यू स्कोर्ड हर टू प्रूव यूअर ब्रेवरी। यू शुड हैव ज्वाएंड आर्मी फॉर सच ब्लडी ब्रेव मिसडीड्ज।

–अब मैं क्या करूँ?

–अब तुम कुछ नहीं कर सकते। वही करेगी। टू हैल विद यूअर मैचो (Macho) इमेज।

उन्होंने एक और सिगरेट सुलगाई, उदासी में कहा : अब दुख पाओ, लेकिन चुपचाप। अ रियल मैन मस्ट सफ़र साइलैंटली।

बाद में पाँच महीने जब अस्पताल में था तो कर्नल शिचोकंद मुझे एक बार भी देखने नहीं आये।

यह रहस्य मैं किसी से शेयर नहीं कर सका। विकास राय से भी नहीं। मेरा अहंकार। मेरा दम्भ। ही–मैन स्वदेश और आतंकित हो जाये एक औरत से! यह मेरी एक और भूल थी, क्योंकि वह एक सुन्दर औरत ही नहीं थी, मायाविनी थी। टैनिसन याद आये :

The mirror cracked from side to side.

The curse is come upon me.

मैं एक पुरानी किताब में पीली पड़ गयी तस्वीर में बदलने लगा।

मैं रोना भूल गया। सर्दियों के दिन की तरह छोटा हो गया।

दुष्ट आत्माएँ सफ़ेद कपड़ों में रहती हैं। मिलती हैं।

मुझे बोलने में डर लगने लगा। कमरे से निकलने में डर लगने लगा। चाहे वह स्वप्नमय थी, फिर भी अवास्तविक नहीं थी।

वह औरत कहीं और भी है, मेरे पास भी है।

जो कील गड़ रहे थे, जंग लगे थे। व्हाई आर द नेल्ज़ रस्टेड ?

एक बहुत ख़ूबसूरत औरत निर्दयी शक्तियों की मल्लिका होती है।

इसलिए सूर्य भाग गया।

मुझे भागने की रणनीति नहीं आती। इसीलिए आई.सी.यू. में हूँ। राजा के शराबी सैनिक सो गये।

मैं समाधि में था और सन्तप्त था।

छोटी बहन ने बताया कि एक गोरी–चिट्टी नर्स आई.सी.यू. में आयी। मेरे महीनों बढ़े बाल। आधी सफ़ेद दाढ़ी। हफ़्तों नहाया नहीं। हो सकता है, मैं दुर्गन्ध हो चुका हूँ। मुझे देखा और नाक सिकोड़कर कहा : कितना बदसूरत आदमी है! डिस्गस्टिंग।

छोटी क्या कहती। अस्पताल हमें डरपोक बना देता है।

टीका लगाने के लिए उसे नस नहीं मिल रही। जगह–जगह चुभो रही है।

छोटी : सिस्टर, आप आराम से टीका लगायें, और कितने सूराख करेंगी!

नर्स : इसे तो पता नहीं चल रहा। दर्द तो होता नहीं। फिर इसने कौन–सा बच जाना है।

छोटी : मुझे तो दर्द हो रहा है न। मेरे बड़े भाई हैं।

सिस्टर ने मुझे घोर घृणा से देखा, कहा :

–पता नहीं किसकी सिफ़ारिश से मुर्दे पी.जी.आई. में दाख़िल हो जाते हैं।

वह बड़–बड़ करती कमरे से चली गयी। नस न मिलने का ग़ुस्सा था। मेरा मृत्यु–नृत्य जारी था : न मैं हिल सकता था, न बोल सकता था। मेरा समय कब आयेगा? मुझे अपनी याद आ रही थी। बीमारी की। मुझे सुनने वालों की आँखों में मान–सम्मान। लेकिन अब शब्द गूँगे पड़ गये थे। मुझे कोई नहीं सुना रहा था, चाहे तान्त्रिक नदी में कितने ही चावल बहाये। चाहे कितनी गायों को हरा चारा खिलाये। अब मेरी वापसी नहीं होगी। मैं डिस्गस्टिंग था। मैं दुर्गन्ध हो गया था।

भविष्य

वह अन्दर आया। खादी के कपड़े। नेहरू जैकेट। सिर पर गांधी टोपी ग़ायब। नेहरू ने गांधी को छोड़ दिया।

आदमी : स्वदेश जी, मैं आपका आशीर्वाद लेने आया हूँ। कुछ कविताएँ सुनाने की कामना है। विष्णु प्रभाकर मेरे मामा जी हैं। आप ज़रूर मिले होंगे।

उसे बताया नहीं कि न उसके मामा जी को पढ़ा, न देखा। उसके चेहरे पर देशभक्तों वाला काइयाँपन था। वहाँ डालडा का डिब्बा लटक रहा था।

मैं : आप मुझे देशभक्ति की कविताएँ नहीं सुना सकते।

वह : मुझे तो आपने चकित कर दिया। आपको कैसे पता चल गया कि देशभक्ति की कविताएँ सुनाऊँगा!

मैं : जिसके मामा विष्णु प्रभाकर हों, वे देशभक्ति की कविताएँ ही लिख सकते हैं। नहीं सुननी। मुझे अश्लील लगती हैं।

वह : केवल एक सुन लें। छोटी–सी मात्र दस पृष्ठ। नहीं जाऊँगा आपका आशीर्वाद लिए बिना।

तय किया, सुन लूँ। देशभक्त बहस बहुत करते हैं।

मैं : सुनायें, लेकिन धीमी आवाज़ में।

वह : लेकिन देशभक्ति की कविताएँ तो गरज के साथ बोली जाती हैं। सुनें, आपमें जीवन संचार हो जायेगा।

मेरे कोई संचार नहीं हुआ।

दिल्ली गया। साहित्य अकादेमी। कमरे के बाहर बेंच पर बैठे आदमी ने सवालिया निगाहों से देखा। उसे बताया कि शानी से मिलना है। वह हड़बड़ाकर खड़ा हो गया। मुझे पूरा देखा।

वह : आप गिरधर राठी से मिल लें।

मैं : क्यों? भाई, मुझे शानी से मिलना है।

वह थोड़ा डर गया। हालाँकि गुस्सा मैं अस्पताल छोड़ आया था। उसे ज़रूर लगा होगा कि मैं कवि अथवा पागल हूँ।

वह : शानी साहब तो गुज़र गये।

मैं चुप। शानी और मेरी गुस्सैल दोस्ती। उसके नाम शानी का अर्थ भी गुस्सा था। ऐसा उसने बताया था।

मैं : मुझे तो किसी ने बताया नहीं।

वह : बहुत कम लोगों को पता लगा। लीडर तो थे नहीं। लेखक ही थे।

मैं शानी के कमरे में गया। दाढ़ी में सजा एक सौम्य आदमी। चेहरे पर बैठी कविता। कुर्सी के बाहर निकल गले मिले।

राठी : मुझे विश्वास था। आप ठीक हो जायेंगे स्वदेश जी! जिसका सारा लेखन वायलैंस हो, उसमें बहुत शक्ति होती है। आप किसी को भी हरा सकते हैं।

मैं : आपको मेरी बीमारी के बारे में कैसे मालूम? किसी को बताया ही नहीं।

राठी : ठीक पाँच साल तक तो सौमित्र को भी पता न था, आप बीमार हैं। उसने सोचा, आप आदतन भूमिगत हो गये होंगे। मेरा एक कवि–मित्र चंडीगढ़ गया। 'जनसत्ता' के प्रमोद कौंसवाल ने आपके बारे में बताया। उसके साथ अस्पताल गया। आपको देखने।

मैं : मुझे पता नहीं।

राठी : कैसे होता पता। आप न किसी को पहचानते थे, न बोलते थे। आपका वास किसी दूसरे उपग्रह में था।

मैं : बहुत दिनों से आपकी कोई कविता नहीं पढ़ी।

राठी : बहुत दिनों से लिखी नहीं। लिखने की सार्थकता को लेकर अपने आपसे सवाल पूछने लगा हूँ।

गिरधर ने मेज़ की ड्राअर खोलते हुए कहा : आपको सिगरेट पिलाता हूँ।

सोचा, कहूँ कि अपना ब्रांड पीता हूँ। चुप रहा। गिरधर ने चारमीनार का पैकेट आगे बढ़ाया। मैं दंग। मेरी जानकारी में हिन्दी का दूसरा लेखक जो चारमीनार पीता है। पहला मैं।

–क्या लिख रहे हैं?

–अभी कुछ नहीं। वे दिन भूले नहीं। डर लगता है अभी भी।

–मत करें कोशिश भूलने की। उस काल के बारे में कभी लिखने का सोचा आपने? बहुत सारे क्रियेटिव लोग इस रोग से जकड़े–पकड़े गये।

लिखा किसी ने नहीं। विन्सेंट वान गाग के साथ यह हुआ। लिखा किसी और ने–'लस्ट फार लाइफ'। शेली को अपने ही देश के लोग सैड, मैड एंड ब्रैड शेली कहते थे। उसने अपने अनुभव नहीं लिखे। रॉबर्ट लोवेल तीन बार पागलखाने रहे। नहीं लिखा। सिल्विया प्लैथ ने तो आत्महत्या कर ली। अपने यहाँ निराला जी को यह रोग था। बीच में ठीक हो जाते थे। नहीं लिखा।

मैं : कठिन है, बहुत कठिन है।

गिरधर : स्वदेश जी, जो कठिन है आप वही तो लिखते हैं। आप तो किसी वाद की छतरी तले नहीं बैठे।

मैं : अपनी बीमारी के बारे में नहीं लिखना चाहता।

गिरधर : मैंने कब कहा, आप बीमारी का वर्णन करें। आपको एक पहाड़ के नीचे दबे रहने की तकलीफ़ बतानी है।

मैं : सिलसिले से कुछ याद नहीं।

गिरधर : भूल जायें समय और घटनाक्रम को। मुक्त हो जायें अतीत, वर्तमान और भविष्य से। जो जैसे याद आये, लिख दें। शैली, स्टाइल को भूल जायें। मन करे तो कविता में लिखें, नाटक के संवाद में लिखें–A fractured prose for a fractured autobiography. तब बनेगी साहित्य में अपनी तरह की पहली किताब।

–मैं कुछ दिन इंटेन्सिव केयर यूनिट में रहा। कुछ भी याद नहीं। गिरधर ने अपनी दाढ़ी से छेड़छाड़ की। मुस्कुराया।

गिरधर : असल में हम लोग न लिखने के बहाने तलाश कर लेते हैं। मुझे देखें। अभी तक एक कविता संग्रह। आप जिन दिनों आई.सी.यू. में थे, परिवार के सदस्य आपके पास रहे होंगे। वह बतायेंगे उन दिनों के बारे में।

मैं : डॉक्टर प्रतापशरण से पूछना पड़ेगा।

गिरधर : डॉक्टर से तो हर हालत में पूछना होगा।

मैं उठा। गिरधर दरवाज़े तक आया। कहा :

–स्वदेश जी, मैं कह रहा हूँ इसलिए बिल्कुल नहीं लिखना। जानता हूँ, उन दिनों को लिखकर फिर से जीना पीड़ा देगा। आप तब लिखें जब स्वदेश दीपक आपको लिखने के लिए कहें।

हम अलग हुए।

गिरधर राठी पर ग़ुस्सा आ रहा है। क्यों उकसाया उसने लिखने के लिए?

अतीत

सब सीनियर डॉक्टर राउंड पर आये तो बड़ी बहन कान्ता से पूछा :

—दीपक किसी को भी पहचानता क्यों नहीं?

—दिमाग़ के किसी हिस्से के सैल्ज़ मर गये हैं। जब टोमोग्राफी करेंगे, दिमाग़ का रंगीन एक्स—रे लेंगे तो पक्का पता चलेगा।

—लेकिन इतनी दवाइयाँ दे रहे हैं फिर भी...

—बहन जी, इसका सारी दुनिया में कोई इलाज नहीं। ब्रेन में करोड़ों सैल्ज़ होते हैं। कई बार लिविंग सैल्ज़ डैड सैल्ज़ की जगह ले लेते हैं। तब पहचानने की शक्ति लौट आती है। वी कैन प्रे ओनली।

बहन ने गीले तौलिए से चेहरा साफ़ किया। उदास हो गयी, कितनी बिगड़ गयी है शक्ल। कोई पहचाने ही न कि दीपक है। पता नहीं किसकी नज़र इसे खा गयी!

उसने ख़ामोश पाठ करना शुरू कर दिया, शाम तक करती रहेगी। जब इन्सान की शरण से कुछ न मिले तो सीधे भगवान की शरण में जाते हैं। बड़ी बहन को एक औरत की निर्दय शक्तियों का पता नहीं। एक सुन्दर औरत जब उफन जाये तो सम्पूर्ण क्रूर हो जाती है।

बहन तीन लोकल बसें बदलकर सुबह—सवेरे अस्पताल पहुँचती है। थक गयी। उमर का तकाजा। ऊँघने लगी।

ख़ाली कुर्सी पर कोई बैठा। एक बौनी औरत। बाल उसके क़द से लम्बे। माथे पर चन्दन का टीका।

मैंने बिल्कुल नहीं पहचाना। मुस्कुरायी। यह तो मेरी मायाविनी है।

—स्वदेश जी। आपके साथ जो कुछ किया, देखिए उसका परिणाम। आई हैव बिकम ए ड्वार्फ।

—नहीं, आप शरीर से नहीं, अन्दर से छोटी हो गयी। हमारा क़द हमारी अपनी आँखों में होता है।

—अब मैं एक बियाबान जंगल में रहती हूँ।

—जंगल हमारे अन्दर उग जाता है।

वह बोल भी रही है, उसकी आँखों में पानी भी है।

—कामना, अब तुम्हें मैं अच्छा नहीं लगूँगा। घिनावना भी। डरावना भी।

—कभी तो शरीर से बाहर निकलकर सोचा करें। मुझे आपकी आक्रामक आत्मा ने मोह लिया था।

—अब तो आत्मा भिखारी बन गयी। सहायता माँगती आँखें। तुम्हें मेरा सब कुछ नहीं छीनना चाहिए था।

—मैंने छीना है, मैं ही लौटाऊँगी। विदेश ले जाऊँगी प्लास्टिक सर्जरी के लिए।

—नहीं, मुझे अपने देश में मरना है।

—आपको बहुत बुरी लगती हूँगी।

—नहीं, अब तुम मुझे बहुत अच्छी लगती हो। पहचान लेता हूँ। बातें कर लेता हूँ। इतने सुन्दर शत्रु बड़े भाग्य से मिलते हैं।

यह सुनते ही उसका क़द बढ़ना शुरू हो गया। बौनी औरत ग़ायब हो गयी। मायाविनी आ गयी।

—अब आप सोयें। थक गये। फिर आऊँगी।

—तुम्हें कैसे पता कि थक गया हूँ?

—मुझे सब कुछ पता होता है स्वदेश जी।

उसने माथा छुआ, शीतल हो गया। कनिष्ठा से अपने माथे से थोड़ा चन्दन पोंछ मेरे माथे पर लगा दिया। और मैं सुगन्धित हो गया।

उस रात मैं काली पड़ गयी नदी में तैरता रहा। लगातार सोया। जब वह आती है तो क्या थोड़े–से दुःख साथ ले जाती है? वे दुःख जो उसने दिये। जो अब तक बताये नहीं। सुनने वाला वहम कहकर टाल देगा, नहीं तो मखौल तो ज़रूर उड़ायेगा। पता नहीं क्यों परिवारवालों को, परिचितों को हमेशा पक्का विश्वास हो जाता है कि मनोरोगी झूठ बोल रहा है। उसे कुछ नहीं हुआ। लोगों की सहानुभूति हासिल करने के लिए बिस्तर पर पड़ा रहता है। कई बार तप चुकी गीता ने कहा–कुछ नहीं हुआ तुम्हें, यू आर शैमिंग। यू डोंट वांट टू वर्क। उसे यह जवाब देते हुए डर लगा कि छब्बीस साल नौकरी की है। चुप रहा। जानता हूँ, उसके तरकश में बहुत–से तीखे तीर हैं। डॉ. प्रतापशरण ने उदास आवाज़ में बताया था : इस देश में, समाज में कैंसर को, और तो और, एड्स को भी स्वीकृति मिल चुकी है, लेकिन मनोरोग के रोगी को नहीं। टी.वी. पर शार्ट फ़िल्म्ज़ दिखायी जाती हैं। शबाना आज़मी समझाती हैं कि एड्स छूत–छात का रोग नहीं। एड्स के रोगी को प्यार चाहिए, नफ़रत नहीं। आज तक किसी संस्था ने मनोरोगियों को लेकर कोई लघु फ़िल्म नहीं बनायी। शबाना आज़मी ने कभी नहीं समझाया मनोरोगियों को, आपको प्यार चाहिए, नफ़रत

नहीं। यही कारण है कि साइकाइट्रिस्ट्स को इस रोग से भी लड़ना होता है, परिवार से भी और समाज में भी। आपकी पत्नी समझदार है, सहनशील है, फिर भी आपको किसी भी दिन पीट सकती है। पता नहीं यह रोग लोगों को क्रूर क्यों बना देता है! अमेरिका में हर तीसरा आदमी मनोरोग विशेषज्ञ के पास जाता है।

डॉ. प्रतापशरण रुके, मुस्कुरायेः

–आज मैं बहुत बोल गया।

आई.सी.यू में जब निवास था तो परिवारवालों से रोज़ मेरा टुकड़ा–टुकड़ा इतिहास पूछा जाता। फ़ाइल मोटी होनी शुरू हो गयी। गीता से पूछा : किसी और औरत से इन्वॉल्वमेंट? आई मीन द अदर वोमेन?

गीता : नहीं, बिल्कुल नहीं। दीपक कभी मुझसे भी इन्वॉल्व नहीं हुआ। इसकी इन्वॉल्वमेंट बस लिखने से रही। फैन्ज़ बहुत हैं। लेकिन दोस्त नहीं।

आई हैव ए स्ट्रांग फीलिंग ही डज़ंट लाइक वोमेन।

ऐसी बीमारी का जो सबसे साधारण कारण हो सकता है, व्यर्थ निकला।

–लेखक है, इसको लेकर असफल होने की कोई फीलिंग?

गीता : नो, नॉट एट ऑल, नाटक *कोर्ट मार्शल* सफलता के शिखर पर था।

दिल्ली में रंजीत कपूर ने पहला मंचन किया, दीपक वाज़ प्रेज्ड टू द स्काइज़। उषा गांगुली ने जब कलकत्ता में किया तो एक बहुत बड़े बंगाली आलोचक ने 'डेली टेलीग्राफ' में लिखा–आफ्टर *कोर्ट मार्शल* टैगोर हैज़ बिकम इर्रेलेवेंट।

दीपक ख़ुश था, रियली हैप्पी। ज़िन्दगी में पहली बार इसे इतना प्यार और प्रशंसा मिली।

दोनों चुप। डॉक्टर को समझ आ गया कि मेरा इतिहास इतना आसान नहीं कि फ़ाइल में उतार लिया जाये। इतिहास कभी चुप हो जाता है, कभी झूठ बोलता है।

गीता : कलकत्ता से लौटने के बाद कुछ हो गया। बोलना बन्द, खाना बन्द, मिलना बन्द, जो दीपक हमेशा वैलड्रैस्ड रहता था, उसने कपड़े बदलने भी बन्द कर दिये। ही लास्ट ऑल इंट्रेस्ट इन हिमसेल्फ।

—कलकत्ता में ज़रूर कुछ हुआ होगा?

—हाउ डू आई नो, आई वाज़ंट विद हिम। मोरओवर ही नैवर शेयर्ज़ इन्नर लाइफ ऑफ़ थिंग्ज़।

डॉक्टर समझ गया कि मैडम खीझ गयी। उठा। अब कल आयेगा, फिर कुरेदेगा।

जब बर्न्ज़ विभाग के डॉक्टर नायडू आये तो बड़ी बहन ने पूछा :

—क्या दीपक की दायीं बाँह हमेशा सीधी रहेगी? सरिया बँधा रहेगा?

—नहीं माता जी, ऑपरेशन करेंगे, ठीक होगी। जलने से जब मांस पिघलता है तो आपस में जुड़ जाता है। इसे कॉन्ट्रैक्चर कहते हैं।

—कितना बुरा हुआ मेरे भाई के साथ! सोने जैसा शरीर...

—कुछ बुरा नहीं हुआ माता जी। गले के नीचे तक जले। जब कपड़े डालेंगे तो कुछ नहीं दिखेगा। होंठ जल जाते तो क्या होता? नाक जल जाती तो? आँखें जल जातीं तो क्या करते? गॉड हैज़ बीन काइंड टू हिम।

—आप जब पट्टी बदलते हैं तो इसे दर्द क्यों नहीं होता? उफ़ तक नहीं करता।

डॉक्टर नायडू के होंठ हँसी से हिले—आदतन छेड़ा :

—दर्द तो बहुत होता है, लेकिन आपके भाई तो वीर पुरुष हैं। कभी नहीं बतायेगा कि दर्द होता है। महाभारत के भीष्म पितामह मज़े से लेटे हैं शर—शैया पर।

कान्ता मुस्कुराये बिना न रह सकी। कितने ख़ुशदिल हैं डॉक्टर नायडू!

न्यूरो सर्जन आये। देर तक खड़े—खड़े मुझे देखते रहे। चादर उठा शरीर के जले हिस्से बर्न्ज़ विभाग के डॉक्टर ने दिखाये। मनोरोग विभाग के डॉक्टर ने फ़ाइल दी, जो अभी पतली थी, उन्होंने पढ़ी।

—सो, हीज़ ए क्रिएटिव परसन। अभी हमारा काम नहीं हो सकता। शरीर के ज़रूरी हिस्से जल गये हैं। बी कांट कैरी आउट वाइटल टैस्ट। एक महीने बाद इन्हें फिर देखूँगा। ही मस्ट स्पीक। देयर इज़ डेंजर ऑफ़ बिकमिंग वेजीटेबल फार द होल लाइफ।

वह गये। जो आता है, डेंजर की बात करता है। शायद मेरा सूर्य अस्ताचल में आकर रुक गया है।

घुड़सवारों ने बरछे तान लिए हैं। मैं उन्हें देख सकता हूँ। वे मेरा शिकार करेंगे। उनके शरीर आक्रमण–मुद्रा में हैं। वे अपने राजा के आदेश का पालन हर हालत में करेंगे। मृत्यु के अहेरी। मुझे बिल्कुल भय नहीं। सात वर्षों से प्रतीक्षा थी इनकी। यीट्स मेरे प्रिय हैं। कभी–कभी पास बैठ कविता सुनाते हैं :

An aged man is but a paltry thing.
A tattered coat upon a stick, unless
Soul clap its hands and sing.

चिथड़े–चिथड़े हो चुके कोट को क्यों सँभालूँ! उतार फेंकूँगा। तीन बार कोशिश की, नहीं उतरा।

दूसरी बार आधी रात को उठा था। नया ब्लेड निकाला। बड़ा डिब्बा उठा बड़े कमरे में आया। वहाँ कोई नहीं सोता। तीन सिरहाने पीठ पीछे लगा अधलेटा हुआ। अपने हिसाब से आख़िरी सिगरेट लगायी। बिल्कुल शान्त। भयमुक्त। डिब्बा पलँग के किनारे रखा। ख़ून बिस्तर पर नहीं गिरना चाहिए। बहुत सफ़ाईपसन्द हूँ।

नये ब्लेड से दोनों कलाइयों को गहराई तक काट दिया। ख़ून के पतले फ़व्वारे चल पड़े। कलाइयों से डिब्बे में ख़ून भरना शुरू। आँखें बन्द। आख़िरी ख़याल आया, गीता कितनी ख़ुश होगी कि मैंने बैडकवर ख़राब नहीं किया। पता नहीं मैं कब बेहोश हो गया! कब पतली हो गयी रक्तधार!

लाइट जलती रह गयी थी। गीता की नींद खुली। भागकर बड़े कमरे में आयी। ख़ून से लगभग भरा डिब्बा देखा। वहीं से बेटी पारुल को आवाज़ दी। मेरी आँखें खुल गयीं, क्योंकि अभी अधमरा हुआ था। गीता के चेहरे से ख़ून खिंच चुका था, लेकिन पारुल के चेहरे पर कोई भाव नहीं था। उसमें बहुत आत्मविश्वास है और तुरन्त सही निर्णय लेने की समझ। डोंट लैट हिम स्लीप ममा। कीप टाकिंग। आई विल ब्रिंग सन्नी अंकल।

सन्नी अंकल असल में डॉक्टर कालरा है। ग़रीब लोगों के देवता डॉक्टर। मेरी बड़ी बहन के दामाद।

स्कूटर स्टार्ट हो गया। पारुल को रात में अँधेरे में पाँच किलोमीटर दूर जाने में बिल्कुल डर नहीं लगा। एक बार भी नहीं कहा कि छोटे भाई सुकान्त को साथ ले जायेगी। जानती वह भी है कि इस वक़्त सड़क पर शराबियों का राज होता है।

गीता चाय लायी। अकड़े हाथों में गिलास पकड़ाया। नहीं पकड़ा गया। मुँह के पास लायी। सर हिलाया।

–सिगरेट।

उसने अपने होंठों में सिगरेट जलायी। मेरे होंठों में लगायी। लम्बा कश लिया। गीता मुस्कुराई। मैं मुस्कुराया। हम दोनों को प्यार के दिनों की पीली पड़ चुकी तस्वीरें दिखाई दीं। तब ऐसी मूर्ख हरकतें कितनी अच्छी लगती थीं! प्यार के दिनों में हम शरीर से सुगन्ध में बदल जाते है। उसने कहा :

–क्यों पड़े हो अपने पीछे! तुम्हें मरने नहीं दूँगी। कुछ हो जाता तो जानते हो, क्या होता? घर में पुलिस उतरती, अख़बारों में ख़बरें छपतीं, लोगों को क्या मुँह दिखाती, कैसे रहती इस शहर में और कहीं जाती भी कहाँ! दिल्ली का मकान तुमने बेच दिया। कैसे बड़ा करती पारुल–सुकान्त को! तुम अपने दुश्मन नहीं हो। मेरे और बच्चों के दुश्मन हो।

–मेरी नेमप्लेट से अक्षर मिट गये हैं। मेरे बारे में कल बयान दिये जायेंगे। आय हैव बिकम ए ब्लैक स्टेटमेंट।

–कितनी हिम्मत होती थी तुममें! वॉट ए टफ मैन! गीता उदास।

–मुझे डाकिए का इन्तज़ार है। मैं उस कमरे में कभी नहीं गया।

गीता ने बात बदली : और सिगरेट दूँ?

–दो।

–उसके डर से अब कोई भी दिन बचा नहीं। रहती दूर शहर में है, निवास मेरे पास।

–किसकी बात कर रहे हो?

गीता और मायाविनी का परिचय नहीं करवाया।

–अगर चाँद कभी मुस्कुराता तो शक्ल उस जैसी होती।

–किस जैसी? हू इज़ शी?

–मैं रूस जाना चाहता हूँ। मॉयकोवस्की से मिलना है। मेरा पता बदल गया है। सबको बता दो, काला पता। अब यादों के बेंच पर कोई नहीं बैठता। आसपास बिखरे छोटे पत्थर बातचीत नहीं करते।

–चुप हो जाओ। जानते भी हो, क्या बोले जा रहे हो! सँभलो।

–आल माई टुमारोज़ आर डैड। मुझे पीले पड़ गये चेहरे वाली लड़की रोज़ शरबत देती है।

—तुम तो किसी से नहीं डरते थे। अब क्या हुआ?

—एक काली काया मेरे अन्दर बैठी है। मैं दहशतज़दा हूँ। मैं घोड़ों की टापें साफ़ सुन रहा हूँ, मुझे लेने आ रहे हैं, मैं रोना चाहता हूँ, आई कांट क्राई।

—कुछ सोचो मेरे बारे में, बच्चों के बारे में।

—मैं कविताएँ लिखना चाहता हूँ। जब बचकर न निकल सकें तो कविता लिखते हैं, बच हम तब भी नहीं सकते।

—तुम लेखक लोग कितने क्रुअल होते हो, सिर्फ़ लिखने की सोचते हो।

—उसने लिखा है, तुम्हारा फ़ोटो अच्छा क्यों नहीं होता?

शीला संधू ने दिल्ली में बताया था :

—स्वदेश, तुम लेखक लोग बहुत जालिम होते हो, रियली क्रुअल।

अतीत : शीला संधू के साथ

शीला जी के पास राजकमल प्रकाशन पहुँचा। ग्लास कैबिन से मुझे देख लिया, उठीं। हाथ पकड़ अन्दर खींच लिया।

—कब आये?

—अभी।

—कब तक रहोगे?

—जब तक आप कहें।

—मेरे साथ आशिक़ों वाली ज़ुबान क्यों बोलता है! तीस साल पहले देखते।

—मैं हमेशा लेट हो जाता हूँ, बीस साल पहले जन्म ले लिया होता तो...

—कृष्णा जी से होकर आये?

—नहीं, सीधा आपके पास।

—दीपक, तुममें कुछ है। कृष्णा जी को इतने अच्छे लगते हो।

—हाँ, देखते ही स्वागत करेंगी। ऊँची आवाज़ में : आ गये खानदानी हरामज़ादे। हिन्दी की अकेली लेखक जिनके मुँह पर गाली सजती है। कृष्णा जी को देखा होगा, तभी ग़ालिब साहब ने कहा, गालियाँ खाके भी बेमज़ा न हुआ।

शी हैज़ अ स्ट्रांग सैंस ऑफ़ ह्यूमर । लाइक द ब्रिटिश शी कैन मेक फन ऑफ़ हरसैल्फ।

चाय आयी। शुरू की। मोहन गुप्त अन्दर आये। उसे यह दुःख राजकमल छोड़ने के बाद भी रहा कि मेरी पांडुलिपि उससे होकर शीला जी के पास क्यों नहीं जाती। वह थोड़ा सताता। उसकी इम्पोर्टेन्स का और लेखकों की तरह मुझे भी पता लगता। अब एक महीने में मेरी किताब प्रकाशित हो जाती है। मोहन गुप्त अच्छा आदमी है, लेकिन अच्छा दोस्त नहीं। उसे पता ही नहीं चलता कि क्या बोल गया। फिर वह कार भी ठीक से नहीं चलाता। एक बार बैठा था उसके साथ। स्टार्ट करते ही नाडिया! हंटरवाली बन गया। अपनी साइड पर चलाता नहीं। लोगों को डाँटता है कि तमीज़ से चलो। मोहन गुप्त का दोस्त बनना ख़तरे से ख़ाली नहीं।

—तुमने ठीक कहा स्वदेश, कृष्णा जी को बातों का रस लेना ख़ूब आता है। याद है, तुम दोनों को लंच के लिए श्रीराम सेंटर बुलाया था?

—हाँ, उस दिन वह अपने राष्ट्रीय लिबास, काले कपड़ों में नहीं थीं।

—हाँ, मैं हैरान रह गयी। पूछा कि आप सलवार—कमीज़ और शाल में कैसे?

कृष्णा जी मुस्कुरायीं। बीस साल छोटी हो गयीं। चल गया पता कि अब बाण चलायेंगी, उन्हें मछली की आँख दिख गयी।

—सोचा, स्वदेश के साथ निकल रही हूँ। भली औरतों वाले कपड़े डाल लूँ, ताकि इसकी माँ लगूँ। काले कपड़ों के साथ देख, लोग क्या—क्या सोचते। कमबख़्त स्वदेश है तो ख़ूबसूरत मर्द, लेखक चाहे जैसा हो।

बाण सीधा निशाने पर लगा, सर्दियाँ थीं, लेकिन बातों की गरमाइश ने हम तीनों को बिल्कुल जोड़ दिया।

हम श्रीराम सेंटर से लौट आये। शीला जी ने पूछा—उसका कोई ख़त आया?

हाँ में सिर हिलाया। शीला जी उसके नाम कामना से नहीं बुलातीं।

—जवाब दिया?

—तीन ख़तों का एक जवाब देता हूँ।

—दोस्त हो कि हिसाब के मास्टर! उसकी बात से परेशान क्यों हो जाते हो?

—कारण रंजीत कपूर ने बताया था। जब कलकत्ता में प्रथम मंचन था *कोर्ट मार्शल* का तो रंजीत संयोग से वहीं था। उसने न केवल *कोर्ट मार्शल* देखा, उस गदर के बारे में भी जान गया तो मैंने कर डाला। आपको बताया था, रंजीत कपूर ने बीस दिन में नाटक *काल कोठरी* लिखवा लिया। उन दिनों श्रीराम सेंटर में रिहर्सल चल रही थी। मैंने रंजीत को अपनी दिक़्क़त बतायी।

—नाटक में लम्बी स्पीच लिखने का मुझे रोग लग गया है।

—भाई साहब, प्रत्येक कलाकार को कोई न कोई रोग होता है। मुझे देखिए। शादियाँ करने का रोग है।

चपरासी डाक दे गया। मायाविनी का ख़त। पूछा, क्या वह दिल्ली आ सकती है, रिहर्सल और नया नाटक देखने? मैं परेशान हो गया।

—क्या उनका ख़त है जिन पर आपने ब्रह्मास्त्र चलाया था?

हाँ में सिर हिलाया।

रंजीत : छोटे शहर में रहने वालों की दिक़्क़त है कि उन्हें फ्लर्ट करना नहीं आता। इश्क़बाज़ी क्या है, बिल्कुल नहीं समझते। दोस्ती को तुरन्त ट्रैजडी में बदल देते हैं। मैं जब पहली बार बम्बई गया तो कोई किसी पार्टी में मुस्कुराकर देखती तो इसे बिस्तर शेयर करने का न्योता समझता। आ लेने दीजिए दिल्ली, अगर आना चाहती हैं, क्या बिगाड़ लेंगी आपका।

कैसे बताऊँ रंजीत कपूर को, हाँ कर दूँ तो मेरा दर्प, मेरा अहंकार, मेरा पौरुष पराजित हो जायेगा। एक बार न जो कर चुका हूँ। उन दिनों मैं एक सामन्ती मर्द होता था, केवल अपनी टर्म्ज़ पर, इसलिए बिल्कुल सही, राजेन्द्र यादव मुझे एक नीच पुरुष मानता, पुकारता है।

रंजीत की सहज प्रतिभा बहुत तेज़ है। सब कुछ समझ गया।

—भाई साहब, कॉमेडी लिखिए। *बाल भगवान, कोर्ट मार्शल*, अब *काल कोठरी*। बहुत हो गयी ट्रैजडी। किसी दिन आप खुद एक त्रासदी न बन जायें।

रंजीत कपूर को तब पता नहीं था कि उसने एक काली भविष्यवाणी की। मैं रंजीत से शीला संधू के पास लौटा।

शीला जी : दीपक, तुम्हें गुस्सा बहुत आता है। याद है, जब राजकमल में हम दोनों पहली बार मिले थे, झगड़ पड़े? नाराज़ होकर अपने उपन्यास की पांडुलिपि उठायी और दनदनाते हुए उठ गये थे।

दीपक : सुन्दर और सयानी औरतों से मेरे झगड़े अक्सर दोस्ती में बदल जाते हैं।

शीला जी मुस्कुरायीं। मैं मुस्कुराया और वह कसैला दृश्य गुम हो गया।

शीला जी : लंच कहाँ लें? होटल या घर?

दीपक : घर।

शीला जी : ताकि तुम खाने के बाद दो घंटे सो सको। क्या किस्मत पायी है!

स्थान : शीला संधू का घर

समय : दोपहर

शीला जी का घर आजकल उदास भी है और चुप भी। सब अपने–अपने कमरे में। हरदेव संधू भी बैठक में नहीं आये।

संधू परिवार की दहलीज पर इन दिनों एक ग्रीक ट्रैजडी बैठा है। अन्दर भी जा सकती है। त्रासदी से डरावनी होती है उसके परिणाम की प्रतीक्षा। हम सब इसके बारे में जानते हैं। प्रार्थना ही कर सकते हैं।

शीला जी : दीपक, पिछले दिनों कृष्णा जी का अजीब फ़ोन आया। आई वाज़ शॉक्ड।

मेरी इतनी पुरानी, इतनी प्यारी दोस्त, ऐसी बात की कैसे!

दीपक, गॉड सेव मी फ्रॉम माई फ्रैंड्ज़। आई कैन डील विद माई एनीमीज़ माईसैल्फ।

जानते हो कि आजकल अमृता प्रीतम से किताब के टाइटल को लेकर उनका मुक़दमा चल रहा है। मुझे गवाही देने के लिए कहा। बताया कि मुश्किल है। आपको पता है, किन हालात ने घेर रखा है।

मैं चुप।

शीला जी : नाराज़ हो गयीं। कहा कि अमृता को उनसे अच्छा लेखक मानती हूँ, इसलिए गवाही नहीं देना चाहती। बताया कि राजकमल से जितने लेखक प्रकाशित होते हैं, सबको अच्छा लेखक मानती हूँ। कृष्णा सोबती को कैसे बताती कि मुक़दमे के बाद उनकी किताब की सेल बढ़ गयी।

मैं चुप।

शीला जी : फिर ख़त आया, गुस्से से भरा। इशारा था कि अपनी किताबें राजकमल से विदड्रा करने की सोच रही हैं। दीपक, तुम लोग इन्सानी रिश्तों के बारे में लिखते हो, दोस्ती की ईमानदार गरमाइश की बातें करते हो, दरअसल तुम लेखक बहुत जालिम, बहुत क्रूर होते हो, टोटली क्रुअल।

मैं : कृष्णा सोबती के अन्दर एक छोटा–सा हठी बच्चा रहता है। न सुनते ही रूठ जाता है।

शीला जी : लेकिन बच्चे कभी क्रुअल नहीं होते।

तब शीला संधू ने कहा था, लेखक जालिम होते हैं।

अब गीता कहती है, लेखक क्रुअल होते हैं। क्या दोनों सच कहती हैं?

स्थान : पी.जी.आई., चंडीगढ़

काल : सितम्बर 1995

मंजूर एहतेशाम अब ख़त नहीं लिखता। पता चल गया होगा, मैं ख़त खोलता तक नहीं, फाड़ देता हूँ। स्याना है। नजूमी है। उसके ख़त पढ़ता था तो हमेशा कीट्स के ख़त याद आ जाते थे। जहाँगीर सबावाला साल में एक ख़त लिखते हैं। चार ख़तों का जवाब नहीं दिया, फिर भी वह एक ख़त आता है।

सौमित्र मोहन न कविता लिखता है, न ख़त। मायाविनी ख़त नहीं लिखती। अब खुद जो आती है। पता नहीं किसने बताया, अटल बिहारी वाजपेयी *कोर्ट मार्शल* देखना चाहते हैं। मेरा इन्द्रधुनष चुराकर कोलकाता ले गयी है। यह रूठती नहीं, प्रतिकार लेती है। जो अच्छा लगा, नष्ट कर दिया। निर्मल वर्मा को मेरा लिखा अच्छा क्यों नहीं लगता! सब कुछ वायलेंट जो है। क्या मैं याचक हो गया? सहानुभूति की भीख माँगता? सरासर झूठ। खंडित जीवन का पता तक नहीं लगने दिया। हाँ, डब्ल्यू. बी. यीट्स सब जानते हैं। पास बैठते हैं। कविता सुनाते हैं। दीपक कब बोलेगा। साझी चिन्ता। डॉक्टर भी हौसला नहीं देते। डर मत, फल खा, प्रभु जी का नाम ले, मार्क्स का नाम मत ले।

–आयम मोर सिन्ड अगेन्स्ट दैन सिनिंग। (**शेक्सपियर** : किंग लियर)

मैंने जान–बूझकर उसे गालियाँ नहीं दी थीं। जन्म से ही गुस्सैल। कौन लिखेगा मेरी गाथा–जगदीशचन्द्र अथवा राजेन्द्र यादव? राजेन नहीं, बदमाश है। चटकारे लेगा। मेरी गाथा में लड़कियाँ ले जायेगा।

मैं संयोग से ज़िन्दा हूँ। और कोई संयोग क्यों नहीं बना? अगर *कोर्ट मार्शल* अच्छा नाटक है तो मेरा दुर्भाग्य क्यों बन गया? अब कुछ नहीं लिखूँगा। प्रलाप का अर्थ है प्रलाप।

मैं जलावतन कर दिया गया हूँ। वोटरलिस्ट से नाम कट गया।

फूल हमेशा चुपचाप सूखते हैं।

स्वदेश दीपक बोलता क्यों नहीं! बट आय एम हैपी। वर्ड्ज़ आर बिट्रेयर।

आज उस गोरी–चिट्टी नर्स की आई.सी.यू. में ड्यूटी। आयी। देखा। बोली :

–कितनी बू आ रही है इस आदमी से! गीले कपड़े से पोंछ दिया करो।

छोटी : (गुस्सा) निकाल ट्यूबें जो सारी देह में लगी हैं। स्पंज क्या, नहला देंगे।

नर्स : ठीक से बोला करो बीबी।

छोटी : ठीक से बोलना पहले आप सीखो। कभी बदसूरत, कभी गन्दा आदमी! आपने रिश्ता करना है क्या? यह जो बिस्तरे पर पड़ा है, हमारा भाई है। सुनकर समझ लेता तो आपको मटियामेट कर देता। बिस्तर पर लेटा शेर है। पता है आपको भाई का दुःख? शायद आपके भाई हैं ही नहीं।

वह थोड़ा चौकस हुई। मरीज़ के साथ आये ऐसे नहीं बोलते। कहीं किसी मिनिस्टर का...

–मैं तो आपके भाई के भले...

बड़ी बहन : दीपक का भला तो भगवान ही कर सकते हैं सिस्टर।

अब ख़ूबसूरत औरतों का मुझसे गिन–गिनकर बदले लेने का वक़्त आ गया था। दस बजे डॉक्टर राउंड पर आये। चार्ट देखा, मुझे देखा। बाहर निकले, पीछे दूसरे–दूसरे डॉक्टर। छोटी ने उनकी बातें सुनीं। अन्दर आयी, बड़ी से पूछा :

–यह वेजिटेबल क्या होता है! कह रहे थे, वेजिटेबल बन सकते हैं वीर जी।

—मेरे हिसाब से सब्ज़ी को वेजिटेबल कहते हैं। बिल्लू बाहर निकला है। उसे पता होगा।

छोटा भाई कमरे में लौटा। बहनों ने पूछा।

—जब आदमी हमेशा के लिए मांस का लोथड़ा बन जाये तो वेजिटेबल कहते हैं?

बड़ी बहन : हे भगवान, दया करें। बख्श दें दीपक को।

लेकिन अभी भगवान का न दया का इरादा था न बख्शने का। तीनों में मौन–मन्त्रणा शुरू हो गयी। कौन देखेगा इसको, अगर लोथ बन गये? बेचारी गीता कितने साल से देख रही है। पता नहीं कब तक जिये! उन्हें अपने परिवारों की समस्याएँ और बड़ी दिखने लगीं। बच्चों का भविष्य और कठिन हो गया। उनके पास मेरे लिए समय बिल्कुल नहीं बचा था। उनकी प्रार्थनाएँ विपरीत होना शुरू कौन करें? छोटी बोली :

—इससे तो भगवान इन्हें सँभाल ही लें। और कितने दुःख देखेगा!

बड़ी : ठीक कहती है सरिता। मैं सत्तर साल की होने लगी। जोड़ों में दर्द रहता है। इसे अपने पास रख तो लूँ, लेकिन बिस्तर पर ही सब कुछ कैसे कराऊँगी? जानती है, रिश्तेदारों की पल्टन उतरी रहती है। क्या बताऊँगी उन्हें पागल है। जगह की कमी नहीं। मकान बड़ा है, लेकिन लोगों की बातों से डर लगता है।

जब मकान बड़े हों तो दिल छोटा हो जाता है। लोगों की बातें रोगी के जीवन से बड़ी हो जाती हैं। विपरीत प्रार्थना ने शब्द का रूप लिया।

छोटी : उठा ले वीर जी को प्रभु! अन्त करो इसके दुखों का!

बड़ी ने विपरीत प्रार्थना कर नैतिकता का ठप्पा लगाया।

—तभी तो हमारे धर्म में मृत्यु को मुक्ति कहा गया। यह तारनहार है। इतने दुःख देख अपने पास बुला लेते हैं, मुक्त कर देते हैं।

इस विपरीत प्रार्थना में गीता को, दूसरों को शामिल करने का निर्णय हुआ। अब सबने अपनी मुक्ति के सन्दर्भ में सोचना शुरू कर दिया। बहुत पहले राजेन्द्र यादव ने बिल्कुल ठीक कहा था। सब याद आया अब।

—स्वदेश, इन्सानी रिश्तों को लेकर तुम अब भी मानसिक किशोरावस्था में हो। मध्यवर्ग की डिमांड्स हमें बहुत क्रूर बना देती हैं, इसलिए परिवार की इकाई टूट रही है। रिटायर्ड बाप अथवा बीमार माँ घर के शत्रु बन जाते हैं। सिर्फ़ एक कहानी 'मातम' में तुम इस रोमांटिक सोच से बाहर

निकले हो। बेटी जो दिन में हाहाकार करती है बाप के लिए, रात को पति के साथ संभोग–सुख भोगती है। लेकिन हिन्दी अब भी माँ–बहनों की भाषा है। गालियाँ ही मिलेंगी। अच्छा, छोड़ो। कोई इश्क़ का चक्कर सुनाओ।

–आजकल ख़ाली।

–चल झूठे कहीं के! अच्छा, यह बताओ, जब लिखते हो तो साथ–साथ पेज नम्बर डालते हो?

–हाँ।

–तभी तुम्हारी कहानियों का अन्त एक झटके से होता है। पेज नम्बर डालोगे तो सोचोगे, लम्बी हो गयी कहानी। पता नहीं, सम्पादक कितनी किश्तों में प्रकाशित करे! लम्बी कहानी तुम्हारा फोर्टे है। न पेज नम्बर, न लिखते हुए घड़ी देखना।

मुझे मायाविनी के बारे में राजेन से सलाह करनी चाहिए थी, लेकिन जो कहता पता है मुझे। मेरे अहंकार का घोर आलोचक।

–पंडित, जाकर मिल उससे। अपने पास बुला। औरत को लेकर इतना कायर क्यों बनते हो? इतनी सुन्दर है तो मिलवाओ। हिन्दी की देख–देखकर आँखें दुःख गयीं।

अब परिवार आई.सी.यू. के बाहर चला जाता है। पहले दो दिनों का डर निकल गया। जिसके शरीर के हर सम्भव स्थान पर ट्यूबें लगी हों, वह एकदम मर नहीं सकता।

वह कमरे में सरक आयी। आँखें ख़ुल गयीं।

एकदम चटक रंग के कपड़ों में। कमरे का मौसम बदल गया।

–एकदम दुल्हन हो गयी। आपका पीला ब्लाउज़ छूने को भी जी कर रहा है।

–दुल्हन हूँ तो हो जाये शादी।

–आप नटखट नार हैं।

–यही तो दुःख है। हमारी जातीय साइकी है कि छेड़–छाड़ केवल पुरुष कर सकता है। औरत छेड़ भर दे तो छिनाल और जाने क्या–क्या! मैंने बस माण्डू चलने को कहा था। आप आदमी से हथियार बन गये।

–मेरी रूह का लिबास मटमैला हो गया।

–मैं कर दूँगी उजला।

मैं उसे देखता रहा। वह सुल्फे की लाट थी। कमरे में मौसम खेलते रहे।

—मुझे इतना डरावना दंड क्यों दिया? शरीर गया। मस्तिष्क गया। सिर्फ़ इसलिए कि ग़ुस्सा किया था।

—गाली सुनकर ग़ुस्सा नहीं आया था। आपको दूसरे दिन घर से गयी। एक न ही निकलती रही आपके मुँह से, जैसे मैं शरत बाबू की चन्द्रमुखी हूँ, मर्द रिझाने वाली औरत। मेरी शक्तियाँ फुफकारने लगीं।

—मैं ठीक हो गया तो आऊँगा।

—अब न आप आयेंगे न मैं बुलाऊँगी। आप किसी के बनकर नहीं रह सकते। हम दोनों दस वर्ष के बाद मिलेंगे। वह भी पाँच मिनट के लिए।

—आप प्यार भी टाइमटेबल बनाकर करती हैं। आय वांट टू बी विद यू।

—अब यह शब्द तो हम दोनों की बीच अभिशप्त हो गया। यू डोंट वांट टू बी विद एनी बडी। यू कैन बी हैपी ओनली इन यूअर नारसीसेस वर्ल्ड।

खिड़की के पल्ले हिले। शाम का समय। फिर भी कोई पक्षी नहीं चहका। कीट्स ने कान में कहा : एंड नो बर्ड्स सिंग।

वही सा रूप। वही सी उज्ज्वलता। वही से थोड़े भारी हिप्स। मैं उसे दोबारा नहीं खो सकता। चार खूँट चीख़ें। मैं उस ठंडे कमरे में झुलसने लगा। क्या फिर विदेश? फिर आग? *She is a perfect woman. Perfection is terrible.* वादाख़िलाफ़ी। फिर वही कुछ दोहराया जायेगा। अन्तहीन सघन अँधेरा। एलियट ने समझाया : *In my end is my beginning.* बिम्ब रूपक हो गये। भाषा व्याकरण हो गयी। कैसे करूँ मैं जीवन का स्वागत! एक बेचारा मेहमान।

उसने मेरे माथे पर हाथ रखकर पूछा : अन्दर ही अन्दर ग़ुस्सा कर रहे हैं न?

मैंने हाँ में सिर हिलाया।

—जानते हैं, इस चटक लिबास में क्यों आयी?

मैं उसे देखता रहा।

—आपकी आवाज़ सुनने के लिए। पहला शब्द गाली मत बोलिए।

वह नटखट हो गयी।

—बट आई वांट टू बी विद यू। यू कैन ब्रिंग बैक लाइफ टू माई क्रिपल्ड सोल । अच्छा, आती रहूँगी इसी तरह। एक शर्त। जब ठीक हो जायें। पहला नाटक लिखें तो नायिका मुझे बनायें।

–ठीक।

–मेरा नाम क्या रखेंगे?

उसकी आँखों में अचानक आँसू आ गये। वह चुपचाप रोने लगी।

–स्वदेश, माई स्वदेश, माई ब्लडी स्वदेश! क्या करूँ मैं? कैसे सदा के लिए अपने पहरे में रखूँ? कौन बचायेगा तुम्हें? जब ठीक हो जाओगे, कितने युद्ध और लड़ोगे? ओ गॉड, यू पिटीलैस गॉड।

वह रोती हुई आयी, रोती हुई चली गयी। मेरी नदी सूख गयी।

पाँचवाँ दिन : सूर्य सोने जा रहा है। मस्तिष्क में कुछ हो रहा है। सिर हिलाया। रोना और तेज़ हो गया। बिल्लू ने माथे पर हाथ रखा। ज़ोर से सिर झटका। उसने कहा :

–दीदी, वीर जी का समय आ गया शायद, आप पाठ करें।

तीनों पाठ करने लगे।

उन्हें मुगालता हुआ था। मेरा समय नहीं आया था। दरअसल डॉ. हरदेव बाहरी ने अपना शब्दकोश मेरे दिमाग़ में खोल दिया था। शब्द अपना–अपना स्थान ले रहे थे, उनकी भीड़ बढ़ गयी। मैं कन्फ्यूज़ हो गया। डॉक्टर बाहरी केवल प्रकांड पंडित नहीं, दूसरों का दुःख समझते भी हैं, बाँटते भी हैं। उन्होंने शब्दकोश बन्द किया–कल आऊँगा। डरें मत। शब्दों का पालन–पोषण करने की आदत जो नहीं।

पहला शब्द होंठों तक सरक आया। मुँह खोला। शब्द ने जन्म लिया। छोटी के कान तेज़ हैं। उसने धीमे बोला शब्द भी सुन लिया। बिल्कुल खुश।

–दीदी, बिल्लू, वीर जी बोल पड़े।

तीनों पास खड़े, कान्ता ने पूछा :

–क्या चाहिए बेटा?

–सिगरेट।

छोटी भागी। डॉक्टर को बुलाने, दीदी लगातार रो रही है।

डॉक्टर अन्दर आये। पहचाना चेहरा। पूछा :

–क्या चाहिए मिस्टर दीपक?

–सिगरेट।

डॉक्टर ने भाई से कहा : इन्हें सिगरेट ला दीजिए।

भाई पीता है। जलाकर मेरे होंठों में लगाया। बायें हाथ में पकड़ लम्बे कश लिए। यह मेरी परिचित दुनिया में वापसी थी।

—मुझे पहचाना आपने? पाँच साल से मेरे पेशेंट हैं।

शब्दों ने थोड़ी कोशिश की, बाहर कूदे।

—डॉक्टर अवनीत शर्मा। आप पहले क्यों नहीं आये?

—छुट्टी पर था। अपने घर जम्मू गया था। दीपक जी, दो साल पहले मैंने एडमिट होने को कहा था। नहीं माने। किस हाल में पहुँचे हैं अस्पताल। कोई चिन्ता नहीं। हम आपको कुछ नहीं होने देंगे।

छोटी : वीर जी खाना कब खायेंगे, पाँच दिन से भूखे पड़े हैं।

अवनीत : आप लोग कोई जल्दी मत मचायें। सब कुछ धीरे–धीरे होगा। एक लम्बी लड़ाई है। चार–पाँच महीने तो लग जायेंगे। इन्हें बुलवाने की, बात करने की कोशिश नहीं करनी, थक जायेगा।

उन्होंने मुझे गुडनाइट की और चले गये।

छोटी : दीदी, मैं सोचती थी, वीर जी जब बोलेंगे तो गीता का नाम लेंगे, पारुल कहेंगे। सुकान्त को बुलायेंगे। बोले भी तो सिगरेट।

बड़ी : हमारे इस भाई का कभी कुछ समझ आया? नहीं। और सुन, किसी को भी बुरा लग सकता है। बिल्कुल मत बताना। चलो, थोड़ा टहल लें। पाँच दिन बैठे–बैठे टाँगें जुड़ गयीं।

मैं अधसोया। कुर्सी पर बैठे आदमी ने माथे से सफ़ेद बाल हटाये। सुनहरे फ्रेम की ऐनक कानों पर बैठायी। तो येट्स आ गये।

—बधाई स्वदेश! आप बोला।

झटका लगा। उठकर बैठने की कोशिश। असफल। निवार से बँधा जो हूँ।

—सर, आप हिन्दी बोले।

येट्स की मुस्कान और मोहक हो गयी।

—स्वर्ग में आपके पोयट मिस्टर निराला से दोस्ती हो गयी। बहुत एंग्री हो जाता अगर पाठ याद न करो। बट ही इज़ इंट्रेस्टिंग। नैक्स्ट टाइम, इधर बर्थ लेगा। हिन्दी में कविता लिखेगा।

—*Seductress could not kill me.*

—*A seductress never kills outrightly because she loves you also. She kills by inches. Do you remember my love for Mod Gonne?*

The whole of Ireland knew about it. But she never. God has made them such. You love her and you hate her. The eternal Helen of Troy. For you to launch a thousand ships.

–मैं क्या करूँ सर?

–कुछ नहीं कर सकते स्वदेश! बोल पड़े तो असली दुःख के दिन शुरू। लोग वल्गर हैं। वल्गर सवाल पूछेंगे। चुप रहो। शान्त रहो। एक और परसेनेल्टी बनो। येस वी कैन बी मैनी बीइंग्ज।

–मैं क्या करूँ? लिख भी तो नहीं सकता।

–सपने देखो। जब मैं अपनी सिडक्ट्रैस से पराजित हुआ तो लिखा :

I being poor have my dreams only.

येट्स उठे। बताया :

–स्वदेश, अब नहीं आऊँगा।

–क्यों? मेरी किसी बात का बुरा मान गये?

–नहीं, यहाँ आने का वीज़ा ख़त्म।

मैं एकदम उदास।

–निराला जी कोशिश कर रहा है। शायद एक्सटेंशन हो जाये। उधर भी मिस्टर निराला से बहुत डरता।

येट्स गये। मुझे कोई चिन्ता नहीं।

निराला जिसके साथ हों, उसको कैसा डर!

5

क्या मैं आपको जानता हूँ?

अगर मैं दुःख के बग़ैर रह सकूँ, तो यह सुख नहीं होगा : यह दूसरे दुःख की तलाश होगी, और इस तलाश के लिए मुझे बहुत दूर नहीं जाना होगा, वह स्वयं मेरे कमरे की देहरी पर खड़ा होगा, कमरे की ख़ाली जगह को भरने...

–निर्मल वर्मा

मुझे वार्ड में शिफ्ट कर दिया गया।

जंगल यहाँ से शुरू होता है।

मेरा डर पीछे नहीं, साथ–साथ चल रहा था।

यह एक ही स्थान पर गोल–गोल घूमने की लक्ष्यहीन शुरुआत थी।

यह एक अनोखा समय था–न जीवित, न मृत।

बारिश आयी–स्वागत में काले छाते खुल गये–यह जीवनदायिनी वर्षा न थी।

मेरा रूह का लिबास मटमैला था।

उसके शहर की धूप ने सात बरस के लिए झुलसा दिया था। वही सा रूप। वही सी धज।

अहद कर लिया। अब किसी भी औरत से झगड़ा नहीं करूँगा।

उसके द्वारे बिल्कुल नहीं जाऊँगा। चाहे अब मेरी आत्मा की डॉक्टर है।

जिस दिन वार्ड में शिफ्ट किया गया, साथ के बैड पर लेटे सिकन्दर, कटी दाढ़ी वाले नौजवान मरीज़, ने किलकारी मारी–

–बाब्यो आ गये। मुझे केले देना।

बाब्यो–बाबा, पंजाब का सबसे मीठा सम्बोधन।

मेरा बिस्तर डॉक्टरों से घिरा। नर्स दीवार से बाँधती है।

अभी मैं टेड ह्यूज़ का जेगुऑर हूँ।

गुलोकोस, ड्रिप लग गया। दो इंजेक्शन भी। मेरी पूरी क़िलेबन्दी कर दी गयी। नर्स ने चार गोलियाँ बहन को दीं।

एक घंटे बाद देनी हैं।

–आपने तो दीपक को बाँध दिया। करवट कैसे लेगा?

अवनीत शर्मा : अब चार–पाँच महीने सीधे लेटेंगे। आदत पड़ जायेगी।

डॉक्टरों–नर्सों के जाते ही मरीज़ों के साथ आये लोगों ने बिस्तर घेर लिया।

–हाय, कितना जल गये!

–हे रब्बा, कितनी नलकियाँ लगा दीं!

–बाहर डॉक्टर बातें कर रहे थे–अब भी ख़तरा है।

–इसकी घरवाली नहीं आयी!

–हो सकता है, छोड़ गयी हो! कौन रहता है इस बीमारी वालों के साथ।

सिकन्दर के पिता सरदार हरनाम सिंह पास आये, डाँटा :

–जाओ, आपणें बिस्तरेयाँ कोल। तुहाडी माँ दा ब्याह नईं हो रया।

बड़ी बहन ने हरनाम सिंह को धन्यवादी निगाहों से देखा।

–की करदे ने भैंण जी?

–कॉलेज में प्रोफ़ेसर हैं दीपक।

–ज़रूर किसी सोहणी औरत की नज़र खा गयी।

–दीपक तो किसी की तरफ़ देखता तक नहीं।

–ताँ की होया, सोहणी नार ते वेख सकदी है। मिरज़े वरगे जीधा दे टोटे टोटे करा दिते। पर ठीक ज़रूर हौंणगे। इन्हाँ दे मत्थे ते इक पवित्तर आत्मा बैठी है।

–भगवान शायद आपकी सुन लें।

–प्रभु जी सबकी सुनते हैं। भैंण जी, दवाई वग़ैरह ल्याणी होये तो मैनूँ दसणाँ। प्रोफ़ेसर साहब दे आशीर्वाद नाल मेरा सिकन्दर भी ठीक हो जावेगा।

कितनी ताक़तवर है उम्मीद की रस्सी! प्राण निकलने तक बाँधे रखती है। मेरे साथ के लोग मरना शुरू हो चुके हैं। मेरे हिस्से के दुःख अभी शेष हैं। मानसिक रोग सदा अलौकिक शक्तियों से जुड़ जाता है। किसी की भी दया पर एक पाशविक क्रोध आ जाता है। इस अनाम विभीषिका ने मेरा मन्दिर ध्वस्त कर दिया। अब कोई नहीं आता। मैं किसी भी हाल में मायाविनी के पास रहूँगा। वह मेरी मुक्ति है।

मैं उसके सपने देखने लगा, उसके सुगन्धित शरीर के पास। उसके सुगन्धित कमरे में बैठा।

कोई आया। कमरे में हल्की धमक हुई पैरों की।

मैंने झटपट अपना सपना छिपा लिया।

कामना आ गयी। कुर्सी पर बैठी। मैंने आँखें खोलीं। बड़े दिनों बाद जानी–पहचानी मुस्कान। गोल्डन फ्रेम के चश्मे में सरासर सैक्सी।

–आप आधे ठीक हो गये स्वदेश जी। कहा था न, कुछ नहीं होने दूँगी।

–बच तो गया। लेकिन मेरे लिए यह पागल कर देने वाला समय है।

–कुछ नहीं होगा। आप बहुत स्ट्रांग हैं। समय को पराजित कर लेंगे। हाँ, आपको बताया नहीं। पिछले दिनों विक्रम सेठ का नावेल 'सूटेबल ब्वाय' पढ़ा। कितना मोटा। शायद चौदह सौ पेज। अलग–अलग शहरों का टूरिस्ट गाइड।

–इतनी मोटी–मोटी किताबें पढ़ती हैं! अपने मरीज़ कब देखती हैं?

–मैं सब कुछ कर लेती हूँ। हारवर्ड से मेडिकल किया। चाइल्ड स्पैशलिस्ट।

–बच्चों की डॉक्टर हैं तो मुझे कैसे ठीक कर रही हैं?

वह फिर नटखट बन गयी। सोलह साल की शरारती लड़की।

–अरे, आपको किसी ने नहीं बताया कि आप बच्चे हैं?

मैंने उसकी ढलान–कलाई को छुआ। बिल्कुल ठंडी। मेरे अन्दर ठंडक सरकने लगी।

वह एकदम उदास। लाइट हाउस में अँधेरा।

–आपने मुझे निहत्था कर दिया। मैं किसी भी हाल में आपको हासिल कर लेना चाहती थी। लेकिन दौड़ते–दौड़ते मेरे घोड़े हाँफ गये।

—आपको सिल्विया प्लैथ सुनाऊँ—

Love is shadow
How you lie and cry after it
Listen: these are its hooves.
It has gone off, like a horse.

—स्वदेश जी, आपने अपना वसन्त झोले में छिपा लिया है। आप हँसते भी थे। अच्छे लगते थे। शायद आपको याद नहीं। छोड़ दीजिए विस्मरण की इच्छा। आपके हाथों की लकीरें फिर उग आयेंगी।

—कामना। मैं समय का बन्धक हूँ। दिल यतीम हो गया। क्या तुम मुझे छिपाकर रख सकती हो?

—जब कहा था तो आपको बुरा लगा। मेरी शक्तियाँ भी छिन रही हैं। अच्छा है, छिन जायें। फिर ऐसा घिनौना काम न करूँ जैसा आपके साथ किया। दंड तो मुझे भी मिल रहा है। सच मानिए। मैं बहुत अच्छी होती थी।

उसमें शिशिर के गिरते पत्तों की कराह थी। क्योंकि सत्य कभी दया नहीं करता। लगाता था अपने रोगी हठ के कारण। फिर ऐसी बात की तो छोड़ूँगा नहीं।

होंठों पर छोटी, शरारती मुस्कान आयी।

—यही तो चाहती थी कि आप मुझे बिल्कुल न छोड़ें और आपको ग़ुस्सा आ गया।

—तब मेरा अहंकार पहाड़ जितना बड़ा और मूर्ख होता था। शायद मैं सैडिस्ट था। और सुनो। मेरे नाम के साथ जी और आप लगाना बन्द कर दो।

—जी हटा देती हूँ, लेकिन आप नहीं। एक बात कहूँ! सारा अहंकार मत छोड़िए। साधारण हो जायेंगे। मुझे साधारण पुरुष अच्छे नहीं लगते। मैं तो अब भी आपकी डाँट याद कर खुश हो लेती हूँ।

वह रोशनी की वाहक बन गयी। मेरे अन्दर लेटे मुर्दे ज़िन्दा होने लगे। लेकिन यह एक कमज़ोर ख़ुशी थी। जायेगी तो इसे साथ ले जायेगी। मुझे अब भी हिलने और बोलने में डर लग रहा है। वह अब भी अवास्तविक सपना है।

—कामना, मैं उन्हें देख सकता हूँ, घुड़सवार मेरे पीछे हैं। मेरा आखेट करेंगे। उसने मेरे माथे पर हाथ रख दिया।

—स्वदेश। मैं ही आपके पीछे हूँ। मैं ही आपके आगे। बहुत बतिया लिए। आँखें बन्द। लम्बी साँस । रातभर सोयेंगे। आपके सपने में और कोई नहीं आनी चाहिए। मैंने सारे राइट्स ख़रीद लिए हैं।

और मैं सारी रात सोता रहा।

बरसों बाद, गहरी नींद में भी अल्काज़ी पहली बार याद आये। उनका चमकता चेहरा मेरे सामने था। बिल्कुल डर गया। याददाश्त लौट रही है। क्या स्मृतिलोप के दिन ख़त्म? फिर तो एक—एक करके देहरी पर बैठे दुःख फिर अन्दर आ जायेंगे, तो मेरे लिए अन्तिम श्लोक बोले जाने का समय टल गया? अब काला बसन्त फिर लौट आयेगा और मैं निर्वाक हो जाऊँगा।

रंग कहाँ रह गये! सुगन्ध कहाँ रह गयी! अब तो बस अस्पताल के कमरे की बीमार कसैली बू है। क्या कहा था गीता ने गर्व से। अपने भाई—बहनों के बीच।

—हमारी मैरिज को बाईस बरस हो गये। दीपक को एक बार जुकाम तक नहीं हुआ। चाहे गर्मी, चाहे बारिश, चाहे सर्दी, पाँच किलोमीटर सैर ज़रूर करेगा। मोर ऑफ़ हैल्थ एडिक्ट दैन राइटर।

तब जानते नहीं थे हम कि दुर्भाग्य भेस बदलकर हमेशा हमारे आसपास रहता है। उसे गर्वोक्ति कतई अच्छी नहीं लगती। अपने असंख्य जालों से एक जाल निकाल हमारे ऊपर फेंकता है और हम पकड़े जाते हैं। हमें हमारा अपराध भी नहीं बताया जाता।

तब मेरा दिल अनाथ हो गया। अन्दर के डार्करूम में बैठे पात्र मुझे छोड़कर चले गये। मैं रिक्त हो गया। मैं रीत गया। परिवार के लोग, नजदीकी दोस्तों को पक्का पता था कि मैं न लिखने के लिए नित नये बहाने खोज लेता हूँ। मुझे कुछ भी नहीं हुआ। मनोरोग के मरीज़ को हमेशा झूठा समझा जाता है।

तब मुझे एक औरत की निर्दय शक्तियों का पहली बार पता चला। वह जो रोगी ठीक करती है, मुझे रोगी बना दिया। धीरे—धीरे सब कुछ लुप्त होना शुरू हुआ। सब कुछ दुर्लभ। मेरे हिस्से में छलावा, अनिद्रा, सरल बातें जटिल। लिखना तो दरकिनार, सोचना भी बन्द। उसने मेरा सुरक्षा कवच कहीं छिपा दिया। सुन्दर औरत नादिरशाही होती है। एक—एक करके सब कुछ लूटती है।

मैं उसकी जाँघ पर लेट गया। मेरी हड्डियाँ मांस फाड़ बाहर निकलने लगीं। अब मैं सचमुच मिर्ज़ा था, मुरदों का बादशाह। लेकिन मेरी साहबाँ तो थी ही नहीं। कौन मनाये मेरे लिए पीर फ़कीर। मेरे लिए कोई विकल्प बाकी नहीं बचा। मैं फिर सो गया।

नर्स ने सुबह मुँह से ट्यूब निकाली। सिकन्दर के पिता ने गीले कपड़े से मुँह पोंछा। बरामदे में चाय की ट्राली आयी। वह तीन गिलास ले आया। एक मेरी तरफ़ बढ़ाया। न कर दी। उसने समझाया।

—दो घूँट पी लो प्रोफ़ेसर साब। नहीं तो देने वाले को दुःख होता है।

उसने पाइप से बँधी मेरी बाँहें देखीं। चम्मच भर चाय मेरे मुँह में डाली, जीभ और होंठ गरमा गये।

—अच्छी लगी?

हाँ में सिर हिलाया।

—फिर हो पियो जी। सच्चे पातशाह की किरपा हो गयी।

आधा गिलास पीने के बाद सिर हिलाकर न कर दी।

हरनाम सिंह से पूछा—बकरी घास क्यों खाती है?

वह हक्का—बक्का मेरी ओर देखता रहा। सामने बिस्तर पर लेटे शिमला वाले से पूछा। कोट, पैंट, टाई पहनकर लेटता है।

—डोंट नो। आय एम अकाउंट्स ऑफ़ीसर। आस्क समथिंग अबाउट अकाउंट्स। यू आर ए स्टूपिड प्रोफ़ेसर।

सिकन्दर चहका—मैं बताऊँगा, मैं बताऊँगा!

—तो बता।

—बाब्यो, बकरी को खाने के लिए मुर्गा जो नहीं देते।

नर्स आयी। थोड़ा घबराई हुई। कंघी से मेरे बाल पीछे किये। चादर ठीक की। ख़बर दी :

—बर्न्ज़ के डॉक्टर चारी आ रहे हैं। ठीक से जवाब दें। ग़ुस्सा करते हैं।

डॉक्टर चारी कमरे में आये। उनके पीछे जूनियर डॉक्टर। वह बहुत लम्बे हैं। बात करते हैं तो झुकना पड़ता है। चेहरा देख नीरद चौधरी की याद आ गयी।

—कैसे हैं मिस्टर दीपक?

तो केरल के डॉ. चारी भी हिन्दी बोलते हैं! 'ठीक हूँ' में सिर हिलाया।

—हमसे बात करना अच्छा नहीं लगता? बोलकर बताइए।

—ठीक हूँ।

अवनीत शर्मा ने बताया—कभी शिकायत नहीं करते। दर्द नहीं होता।

—होगा। कल बर्न्ज़ विभाग में जो आयेंगे।

सिस्टर की तरफ़ देखा—आज ही इनके बाल कटने चाहिए और दाढ़ी बननी चाहिए।

—यैस सर!

उसने पैड पर नोट किया। उन्होंने डॉक्टर नायडू से कहा—शो मी द बर्न्ज़।

डॉक्टर नायडू ने दायीं बाँह से चादर हटायी। बाँह टेढ़ी।

डॉ. चारी ने हाथ पकड़ खैंचा। बाँह सीधी नहीं हुई।

—कन्ट्रैक्चर। ही मे लूज़ द यूज़ ऑफ़ राइट आर्म। कट अवे हिज़ डैड स्किन।

—बर्न्ज़ में कैसे आयेंगे? अभी इन्हें खोल नहीं रहे।

डॉक्टर चारी ने थोड़ी कठोरता से कहा :

—तब आप यहाँ आयें।

—यैस सर!

बर्न्ज़ के डॉक्टर, मनोरोग के डॉक्टर, दिल के विशेषज्ञ अपनी—अपनी कोशिश कर रहे थे। कोई कुछ भी पूछता, कोई जवाब न देता। मेरा शब्दों पर से विश्वास उठ गया था।

हाँ, बड़ी बहन कान्ता जब सुबह आठ बजे तीन बसें बदलकर पहुँचती तो उसकी नमस्ते का जवाब ज़रूर देता। उसे देख सिकन्दर हाँक मारता—अट्ठ बज गये। भैंण जी आ गये। केले दैंण गे।

कान्ता ने चार केले उसके पास रखे। एक छीलकर मेरे मुँह के पास लायी, कसकर मुँह बन्द कर लिया। सिकन्दर ने अपना केला छीला, एकबारगी गड़प कर गया।

कान्ता : सिकन्दर, तू मेरा अच्छा बेटा है न। बड़े भाई को भी केला खिला दो।

सिकन्दर : बड्डे साहब, खा लो। न ते भैंड जी रोणगे।

न में सिर हिलाया। सिकन्दर एकदम गुस्से में आ गया।

–नहीं खांदा। न खा। मैं बी नहीं खांदा। तू मर। मैं मर।

उसने हाथ मार केले बिस्तर में गिरा दिये। मुँह पर हाथ रख रोने लगा। मेरे अन्दर कुछ हिला। बायें हाथ से उसे छुआ, कहा–एक केला, बस एक।

सिकन्दर ने केला छीला, अपने हाथ से खिलाया। कोट–पैंट–टाई में लेटे शिमला वाले मरीज़ ने नारा लगाया–सिकन्दर ज़िन्दाबाद!

कमरे में लेटे–बैठों ने भी कहा–सिकन्दर ज़िन्दाबाद!

सिकन्दर ने बापू की तरफ़ देख कहा :

–बापू, तेरा सिकन्दर बहुत स्याँणा है। ठीक हो गया। ठीक। बड्डे साहब को केला खिला दिया। ,

–बापू ने उसके सिर पर हाथ फेरा–प्रोफ़ैसर जी के भाग्य से तू भी ठीक हो जायेगा मेरे शेर पुत्तर। इनकी सेवा करता रह।

कान्ता : भाई साहब, नाई कहाँ बैठता है? काके के बाल कटवाने हैं।

हरनाम सिंह : दस बजे से पहले कटने चाहिए। डॉक्टर चारी ग़ुस्सा करेंगे। मैं लाता हूँ।

कान्ता : आप क्यों तकलीफ़...

हरनाम : बहन जी, मुझे भी थोड़ा पुण्य कमा लेने दो। गुरुजी की सेवा करूँगा तो मेरा सिकन्दर ठीक हो जायेगा। आप तो स्यानी हैं। सुना होगा। गुरु गोविन्द दोऊ खड़े, काके लागूँ पाय।

छोटे क़द का नाई कमरे में आया अंग–अंग शरारत से भरा हुआ। सिर के बालों को देखा–कन्धों तक लटके। दाढ़ी के बाल नाक को छूते।

नाई : सरदार जी, सौ रुपये लगेंगे।

हरनाम : वीरा, तय तो पच्चीस हुए थे।

नाई : पाँच आदमियों के बाल हैं, कैंची–उस्तरा आधे रह जायेंगे।

हरनाम ने बहन की तरफ़ देखा। उसने हाँ में सिर हिलाया। नाई ने एक और सिरहाना मेरे सिर के नीचे रखा।

–नाई : बाब्यो, आप जी ने बिल्कुल नहीं हिलना। अटेंशन लेटे रहना। अच्छा, बताओ, दिलीप कट कि अमिताभ? वैसे सजेगा दिलीप कट। देवदास वाला।

बहन : आप बाल बिल्कुल छोटे कर दो।

नाई : क्या नाराज़गी हो गयी बीबी! रोज़ी खाकर जाना पड़े।

सफ़ेद कपड़े से मुझे लपेटा। उछलकर चारपाई के चारों ओर घूमता रहा। कपड़े पर बालों की लटें गिरने की आवाज़ आती रही। सिर हल्का लगने लगा। कैंची चलती रही।

सिकन्दर : बड्डे साहब को बिल्कुल गंजा मत करना। फिर केले नहीं देंगे।

—नाई ने होंठों पर उँगली रख चुप रहने को कहा। शायद सिर में बीच के बाल जँचे नहीं। कैंची चली।

—नाई : एक गर्म पानी की बाल्टी। एक ख़ाली बाल्टी और बड़ा तौलिया। साहब शूटिंग के लिए तैयार—बर—तैयार।

पहले दाढ़ी के बाल कैंची से काटे। साबुन लगाया। पूछा :

—बाबा जी, मुग़ले आज़म पृथ्वीराज कपूर की मूँछें बना दूँ? सब डर जायेंगे। किसी को हिम्मत नहीं होगी टीका लगाने की। न में सिर हिलाया।

नाई : बाबा जी, मौन बरत कब टूटेगा? चलो! शत्रुघ्न की मूँछें...

सिकन्दर : मत तंग कर बड्डे साहब को, नहीं तो छेद दूँगा।

बिस्तरे के चारों तरफ़ घूम दाढ़ी बनायी। सिर धोया, पोंछा।

—बहन जी, साफ़ कुर्ता डाल दें।

कान्ता ने कोशिश की, कुर्ता नहीं डला। दायीं बाँह पाइप से बँधी सीधी जो थी। नाई ने कुर्ता दोनों तरफ़ से काटा। इसे औरतों वाला गाउन बनाया और सिर से नीचे सरका दिया। तकिए के साथ अधलेटा किया।

—कितना सोंहणा जवान है! बख्श दे गुरु महाराज।

कान्ता ने उसे सौ का नोट पकड़ाना चाहा।

—पच्चीस रुपये बहन जी।

—तुम तो सौ रुपये...

—अब मैं दुखियों के साथ बेईमानी करूँगा? न जी! भाई साहब ठीक हो जायें तो लड्डू खाऊँगा।

शरीर बिल्कुल हल्का लगा। आँखें बन्द होनी शुरू।

अब मैं ख़ुद से बातें करता हूँ।

इतना लम्बा अँधेरा क्या भविष्य की तैयारी है?

मेरा व्याकरण इतना ग़लत कैसे हो गया!

शुक्र मानता हूँ। अब यह हथियारों से लैस नहीं आती।

क्या कोई विकल्प बाकी नहीं बचा?

मेरा वर्षा–वन सूख क्यों गया?

हाँ। अब जंगल ऊँघने लगा है।

तुम्हारी मुस्कान ने मन में घर कर लिया। मेरे सपनों में तुम्हारी सुगन्ध है।

आज कपड़े नये थे। उदासी वही पुरानी।

राजेन्द्र यादव का कहना है : मैं तुमसे लिपटकर लेटना चाहता था। लेकिन मेरा नीच अंहकार।

कान्ता ने कन्धा छूकर हिलाया–डॉक्टर चारी आने वाले हैं।

मेरा एकालाप बन्द।

वह दरवाज़े के अन्दर आये, रुक गये–पीछे चलते पन्द्रह–बीस डॉक्टर भी रुक गये।

डॉक्टर चारी : मेरा मरीज़ दीपक स्वदेश कहाँ गया?

वह मुस्कुराये, साथ के डॉक्टर मुस्कुराये। कमरे में बैठे सब मुस्कुराये।

डॉ. चारी : आप बिल्कुल नये लग रहे हैं। जब शरीर साफ़ करते हैं तो अन्दर भी धुल जाता है। आपने अभी तक नमस्ते नहीं की।

दीपक : नमस्ते डॉक्टर साहब! मेरा अन्दर क्योंकर धुल सकता है। जल रहे मुर्दों की बास आती है।

डॉ. चारी : आग हमेशा पवित्र करती है। मुझे बताया गया है, आप लेखक हैं। अपनी किताबें दें। पढ़ूँगा।

दीपक : लेकिन मैं तो हिन्दी में लिखता....

डॉ. चारी : प्लीज़ डू नाट इंसल्ट माई इंटैलिजेन्स। मैंने केरल से मैट्रिक तक हिन्दी पढ़ी है, दो किताबें दें। लेकिन वापस नहीं करूँगा। और डॉक्टर भी पढ़ेंगे।

उन्होंने फाड़ दिया गया कुर्ता ऊपर उठाया। जली हुई छाती देखी। दस्ताना पहन सड़ गया मांस छुआ। डॉक्टर नायडू को हिदायत दी, छाती आज ही क्लीन करें। बैंडेज भी। एक दिन छोड़ बदलें। इट कैन पोज़ ए डेंजर।

–यैस सर! अगर मिस्टर दीपक को खोल दिया...

डॉ. चारी : डॉक्टर अवनीत! इज़ ही ए वायलेंट पेशेंट?

डॉ. अवनीत : नो सर।

डॉ. चारी : क्या आप इन्हें खोल सकते हैं? बर्न्ज़ डिपार्टमेंट में आना ज़रूरी हैं। सारे इंस्ट्रूमेंट यहाँ लाना कठिन है।

डॉ. अवनीत : यैस सर!

डॉ. चारी : मिस्टर दीपक! दायीं बाँह को मोड़िए।

दीपक : दिस ब्लडी पाइप टाइड विद द आर्म स्टाप्स एवरी मूवमेंट।

डॉ. चारी : दिस ब्लडी पाइप टाइड विद योअर आर्म विल सेव इट फ्रॉम बिकमिंग यूज़लेस फॉर एवर।

वह बाहर जाने के लिए मुड़े—लम्बी नाकवाली नर्स के पास रुके।

डॉ. चारी : सिस्टर, आपका नाम?

नर्स : कुलदीप सर!

डॉ. चारी : सिस्टर कुलदीप, नो पेशेंट इज़ एवर अग्ली एंड डिसगस्टिंग।

—यैस सर!

नर्स का चेहरा लाल हो गया। उसने मेरी तरफ़ देखा। आँखें ज़हरीली। इतना तो समझ आ गया, मेरी शत्रु बन गयी। दूसरों द्वारा किये गये अपमान का बदला हम अपने से कमज़ोर से लेते हैं। अपने तेजस्वी दिन याद आये। थरथर काँपती थीं फ़ालतू औरतें।

मेरी रस्सियाँ खोल दी गयीं। शरीर के ऊपरी हिस्से पर लिपटी। चादर। डॉ. नायडू ने मुस्कुराकर स्वागत किया!

—लेखक आ गये। हमारे पहरेदार आ गये।

चादर परे की। मुझे समझाया :

—डैड मांस काटूँगा। आपको पता भी नहीं चलेगा। लेकिन जिस तरफ़ काटूँ, उधर नहीं देखना। आपका दिल ख़राब होगा।

पीठ पर कैंची चलने की आवाज़ आयी।

—पीठ बच गयी। दो जगह जली।

छाती और गले पर बहुत देर लगी। मैं थक गया। हिला।

—इंटरवल करते हैं। आप बाहर बैठें। दूसरा पेशेंट देख लूँ।

एक सात–आठ वर्ष का सिख लड़का। तेज़ाब से दोनों टाँगें जली हुईं। गुप्तांग भी। मुझे अपने घाव छोटे लगे।

कान्ता : दर्द हुआ काका?

न में सिर हिलाया

कान्ता : बोल के बता नहीं तो भूल जायेगा बोलना।

—क्या बोलूँ! क्या बताऊँ! शब्द वैरी बन गये। दंड होते हैं।
मैं तितलियाँ पकड़ना चाहता था।
अब अन्तर्जगत में लगातार चलती झाँकियाँ।
तुम कल्पना में अपने ख़ुशबूदार लिबास में आती हो।
सब कुछ विस्थापित हो गया समय के सन्दर्भ में।
सब कुछ सपना भी था, सब कुछ यथार्थ भी था।

डॉ. नायडू ने फिर अन्दर बुलाया। अब दायीं बाँह के पीछे पड़ गया। छोटी कैंची से लगातार गला हुआ मांस काटते। बाँह का जोड़ लगातार देखा। जला हुआ मांस एक मोटी गाँठ बन गया। बाँह मोड़ने की कोशिश की, नहीं मुड़ी। सोच में पड़ गया। बड़ी बहन ने पूछा : डॉक्टर साहब, क्या दीपक की बाँह कभी नहीं मुड़ेगी?

—ज़रूर मुड़ेगी माता जी! ऑपेरशन करेंगे। ग्राफ़टिंग करेंगे। बाँह बिल्कुल नयी हो जायेगी।

—बहुत टाइम लगेगा?

—हाँ, बर्न्ज़ के घाव देर से भरते हैं। नयी चमड़ी आने में देर लगती है। चार–पाँच महीने तो लग जायेंगे।

—भगवान कितना दुःख–देंगे दीपक को।

—भगवान कभी दुःख नहीं देते। बचा लिया आपके भाई को। वह अभिनेता जैसा चेहरा जल जाता तो?

डॉक्टर नायडू ने पेट से लेकर गले तक पट्टियाँ बाँध दीं।

दायीं बाँह पर ड्रैसिंग शुरू की। ख़ुश हुआ। पाइप लगाना भूल गये।

नहीं भूले। पाइप बाँह के साथ जोड़ा, बाँध दिया।

—यह पाइप मुझे बहुत तंग करता है। इट्स ए टॉर्चर।

—राइट। लेकिन इसी से बाँह असली हालत में आयेगी। डॉक्टर चारी के ऑर्डर्ज़। आप उन्हें नहीं जानते। मैं जानता हूँ। एक वाल्कैनो।

डॉ. नायडू ने मुझे पेट से गले तक देखा। मुस्कुराये—आप तो स्पाइडर मैन बन गये!

कान्ता : आधे शरीर पर पट्टियाँ क्यों बाँध दीं?

डॉक्टर : हवा, माता जी, हवा। जर्म्ज़ और हवा की बहुत गहरी दोस्ती है। अब आपने एक दिन छोड़कर आना है।

वार्ड में पहुँचे। मरीज़ और उनके परिचारक फटी–फटी आँखों से देख रहे हैं। पहले सिकन्दर बोला–बापू, बड्डे साहब को कपड़े का पूरा थान बाँध दित्ता। गर्मी लगेगी।

–हाँ पुत्तर। तू घर से इनके लिए कूलर मँगवा दे।

–हाँ। एह ठीक गल कही।

सिकन्दर ख़ुश। केला खाना शुरू। लोग बिन पूछे अपने दुःख सुनाते हैं। बाकी सब ध्यान से, सब्र से सुनते हैं। कमरा एक परिवार बन गया।

घुँघराले बालों वाले मरीज़ का सिर लगातार हिलता रहता है। पास बैठे पिता ने बयान किया :

–मेरा बेटा हमेशा टी.वी. देखता रहता है। इसलिए सिर हिलाना शुरू हो गया। दिल्ली में इंजीनियर है।

सिकन्दर : न मास्टर जी। यह टी.वी. देखते सिर हिलाता होगा। आदत हो गयी। कुछ नहीं हुआ। ले जाओ घर।

मास्टर जी की दुःख–कथा अधूरी रह गयी।

कान्ता : थक गये काका?

हाँ में सिर हिलाया।

कान्ता : थोड़ा दूध पी ले, फिर सो लेना।

–टू हैल विद मिल्क।

कान्ता : नहीं पीना तो न पी। अंग्रेज़ी क्यों बोलता है?

आँखें बन्द होनी शुरू हुईं। मैं अपने वर्षा–वन में लौट गया।

शायद पूरा सो गया। शायद आधा सो गया। आदतन ख़ुद से बतियाने लगा।

–अब मेरी कहीं कोई सुनवाई नहीं।

–अँधेरे भविष्य की तैयारी है।

–शुक्र मनाता हूँ। अब मायाविनी हथियारों से लैस नहीं आती।

–मुझे अब ताज़िन्दगी वर्षा–वन में रहना है, कोई विकल्प बाकी नहीं बचा।

–मेरा तो बस इतना दोष था कि ग़ुस्सा खा गया। और आजीवन कारावास।

–डॉक्टर ने कहा था, मनोरोग के रोगी का जीवन लम्बा होता है। कोई स्ट्रैस नहीं।

—जूलियस सीजर ने जब बिल्कुल आसानी से इंग्लैंड को जीत लिया तो पत्नी को तीन शब्दों का ख़त लिखा— *I came. I saw. I conquered.* क्या वह मेरी जूलियस सीजर है?

W.B. Yeats : It must go further still : that the soul must become its own betrayer, its own deliverer, the mirror turn lamp.

बहन ने कन्धा छुआ। मैं अपने वर्षा—वन से बाहर आ गया।

—खाना आ गया। खा लो।

—नो। अब मैंने भूखे रहकर मरने की ठान ली।

—तो मैं भी नहीं खाऊँगी।

—न खाओ।

—मैं कल से अस्पताल नहीं आऊँगी।

—डोंट कम।

सरदार हरनाम सिंह ने कोई इशारा किया। चुप हो गयी।

सिकन्दर : बड्डे साहब, रोटी थोड़ी खा लो।

—नहीं। मैं मरना चाहता हूँ।

सिकन्दर : राह ते बहुत मुश्किल है। आप जी जब मरो तो मुझे साथ ले चलो। की करना जी के। बापू शादी भी नहीं करवाता।

शिमला मरीज़ : ही इज़ नॉट हंगरी। नो बॉडी डाइज़ ऑफ़ हंगर। गांधी वाज़ ऑन फास्ट सो मैनी टाइम्ज़, बट नैवर डाइड।

सिर हिलाने वाला : ओये बाऊ, अंग्रेज़ी मत झाड़ा कर। किसी दिन गिच्ची मरोड़ दूँगा। अंग्रेजों की सट्ट है तू?

शिमलावाले का बाप : ए नौजवान! गुस्सा नहीं करते। आख़िर बीमार है।

—अच्छा, बीमार है। जब देखो मरीज़ों का मखौल उड़ाता है। सांभ के रख अपने रुस्तम को। नहीं तो मैं...

बाप—बेटा दोनों बाहर निकल गये। बीड़ी पीने।

बहन ने खाना नहीं खाया। उस पर गुस्सा आया। ब्लैकमैल करेगी, और मुझे!

मरीज़ और परिचारक ऊँघना शुरू।

बहन की तरफ़ देखा।

—कुछ चाहिए?

—टायलेट जाना है।

—मैं पॉट यहीं ला देती हूँ।

—नो। टायलेट।

—साथ चलती हूँ। एक हाथ से नाड़ा कैसे बाँधोगे?

—एलास्टिक, गीता ने डाल दिये हैं, एलास्टिक के नाड़े।

कान्ता ने बिस्तर से उठाया। हरनाम सिंह ने सलाह दी—बहन जी, साथ चले जाओ। बाहर खड़े रहना।

जब सीट पर बैठा तो बाँह पर बँधा पाइप दरवाज़े के बाहर।

बन्द नहीं हो रहा। इतना छोटा शौचालय हिन्दी की आर्ट—फ़िल्मों में भी नहीं देखा।

—कान्ता, दरवाज़ा बन्द नहीं होता।

—खुला रहने दे काका। मैं बाहर खड़ी हूँ। पानी का डिब्बा उठाया। फ़र्श पर पलट पीछे चला गया।

आधा पीछे मुड़ा। शरीर का सन्तुलन बिगड़ा, गिरा कि गिरा। हाथ सीट पर रखा। गू से लिबड़ गया। ऊपर उठाया। आधा सीट पर बैठा। एक चूतड़ गू में। लिबड़े हाथ से पाजामा ऊपर किया। गन्दा हो गया। आग तलवों से उठी और सिर तक पहुँच गयी। खिसककर बाहर आया। दीवार के सहारे खड़ा हुआ। गन्दा हो गया। कान्ता ने देखा। सकते में। दहाड़ा।

– I will not stay in this hospital. My hand is covered with shit. My hips are covered with shit Take me home. I will jump from the fifth storey and kill myself. You smile. My painting is complete. There is no greater sorrow than to recall a time of happiness when in misery.

कान्ता हरनाम सिंह को बुला लायी।

Harnam Singh. Attention Stand still. Otherwise I will courtmartial you. Bloody writer. Body covered with shit. Soul covered with shit. The joker wants to save me. I am happy in my own hell.

हरनाम सिंह : चुप। एकदम चुप। नहीं बोलनी अंग्रेज़ी। लम्बे नाकवाली सिस्टर फिर बाँध देगी।

—पाइप। यह पाइप। इसे निकाल दूँगा।

सारी ताक़त बायें हाथ में। पाइप बाँह से बाहर खैंचा।

सरका। रुका। खैंचा। बाहर आते हुए कलाई, हाथ का पिछला हिस्सा छिलता गया। ख़ून की बूँदें।

हरनाम सिंह : बहन जी, आप साबुन–तौलिया ले आओ। साफ़ तौलिया भी। नहलाना होगा।

मुझे बाथरूम की चौकी पर बैठाया, नल्का खोल दिया। गन्द गिरने लगा। तीन बार साबुन लगाया। मोड़ा। पिछला हिस्सा देखा।

हरनाम सिंह : बिल्कुल साफ़। आप अंग्रेज़ी मत बोला करो, बहन जी का मुँह पीला पड़ जाता था।

वह हाथ पकड़ कमरे में लाया।

शिमलावाला : वर यू कवर्ड विद शिट।

उसके बिस्तरे के पास गया। दहाड़ा :

–बास्टर्ड, स्टैंड अप वैन यू स्पीक टू कर्नल सूरत सिंह।

वह उछलकर खड़ा हो गया। मैंने अपने पात्रों का जीवन धारण कर लिया।

–मेरा नाम सूरत सिंह है। कर्नल सूरत सिंह। प्रीज़ाइडिंग ऑफ़िसर ऑफ़ दिस जनरल *कोर्ट मार्शल*।

सच हथेली पर उग आया अंगारा होता है। सिर्फ़ एक बार नहीं लगा पाया वह छलाँग।

–बोल कुत्ते। बोल। कांग्रेस, कार, कोठी, कुत्ते।

लम्बी नाकवाली अन्दर आयी। मेज़ पर रखी चीज़ों को हाथ मारा। गिलास टूटे। बोतलें टूटीं। लम्बी नाकवाली के चेहरे पर आतुर उत्तेजना। अहेरी ने आखेट को देख लिगा। पास खड़े पुरुष परिचारकों को आदेश दिया।

–बाँध दो इसे। बड़ा आया खिलाड़ी कहीं का!

बाँध दिया। वह गयी। दाढ़ीवाला सुन्दर बहुत मान करता है।

–साहब, बहुत ढीला बाँधा है। हिलडुल सकते हैं। पता नहीं इस सिस्टर का आपसे कौन–सी जायदाद का झगड़ा है!

कान्ता की तरफ़ देखा। कितने दुःख दे रहा माँ–सरीखी बहन को!

उसने थर्मस खोला–थोड़ी चाय पी लो। फिर आँखें बन्द कर लो।

–नहीं।

शिमलावाला पहली बार हिन्दी में बोला–सर, उपवास में चाय और जूस पी सकते हैं। गांधी ने कहा है।

चाय पी ली।

सिर हिलाने वाले ने कहा–वीर, कितना अच्छा लगता है हिन्दी बोलते! सजती है तेरे मुँह से।

नहाने से शायद भारविहीन हो गया। पलकें भारी।

सिकन्दर : बापू। जब ग़ुस्सा आये तो बड्डे साहब मैनू बी मारण गे।

बाप : न पुत्तर। बड्डे साहब अपने आपको ही मारते हैं।

सिकन्दर–फेर ठीक है। इक केला दे।

मेरा अपने वर्षा–वन में स्थानान्तर हुआ कि हुआ।

कान्ता : चाचा जी। दीपक को जन्म से ग़ुस्सा बहत आता है।

हरनाम : बहन जी, ग़ुस्सा नहीं, तैश। जब आदमी क्रोध में अपनी सुध–बुध खो बैठे तो तैश कहते हैं। तैश।

भविष्य

नादिरा बब्बर बम्बई में अपने नाट्य ग्रुप एकजुट की बीसवीं वर्षगाँठ मना रही हैं। फ़ोन किया। गीता ने उठाया। पता नहीं, नादिरा और गीता हमेशा अंग्रेज़ी में बातचीत क्यों करती हैं! नादिरा ने मेरा हाल पूछा। गीता ने खट से कहा–*He is perfectly alright.*

गीता ने फ़ोन मुझे दिया।

नादिरा : स्वदेश जी, आपको बेगम ने सनद दे दी। एकदम आ जाइए। बाय एयर आ सकते हैं। आपके नाटक *कोर्ट मार्शल* के सत्तर शो हो लिए। आपने एक भी नही देखा।

मैं : मैं अकेले कैसे आऊँ?

नादिरा : किसी हसीन दोस्त को साथ लाइए। सुना है, आजकल एक परी आपके वश में है। उसकी ख़ुशबू बम्बई तक पहुँच चुकी है।

मैं : तो ट्रेन से आता हूँ। विमान से डर लगता है।

फ़ोन बन्द । गीता से कहा–मत दिया करो ऐसी फाइनल स्टेटमेंट। अब जाना पड़ेगा।

सुबह सेमिनार के लिए पृथ्वी थिएटर वक़्त से पहले पहुँचा।

इतने सारे अपने लोग देख दिल ख़ुश हो गया। ऊषा गुांगली. एम. के. रैना, दिनेश ठाकुर, दीपा साही, किरण खेर, कुछ अपरिचित भी। अमाल अल्लाना, प्रसन्ना, गोविन्द निहलानी, महेश भट्ट और डॉ. नामवर सिंह।

नादिरा ने गले मिल स्वागत किया। छेड़ा :

–आप कितनी उजली, कितनी चमकदार हैं!

नादिरा : शुक्रिया, ब्लश करने की उम्र होती तो ज़रूर करती।

ऊषा ने मेरा सिर दोनों हाथों से पकड़ा और कहा–स्वदेश जी, आप पहले से स्वस्थ भी हैं, सुन्दर भी।

सात साल का वक्फा बीच से सरक गया। ऊषा ने अमाल से परिचय करवाया।

अमाल : *When you come to Delhi do me. Let us do your play together.*

मैं : *Your father Alkazi Sahib loves me very much. He goes through my manuscripts of plays.*

अमाल : *I know. He often talks about you. He was greatly disturbed in your dark days.*

एम.के. रैना की आवाज़ गूँजी–स्वदेश, औरतों से ही लाड़ लड़वाते रहोगे। अपनी जाति वालों से भी मिल लो।

रैना में हमेशा उत्साह। इसका स्रोत गोमुख में है। उसने प्रसन्ना से परिचय करवाया। मैंने साफ़ देखा, प्रसन्ना के चेहरे पर चालाक बेताल बैठा है। बात करने का मन नहीं किया।

डॉ. नामवर सिंह को नमस्ते की। लगभग पहली मुलाक़ात। उनके अन्दर की गर्माइश ने मुझे छुआ।

–अब तो आप बिल्कुल ठीक हैं स्वदेश जी!

–आपको कैसे पता लगा...

–लोग आपको बहुत प्यार करते हैं। उनका प्यार आपका सम्बल बन गया। शीला जी ने संकेत दिया था।

–मेरा भाग्य अच्छा है।

–नहीं, आप लिखते अच्छा हैं। मैंने दूरदर्शन पर आपके नाटक *सबसे उदास कविता* के बारे में बातचीत की थी।

पृथ्वी थिएटर के मंच पर लगभग सारा नाट्य–जगत बैठा था। महेश भट्ट, गोविन्द निहलानी, फ़िल्मों से जुड़े दूसरे लोग भी। नादिरा ने ऊपर बुलाया। न कह दी। मुझे लोगों में बैठना अच्छा लगता है।

मंच अतुल तिवारी ने सँभाला। इतना मीठा बोलता है, डर लग जाये। मुझे अच्छा नहीं लगता। पेट इतना बाहर निकला जैसे नौवें महीने से हो। निहलानी और भट्ट उसके प्रभु। संवाद लेखक जो हैं।

भट्ट ने अंग्रेज़ी में लिखा कुछ पढ़ा। लोग ख़ूब हँसे। हालाँकि उसने नाटक के बारे में कुछ नहीं कहा।

मन में सोचा–ब्लडी गुड जोकर।

बोलने को डॉक्टर आये, नर्तकी आयी, पत्रकार आये। और तो और डॉक्टर भारती की पत्नी पुष्पा आयी, जिसने रोना रोया कि 'अन्धा युग' सा नाटक आज तक संसार की किसी भाषा में नहीं लिखा गया। वह सचमुच रोने लगी। कोई भी उसे थामकर उसके स्थान तक नहीं ले गया। लोगों को इस दृश्य की आदत पड़ चुकी है। सुबह का सत्र लेट हो गया। अतुल ने अध्यक्ष डॉ. नामवर सिंह को पुकार लगायी।

नादिरा : आपने स्वदेश को बोलने के लिए नहीं बुलाया।

अतुल : मैं भूल गया। स्वदेश जी फिर नीचे बैठे हैं।

मैं मंच पर आया। तालियाँ। *कोर्ट मार्शल* के पृथ्वी थिएटर में 70 मंचन नादिरा कर चुकी हैं। माथे में रखा हथगोला हिलना शुरू हो चुका है।

स्वदेश : मुझे अंबाला से आने के लिए नादिरा जी ने निमन्त्रण दिया। वे लोग भी बोल गये जिनका नाटक से कोई सरोकार नहीं और तिवारी साहब मुझे मंच पर बुलाना भूल गये। शायद मैं देखने की वस्तु हूँ। मैं एक मिनट आपके सामने खड़ा हूँ। जी भरकर देख लीजिए।

मैं चुप। दर्शकों की आवाज़ें–बोलिए स्वदेश जी। बोलिए।

नादिरा : स्वदेश जी, भूल हो गयी। मुआफ कीजिए।

स्वदेश : इट इज़ ए डेलीबिरेट एक्ट बाई अतुल तिवारी। ही हैज़ नाट एपोलोजाइज़्ड एज़ येट।

प्रसन्ना : आपको गाली की भाषा...

स्वदेश : गाली आपने अभी सुनी ही कहाँ है मिस्टर प्रसन्ना। पंजाबी हूँ। *And don't dare intervene and interrupt.*

अध्यक्ष नामवर जी : पहले स्वदेश जी को कह लेने दीजिए। फिर बोल सकते हैं।

स्वदेश : अतुल ने दर्शकों और औरतों के लिए अपमानजनक भाषा इस्तेमाल की। दर्शकों का क्या। इन्हें जहाँ भी बैठा दीजिए, एक बीवी की तरह। वैसे भी अँधेरे में ही रहेंगे। अतुल को नाटक की भाषा नहीं आती तो उसे वह भाषा बोलनी नहीं चाहिए। मंच–संचालक बन जाने से कोई मूर्ख विद्वान नहीं बन जाता। जहाँ तक दर्शकों के अँधेरे में बैठने का सवाल है,

नाटक और सिनेमा में यह तकनीकी बात है। फिर आपने यह कैसे कह दिया कि जैसे बीवी! काश, आपकी बीवी यहाँ बैठी सुन रही हो! फिर उसके हाथ में हमेशा जूता पकड़ा होगा...

अभिनेता राजेन्द्र गुप्त : *कोर्ट मार्शल* का लेखक यही भाषा बोलेगा।

तालियों की गड़गड़ाहट।

एम.के. रैना : स्वदेश, चुप हो जाओ। अपनी सेहत....

अतुल : स्वदेश जी, मुझे क्षमा....

स्वदेश : नहीं स्वीकार हमें क्षमा। तुम्हारी पूँछ हमेशा हिलती रहती है।

नामवर सिंह : कायदे से अध्यक्ष को अन्त में बोलना चाहिए। अब जब सब लोग बीच में बोल रहे हैं तो मेरा बोलना ज़रूरी हो गया है। प्रसन्ना ने स्वदेश को बीच में टोका। पहले उन्हें एक कहानी सुनाऊँगा। स्वर्ग में अनगिनत देवता रहते हैं। कई बार उनमें झगड़ा हो जाता है। ब्रह्मा जी को न्याय के लिए बुलाते हैं। दोनों पक्षों को सुनकर वह जो निर्णय देते हैं, सबको स्वीकार्य होता है। लगता है, आज प्रसन्ना ब्रह्मा का रोल अदा कर रहे हैं।

सभागार में हँसी और तालियाँ।

नामवर सिंह : अब अतुल तिवारी को एक सलाह । आप अपने अध्ययन का दायरा वसीह करें, बढ़ायें। आप दो बार कह गये कि अभिनय के बारे में हमारे साहित्य में कुछ नहीं लिखा गया। कहीं भी नहीं लिखा गया। यह धारणा मिथ्या भी है और हमारे साहित्य के लिए एक अपमानजनक बयान भी। आप भरतमुनि का नाट्यशास्त्र पढ़िए। पढ़ा हुआ हो तो फिर पढ़िए। अध्याय आठ और नौ अभिनय के विषय में ही हैं। भरतमुनि ने चार प्रकार के अभिनय के विषय में बताया है।

रही स्वदेश दीपक को बोलने के लिए भूल जाने की। इस समय हमारे बीच वह अकेले नाटककार बैठे हैं। *कोर्ट मार्शल* और *सबसे उदास कविता* इन्होंने लिखे हैं। यह बात मैं आपकी याद ताज़ा करने के लिए कह रहा हूँ। स्वदेश को भूल जाना न सहज लगता है, न स्वाभाविक।

अब नामवर सिंह मेरी तरफ़। निश्छल मुस्कान। शान्त । मिठड़े बोल। एक फ़कीराना तेज। यह शख़्स जिसकी नाक टेढ़ी नहीं, आलोचक क्योंकर हो गया! इसे तो गाथाकार होना चाहिए था।

नामवर सिंह : अब मैं स्वदेश दीपक से कुछ कहूँगा। मेरी नज़दीकी तो नहीं, फिर भी एक सलाह दूँगा। उर्दू में कहा गया है, जब हम तैश में आ जायें, तो खुदा और माशूक़, दोनों से डर नहीं लगता।

वह बैठे। लगातार तालियाँ।

घर लौटने के कुछ महीने बाद नामवर जी को दिल्ली फ़ोन किया। बड़े फ़ख्र से बताया। जैसे शाबाशी लेना चाहता हूँ।

—डॉक्टर साहब! अब मैं खुद पर कंट्रोल कर लेता हूँ। बिल्कुल ग़ुस्सा नहीं करता।

नामवर सिंह : ग़लत। बिल्कुल गलत। रत्तीभर भी नहीं बदलना। आप जैसे थे वैसे ही रहें। जब स्वाभाविक बने रहें तो अच्छे लगते हैं।

अतीत : पी.जी.आई., चंडीगढ़

आँख खुली। पास रखे स्टूल पर गीता। अंबाला से बच्चों को खाना खिला दोपहर को यहाँ के लिए चलती है। वापसी तक रात हो चुकी होती है। रात को बस में शराबी हो चुके लोग तरह–तरह से जिस्म छूने की कोशिश करते हैं। यह बातें उसने मेरे घर लौटने के बाद बतायीं। प्रभु ने सुडौल काया दी है। बिन पिए छेड़ा जा सकता है।

गीता : फिर बाँध दिया?

हाँ में सिर हिलाया।

गीता : छोड़ते क्यों नहीं ग़ुस्सा करना?

—ए लैपर्ड नेवर चेन्जेज़ स्पॉट्स।

गीता : कान्ता दीदी ने सब कुछ बता दिया। ग़ुस्सा तो आना था।

—मैं एक पराये देश में अजनबी हूँ।

गीता : दीदी ने बताया, तुमने खाना खाया नहीं। मेरे हाथ से थोड़ा खा लो।

—सुन्दर औरत कभी सलाह नहीं माँगती, बरबाद करती है, नहीं तो हो जाती है।

गीता ने सब्ज़ी में डुबो रोटी का टुकड़ा आगे किया। मैंने मुँह खोला। सिकन्दर ने ताली बजायी—खा लिया! बड्डे साहब ने खा लिया! मुझे केला दो।

गीता : रोटी ठंडी है न!

–पता नहीं।

–क़िस्मत वाले हो, तुम्हें कुछ पता नहीं।

–मधु भंडार तलाश कर रहा था। क्या मिला? मैथ्यू आर्नल्ड :

Wandering between two worlds, one dead.

The other powerless to be born.

डॉक्टर अवनीत शर्मा शाम के राउंड पर कमरे में आये। मुझे बँधा देख तमतमा गये। ऊँची आवाज़ में पूछा–किसने बाँधा मिस्टर दीपक को?

लम्बी नाकवाली : मैंने सर!

–आप जानती नहीं, डॉक्टर के आर्डर्ज़ के बिना मरीज़ को बाँधा नहीं जा सकता? खोलिए। एकदम खोलो। नेवर डू इट अगेन।

लम्बी नाकवाली से शीतयुद्ध लम्बा चलेगा।

अवनीत : क्या किया आपने मिस्टर दीपक?

–अपने नाटकों के संवाद बोल रहा था।

अवनीत : रिहर्सल शुरू करवाइए। पी.जी.आई. में एक नाटक हो जाये।

–No. Useless. Shakespeare told me yesterday,

Life is a tale told by an idiot

Full of sound and fury.

Signifying nothing.

अवनीत : (गीता से) मैडम। हफ़्ते में दो–तीन बार पारुल, सुकान्त को साथ लायें।

गीता : अभी छोटे हैं।

अवनीत : बच्चे कभी छोटे नहीं होते। उन्हें पिता से मिलना चाहिए। सच और यथार्थ का पता तो होना चाहिए।

सिकन्दर : हुण नहीं मंगा गा। इक बी नहीं खाँवाँगा।

अवनीत : न सिकन्दर। चार खा लो। कोई ख़तरा नहीं।

सिकन्दर ख़ुश। उसने केला माँगा।

गीता : डॉक्टर अवनीत शर्मा ने कहा है कि फ़ोन लगवाना ज़रूरी है।

–I hate this instrument.

गीता : फ़ोन कोई औरत तो नहीं कि तुम नफ़रत करो।

—You left your smile in my mind.

My dreams smell of you.

गीता : रात को किससे बातें करते हो? दीदी ने बताया, बोलते रहते हो।

—I practice speaking.

मायाविनी रहस्य है, रहस्य रहेगी।

गीता : आज हिन्दी नहीं बोलनी।

—No. I am English.

गीता : सुकान्त को यहाँ लाऊँ? मिलना चाहता है।

—No. No. No.

गीता : तुमने कहीं लिखा था कि तीन बार नो बोलना अनिष्ट होता है।

—I want to sleep.

गीता : मैं चलूँ फिर?

—Yes. Don't let anyone come here to visit. Don't inform anyone except Shelia Sandhu. Not even Soumitra.

मैंने अपने वर्षा–वन में प्रवेश कर लिया।

मेरे कपड़े नये थे, दुःख–उदासी वही पुराने।

क्या प्रेत हमारे अन्तर्मन में होते हैं, बाहर नहीं?

अँधेरे और ख़ामोशी के कम्बल में लिपटा पेड़ बोला–आज वह आयेगी।

घर में नया जंगल बस गया है।

दो जहाँ का वासी बना। चिन्दी–चिन्दी हो गया।

मैं अपनी रक्षा करने में असमर्थ। दोनों हाथों पर बर्फ़ का ताला। मुझे दलदल में दावत दी जा रही है।

इस रोग में बहुत सारे काँटे उग जाते हैं मस्तिष्क में। ख़ामोश दुःख का अपना पौरुष होता है।

I still remember red curves of her lips.

समय गुज़रने के साथ हमारे दुःख हमारा हिस्सा बन जाते हैं। कब आओगी तुम?

बहन ने कन्धा छूकर जगाया। एक हाथ में दस गोलियाँ, एक में पानी।

—पहले दवाई खा लो। फिर चाय। आज मुझे जल्दी जाना है। रात को अजय आ जायेगा।

—कौन अजय?

—काका, मेरा बेटा और तुम्हारा भांजा।

कान्ता एक गोली गले में डालती, फिर थोड़ी देर दोनों रुकते। वार्ड और नर्सों की इंचार्ज मैट्रन कमरे में आ चुकी है। पहली बार देखा। पिघलते बार देखा। पिघलते नैन–नक्श। मदर टेरेसा का लगभग प्रतिरूप।.

मैट्रन : एक ही बार मुँह में डालिए, प्रोफ़ेसर साहब, सारा दिन गोलियाँ ही खाते रहेंगे।

बहन : गले में फँस गयी तो?

मैट्रन : नहीं फँसेगी। गला ज़रूरत अनुसार छोटा–बड़ा हो जाता है। अच्छा, अभी आधी दीजिए।

कान्ता दुविधा में खड़ी। मैट्रन ने गिनकर आधी गोलियाँ उठायीं।

—मिस्टर दीपक, सिर बिल्कुल सीधा रखें सिरहाने पर। गोलियों के बाद मुँह में पानी डालूँगी। सिर आधा ऊपर उठायें। एक ही बार गटक जायें।

ऐसा ही हुआ। एक भी गोली नहीं फँसी।

अब कान्ता ने डालीं। एकबारगी गटक गया। एक भी गोली नहीं फँसी।

मैट्रन : बिल्कुल कुछ नहीं करेंगे। अपने पास बैठायेंगे।

—पन्द्रह मिनट बाद। मैं आँखें बन्द करूँगा।

—ठीक। वार्ड–ब्वॉय उनके कमरे में ले जायेगा।

कान्ता गयी। वार्ड–ब्वॉय ने कन्धा हिलाया।

इस कमरे में पहली बार ड्यूटी पर आयी नर्स ने बताया :

—आपकी पत्नी आयी थी। चली गयी। सोये थे, जगाया नहीं।

मैं हैरान। गीता क्या आधे रास्ते से लौट गयी?

—यह मेरी पत्नी नहीं हो सकती।

—क्यों? उसने आपके माथे पर हाथ रखा था।

—माथे पर हाथ रख देने से कोई पत्नी नहीं बन जाती।

नर्स का चेहरा लाल।

सरदार हरनाम सिंह ने मदद की—टरब्यूनवाले रेणु भैण जी आए सी।

मैं : (नर्स से) वह रेणुका नैयर हैं। 'दैनिक ट्रिब्यून' में साहित्य सम्पादक। चंडीगढ़ में मेरी सारी ज़िम्मेदारी रेणु की है। लेकिन डाँटती बहुत है।

नर्स : क्यों डाँटती है?

—उसकी हॉबी है।

नर्स मुस्कुरायी। सुन्दर मुझे डॉ. वर्मा के कमरे में ले आया। एकदम गंजे। टोटल बाल्ड। चेहरे पर कोई भाव नहीं। कुर्सी पर बैठने का संकेत। पट्टियाँ बँधीं। बाँह नीचे लटकती। पकड़ी। उठायी। मेज़ पर लिटा दी। पहली बार देखा कि अलग—अलग साइज़ और आकार के बहुत—से लकड़ी के टुकड़े मेज़ पर रखे हैं।

डॉ. वर्मा : लकड़ी के यह टुकड़े आपने जोड़ने हैं।

—जब जोड़ने ही थे तो तोड़े क्यों?

—ताकि आप जोड़ सकें।

—इट इज़ स्टूपिड। मैं नहीं जोड़ूँगा।

—नथिंग इज़ स्टूपिड इन दिस यूनीवर्स—आप जोड़ेंगे तो हमें पता चलेगा कि आपका दिमाग़ बतायी हुई दिशा में चलता है कि नहीं।

मैंने बायें हाथ से टुकड़ों को बिखेरा। आगे—पीछे किया। संयोग से दो टुकड़े सही जुड़ गयें।

डॉ. वर्मा : ठीक। बाकी कल जोड़ेंगे। अब आप एक फॉर्म भरेंगे।

उन्होंने फॉर्म दिया। बहुत लम्बा। चार पेज की पुस्तिका। देखा। उन्हें लौटाकर कहा—मैं नहीं भर सकता। बहुत लम्बा। बहुत मुश्किल।

—अपना नाम तो भर सकते हैं। आपको कमरे तक छोड़ आऊँगा।

—चला जाऊँगा। रास्ता पता है।

—कहाँ पता होता है हमें रास्तों का।

डॉ. वर्मा की आवाज़ अचानक उदास हो गयी।

हरनाम सिंह : प्रोफ़ेसर साहब मैं नीचे जा रहा हूँ। सिकन्दर दूधवाली चाय माँग रहा है। आप जी के लिए लाऊँ?

—न। मैं नहीं पीता दूधवाली चाय।

—कभी पी है आपने?

—नहीं।

—तो पीकर न करनी चाहिए।

शिमलावाला : अंकल, ब्रिंग फॉर मी आलसो।

सिर हिलनेवाला : तू फिर बोला अंग्रेज़ी?

शिमला : गलती हो गयी भाजी।

हिलता सिर : चल फेर ठीक है।

कमरे में कोई आया। शानदार शख़्सियत। शानदार शख़्स। सदाबहार मुस्कान। उन थोड़े–से बड़ी उम्र के लोगों में जिन पर सफ़ेद बाल सजते हैं। मिलने तो मुझे आये हैं। फिर कौन?

—मैं वीरेन्द्र मेहँदीरत्ता हूँ।

मैं पहचानने के लिए दिलो–दिमाग़ पर ज़ोर डालता हूँ।

हरनाम सिंह : यह अभी पहचानते नहीं।

मेहँदीरत्ता : स्वदेश दीपक पहले कब किसी को पहचानते थे। भूले तो यूँ जैसे कभी आशना न थे। बस, अकेले अपने डरावने और त्रासद संसार में रहते थे। कुछ याद दिलाऊँ! मेरे घर महीने में एक बार गोष्ठी होती थी।

—तुमने अपनी कहानी 'जयहिन्द' पढ़ी थी।

मुझे पहचान का सूत्र मिल गया।

—डॉ. वीरेन्द्र मेहँदीरत्ता।

—हटाओ डॉक्टर को। हो लिया रिटायर।

उन्होंने मेज़ से चम्मच उठा, हाथ में पकड़ा डिब्बा खोला।

—क्या है?

—स्टू। कान्ता ने अपने हाथों से बनाया है। परिचय फिर दूँ। मेरी पत्नी हैं।

—स्टू क्या होता है?

—पहले सेबों को क्रश करते हैं। फिर उबालते हैं। स्टू तैयार।

—मैं नहीं पीऊँगा।

—सारा मत पीओ। दो चम्मच ले लो। कान्ता को दुःख होगा। कितना प्यार करती है!

वह चम्मच से मेरे मुँह में स्टू डालते रहे। अच्छा लगा। सारा पी गया।

—अच्छी चीज़ें हमेशा अच्छी होती हैं। स्वदेश! अच्छा बताओ, मैं शाम को किस समय आया करूँ?

—आप बिल्कुल मंत आयें। आई डोंट वांट एनीवन टू टॉक टू मी।

–बीमारी से अधिक अस्पताल का अकेलापन, परायापन ज़्यादा दुःख देता है। शायद तुम जानते नहीं, मैं महीनों इसी पी.जी.आई. में मरीज़ था। एक बात तय करते हैं, तुम्हारी बीमारी के बारे में कोई बात नहीं करेंगे।

मैं खुश हो गया।

–कृष्णा जी को ख़बर की?

मेहँदीरत्ता जानते हैं, कृष्णा सोबती मेरी अच्छी परिचित हैं।

–नहीं। किसी और को भी नहीं।

–तुम हमेशा से कड़ियल हो। कल आऊँगा तो बरामदे में थोड़ा चलेंगे। मैं तुम्हें कहानियाँ सुनाऊँगा। डरो मत। अपनी लिखी कहानी बिल्कुल नहीं सुनाऊँगा। अब तुम आँखें बन्द करो।

बन्द कीं। वह देर तक मेरे माथे पर हाथ फेरते रहे। पता ही नहीं चला, वीरेन्द्र मेहँदीरत्ता कब चले गये। वह पाँच महीने बिना–नागा मिलते रहेंगे।

बिस्तरे के पास कोई रुका। आँखें खोलीं। रेणुका नैयर।

–तुम अस्पताल सोने आये हो कि इलाज करवाने? जब आओ, साहब सोए हुए! रेणु मुझे गीता से ज़्यादा डाँटती है। कई बार गीता अपनी डाँट उसके माध्यम से पहुँचाती है।

–क्या किया डॉक्टरों ने आज?

–कुछ नहीं। लकड़ी के टुकड़े जोड़ने को कहा।

–तुमसे तो क्या जुड़े होंगे! शुरू से तोड़ते रहे हो। एक काम करो। ठीक हो जाओ तो एक सुखान्त प्रेम–कथा लिख डालो।

–प्रेम कभी सुखान्त नहीं होता।

रेण चुप। उसके कुछ अपने दुःख भी हैं।

–सिकन्दर काका, तेरे सिरहाने के नीचे चाकू होगा। देना तो।

–क्या करेंगे भैंण जी?

–तेरे बड्डे साहब को मारूँगी। सबको तंग कर रखा है।

–फेर तो नहीं देता।

–ओय खोते। सेब छीलकर तुम दोनों को खिलाऊँगी।

–मैं तो ऐसे ही खा लूँगा।

–जवान जो ठहरा। दीपक के दाँत बूढ़े हो गये हैं। पहले बापू को देख, कहाँ है। चाय पिला दे।

रेणु जब भी कहीं पहुँचती है, अपना पर्स खोल मुट्ठीभर ख़ुशी कमरे में बिखेर देती है। चुप बोलने लगते हैं, अपने उदास–घर से बाहर निकल आते हैं। मैंने उसका नाम प्रसन्नता देवी रखा हुआ है। उसे कभी बताया नहीं।

उसने मेरे मुँह में सेब–टुकड़ा डाला। रेणु को न करने का साहस नहीं है।

–सुन। मैं जानती हूँ, तुम सारा दिन पड़े–पड़े क्या सोचते रहते हो। नौकरी छोड़ दी। गुज़ारा कैसे होगा? बिल्कुल मत डर। समय आने पर मैं सब सँभाल लूँगी। इतना वेतन मिल जाता है कि दो परिवारों का गुज़ारा हो सके।

–तो तुम मुझे अनुदान दोगी?

–नहीं कमीन आदमी, मैं दोस्ती निभाऊँगी। तुम मर्दों का क़द छोटा क्यों हो जाता है जब कोई औरत सहायता देना चाहे?

–गलती हो गयी।

–तेरी यही बात मुझे अच्छी लगती है। बहस करने से बचने की कोशिश नहीं करते। वरना मर्द और औरत के सामने ग़लती मान ले! अच्छा, छोड़। तेरी किसी प्रेमिका को ख़बर करनी है?

–सारी विदेश हैं।

–विदेश हैं तो क्या हुआ! खाविन्द अमीर होंगे। बाई एयर आ जायेंगी। तेरे जैसे को कौन छोड़ सकती है।

सोचा, रेणु को मायाविनी के बारे में बताऊँ। नहीं। यह हम दोनों का निजी रहस्य है। कुछ रहस्य न बाँटे जा सकते हैं, न बताये।

–चलती हूँ। आज सम्पादकीय मुझे लिखना है। कल तेरे लिए सिगरेट लाऊँ?

न में सिर हिलाया।

–कुछ फ़ायदा तो हुआ अस्पताल का। तेरी चिमनी हमेशा चलती रहती थी। रेणु गयी। मुट्ठीभर ख़ुशी कमरे में छोड़ गयी।

वार्ड की लाइटें नौ बजे बुझा दी जाती हैं। उससे पहले अवनीत शर्मा आये।

–कल सुबह आपको सी.टी. स्कैन के लिए जाना है। पानी तक नहीं पीना।

–सी.टी. स्कैन क्या होता है?

–दिमाग़ का एक्स–रे। न्यूरोवाले देखना चाहते हैं, कहीं ब्रेन सैल्ज़ डेमेज तो नहीं हो रहे।

–क्या यह मेरा पटाक्षेप है?

–नहीं। यह आपका आरम्भ है। एक अच्छी ख़बर दूँ आपको। बादल घने हैं। बरसेंगे। कुछ राहत तो मिलेगी गर्मी से।

–बारिश होगी! तब वह ज़रूर आयेगी।

डॉ. शर्मा एकदम चौकस।

–कौन ज़रूर आयेगी?

क्या बताऊँ! इस रहस्य का पता मुझे कहाँ है। जो अशरीरी है। अदृश्य भी है, उसके बारे में क्या बताया जा सकता है। एक अलौकिक उपस्थिति।

डॉ. शर्मा : मिस्टर दीपक, साइकिएट्री में मरीज़ बोलता है, बताता है, डॉक्टर नहीं। अन्य डॉक्टरों की तरह हम ब्लड अथवा दूसरे टैस्ट्स की मदद नहीं ले सकते। आप काले रहस्य बतायेंगे तो हम समझेंगे। तभी इनसे मुक्त होंगे। शेयरिंग विद द डॉक्टर इज़ द ओनली वे आउट। आप शायद जानते नहीं, मैंने मनोरोग में एम.डी. क्यों की! साहित्य पढ़ने के कारण। किताबें एक खिड़की खोलती हैं और हम किसी के अन्दर झाँक लेते हैं। लेकिन आप शुरू से कुछ छिपा रहे हैं। कैसे करें इलाज? कैसे ठीक हों आप? यू आर अ राइटर। यू ओ इट टू द सोसाइटी। कुछ सोचिए ज़रूर इस बारे में। गॉड ब्लैस यू। गुड नाइट!

रोशनियाँ गुल। बरामदे की लाइटें जलतीं। सिकन्दर से कहा–सुन सिकन्दर, मैं प्रधानमन्त्री बनूँगा।

–कल बणा देंगे। बड्डे साहब, हुणं सो जाओ। कल दिमाग़ की जाँच होंणी है।

कमरे की खिड़कियों पर पहले सलाखें। फिर जाली। मरीज़ यहाँ से छलाँग कर मर चुके हैं। अब कैसे मरोगे स्वदेश दीपक! खिड़कियों से चितकबरी रोशनी आ रही है।

मैं शीला संधू से शिकायत करूँगा। किसकी?

क्या मेरी आत्मा लकवाग्रस्त हो गयी? मैं उसकी जाँघ पर लेटूँगा।

रात की ख़ामोशी। फटते हुए ग्रेनेड। यादों के टुकड़े–टुकड़े। मेरी कलाई पर मौली क्यों बाँधी? मेरी रक्षा क्यों नहीं की?

मुझे मेरी स्लेट दो। मैं क ख ग लिखूँगा।

लम्बे समय तक चलने वाला सूखा। यह लाजमी था।

हठ मत कर। मर। मरण ही मुक्ति है।

जो विलुप्त है, उसकी प्रतीक्षा क्यों? रह फिर धुँधलके में डूबा। मल्लाह नहीं है। अपनी नाव ख़ुद खेनी होगी।

मुझे रंग–बिरंगी तितली बना दो न!

हम दल–दल में दावत कब करेंगे!

मैं तो प्रहार से पहले जड़ हो गया।

मेरे लिए एक नया जंगल बसा दो। अनुपम दृश्यों का चौकीदार मैं। तुम्हें क्यों नहीं सुनाई देती मेरी चीख़? यू ब्लडी बिच। कृष्णा सोबती ने डाँटा–सो जा खानदानी हरामज़ादे। कल का दिन तेरे लिए फ़ैसलाकुन दिन

डर गया। आधा सो गया। कदमों की आहट। लेकिन तीन जोड़ी क़दमों की आहट। एक सामने बैठी। एक बायें। सफ़ेद साड़ी से आधा चेहरा छिपा हुआ।

कमरे में मेरे मित्र जहाँगीर सबावाला ने मिस्ट्री सीरीज़ की पेंटिंग रख दी।

–आपको जहाँगीर साहब याद आ गये न!

मैं डरा। इसे कैसे पता? डर गुम। इसे सब कुछ पता है।

–अपने साथ दो प्रतिरूप लायी हूँ। एक कामना का कहा मानते जो नहीं। आज फिर ग़ुस्से में आये। यह ग़ुस्सा आपके प्राण ले लेगा कभी।

–प्राण तो तुमने ले लिए। अब तो यह घिनौना शरीर बाकी है। लेकिन शिकायत नहीं। जान दे दी। दी हुई उसी की थी।

–मिर्ज़ा ग़ालिब।

–तुम जानती हो?

–मैं क्या नहीं जानती! आजकल प्रभु जी से प्रार्थना करती हूँ, मेरा हाफ़ज़ा छीन लें। पोंछ दें स्मृति–कोष।

–चेहरे से पल्लू हटाओ। जब जाओगी तो याद करूँगा। फिर गालियाँ दूँगा।

उसने पल्लू हटाया। उसके साथ–साथ मैं तेजस्वी हो गया।

—आज कर्णफूल क्यों नहीं डाले? नाक थोड़ी टेढ़ी होती तो अच्छा था।

—आपका ग़ुस्सा थोड़ा कम होता तो अच्छा था। लेकिन यह हो कैसे? आपकी सामन्ती सोच। आपको एक दासी प्रेमिका अच्छी लगती है। प्रेम में पहल भी पुरुष ही करे। मैंने कितना मासूम वाक्य बोला था–मैं आपके साथ माण्डू देखूँगी। एक सामन्ती पुरुष को अपमान लगा और हो गया आपे से बाहर। मैं अभागी कल्पना ही करती रही। कैसे होता आपका साथ?

—मेरी ग़लती थी।

कमरा एक चर्च में बदल गया। मेरा कन्फैशन। साफ़ महसूस किया कि पाप–मुक्ति शुरू। अब मैं मरूँगा नहीं।

बारिश एकदम शुरू। एकदम तेज़। आकाश पानी की बाल्टियाँ उड़ेल रहा है। मायाविनी से कहा :

—तुम भीग जाओगी।

—न पानी मुझे भिगो सकता है, न आग जला सकती है।

—*You have devastating beauty.*

—बारिश कैसे एकदम शुरू हुई!

—बादलों ने सारे कपड़े उतार दिये।

वह अवाक् मुझे देखती रही। झटके से उठी। मेरा माथा लगातार चूमती रही। लगातार रोती रही।

—*Swadesh, My Swadesh. You are magician of words. Why couldn't I have you. Damn you. And damn your temper.*

पता नहीं, वह कब तक मुझे कोसती रही।

पता नहीं, कब वह प्रतिरूपों के साथ चली गयी!

वर्षों बाद एक पवित्र नींद सोया।

वर्षों बाद कोई दुःस्वप्न नहीं आया।

6

औरत एक जादू होती है

मैं आँखों से चीख़ता था।

–प्रेम खिड़की से अन्दर आता है, दरवाज़े से बाहर चला जाता है।

–औरतें बहुत हठी होती हैं। जिसे भी चाहें, हासिल करके रहती हैं।

–मैं 'हाँ' और 'न' के बीच जी रहा हैमलेट हो गया। क्या मेरी मैडनेस में कोई मैथड है? चीथड़ों का सम्राट!

–मुझे एक तर्राता हुआ इन्तज़ार है। लेकिन किसका?

–ले लो मेरी सारी धूप। लेकिन नीच घाव मत दो।

–मैं तो आत्ममुग्ध था। हो गया छलनी–छलनी तुम्हारे अमोघ अस्त्र से।

–जब हम प्यार कर रहे होते हैं तो मूर्ख होते हैं।

–प्रेम और युद्ध के तरीक़े एक जैसे। जो हारे, वह युद्धबन्दी।

सूक्ति–वाक्य बन्द। कौन आ गया सवेरे–सवेरे! छोटा भाई बिल्लू।

–वीर जी, मुझे जयपुर जाना होगा। बैंक से और लीव नहीं मिल रही।

–जाओ।

–वीर जी, आप मेरे पिता भी हैं, प्रभु भी। कुछ भी ज़रूरत पड़े तो बताना।

–बताऊँगा।

–आप ठीक हो जायें तो जयपुर ले जाऊँगा। एक मित्र का फार्म हाउस है। आपको वहाँ ठहराऊँगा।

–बाघ–चीते हैं वहाँ?

–फार्म हाउस में आदमी रहते हैं। जंगली जानवर नहीं।

–आदमी तो यहाँ भी रहते हैं। क्यों रहूँ उनके पास? मेरा वानप्रस्थ जो है।

—गीता भाभी थोड़ी देर में पहुँच जायेंगी। फ़ोन कर दिया है।

—क्यों?

—आज आपकी सी.टी. स्कैन है। दिमाग़ का एक्स—रे।

—क्या सिर चीरकर एक्स—रे करेंगे?

—पता नहीं। मैं जाऊँ वीर जी?

—गो। डोंट कम अगेन।

बिल्लू गया। सिकन्दर उठा। मेरे पास खड़ा हो गया।

—बड्डे साब! आज अंग्रेज़ी मत बोलो। ग़ुस्सा आयेगा। फिर बाँध देगी आपकी सौंकड़। एक्सरा कैसे लेंगे!

—नहीं बोलूँगा।

—डर लगे तो वाहेगुरु का दिल में नाम लेते रहें।

कान्ता आ गयी। सिकन्दर ने नारा लगाया :

—आ गये भैंण जी! बज गये अठ! मेरे केले!

कान्ता ने चार केले दिये। आज बड़े भाई को नहीं खिलाने।

—तीन खाऊँगा। एक्स—रे के बाद एक बड़े वीर जी को।

गीता पहुँच गयी। बहुत सुबह उठी होगी। पारुल—सुकान्त के लिए नाश्ता और खाना। चेहरे पर वीरानी। सारी उम्मीदें टूट जाने वाली वीरानी। डॉक्टर अवनीत शर्मा आये। गीता के हाथ में किताब देखी।

मेरी मानसिक तैयारी करवाने लगे—सी.टी. स्कैन की मशीन बहुत बड़ी है। पानी के बहुत बड़े ड्रेन पाइप जितनी गोलाई। सुबह शब्दकोश देखा। बड़ा—सा निकास—नल। आपको इस पर लेटायेंगे। बटन दबायेंगे। शरीर का आधा हिस्सा अन्दर चला जायेगा। हो गया मस्तिष्क का एक्स—रे। कुछ सैकेंड लगेंगे। कुछ पूछना चाहेंगे?

—मुझे आख़िर हुआ क्या है! कौन—सा रोग...

—साइकिएट्री में हम रोग का नाम नहीं बताते। बस, मानसिक रोग काफ़ी है। आपके केस में व्यक्तित्व दो हिस्सों में बँट गया है। एक हिस्सा दूसरे हिस्से का कहा नहीं मानता। तब हम दिशाहीन हो जाते हैं। जो अपने हैं, उनसे मिलने, बातें करने से नफ़रत हो जाती है। हम एक लगातार भय में रहते हैं। सब कुछ लम्बा दुःस्वप्न। तब हमारे पास कोई दूसरा आकर बैठता है। हम उससे बातें करते हैं।

गीता ने डरी आवाज़ में कहा—बहुत अजीब और कठिन रोग है।

अवनीत : नहीं। न अजीब, न कठिन। इसके इलाज में मरीज़ का सहयोग ज़रूरी है। दीपक जी हमारी मदद नहीं कर रहे। मनोरोग में मरीज़ बोलता है, डॉक्टर सुनता है। लेकिन यह कुछ न कुछ छिपा रहे हैं। अन्दर झाँकने के लिए एक छोटी—सी खिड़की भी नहीं खोलते। वी आर हैल्पलेस।

इससे पहले कि कुछ बताऊँ, मायाविनी ने कान में कहा : कुछ मत बताना, हम अपवित्र हो जायेंगे।

मैंने कुछ नहीं बताया।

कमरे के आगे भीड़। सब सिरफिरे। बरामदे में चार बेंच। सब पर लेटे मरीज़। उनके साथ के लोगों ने मुझे हैरत से देखा। सिर पर चोट नहीं। साथ दो औरतें। यहाँ क्या करने आया है! भीड़ में जब नया आदमी शामिल हो तो पहले से खड़े लोगों को वह बुरा लगता है। कहीं यह हमारी बारी में देर न करवा दे।

मैं दीवार के सहारे एक घंटे से खड़ा का खड़ा। एक तरफ़ कान्ता, एक तरफ़ गीता। शायद एक घंटा बीत चला होगा। प्यास।

—पानी।

कान्ता : न राजा बेटा, पानी नहीं मिलेगा।

मैं राजस्थान में हूँ। रेत के बवंडर। अपना कुआँ खोदना शुरू कर दिया। मेरे ऊँट कोई चुरा ले गया है। जितनी रेत हाथों से उलीचता हूँ, रेतीली हवा वापस भर देती है। मैं खोदता रहता हूँ क्योंकि उम्मीद कमीनी होती है। कुछ प्राप्त करने की इच्छा लगातार जगाये रखती है। मैं विजयदान देथा की लोककथा में तब्दील हो गया। मेरा मरना तयशुदा।

—फ़ैज़ साहब से पूछा—जनाब, शामे फ़िराक़ आ तो गयी। टलती क्यों नहीं?

उन्होंने लगभग न सुनाई देने वाली आवाज़ में बताया कि तुम जैसों के हिस्से की जुदाई लम्बी, बहुत तकलीफ़देह होती है।

. तीन घंटे। डॉक्टर थोड़ा—सा दरवाज़ा खोल किसी और का नाम पुकारती है, मेरा नहीं। बन गयी मेरी शत्रु। औरत जो है।

—आई वांट ए ग्लास ऑफ़ वाटर।

कान्ता पहले चौंकी। फिर चेहरा कठोर :

–काका, अंग्रेज़ी नहीं बोलनी। बिल्कुल नहीं। फिर बोली तो अभी चली जाऊँगी। मुझे अपने बेटे की सौगन्ध, फिर तेरा मुँह नहीं देखूँगी। तू भी मेरा मरा मुँह देखे।

उसमें बेइन्तहा सब्र है। तीन बसें बदल पंचकूला से मेरे पास आती है। पाँच वर्ष की पोती पड़ोसियों के पास। शायद मेरे ठीक होने की आस भी हिल गयी। कहाँ से लाये कान्ता इतना लम्बा सब्र!

पास बैठा कान्ता से बड़ी आयु का बुजुर्ग बोला :

–बेटी! मरीज़ से ग़ुस्सा नहीं करते। इनका क्या कसूर! सुबह से दीवार के साथ लगे खड़े हैं। तीन बज गये। सारे पंजाब, हरियाणा और हिमाचल प्रदेश से एक्सीडेंट केस आते हैं। जिनके सिर पर चोट है, उन एमरजेंसी केसिज का सी.टी. स्कैन पहले किया जाता है। तुरन्त ऑपरेशन ज़रूरी है।

ज्योंही उसने एमरजेंसी शब्द बोला, मैं समझ गया, इन्दिरा गांधी का आदमी है। उससे डर गया।

गीता : क्या दिन दीपक ने देखने थे और दिखाने थे!

कान्ता : दिन तो प्रभु जी दिखाते हैं। कितना कड़ियल था मेरा यह भाई! बचपन में बड़ी से बड़ी चोट लग जाये तो रोता नहीं था। पिताजी का मृत्यु का दिन याद करो। मुखाग्नि देते समय भी आँखें सूखीं। जानती हो, पिताजी इसके दोस्त थे। हमारी माँ इसकी आँखों में आँसू देखने को तरस गयी। चुप कराने की साध पूरी ही नहीं हुई।

वे सूरमा को मृत–घर वापस लाये।

योद्धा अन्दर से भी ठंडे–क्रूर, बाहर से भी।

A horse, a horse, for my kingdom. शेक्सपियर के राजा रिचर्ड दोयम की सदियों लम्बी चीख़, जब घोड़ा मैदाने जंग में मारा गया। मैं जब बहुत छोटा था तो एक औरत ने मेरे साथ बलात्कार किया था। यह घटना सिर्फ़ कृष्णा सोबती को सुनायी थी। भाषा की जादूगर ने छेड़ा था–स्वदेश, तुम्हारे साथ बलात्कार अब भी करने का किसी का भी दिल करेगा।

जब मायाविनी ने कारागार में रख छोड़ा तो सोबती से शेयर नहीं कर सका। हम एक–दूसरे से रूठ गये। हशमत की बदौलत।

कैसी थी आपकी जुदाई की शाम फ़ैज़ साहब! आयी और टल भी गयी, और मेरी शाम! रेंगता हुआ एक लगातार साँप। आप एक बार

अंबाला आये थे। मिला था। आप ही के कुछ शेर आपको सुनाये थे। आप हैरान। क्योंकि मेरी उम्र वालों को उर्दू नहीं आनी चाहिए। उनकी तालीम हिन्दुस्तान में शुरू होगी। जब उर्दू आने की वजह बतायी तो खुलकर हँसे। माथा चूम कहा था—स्वदेश, तुम हसीं बदमाश हो। थोड़ी देर चुप। उदास। आने वाले ख़तरे से आगाह किया। तुम औरत से बहुत दुख पाओगे। फ़िक्र कैसी! मिर्ज़ा ने भी बहुत दुःख पाये थे। अल्लाह तुम्हारा साया बनें। बट यू आर फेटेड टू सफ़र।

सही कवि भविष्य में देख सकते हैं। फ़ैज़ साहब ने देख लिया था।

...डॉक्टर इस बार कमरे से बाहर आयी। गीता के पास रुकी : मुझे साइकिएट्री से दो बार डॉक्टर अवनीत का फ़ोन आ चुका है। जानती हूँ, मिस्टर दीपक सुबह से भूखे—प्यासे खड़े हैं। आई कांट हैल्प इट। लगातार सीरियस पेशेंट्स आ रहे हैं।

—*I Must be a non-serious patient.*

—*I am really sorry. I never meant it that way.*

—यहाँ बाघ कितने बजे आता है?

वह हक्की—बक्की। तेज़ क़दमों से अन्दर लौटी।

राजेन्द्र यादव भी मेरे बाघों से डरता है। क्या कहा था एक बार—सोचते होगे, तुम्हें लेकर कभी कुछ लिखा क्यों नहीं। तुम ठहरे पशु—सम्राट। किसी कहानी में चीता, बाघ, भेड़िए, गिद्ध। कुछ महीने किसी चिड़ियाघर में रहूँ तो तुम पर लिखूँ। वैसे औरतें तुम्हारे लिखे पर मरती हैं। पता है, क्यों? उन्हें जानवर बहुत अच्छे लगते हैं। जानवरों पर लिखने वाला स्वदेश भी। कितने हिंसक पशु बैठे हैं तुम्हारे अन्दर?

मुझे राजेन्द्र की बातें कभी बुरी नहीं लगतीं। वह मज़ाक़ से शुरू करता है और एक गम्भीर बिन्दु पर ख़त्म—लो। सम्हलो। अब बॉल तुम्हारी कोर्ट में है।

वीरेन्द्र मेहँदीरत्ता वहाँ आ गये। गीता हैरान।

—डॉक्टर साहब, आपको कैसे पता चला, दीपक यहाँ...

—दीपक को चाहने वाले तलाश लेते हैं। वार्ड गया। उन्होंने बताया यहाँ है। दिमाग़ का एक्स—रे। क्या पायेंगे! आज तक हम सब कुछ नहीं पा सके।

कान्ता : आज इसने बहुत तकलीफ़ पायी। सुबह से प्यासा...

मेहँदीरत्ता : तकलीफ़ तो पायी, लेकिन उफ़ तो नहीं की। कई बार सोचता हूँ, कर्ण का कवच अब दीपक के पास है।

उन्होंने मेरा हाथ पकड़ा, धीरे–से दबाया। जिस्म में गरमाइश आने लगी।

मेहँदीरत्ता : गीता बेटी, तुम अंबाला जाओ। बच्चे सुबह से अकेले हैं। पहुँचते–पहुँचते रात हो जायेगी।

गीता : मैं दीपक को कमरे में पहुँचाकर ही जाऊँगी।

मेहँदीरत्ता अब समझ चुके हैं कि गीता जो कहेगी, वही करेगी।

मेहँदीरत्ता : दीपक, मैंने आज प्रेमचन्द की कहानी सुनानी थी।

–कौन प्रेमचन्द?

–हिन्दी के पहले बड़े लेखक।

–अब कहाँ हैं?

–अरसा हुआ मरे हुए।

–कितने भाग्यवान हैं! जो जीना चाहें वह अभागे।

डॉक्टर आयी। हाथ पकड़कर अन्दर ले गयी। एक सुरंग में डाला। सी. टी. स्कैन हो गया। सुबह दस बजे से सायं सात बजे। ब्लडी स्कैन।

कान्ता : काका, रैडक्रॉस का कैंटीन पास ही है। चाय पी लें।

–नो।

–पानी ले आऊँ?

–नो।

गीता जान गयी, मैंने ग्रेनेड का पिन निकाला कि निकाला।

वह एकदम चुप। कमरे में आये। बिस्तर पर बैठा। अवनीत अन्दर आये। चुपचाप मेरे पास खड़े हो गये। कुछ सोचा। बोले :

–सी.टी. स्कैन फिर होगा। डॉक्टर का फ़ोन आया। शी इज़ नॉट हैपी विद द रिज़ल्ट।

घात लगाये बैठे चीते ने दहाड़ लगायी। उछला।

–No. No. No. I should have slept with that bloody woman. She is killing me by inches.

मैंने सात साल लम्बी चीख़ मारी। मेरी आत्मा की सुरंग में सात साल से क़ैद दुःख का दरिया। खिड़कियों के काँच चटक गये। मायाविनी के

पास पहुँचते–पहुँचते चीख़ हाँफ गयी। मरीज़ खड़े हो गये। सकते में। दरवाज़े पर भी मरीज़ों की भीड़। मैं बिस्तर पर छटपटाता हुआ। डॉ. शर्मा ने सिस्टर से पानी का गिलास पकड़ा। मेरे मुँह के पास लाये।

न में सिर हिलाया।

–एकदम पीजिए। इन वन गो।

डॉ. अवनीत पहली बार इतनी कठोर आवाज़ में बोले।

एक बारी सारा पी गया। सिकन्दर ने शिकायत की–बड्डे साहब! सवेरे से आप जी लई केला रखा है। खा लो न!

मायाविनी ने कान में कहा–आप चीख़े क्यों स्वदेश जी? माँ काली के मन्दिर से आज ही आपके लिए वरदान लायी हूँ। आती हूँ रात को। अब मैं आपको अच्छी लगती हूँ। फिर गाली क्यों देते हैं–ब्लडी वूमेन? रात को चैन से बतियायेंगे। आप कहो कुछ।

टी.एस. एलियट की औरतों की तरह गपशप करेंगे।

In the room the women come and go

Talking of Michelangelo.

मेरा कहीं भी, कोई भी मरहम नहीं है।

शाख सिरे से सूख गयी। परिन्दे भी नहीं।

एक बार गीता ने पूछा, क्या वह निर्मल जी को ख़त लिखे? शायद यहाँ आ जायें। निर्मल वर्मा सम्भ्रान्त वर्ग के सम्भ्रान्त लेखक हैं। अपने से छोटे लेखक के घर न जाते हैं न अपने घर बुलाते हैं।

कृष्णा सोबती की डिक्शनरी में छोटा–बड़ा शब्द है ही नहीं। उत्सुक बच्चे की तरह सबको सुनती हैं। एक दिन अचानक दिल्ली जाते हुए मेरे घर पहुँच गयीं। मैं उठकर स्वागत भी न कर सका।

–शीला जी ने फ़ोन पर आने से रोका। सोचा, स्वदेश जी जेलर तो हैं नहीं। बस, हो गयीं परगट।

गीता अन्दर से आयी। नमस्ते की। कृष्णा ने ध्यान से देखा, कहा :

–आपकी नथ हमने देख ली। खूब फबती है।

गीता पानी लेने गयी। कृष्णा ने मेरी तरफ़ देखा। मुस्कुरायी। पता है, फुलझड़ी फूटेगी।

—यार, गीता का कसा–कसाया जिस्म देख लगता है, अभी इसकी घूँघट उठवाई की रस्म पूरी नहीं हुई।

—मित्रो मरजानी है आपकी।

—मित्रो होती तो अब तक तेरे सारे कस–बल निकाल देती।

कृष्णा जी सयानी। गहराई और फैलाव दोनों। एक बार भी मेरी बीमारी की बात नहीं छेड़ी। दुःख से तो अकेले दो–दो हाथ करने होते हैं।

पारुल–सुकान्त बाहर आये। झट से उन्हें पहचान गये। पढ़ा नहीं। उनके राष्ट्रीय मातमी लिबास से। अच्छे दिनों में शरारत की थी।

—कृष्णा, जितने लोग आपको इस मातमी पेरहन से पहचानते हैं, उतने आपकी किताबों से नहीं।

—स्वदेश साहब, आप न सिर्फ़ ख़ानदानी हरामज़ादे हैं, बदमाश भी हैं।

ऐसी बेहया बातों का हम दोनों बुरा नहीं मानते। कृष्णा हिन्दी की बहनजी नहीं। एक बार सौमित्र ने पूछा था :

—क्या 'सूरजमुखी अँधेरे' के आपकी जीवनी है?

—प्रत्येक किताब लेखक की जीवनी होती है।

गीता ने रसोई से बाहर आ पूछा :

—क्या खायेंगी?

—हम छड़ों की क्या पसन्द, जो मिल गया, खा लिया। हाँ, दिन का खाना खाऊँगी। रात का दिल्ली ले जाऊँगी। बाँध देना एक पोटली।

कृष्णा ने मेरा कमरा देखा। कच्ची दीवारें, भुरती मिट्टी, एक दीवार पर रिचर्ड बर्टन की डरावनी तस्वीर, हैमलेट के रोल में। दूसरी पर माँ दुर्गा। और कुछ नहीं। कृष्णा ने किताबों पर निगाह नहीं डाली।

—किसी लुटे–पुटे सामन्त का कमरा।

—आपको अदम साहब की दो लाइनें सुनाऊँ।

—देर क्यों। सुना डालो।

दिल खुश हुआ है मस्जिदे वीरान देखकर
चलो मेरी तरह खुदा का भी ख़ाना ख़राब है।

कृष्णा : तुम एक इश्क़ कर डालो दीपक! औरत तुम्हारी खाई हुई ताक़तें लौटा लायेगी।

—आई हेट दैम।

–जिससे हम नफ़रत करते हैं दरअसल उससे बेइन्तहा मुहब्बत करते हैं। तुमसे नहीं होगी। अपनी ही आँखों में अपना ही–मैन का इमेज। जाते हुए पूछा :

–सौमित्र मिलें तो कुछ बताऊँ?

–बिल्कुल नहीं। आना चाहे तो रोक देना।

कृष्णा जी ने अपना छोटा बाण चलाया।

–रोकने का काम दिल्ली में बैठी तुम्हारी राजदूत शीला संधू ही करेंगी। सौमित्र पूछेगा तो बताऊँगी ज़रूर। दर्द यारों को होता है, रिश्तेदारों को नहीं।

मैं अपने कारागार लौट आया।

उसने मेरे माथे पर हाथ रखा तो पता चला, आ गयी। अशरीरी जो है। आग लग गये सुर्ख फूलोंवाली साड़ी। चेहरा इतना उदास जितनी उदासी खुद।

–आपकी चीख़ यहाँ से 1573 किलोमीटर दूर अपने शहर में सुनी। लगा, मेरे अन्दर रहता काँचघर पहले चटका, फिर टूट गया। आपकी आँखों से देखा लहू टपकता।

–जितना लम्बा दुःख, उतनी लम्बी चीख़।

–धुल गये अन्दर से आप। मैं तो डरी, सहमी और खुश हो गयी जब माँ काली ने कहा : स्वदेश तुम्हारा है। कभी अहित न करना। तभी तो दुल्हनवाला लिबास डालकर आयी।

–अगर मैं ओथैलो होता...

–तो मेरा गला दबा देते।

–कितना हिंसक आनन्द आता मारने में! तुम सुन्दर भी हो, घातक भी।

खिड़की से चाँद दिख रहा है। मेरी बात सुन उसे बहुत गुस्सा आया।

मैं समाधि की अवस्था में पहुँच गया।

वह औरत अब मेरे पास है। पूछ लिया :

–ठीक हो जाऊँगा तो कहाँ जायेंगे?

–सुन्दर वन। वहाँ बाघ बहुत हैं। द हाउस ऑफ़ रायल बेंगाल टाइगर्ज़।

—रहेंगे कहाँ?

—वहाँ हमारा गेस्ट हाउस है। रात को वन में बाघ गरजेंगे। मैं बाघिन कमरे में गरजूँगी। हम संसार से बाहर निकल जायेंगे।

क्या मेरा डैथ वारंट वापस ले लिया गया?

मैं उन्हें देख सकता हूँ। क्या वह मेरा आखेट करेंगे? काली नदी में बरछा ताने घुड़सवार।

अनिद्रा काले सपनों को जन्म देती है। मेरा अन्तिम श्लोक बोला जायेगा। जल गयी देह। कहाँ रह गये रंग–सुगन्ध।

अपने बटुए से निकालकर थोड़ा–सा वसन्त मेरे बिस्तर पर रख दो। देखो। वादाख़िलाफ़ी मत करना। मैं तुम बाघिन की दहाड़ सुनूँगा। एलियट ने कहा–*In my end is my beginnig.*

मैं तुम्हारा हाथ पकड़े–पकड़े सो गया। मैं सुन्दर वन में था अब।

डॉक्टर चारी अपने जूनियर डॉक्टरों की पल्टन के साथ आये।

डॉ. नायडू ने चार्ट उनके हाथों में दिया। पढ़ा।

—बधाई प्रोफ़ेसर। आपकी पीठ और छाती के घाव सूखना शुरू। इधर बैंडेज बन्द। बट यूअर आर्म, यूअर राइट आर्म...

उन्होंने सवाल पूछती आँखों से डॉ. नायडू को देखा।

—ग्राफ्टिंग सर!

—इट्स अर्ली। अभी नहीं।

—यैस सर!

लम्बे नाकवाली सिस्टर से :

—आज से इनको छह अंडे और दो किलो दूध दिया जाना है।

—मैं दो किलो दूध नहीं पी सकता। दारा सिंह नहीं हूँ।

—आप पी सकते हैं। आप पीयेंगे। नहीं तो हमें पिलाना आता है। हम आपको दारा सिंह बनायेगा। मैंने आपकी पाँच कहानियाँ पढ़ लीं। जैसे डरा देने वाले काम करते हैं वैसे डरा देने वाली कहानियाँ लिखते हैं।

दूध से पैदायशी नफ़रत। शादी के बाद गीता के डर से पी लेता हूँ। लेकिन कुछ न कुछ डालकर इसका रंग बदल देती है।

हरनाम सिंह : आप जी नू सलाह दयाँ। चुपचाप दूध पी लें। नहीं तो ये लोग गले–नाक में ट्यूब डालकर पिलायेंगे। बहुत तकलीफ़ होगी।

सिकन्दर : बड्डे साब! डरो न। मैं चोरी से आधा दूध पी लिया करूँगा। मुझे डॉ. वर्मा के कमरे में पहुँचा दिया गया। नमस्ते की। उनकी ख़ाली–ख़ाली आँखों में लम्हे के लिए कुछ चमका।

–आज हम लकड़ी के टुकड़े नहीं जोड़ेंगे। मेज़ पर बोर्ड है। अलग–अलग रंग के सूराख। गोलियाँ, कंचे पड़े हैं। जिस रंग का सूराख है, उसी रंग का कंचा उसमें डालें।

–मैं के.जी. में दाख़िल हो गया।

–के.जी. से शुरुआत होती है।

परीक्षा इतनी आसान नहीं जितनी लगी। एक ग़लत गोली डल गयी तो खेल शुरू से शुरू। सारे कंचे डाल दिये लेकिन एक सूराख़ ख़ाली। कुर्सी से टेक लगायी। गुस्सा आना शुरू।

–मैं सचमुच पागल हूँ। इतना आसान खेल...

–आप पागल नहीं। बस, ध्यान बँट जाता है। गोली आपके दायें हाथ की मुट्ठी में है।

–पहले क्यों नहीं बताया?

–आपने पूछा ही नहीं। सहायता माँगना स्वाभाविक सामाजिक काम है।

कमरे तक छोड़ने आये। गैलरी में चलते हुए डॉ. वर्मा ने पूछा :

–आप भगवान को मानते हैं?

–नहीं। लेकिन अब डॉक्टरों को मानता हूँ।

–डॉक्टर भगवान के भेजे राजदूत होते हैं।

अतीत

फ़ैज़ साहब ने पूछा था–नौजवान, आपको उर्दू कैसे आती है! तालीम तो हिन्दुस्तान में शुरू हुई होगी।

वह राजेन्द्र मल्होत्रा के यहाँ रुके थे। विल्स सिगरेट की एजेंसी–शायरी के शौक़ीन। अंबाला में शामे–बहार मुशायरा शुरू किया। इंडो–पाक शायर हिस्सा लेने आते थे। उनके कुत्ते सारे देश के कुत्ता–उत्सव से इनाम जीतकर आते थे। विदेशी नस्ल के कुत्तों को वातानुकूलित कमरे में रखा जाता था।

निरुपमा दत्त चंडीगढ़ से मुशायरा कवर करने आयी थी। मेरे यहाँ आयी। इच्छा प्रकट की–सर जी, इस बार हिन्दी में लिखने का मन कर

रहा है। शीर्षक सोच लिया : कवियों और कुत्तों का प्रिय। लेकिन अख़बार वाले पिछड़े हुए हैं। बदल देंगे। नीरू की दिल की दिल में रह गयी।

फ़ैज़ साहब अंबाला आये। मल्होत्रा साहब ने मिलने आने का सन्देश भेजा। वह व्यापारी लोगों से घिरे थे जो उनसे फ़िल्मी बातें कर रहे थे। फ़ैज़ साहब इतना हौले, धीमे बोल रहे थे कि कहीं लफ़्ज़ ज़मीन पर गिर टूट न जायें। मल्होत्रा साहब ने जब मेरा परिचय लेखक और अंग्रेज़ी का प्रोफ़ेसर बताया तो फ़ैज़ साहब के चेहरे पर राहत दिखी।

स्वदेश : सर, इस सदी की आपकी सबसे मशहूर नज़्म हैं : और भी गम हैं ज़माने में मुहब्बत के सिवा...

कई जगह ग़म लफ़्ज़ है और कहीं दुःख। सही क्या है?

फ़ैज़ : शायद 1936 में लिखी थी। सही याद नहीं। लेकिन दुःख ही लिखा होगा। ग़म में इतनी गहराई और कसक कहाँ!

—खुशवन्त सिंह और कुछ औरों का कहना है, आपको नोबेल प्राइज़ मिलना चाहिए।

—वतन की ख़ातिर जेल की सज़ा काटना किसी भी इनाम से बड़ा होता है। अच्छा, यह बताओ, तुम्हारी तालीम तो हिन्दुस्तान में शुरू हुई होगी। फिर उर्दू कैसे आती है?

मैं : मेरे वालिद उर्दू के अच्छे स्कॉलर थे। रावलपिंडी में उनका अदम साहब से उठना–बैठना। उर्दू शायरी की डिक्शनरी थे।

फ़ैज़ : उन्होंने पढ़ाई?

मैं : नहीं सर। हम लोग बँटवारे के बाद कुरुक्षेत्र कैम्प में रहे। पिता जी काग़ज़ के टुकड़े पर उर्दू में सन्देश लिखते और मेरे हाथ अपनी माशूक़ या रखैल को भेजते। पता था उन्हें कि मैं उर्दू नहीं पढ़ सकता। माँ की ताकीद थी कि आम के पेड़ के नीचे बैठे मुंशी से पढ़वाकर उसे बताऊँ। खाविन्द के जुल्मों का बदला औरत बच्चों से लेती है। माँ हमें बहुत बेरहमी से मारती थी।

पेड़ के नीचे बैठा मुंशी हमेशा की तरह कांग्रेस को गालियाँ देता। मुझे देख हाथ आगे किया।

—ला, पढ़ दूँ आशिक़ के आँसू।

काग़ज़ का पुर्ज़ा दिया। मुंशी ने पढ़ने से पहले कहा :

—काका, मुझसे उर्दू पढ़ना सीख ले। तेरा बाप तो मरते दम तक इश्क़–पेंचे लड़ायेगा। जब मैं मर गया तो किससे पढ़वायेगा?

उसने पुर्ज़े पर लिखा सन्देश पढ़ा। उछलकर खड़ा हो गया। हाथ में देसी जूती।

—ठहर हराम के तुख्म! बुढ़ापे में ऐसी गन्दी बातें! मैं पंडित और तेरी माँ...

मैं : चाचा, बता दो, क्या लिखा है। नहीं तो माँ बहुत मारेगी।

मुंशी जानता है, माँ राक्षसी है। जलकर बताया :

—पंडित ने लिखा है, बाल सफा पाउडर उसको देना। तेरे बाप की सोंहणी। काली कलूटी। लेकिन जिस्म की लगातार पुकार, काट लो, काट लो।

—चाचा जी, बाल सफा पाउडर क्या होता है?

—हराम के तुख्म! बताऊँ, क्या होता है? होता है तेरी माँ की टाँगों के बीच तेरी माँ का सिर। भाग भैण के यार! अब कांग्रेस को गालियाँ दूँगा। मेरा छोटा–सा घर छीन लिया दिल्ली पर क़ब्ज़ा जमाने के लिए।

...और मैंने मुंशी जी से उर्दू पढ़नी सीख ली।

फ़ैज़ साहब खुलकर हँसे। मेरा माथा चूमा।

—क्या हसीन और दिलचस्प तरीक़ा है कोई ज़ुबान सीखने का! लेकिन तुम भी बहुत प्यारे बदमाश हो।

वह थोड़ा उदास हो गये।

—स्वदेश, तुम औरत से बहुत दुःख पाओगे। तुम्हारी ज़बीं पर लिखा है।

—लेकिन बात करना तो दूर, मैं औरत की तरफ़ देखता तक नहीं।

—इसी वजह से दुःख पाओगे। ख़ुदा ने अपने हाथों से बनाया एक ताजमहल, औरत। इसे देखते भी हैं, तारीफ़ भी करते हैं और इश्क़ भी करते हैं।

—*You are Narcissus. You are fated to suffer at the hands of woman.* अल्लाह बन जायेंगे तुम्हारे सहारे!

मुझे मुस्कुराना नहीं चाहिए था, लेकिन तब ऐसी बातें बेबुनियाद लगती थीं।

—फ़ैज़ साहब! ऐसा नामुराद वक़्त आया तो आपको याद करेंगे। हौसला बढ़ जायेगा :

दिल नाउम्मीद तो नहीं, नाकाम ही तो है,
लम्बी है गम की शाम, मगर शाम ही तो है।

फ़ैज़ साहब चुप भी थे, फैज साहब उदास भी थे।

वर्तमान

दोपहर बाद गीता आयी। हाथ में एक ख़त।

गीता : राजेन्द्र यादव का है। पूछा है बीमारी के बारे में, तुम्हारे बारे में। किसी लेखक का पहला ख़त। उन्हें कैसे पता चला?

कोई वजह नहीं। फिर भी शायद पिछले दस सालों से न राजेन्द्र से मिला हूँ न ख़तोखिताब लेकिन वह लड़कियों की तरह न तो उलाहने देगा, न ऐसे मूर्ख तथ्य याद रखेगा। दिल खुला, ज़बान पर मिर्ची।

मैं : राजेन्द्र यादव सर्वज्ञ है। बुरी ख़बरें अपने–आप चलकर उसके पास पहुँचती हैं।

गीता : जवाब...

मैं : आप लिख दो, दीपक ठीक है। देखने न आयें।

गीता : मुझे हैरानी होती है, तुम अपने प्रिय, प्यारे दोस्तों से भी नहीं मिलते। शीला जी और कृष्णा जी को हिदायत कर दी कि मिलने से रोकें।

–मैं : लुट चुका है मेरा राजपाट। भूल गये हैं सब, कुछ को छोड़कर। उनकी याद में बसा है अब भी एक क़िस्सागो। एक पारा। मैं नहीं चाहता, कोई भी इस निहत्थी हालत में देखे। बातें करने को भी मोहताज। एक औरत द्वारा पगला गया स्वदेश।

गीता : मत गढ़ो झूठी कल्पनाएँ। तुम्हें, और कोई औरत पगलाये! तुम पागल कर दो किसी भी औरत को जो कुछ वक़्त तुम्हारे साथ रहे। *You are a sadist. A cruel sadist. You cannot strike a balance between pain and pleasure.*

ठीक कहती है गीता। अपने पात्रों के सिवा मैं किसी का दुःख शेयर नहीं कर सकता। अपना दुःख भी नहीं। इसलिए लोग जब मिलने, देखने आते हैं, दरवाज़े से लौटा देता हूँ। हाथ में पोलीथिन के लिफ़ाफ़े में चार–पाँच सेब । ताकि सबको दिखाई दे, मरीज़ के लिए फल लाये हैं। एक सामाजिक कर्तव्य निभाना।

इन सात सालों में न गिड़गिड़ाया, न किसी से भीख माँगी। न ही किसी मित्र से बीमारी के हौलनाक समाचार लिखवाये। दया और दुःख

जैसे रीढ़हीन शब्दों को पोंछ दिया। मरना भी मुझे अपनी टर्म्ज़ है। तब बन गयी ताक़त अकविता के सुल्तान सौमित्र की कविता 'आत्म वक्तव्य' की यह लाइन :

मैं तुम्हारी सहानुभूति पर थूकता हूँ।

भविष्य

मेरी अस्पताल से रिहाई के बाद सौमित्र अंबाला आया। वह पहले आना चाहता था। कृष्णा जी ने बरजा। दिल्ली में गीता के भाई डॉ. ब्रजेन्द्र मेहता ने रोका, गीता की माँ ने सख़्ती से बताया कि दीपक जी किसी को नहीं मिलते। आख़िर कौन–सा रोग लग गया इश्क़ से बड़ा? एड्स है क्या? यह रोग दीपक को हो ही नहीं सकता। अपनी पत्नी के साथ सोने में झिझकता है।

वह पहुँचा तो पहला सवाल पूछा : कोई कविता लिखी?

सौमित्र : नहीं, जब से तुम अन्तर्धान हुए, कुछ नहीं लिखा। मन नहीं किया। जितना निर्दय और क्रुअल सौमित्र अपनी कविताओं के लिए अपना प्रिय शब्द रद्दी कहकर फाड़ देता है। काश, कुछ और कवियों ने भी अपने ऊपर ख़ुद का सेंसर बोर्ड बैठाया होता! फिर एक जैसी कविताओं की बाढ़ न आती। सौमित्र मोहन एक सरासर कवि है–*A total poet.*

सौमित्र : ठीक समझो तो कुछ बताओ। मैं साथ–साथ तस्वीरें लूँगा।

जब उसे मायाविनी के बारे में बताया, उसके सात साल लम्बे प्रतिकार की बात की तो सौमित्र की आँखों में कोई सन्देह नहीं दिखा। वह अपने दोस्तों पर हमेशा विश्वास करता है।

सौमित्र : ऐसी बात सम्भव है, सच है, क्योंकि तुमने बतायी। हैरानी कैसी! औरत एक जादू होती है।

मैं : लेकिन...

सौमित्र : लेकिन क्या? सिडक्ट्रैस ने किया प्रणय–निवेदन और तुम दे बैठे गालियाँ। तुम हमेशा से औरत से डरते आये, दूर भागते हो। क्यों? मैं कैसे बताऊँ? कोई ग्रन्थि है।

स्वदेश : लेकिन इतना कठोर, इतना लम्बा दंड!

सौमित्र : मायाविनी ने तुम्हें सस्ते में बख़्श दिया। चाहती तो तुम्हें मेमना बनाकर अपने पास रख लेती। हाथ में हरी घास लिए वह आगे और पीछे तुम। मायाविनी कुछ भी कर सकती है।

सौमित्र अपने बेतुके, एब्सर्ड कविता देश में जा रहा है।

अतीत

कुछ खाने और दवाइयाँ लेने के बाद मैं उनींदा। आँख खुली। दायीं तरफ़ रखे बेंच पर विकासनारायण राय।

—घर गया हुआ था। इलाहाबाद। कल रात लौटना हुआ।

मैं चुप।

—आग लग गयी कि...

—लगायी थी। आग ने कहा था, मैं तुम्हारी मित्र हूँ। झूठ बोली।

अब विकास चुप।

—आप यहाँ मत आया करें। आई हेट विजिटर्ज़।

—आऊँगा ज़रूर। बातें नहीं करेंगे। चुपचाप बैठा करेंगे।

कमरे में तीन आदमी आये। बिल्कुल स्वस्थ। सितम्बर अन्त की खुजला देने वाली गर्मी में कोट–टाई। ज़रूर सरकारी साँड़ होंगे। मेरे बिस्तरे के आसपास घूमे। मुझे मोल–भाव करनेवाली निगाहों से देखा।

विकास ने मेरे चेहरे पर उतर आयी दहशत को देख लिया।

विकास : कौन हैं आप लोग?

उसकी धीमी लेकिन मज़बूत आवाज़ से सूँघ लिया कि कोई बड़ा अधिकारी है। विकास उन दिनों डी.आई.जी. था।

एक : हम हरियाणा साहित्य अकादमी से आये हैं।

दो : हमारे डायरेक्टर साहब ने भेजा है।

तीन : कल इन्हें देखने आयेंगे। साथ में पत्रकार और फ़ोटोग्राफर होंगे।

एक : स्वदेश दीपक को आर्थिक सहायता देंगे।

विकास : क्या आर्थिक सहायता देंगे?

तीनों : सर, पाँच सौ रुपये।

जब ग़ुस्सा आये तो विकास का चेहरा भावहीन। आवाज़ तब भी ऊँची नहीं होती।

–आप लोग जायें यहाँ से। अपने डायरेक्टर साहब को आने से रोक दें।

–यैस सर!

वे तीनों जब बाहर निकले तो कन्धे झुके हुए।

विकास : दीपक जी, सत्ता का यही चरित्र है। आपके जीवन का मोल पाँच सौ रुपये डाला। आम आदमी का पाँच रुपये भी नहीं डालते। यह सब आपके नाटक के कैप्टन कपूर हैं।

गीता आ गयी। विकास ने उसे एक फ़ोन नम्बर दिया।

–मेरे दफ़्तर का नम्बर है। दिन–रात कोई न कोई ड्यूटी पर होता है। कुछ भी ज़रूरत आन पड़े तो फ़ोन करें। मैं अपने रीडर को समझा दूँगा।

गीता और विकास बरामदे में बातें करते रहे। गीता विकास को मेरा सबसे स्याना और ज़िम्मेदार दोस्त समझती है।

अन्दर आयी। पर्स से छोटी कंघी निकाल मेरे बाल सँवारे।

गीता : आज मैं तुम्हें नहलाऊँगी। कपड़े चेंज करूँगी।

मैं : नहीं, मैं तुम्हारे सामने नंगा नहीं...

गीता : यार, मैंने बहुत बार तुम्हें पूरा का पूरा नंगा देखा है।

वह टेढ़े दाँतों से टेढ़ा मुस्कुरायी। पहली बार विश्वास हुआ कि अब ठीक हो जाऊँगा।

गीता की सबसे अच्छी आदत कि वह बोलती बहुत कम है। उसकी मौजूदगी में सोच लेता हूँ, अपने विकलांग कल्पना ससार में जा लेता हूँ। मेरा कुल हासिल क्या है। प्रमाद। बाघिन। डॉक्टर। दवाइयाँ। दहशत। परजीवी। डर। लँगड़ी उम्मीदें। मादाम बोवेरी। और। और। लुकमान अली।

डॉक्टर चारी आये। पीछे पल्टन। लम्बी नाक वाली ने चार्ट दिया। देखा। ग़ुस्सा। चारी जब ग़ुस्से में आते हैं तो मूँछें हिलती हैं।

–मिस्टर दीपक ने केवल दो अंडे खाये हैं और दूध आधा किलो। व्हाई?

नर्स : मैंने दिये थे। पेशेंट ने खाये नहीं। हीज़ वैरी ट्रबलसम।

डॉ. चारी : आपने नहीं, भारत सरकार ने दिये हैं। क्या लगता है आपको, साइकिएट्री के पेशेंट आपको भजन सुनायेंगे! यू बैटर शिफ्ट टू सम अदर ब्रांच।

यह पेशेंट जो कुछ खाये–पीये, ईवन टी एंड वाटर, चार्ट में नोट करें। आई विल चेक एवरी मार्निंग।

–यैस सर!

डॉ. चारी के साथ आये डॉक्टर सकते में। चारी ने डॉक्टर नायडू की तरफ़ देखा।

डॉ. चारी : आप मिस्टर दीपक को सर्जरी वार्ड में ले जायें। इन्हें दिखायें, समझायें कि पेशेंट्स को कैसे फोर्स–फीडिंग किया जाता है। डू इट टुडे।

डॉ. चारी पास रखे स्टूल पर मेरे नज़दीक बैठ गये। एकदम उदास।

डॉ. चारी : आपने मुझे बहुत निराश किया है। कितने शक्तिशाली हैं आपकी कहानियों के पात्र। द वारियर्ज़। अभी युद्ध शुरू नहीं हुआ और आपने हथियार डाल दिये। आप अगर बतायी हुई खुराक नहीं लेंगे तो दायीं बाँह हमेशा सीधी अकड़ी रहेगी। हाथ कुछ नहीं पकड़ सकेगा। कैसे लिखेंगे आप? कैसे करेंगे टूथ–ब्रश और शेव? कैसे धोयेंगे अपनी ही शिट? कैसे खायेंगे रोटी। फाइट बैक? फॉर गॉड्स सेक, फाइट बैक मिस्टर दीपक! गिव अस अ फेयर चांस।

उनके जाने के बाद कमरे के सारे मरीज़ सहमे हुए।

लम्बी नाक वाली कमरे में आयी। गीता से मुखातिब हुई। लफ़्ज़ एकदम ज़हरीले :

–जब भी यह आदमी खाने–पीने को कुछ माँगे, मेरे कमरे में ले आओ। मेरे सामने खायेगा। एक गलीज, गन्दे और बदसूरत आदमी पर पता नहीं डॉक्टर जान क्यों छिड़कते हैं! दो टके का पागल राइटर।

गीता का चेहरा तमतमा गया। कर सकती है ठीक इसे, लेकिन अस्पताल ने हमें डरपोक बना दिया है।

–दीपू, कितने अपमान सहने पड़ते हैं तुम्हारे कारण!

मैं बिस्तर पर उठ बैठा। *कोर्ट मार्शल* का कर्नल सूरत सिंह अन्दर प्रवेश हुआ। जन्म से सिद्ध की विध्वंसकारी शक्तियाँ एक–एक करके जाग गयीं। मैं चीते में बदल गया। झाड़ी के पीछे अंग सिकोड़े बैठा चीता। घातक छलाँग से पहले प्रत्येक अंग में शक्ति भेजता चीता। विलियम ब्लेक का चीता।

Tiger, Tiger burning bright.

In the forest of night.

लम्बी नाक वाली बाहर निकली कि निकली। चीते ने छलाँग लगा दी :

—Come back you bloody bitch. Why is your tongue always suffering from dysantry? If you ever raise your voice, I will strangle you to death. You should know that law doesn't prosecute psychitary patients. Doctors scold you because you are inefficient. Don't ever think that I will even complain against a worm like you. Get lost.

—मुझसे ग़लती...

—सर कहकर बुलाओ।

—सर, मुझसे ग़लती...

—तो जाओ अपने कमरे में। क्यों खड़ी हो यहाँ?

वह गयी। गीता बोली :

—तुम्हें इतनी गालियाँ नहीं...

—जूता ही इलाज है लम्बी जीभवालियों का।

बिस्तरे पर पड़ा हूँ। टाँगें और हाथ लगातार हिलते। मोटर तले आ गया कुत्ता। नहीं मरा पूरा। मुँह से थूक गले पर गिरता। तौलिए से साफ़ करती कान्ता। कमरे में बैठे परिचारक बिस्तरे के पास। सब चुप।

—पता बताओ। मेरे घर का। मैं निघरा हो गया हूँ। कहाँ है मेरा रशियन कैट! मुझे ला दो। सारे डॉक्टर शत्रु। मारूँगा। जब मर जाऊँगा। मधुबाला से शादी करूँगा। मृणाल पांडे की शक्ल क्यों याद नहीं आती?

अब वक़्त मेरा हमकलाम नहीं रहा।

वृद्धों और पागलों पर कोई दया नहीं करता।

अब बिल्कुल मुमकिन न था अपने को दरियाफ़्त करना।

मेरी आत्मा में रह रही तितलियाँ एक–एक करके उड़ गयीं।

मीर कैसे याद आ गये–अक्सर हमारे साथ के बीमार मर गये।

न नींद आयी। न मायाविनी। क्या नहीं आयेगी? फिर ख़ून–ख़राबा कौन करेगा।

सुबह बिस्तर से बँधा था। सिकन्दर ने बताया कि रात को कोई दूसरे डॉक्टर कमरे में आये। मुझे बाँधने को कहा। बहुत अंग्रेज़ी बोली बाब्यो।

विकास राय आ गया। मुझे बँधा देख पूछा—तोड़फोड़ की? किसी को मारा?

न की।

सिकन्दर : बड्डे साहब को नर्स ने उल्टा—सीधा बोला। बाबा जी को अंग्रेज़ी में गुस्सा आ गया।

विकास : बड़े बुजुर्गों की बात है। जब गुस्सा आये तो दस तक गिनें। क़ाबू में आ जायेगा।

मैं : इब्राहिम अल्काज़ी मेरे नाटक *जलता हुआ रथ* का मंचन कब करेंगे?

चकित विकास : मुझे क्योंकर पता होगा!

मैं : आप मेरे साथ थे जब उनसे मिले थे।

विकास : आपके साथ कोई नहीं था। आप अकेले मिले। हाँ, बताया ज़रूर था।

मैं : ठीक। जब मिलूँगा तो पूछूँगा।

लेकिन जब मिला तब भी नहीं पूछा।

भविष्य

दिल्ली में हूँ इन दिनों। विकास राय की निगरानी में। विकास के घर। विकास धीरे—धीरे मेरा आत्मविश्वास मुझे दे रहा है। एक सुबह कहा :

—इब्राहिम अल्काज़ी से मिलूँगा।

—अकेले जायेंगे?

सिर हिलाया। विकास के चेहरे पर छोटी—सी सोच। पास बैठी उनकी बेटी मीशा ने मुझे गुस्से से देखा। अब मेरी बेटी भी है। ख़ूब डाँटती है।

—पापा, डोंट सैंड दिस फूल अलोन। ही में लैंड अप ऑन द मून।

—मैं दफ़्तर पहुँचकर गाड़ी भेज दूँगा।

—पैदल जाऊँगा।

—दिल्ली में जो पैदल चलते हैं, कहीं नहीं पहुँचते।

दो विकास हैं। एक कवि। एक अधिकारी। मेरे हिस्से में कवि।

—पापा, अकेले नहीं भेजना।

—एक कमांडो भेज दूँगा।

—चार भेजो। फॉर दिस फ्रीक ऑफ़ अ मैन।

मीशा कॉलेज गयी, मुझे एक दर्जन हिदायतें देकर।

गाड़ी में एक ही कमांडो था। त्रिवेणी पहुँचे तो कमांडो ने हिदायत दी :

—मैं गेट पर रहूँगा। बाहर निकलें तो सीधा मेरे पास आयें। डी.आई.जी. साहब का आदेश है।

दरवाज़े के पास बैठी रिशेप्सनिस्ट को कहा :

—अल्काजी साहब को बतायें, अंबाला से स्वदेश।

उन्होंने शायद मेरी आवाज़ सुन ली। लगभग दौड़कर बाहर आये। गले लगाया। उनकी पीठ हिलती। डर गया। क्या वे रो रहे हैं? अल्काज़ी तो लोहे के हैं। नो सेंटिमैंट्स। नो इमोशंस। मुझे पीछे किया, देखा।

—द सेम स्वदेश आफ्टर सेवन इअर्ज़। द सन ऑन द फेस।

उन्होंने अपनी पत्नी रोशन को आवाज़ दी।

आ गयी। पूछा :

—*What did I tell you seven years back after reading Jalta Hua Rath.*

—*You said Swadesh will either go mad or commit suicide.*

—*Look, look again. Swadesh has defeated both death and madness. He belongs to mythology.*

रोशन गयीं। हम दोनों चाय पी रहे हैं।

—उदास क्यों हो स्वदेश?

—मुझसे लिखा नहीं जा रहा।

उन्होंने प्याला मेज़ पर रखा। आँखों में छोटा–सा ग़ुस्सा :

—*What did you say! You have come out of the well of loneliness and you want to write. You are just demonic. Give yourself rest. Recover your inner energy.* दिल्ली में कोई दोस्त है?

—जी, लेकिन न वह पढ़ती है, न थिएटर...

—*You don't need a critic for a friend. Does she have a car?*

—जी, कार भी है और वक़्त भी।

—गुड! उसके साथ आवारागर्दी करो। लोफर बन जाओ लाइक एक्टर्ज़। सड़क के किनारे खड़े होकर चाय पीओ। आर्ट गैलरीज़ में जाओ। फ़ालतू की हिन्दी फ़िल्में देखो। पेंपर हर। फ़्लर्ट करो। हिन्दी में फ़्लर्ट का क्या वर्ड है।

—इश्क़बाज़ी।

—बैटर दैन फ़्लर्ट। *Remember. Remember it always. A woman is the greatest and purest source of inner energy.*

ठीक कहा अल्काज़ी साहब ने। अपनी नटखट दोस्त निधि के साथ मैं नया होना शुरू हो गया। कैसे मिली थी वह निधि?

श्रीराम सेंटर में नाटक *जलता हुआ रथ* के मंचन हो रहे थे। जब पढ़ा तो निर्मल वर्मा को नाटक सिरे से अच्छा नहीं लगा था, क्योंकि नाटक में जो आग है, वह भस्म करती है। न पकाती है। न कुन्दन बनाती है। निर्मल को न कहा, न बताया कि आग का एक मात्र धर्म जलाना है। निर्देशक सुरेश शर्मा ने बताया कि निर्मल दो बार नाटक देखने आये थे।

नाटक ख़त्म होने से थोड़ी देर पहले पहुँचा। अपना ही नाटक दुबारा देखने का हौसला नहीं हुआ। नाटक ख़त्म हो गया।

एक औरत तस्वीर से निकली, मेरे पास ठहर गयी। पता नहीं उसे क्योंकर विश्वास हो गया कि मैं स्वदेश दीपक हूँ।

—*जलता हुआ रथ* मैंने पाँच बार देखा है।

बिन सोचे मेरे मुँह से निकल गया :

—आप पागल हैं क्या? घुप्प अँधेरे का यह नाटक एक बार देखना कठिन है।

—आपको पता ही नहीं कि क्या लिख गये।

—आप बता दें।

—जब अन्धी मुन्ना बाबा को कहती है कि मुझे किसी ने धोखा नहीं दिया, तो बाबा का जवाब—तेरी इतनी किस्मत कहाँ कि कोई तुझे धोखा दे। इस एक वाक्य के लिए मैं यह नाटक बार—बार देखती हूँ।

मुझे उसके ख़ून की महक आयी। मुझे डी.एच. लारेंस की याद आयी। कॉल ऑफ़ ब्लड फॉर ब्लड। झट से कवच—कुंडल धारण कर लिए। अब झूठ बोलूँगा।

—कल आपको फ़ोन करूँगी।

—जहाँ मैं ठहरा हूँ, वहाँ फ़ोन नहीं। (हालाँकि विकास के यहाँ तीन फ़ोन हैं।)

—मैं कार्ड देती हूँ। आप फ़ोन करिए न।

उसने कार्ड दिया। बिन पढ़े जेब में डाल लिया। मैं औरतों को फ़ोन नहीं करता।

—आपने नाम तो पूछा नहीं। मैं निधि हूँ।

मैंने बिल्कुल नहीं कहा कि मिलकर ख़ुशी हुई। बिल्कुल नहीं हुई। तभी आलोकधन्वा वहाँ पहुँच गये। थोड़े दिन पहले मुलाक़ात हुई थी। निराला का लघु–संस्करण बनने की लगातार कोशिश। निधि को देखा। देखते रहे। ख़ूबसूरत औरत को देखते ही आलोकधन्वा को एकदम भूख लग जाती है, जबकि उनका पेट हमेशा ख़राब रहता है।

—स्वदेश जी, इनसे परिचय करवाइये न।

मैं चुप। जिसे ख़ुद नहीं जानता, उसका क्या परिचय दूँ। निधि ने संकट से उबारा :

—मैं स्वदेश जी की दूसरी पत्नी हूँ।

कवि को बिजली का शॉक लगा :

—हमें तो पता ही नहीं।

निधि : यह बात बताने वाली नहीं।

कवि की भूख भी मिट गयी, प्यास भी। चले गये।

मैं हैरान भी था, परेशान भी था कि निधि की इस बेतुकी बात पर मुझे ग़ुस्सा क्यों नहीं आया।

—आपने आलोकधन्वा को क्यों कहा कि मेरी दूसरी पत्नी हैं?

—मर्द की पूछताछ रोकने का एक ही तरीक़ा है। उसे बता दें कि शादीशुदा हैं।

—आप अपने पति का नाम लेतीं।

वह अब खुलकर हँसी :

—मेरा पति तो है ही नहीं।

वह मुझे भरपूर आँखों से देख रही है, मुस्कुरा रही है। अचानक समझ आया, मुस्कान से उसकी पक्की दोस्ती है। शरीर पर कहीं कोई गहना नहीं। कुछ जिस्मों को किसी गहने की ज़रूरत नहीं। ख़ुद एक सजावट होते हैं।

—एक बात पूछूँ स्वदेश जी, आप हमेशा तनाव में क्यों रहते हैं? डरते क्यों हैं।

—मुझे सात साल लम्बा ग्रहण लग गया था।

निधि अवाक्। शायद मेरी बात उसे समझ न आयी हो।

—क्या हुआ...

—कुछ कहानियाँ छिपाकर रखते हैं। जो सुनेगा, अभिशप्त हो जायेगा।

—लेकिन मैं...

—मेरे दुख की कोई भाषा नहीं। अपने को दरियाफ़्त करना मुमकिन नहीं रहा।

—दुख बाँटना...

—अर्थहीन मुहावरा है। आत्मा के दुःख कभी नहीं बाँटे जा सकते। *I am a man condemned by God.* अब वक़्त मेरा हमकलाम नहीं रहा।

—You are the strangest man I have ever come across.

—Yes. I am the only strangest living man. Good-bye. I am tired. We shall never meet again, in thunder, lightning or in rain. Shakespeare. Macbeth, opening lines.

मैं चल पड़ा। पीछे से आवाज़ :

—फ़ोन करेंगे न!

—हाँ।

मैंने झूठ बोला और बसन्त को वहीं छोड़ चल पड़ा।

रात को खाने के बाद विकास अपने कमरे में गया—उसे लिखना—पढ़ना होता है।

मीशा : *Why are you looking like a sad monkey, you old man?*

उसे निधि वाली बात सुनायी। मीशा मुझे डाँटने का मौक़ा हाथ से जाने नहीं देती।

मीशा : *Who made you the professor of English literature? You are a moron with no sense of humour. Do you know what is humour? When a beautiful woman teases, you should enjoy it. You are a lucky bastard.*

—उसने क्यों कहा कि वह मेरी दूसरी पत्नी...

मीशा : *Don't worry. No sensible woman will marry you. I am always surprised why Geeta aunty loved you and then married you! Is Nidhi beautiful?*

—Yes, She is.

मीशा ने ताली बजायी।

—Let us make her a member of our Abnormal Group. Cops, poets, painters, playrights, actors, comardes, singers, photographers and beautiful Nidhi.

—बहुत जल्द निधि हमारी जुंडली का हिस्सा बन गयी। उसके संग मेरे घाव सूखने लगे क्योंकि वह मायाविनी नहीं थी। बसन्त—वायु का इठलाता झोंका। और सौमित्र मोहन उसका सबसे बड़ा तरफ़दार हो गया।

अतीत

क्या है मेरी ज़िन्दगी का हासिल!

कड़े कोस। विकलांग मस्तिष्क। और मुक्ति है नहीं।

उकता रहे हैं तीमारदारी करने वाले। लम्बी बीमारी। लम्बा अभिशाप।

झूठ कहा था शेले ने—इफ विंटर कम्ज़ कैन स्प्रिंग बी फॉर बिहाइंड।

मेरा बसन्त सात साल से उसके बटुए में बन्द।

ठीक होने का वहमो—गुमां कितना दुखदायी है!

अब मेरा न कोई लश्कर, न कोई परचम। बस, फरियाद बाकी।

गीता की सहेली ने मेरी किताब पढ़ने के बाद कहा था :

—दीपक जी, आपको इश्क़ की लौ नहीं लगी। नहीं तो ख़ुदा बन जाते।

अब मैं बिल्कुल निघरा। दूसरों का हाथ पकड़ चलने वाला।

लेकिन ठस्सा वही था।

गहराता चाँद। मैं। अस्पताल। बिस्तर। बू। बेकार की उम्मीदें।

येट्स नहीं आये बहुत दिनों से। वीज़ा नहीं मिला होगा।

आयी तो लम्बी नाकवाली नर्स। न राम—राम, न गुड मॉर्निंग।

थर्मामीटर मुँह की ओर बढ़ाया। पहाड़ में झरना फूटा।

—सिस्टर, मैं आपसे हाथ जोड़कर मुआफी माँगता हूँ। एक टीचर हूँ। इस तरह की भाषा मुझे नहीं बोलना चाहिए। मैं सोच नहीं पाता। कुछ समझता नहीं। उस मायाविनी ने मुझे निहत्था कर दिया।

उसके चेहरे के नैन—नक्श पिघले। मैं झरने में नहा गया।

—आपको सॉरी नहीं कहना चाहिए। मुझसे बड़े हैं। फिर यह बीमारी ही ऐसी है, कुछ पता नहीं चलता।

उसे कैसे बताऊँ, मुझे कभी कुछ पता नहीं चला। लगातार आत्ममुग्ध। किसी ने कहा, आपके साथ माण्डू देखूँगी। जवाब में गालियाँ।

ख़ूबसूरत औरतें हर हालत में बदला लेती हैं। जिस्म हथियार में तब्दील।

देर से समझ आता है। प्रेम और युद्ध के तरीक़े एक जैसे।

मस्तिष्क में अब सिर्फ़ एक यथार्थ नहीं। अनगिनत पदार्थ हैं। शारीरिक दर्द किसी एक अंग से होता हुआ दिमाग़ तक पहुँचता ही नहीं। न बेइन्तिहा सर्दी कुछ कहती है, न गर्मी। यही डॉक्टरों को परेशां रखने की जगह।

मुझे अपने अस्तित्व और अहं से परे के अनुभव होते हैं। स्वास्थ्य–भंग, दिलो–दिमाग़ में अव्यवस्था, कभी–कभी एक भव्यता का अहसास भी। एक दिशाहीन सनकीपन। तब 'मैं' व्यक्तिवाद में सारी की सारी सोच और महसूसना बदल जाता है।

अब मैं आत्मदम्भी प्रमुख बैले नर्तक था। *A Prime Donna.*

तुम्हें सब कुछ पता है तो करो कुछ। इस रोग में विचार कर्म में नहीं बदलता।

मैं व्यामोह में था। एक लगातार भ्रम। पैरानाएड।

मेरा शत्रु हर वक़्त खुले मैदान में है।

वह चार–आयामी दिशाओं में देख सकती है।

सब कुछ अवरोधों से भरा हुआ।

हर वक़्त एक तर्राता हुआ इन्तज़ार। लेकिन किसका!

दुख दोस्त बन जाते हैं। फिर बिल्कुल आत्मकेन्द्रित अपने पागल संसार में।

बहुत बाद में डॉक्टर नामवर सिंह ने बताया–समझाया :

–स्वदेश, आप विक्षिप्त नहीं हुए थे। हमारी हिन्दी में एक शब्द है विक्षेप। अति व्याकुलता। हड़बड़ाहट। हमारे अन्दर चीज़ों का न जुड़ना। सिलसिला टूट जाना।

बुरा लगा कि डॉ. नामवर सिंह ने पहले क्यों नहीं समझाया।

कैसे समझाते–बताते! हमने एक–दूसरे को देखा तक न था।

आज ड्रैसिंग होगी। बाँह की पट्टी का दिन। कान्ता ने उठने को कहा।

इनकार। हरनाम सिंह साथ के कमरे से परिचारक को बुला लाये। लगभग दानव। बालों से तेल चूता हुआ। दाढ़ी खुश्क।

–आप पट्टी कराने जायेंगे कि उठाकर ले चलूँ?

दानव मीठा भी बोल लेते हैं, आज पता चला।

डॉक्टर नायडू ने सारी बाँह को पानी से भिगोया। थोड़ा रुके। एक सिरा पकड़ा। मुझे पहली बार दर्द हुआ। लगभग चीख़ा। डॉ. नायडू ख़ुश। ताली मारी।

–आपका ठीक होना शुरू राइटर साहब। शरीर से सिगनेल ब्रेन तक पहुँचने लगे। बधाई।

कान्ता : पट्टी धीरे–धीरे क्यों नहीं उतारते, डॉक्टर साहब, दर्द कम होगा।

डॉ. नायडू : नहीं। जितने धीरे उतारेंगे, दर्द उतना ही ज़्यादा होगा।

हम चाँद पर पहुँच गये। लेकिन कोई ऐसा तरीक़ा नहीं निकला कि ज़ख़्म से पट्टी उतारते समय दर्द न हो।

मैं : बाँह कब तक ठीक होगी?

डॉ. नायडू : कम–से–कम तीन महीने और।

अपने पर ग़ुस्सा। कुत्ते। ठीक से आग लगाते, मर जाते, रुसवा तो न होते।

डॉक्टर नायडू : दीपक जी, जले हुए घाव देर से भरते हैं। नयी स्किन आने में देर लगती है। ऑपरेशन करेंगे। *Skin grafting.*

कान्ता : हे परमात्मा, और कितने दुःख...

डॉ. नायडू : शिकायत मत करें। परमात्मा इन्हें ठीक करने की योजना बना रहे हैं।

डॉक्टर नायडू से कभी पूछूँगा। जले हुए जिस्मों का इलाज करते हैं। इन्हें घिन नहीं आती। हँसते कैसे रहते हैं!

बिस्तर पर लेटते ही आँखें मूँद लीं। बहन ने पूछा : थक गये काका? मैं चाय पीकर आयी। तेरे लिए कुछ लाना है?

–एक मुट्ठी ख़ुशी। न मिले तो ज़हर।

–मत बोल ऐसे बोल। बूढ़ी बहन देखभाल कर रही है, उसे यह इनाम देगा! तू तो कभी नहीं डरा दुखों से। सूरमा था। सूरमा बन।

बिस्तर के पास कदमों की आवाज़। आँखें खोलीं। डॉ. अवनीत शर्मा के साथ एक और व्यक्ति। डॉक्टर प्रतापशरण। खोजती आँखें और भावहीन चेहरा। समन्दर में डुबकी लगा गहरे पानी से मोती चुग लाते होंगे। डॉ. अवनीत से मेरे बारे में पूछा। इससे पहले कि वह जवाब दें, मैंने ब्योरा दिया :

—I am having a strong deathwish. I am no more capable of living in this world of hostile circumstances. The very center is missing and I am drowned and dead. My outer and inner force is paralysed. I followed an inacurrate map and am lost. This feeling of inadequacy gives birth to impotent fear that robs my courage and cripples my reasoning.

मैं चुप। डॉ. प्रतापशरण लगभग हैरतज़दा।

डॉ. अवनीत से पूछा :

—इनको इतना कुछ कैसे पता? फिर इंग्लिश...

—सर, स्वदेश दीपक लेखक भी हैं, अंग्रेज़ी के प्रोफ़ेसर भी।

गहरे में गोता लगाया डॉ. शरण ने। बाहर आये। मेरे लिए केवल एक वाक्य :

—जो समझदार हो, उसे समझाना कठिन होता है। वी बिल हैव टफ टाइम विद मिस्टर दीपक।

वह गये। आँखें बन्द। बिल्कुल पता है कि जो बोलता हूँ, बताता हूँ, उस पर सुनने वालों का विश्वास नहीं होता। काफ्का पर भी लोग विश्वास नहीं करते थे।

मैं भविष्य देख सकता हूँ। जब कभी लिखूँगा, आप पढ़ेंगे तो मेरे सच में आपको विश्वास नहीं होगा। खुदा बख्शे। मेरा सच समझने के लिए आपको मेरी राह पर कभी न चलना पड़े।

यह असन्तुलित भय। तर्क की, विवेचन की शक्ति अपंग।

वही सोचना चाहते हैं जो अच्छा लगता है। न कोई सबूत खोजेंगे, न इस विश्वास का खंडन करेंगे। प्रियजन अप्रिय लगने लगते हैं।

यथार्थ से भागना सुखद भी, आसान भी।

गीता आज जल्दी आ गयी। नर्स ने एक और टेस्ट की पर्ची पकड़ा दी। पाँचवीं से दूसरी मंज़िल। नर्स ने बताया, लिफ़्ट है।

—चलें लिफ़्ट से?

—नहीं। अगर रास्ते में बन्द हो गयी तो?

गीता अब समझाती नहीं। जानती है, प्रतिदिन मेरे अन्दर कोई नया डर जन्म लेता है।

नीचे उतरते सीढ़ियाँ ही सीढ़ियाँ। गीता ने थाम रखा है, फिर भी अन्दर भय ही भय। अगर फिसल गया...

–माथा पोंछ लो।

कुर्ते की बायीं जेब टटोली। ख़ाली।

–तुम्हारे पास तुम्हारा रूमाल कभी नहीं होता।

इतनी साधारण–सी बात कहते उसकी आवाज़ उदास...क्या वह चुक रही है? सात साल लम्बी सेवा तो नर्स भी नहीं करती। धीरज कोई बाहर से नहीं मिलता। अन्दर है, लगातार ख़र्च होता रहे तो ख़त्म...क्या प्रभु जी के यहाँ से काली क़िस्मत लिखा लायी है! सब विरोधों के बावजूद शादी की। मिला तो मैं। जब ठीक तो कठोर दर्प। अब! न तन से, न मन से किसी योग्य। डॉक्टर अवनीत ने कहा था : मिस्टर दीपक, यू आर लक्की टु हैव ए वाइफ विद सच स्ट्राँग वेल्यूज़। इस बीमारी में औरतें अक्सर छोड़ जाती हैं।

टैस्ट के लिए कमरे में पहुँचे। इतने हट्टे–कट्टे आदमी को देखते ही नफ़रत हो गयी।

वह कुछ नहीं बोला। कुर्सी में बैठाया और पट्टे से बाँध दिया। दोनों हथेलियों पर ढेर सारी क्रीम उड़ेली।

–इसका क्या करोगे?

–आपके बालों में लगाऊँगा।

–नो। मैंने आज तक बालों में कुछ नहीं लगाया। खोलो।

गीता : दीपक, चुप। क्यों लगा रहे हो यह क्रीम?

–बालों में बिजली की बारीक तारें, एलक्ट्रोड्ज़ आसानी से लग जायेंगे। ब्रेन का ग्राफ और चार्ट बनेगा।

–तो लगाइये। लेकिन पेशेंट को पहले समझाना चाहिए।

उसने तारें लगायीं। बड़ी देर सिर में कीड़े रेंगते रहे।

उठा। गीता ने पानी का गिलास बढ़ाया। आदतन दायें हाथ में पकड़ना पड़ा। गिर गया। मुझे इतना असहाय देखने की कल्पना क्या कभी गीता ने की थी? ए वैरी टफ मैन टरनिंग टू वेजीटेबल।

–ओ दीपक! माई पुअर दीपक! कितने दुःख हैं तुम्हारी क़िस्मत में!

उसने मेरा हाथ पकड़ा। चुपचाप सीढ़ियाँ चढ़े। शायद हमारे पास कहने को कुछ नहीं बचा था।

कहाँ गये वे लिबास! वह धज! गीता को शुरू से मुझे अच्छे कपड़े पहनाने का शौक़ था। उसकी क़रीबी सहेली ने छेड़ा था :

–दीपक को हमेशा सजाकर क्यों रखती हो? कोई ले उड़ी तो?

–इसे कौन ले जायेगा!

–अगर मैं ही ले जाऊँ तो? लेकिन हमेशा के लिए।

तब गीता मुझे गर्व से देखा करती थी और अब...

सिडक्ट्रैस सिर्फ़ रात को क्यों आती है? अँधेरे साम्राज्य की सम्राज्ञी। अब क्या शेष रह गया! कुछ टूटे–फूटे बिम्ब।

इस क्षण एलियट कैसे याद आया– *I will show you fear in a handful of dust* –कुत्ते दाँत तेज़ कर रहे हैं। बाग़ीचे से बच्चों की आवाज़ें क्यों नहीं आतीं?

कमरे में कैसे चुपचाप मरुस्थल आ गया!

मेरी यह किताब कभी किसी ने खोली है क्या!

जाने–पहचाने दृश्य अपरिचित कैसे हो गये!

काले बादल सूरज को उठा ले गये। एकदम अँधेरा। सोया जाये।

पता नहीं कब उसके पैरों की धमक आयी। मेरी मायाविनी। आँखें खोली।

The lady came with three white leopards.

मेरा दायाँ हाथ अपने हाथों में पकड़ा। लहू सरसराया।

तीनों सफ़ेद चीते अगले पैरों पर सिर रख सो गये।

–डर नहीं लगता इनसे।

–मुझे, जो हिंसक हैं, उनको पालतू बनाना आता है।

–जैसे स्वदेश को।

–नहीं। कोशिश की, हार गयी। मैं पालतू हो गयी।

मैंने देखा, एक पेड़ झूम रहा। लगातार झूमता।

–जब ठीक हो जायेंगे तो बुलाऊँगी। अब माण्डू देखेंगे। क्या होगा फिर?

–तब हमारे जिस्मों में एक–दूसरे की सुगन्ध आयेगी। मैं तुम्हें लहुलूहान

कर दूँगा। जिस्म चिथड़े–चिथड़े। आय एम अ वैरी वायलेंट लवर।

–मुझ अभागिन के लिए यह दिन कब आयेगा!

–मैं तुम्हारे पास बैठ कहानियाँ सुनाऊँगा। तुम्हारे शरीर का, तुम्हारी आत्मा का सातवाँ स्वर्ग उजला हो जाये। लेकिन उस डर को कहाँ ले जाऊँ जो दोपहर को मेरे आगे होता है और बाद दोपहर मेरे पीछे।

डर शब्द सुनकर तीनों सफ़ेद चीतों ने आँखें खोलीं। अब लाल।

–क्या है यह डर! किसका डर!

–बताऊँ! एलियट के शब्दों में बताऊँ। तो सुनो :

I will show you fear in a handful of dust.

मायाविनी कहीं नहीं। उसके श्वेत चीते कहीं नहीं।

मैं हूँ अभी।

बीते वर्ष मेरे पास बैठ मेरी कहानियाँ कह रहे हैं।

7

अब यहाँ कोई नहीं, कोई नहीं आयेगा

Nothing happens, nobody comes, nobody goes, it's awful.

-Beckett

मैं क्यों नहीं मरता!

गीता : क्योंकि मैं तुम्हें मरने नहीं दूँगी। मुझे भी तो अपने हिस्से के दुखों का सामना करना है। और जानते हो, तुम्हारी शक्तियाँ भी मेरे पास आ गयी हैं।

गीता इतना लम्बा कैसे बोल गयी, मितभाषी है। प्यार के स्टॉर्मी दिनों में भी एकाध वाक्य बोलती थी। विरोधी पक्ष के डर जाते थे। अनुशासनप्रिया। शादी के बाद खाने–पहनने और लिखने की सारी लापरवाहियाँ ग़ायब। छेड़ती थीं सहेलियाँ उसे, गीता हैज़ टेम्ड ए टाइगर। इरादा बना लिया है तो नहीं मरने देगी मुझे। वह जंगली गुलाब है, थोड़ी–सी धूप से मुरझाने वाली नहीं। वह मेरी पत्नी है।

–मैं डॉक्टर अवनीत से मिलकर आयी।

गीता गयी। मैं उठा। अपने क्लास–कमरे में पहुँच गया। 'वेटिंग फार गोदो' एक परफार्मर की तरह पढ़ा लेता हूँ। बैकेट का यह नाटक अभिनीत हुए बिना समझ नहीं आ पाता। बिना भूमिका पढ़ाना शुरू।

–Don't question me! The blind have no notion of time.The things of time are hidden from them too.

पढ़ाना बिल्कुल बेजान। अन्दरूनी तेज कहीं है ही नहीं। लौट आया अपने मनोरोग विभाग के कमरे में।

रविवार। सिस्टर ने कमरे में बुलाया। मशीन पर चढ़ा। उतरा। सिस्टर ने वज़न नोट किया। फिर पिछले हफ़्ते का वज़न देखा। लगभग सकते में।

—ओ गॉड! एक हफ़्ते में पाँच किलो कम हो गया।

मत पूछो मुझसे प्रश्न। मैं गोदो हूँ।

—क्यों पूछते हो मुझसे सवाल? अन्धों को समय का कोई ज्ञान नहीं होता। समय से जुड़ी चीज़ें उनसे छिपाकर रखी जाती हैं। उन्हें तो बस लगातार इन्तज़ार करना है। गोदो का। कौन है? पता नहीं। कब आयेगा? पता नहीं। तो फिर! इन्तज़ार करना है।

सिस्टर ने पेजर पर डॉ. अवनीत से सम्पर्क किया। वह कुर्ते–पाजामे में वहाँ आ गये। सिस्टर ने वज़न–चार्ट दिया। उनके चेहरे पर चिन्ता। मेरी तरफ़ देखा।

—मैं गुडमॉर्निंग कहना तो भूल ही गया मिस्टर दीपक! डरने की कोई बात नहीं। अभी फिज़िशियन को बुलाता हूँ।

—जब मैं भार–शून्य हो जाऊँगा तो उड़ जाऊँगा।

—कहाँ जायेंगे उड़कर?

—सुन्दर वन।

—वहाँ तो बाघ रहते हैं।

—नहीं। वहाँ मेरी बाघिन है। उसकी लगातार पुकार। क्या मेटिंग सीज़न आ गया?

मेडिसिन विभाग से डॉक्टर गौतम पहुँच गये। एकदम चिट्टा रंग। बड़ी दाढ़ी कटी हुई। क़द छह फुट से ऊपर। यूनान से आया देवता।

सिस्टर से पूछा : वज़न कब से कम हो रहा है?

—तीनों हफ्तों से। पन्द्रह किलो कम हो चुका है।

—शुरू में कितना वेट था?

—अट्ठावन किलो सर।

—आप कुछ हफ़्ते और नोट न करतीं तो मिस्टर दीपक अन्तर्धान हो जाते।

डॉ. अवनीत ने दवाइयों की लिस्ट दिखायी जो मुझे दी जा रही हैं।

डॉ. गौतम थोड़ी देर चुप। मुझे देखते रहे।

—आप जानते होंगे, लेखक समाज के लिए कितना महत्त्वपूर्ण होता है। यू आर ए टोटल नेगेटिव परसन। यू हैव टू गिव अस सम हैल्प। अच्छा, कितनी रोटी खाते हैं?

मैं चुप। जवाब सरदार हरनाम सिंह ने दिया :

—आधी दिन को, आधी रात को।

डॉ. गौतम ने कुछ देर सोचा। कहा :

—किसी के लिए आत्म—बलिदान की भावना असल में आत्मघाती होती है। वह हासिल होता नहीं और हम ज़िन्दा नहीं रहते। मैं फोर्ड फीडिंग के पक्ष में नहीं। आप आधी से बढ़ाकर एक रोटी खायें। जानते हैं, इतने अलार्मिंग रेट से वज़न क्यों घट रहा है? शरीर खा रहा है शरीर की शक्ति को। ज़िन्दा रहने के लिए शरीर कुछ भी कर सकता है। मैं कल आऊँगा। आप कुछ सोचें ज़रूर।

मैं : आपके कानों पर बाल बहुत हैं। सुनायी तो देता नहीं होगा!

वह रुक गये। मुस्कुराये। मुझे एकदम रहस्यवादी कवि लगे।

—कुछ पढ़ते हैं क्या?

—नहीं। मुझे किताबें झूठी लगती हैं। बोलती कुछ और हैं, सोचती कुछ और।

—आपका नाटक *कोर्ट मार्शल* तो झूठ नहीं बोलता। दो बार देखा है।

—दैट ब्लडी *कोर्ट मार्शल*। द रूट ऑफ़ आल ईवल। शी सॉ एंड बिकेम द हैंड ऑफ़ डैथ। ए क्राउचिंग व्हाइट लैपर्ड।

उस बीमार कमरे से मेरा स्थानान्तरण होगा। कसैली गन्ध ग़ायब। मुरझाये। मरीज़ गये। मैं अपनी कल्पना के संसार में प्रवेश कर गया। पौधों के साथ रंग—बिरंगे फूल नहीं, रंग—बिरंगी मछलियाँ लगी हैं। शाकाहारी शेर हरी घास पर क्षण—भर बैठ घास खा रहा है। भेड़िए के हाथ में काग़ज़—क़लम। उसने पूछा :

—सुन्दर औरत दुःख क्यों देती है?

—सौन्दर्य उसे घातक बनाता है। तब वह सर्वनाश में बदल जाती है।

भेड़िया : तुम पागल हो। तुम्हें कुछ नहीं आता। सुन्दर औरतें सुन्दर बच्चों को जन्म देती हैं।

घास खाते शेर ने सिर उठाया। दबी गुर्राहट।

—भेड़िए बेटा, अभी मैं इतना शाकाहारी नहीं बना कि तुम्हें मार न सकूँ। लेखक को अपमान से नहीं बुलाते। एक चिथड़ा लेंगे और सुख में बदल देंगे।

—मैं : शुरू में देशभक्ति की कविताएँ लिखो। आसान होती हैं। नाम होता है।

भेड़िया : आप सिखा दो बाबा जी।

मैं : कैसे सिखाऊँ! मेरी सारी कविताएँ वह ले गयी।

भेड़िया उदास । मैं उदास। शेर घास में रत।

मैं अशोक वृक्ष के नीचे बैठा। लम्बे पत्ते हाथ–पंखे बन गये। लेकिन न सरसराहट न हवा। मैं मन जाने के नये–नये तरीक़े सोचने लगा।

–अगर साँस रोक लूँ तो? नहीं, ऐसा नहीं हो सकता।

–अगर नीला बेडकवर बिछाऊँ! कुछ नहीं होगा। नपुंसक कोई पुरुष नहीं बन जाता नीले बेडकवर को बिछाने से।

किसी का गला घोंट दूँ! फाँसी।

नहीं, मनोरोगी को फाँसी नहीं लगाते। पागलखाने में डाल देते हैं।

फिर मैं क्या करूँ! क्यों नहीं सुनता कोई मेरी फरियाद?

तीनों श्वेत चीते, मायाविनी के अंगरक्षक मेरे पास आ गये।

तीनों मेरे पास बैठे, अगले पंजों पर रखा सिर।

तीनों उदास, तीनों चुप। तीनों गुम–सुम।

एक : आज स्वामिनी नहीं आ सकती। बेटी को देखने आ रहे हैं।

मैं : लेकिन बेटी तो बहुत छोटी है!

दो : स्वामिनी भी बहुत छोटी थी जब शादी हुई। सोलह वर्ष।

चीतों की दहशत से परिन्दे उड़ गये। जानवर भाग गये। जंगल का मेरा हिस्सा वीरान हो गया। इन सबको पता जो नहीं। श्वेत चीते अहिंसक हैं और शाकाहारी भी।

पेड़ ने कहा–अब उठो। जाओ। मुझे नींद आ रही है।

तीनों चीते–हम छोड़ आयेंगे कमरे तक।

माया–स्वप्न जब मुझे छोड़कर गया तो मैं अस्पताल में था।

गीता : कितनी तेज़ी से वज़न कम हो रहा है! द इनविज़ीबल मैन मत बन जाना।

–मेरे सारे कपड़े ढीले हो जायेंगे।

–मत किया करो फ़िज़ूल की चिन्ताएँ। पहले भी तुम्हारे कपड़े मैं बनवाती हूँ कि नहीं। अब भी बनवा लूँगी। थोड़ा और खा लिया करो।

–मुझे तीन श्वेत चीते कमरे में छोड़ गये। जंगल के पास गया था।

—गीता चौंकी। जान गयी, मेरी समानान्तर दुनिया जन्म ले रही है। वह मुझे अभी असली दुनिया में रखना चाहती है।

—थोड़ी देर में कमलेश्वर सिन्हा आयेंगे। इंग्लिश 'ट्रिब्यून' में एसोसिएट एडिटर हैं। यहाँ दाख़िल कराने में बहुत हैल्प की। पहचान लेना।

पहले रेणुका नैयर पहुँची। गीता से गले मिली। रेणु ने मेरी तरफ़ देखा। चेहरे पर शरारत जन्मी।

—गले मिलने का मन तो तुझसे भी कर रहा है। लेकिन लेटे आदमी को आलिंगन में लो तो दृश्य का अर्थ बदल जाता है।

रेणु ताजा हवा है। मैं मुस्कुराया।

—देख गीता। दीपक हँस लेता है। सचमुच आलिंगन में लूँ। खिलखिला पड़ेगा।

गीता : रहने दे। आजकल टच मी नॉट है। छुआ नहीं कि दर्द हुआ नहीं।

कमलेश्वर सिन्हा आये। सिर से पाँव तक विद्वान। शान्ति निकेतन में पढ़े हैं, वहीं की कोमलता अभी बच रही है। मेरे माथे पर हाथ रखा : आप बिल्कुल ठीक हो जायेंगे, स्वदेश! शरीर भी तो एक मशीन है। ख़राब होती है तो थोड़े समय के लिए प्रभु बिस्तर पर लेटा देते हैं।

वह अकेले आदमी हैं जिन्हें मेरे ठीक होने का पक्का विश्वास है।

कमलेश्वर : गीता जी, कभी–कभी पारुल, सुकान्त को इनके पास लाया करें। बच्चों को जानकारी होनी चाहिए कि पिता किस दुःख के दरिया से गुज़र रहे हैं। ज़िन्दगी का सामना करने का साहस बढ़ जायेगा।

रेणु : नीचे कैंटीन चलते हैं।

मैं : कैंटीन जाकर क्या करोगी?

रेणु : बीयर पीयेंगे। ले आऊँ तेरे लिए दो बोतलें? आँख बन्द कर। अच्छा बच्चा बन।

मैट्रन कमरे में आयी। मेरा माथा छुआ।

—आज तो हमारे लेखक ख़ुश हैं। मिलनेवालों से बात किया करें। हमारा अन्दर हल्का हो जाता है।

मैंने आँखें बन्द कर लीं।

मैट्रन : (गीता से) आपने रात के लिए जो अटेंडेंट रखा है, शराबी है। सारी रात फ़र्श पर लेटा रहता है। यह पानी माँगते रहते हैं। हमने निकाल दिया। आप आज ही...

रेणु : इन्तजाम तो कल तक हो पायेगा। आज दीपक अकेला...

मैट्रन : नो। रात के समय अटेंडेंट होना चाहिए। साइकिएट्री में ऐसा क़ानून है।

गीता : रेणु, नीचे चलें। विकास राय को फ़ोन करते हैं।

रेणु : चाय पीकर आयेंगे। मुँह क्यों बन गया! तेरी ले आयेंगे।

वह गयी। रेणु पिछले पच्चीस सालों से हमारे परिवार की प्रिय सदस्य। ग़ज़ब का आत्मविश्वास और दबदबा। हिन्दुस्तान की अकेली औरत जो मुझे डाँट लेती है।

हरनाम सिंह ने मीठे बोल बोले :

–रेणु भैंण जैसा मित्तर वाहे गुरु सबको दे। कमरे में आते ही सब रोगियों का हालचाल पूछती हैं।

सिकन्दर : मैनूँ वी बोत प्यार करदे ने।

मैं : तू है ही अच्छा ।

सिकन्दर : बड्डे साहब! आप पूरे अच्छे नहीं। कहर का ग़ुस्सा आता है। इस्से लई तुहानूँ बन्न देंदे ने।

हरनाम : न पुत्त। ऐवें नहीं बोलदे। तेरे बड्डे भ्रा ने।

सिकन्दर : बड्डे भ्रा ने ते फिर मैनूँ केले क्यों नहीं देंदे?

आँखें बन्द करने का मन किया। कर लीं। विकास राय दौरे पर। तीन श्वेत चीतों में से शायद एक मेरा दोस्त बन गया। उसे कहूँगा, मेरी श्वासनली काट दे। उसकी बेटी की शादी। सास। जीवन का रोल बदलेगा। मेरे पास आने में लज्जा लगेगी क्या! आयेगी ज़रूर। इस बार सारे हथियार डाल कहूँगा, मुझसे दोस्ती कर लो। अब और नहीं लड़ा जाता। कल डॉक्टर वर्मा के साथ सैशन। देखें, क्या खेल ईज़ाद करते हैं मेरे लिए! मैं गोदोवाली गाजर खाना चाहता हूँ। मेरा काम क ख ग से क्यों नहीं चलता। ये स्वर क्या हुए! ये व्यंजन कौन–से हैं। गीता से कहूँगा, तख्ती ला दे। उस पर लिखूँगा। बचपन में लौटूँगा। मुझे ख़ुद से इतनी नफ़रत क्यों है? कभी सुना है, कोई सूरमा सात साल तक बेबस बना रहे! बहुतों ने समझाया, दिल में राम–राम बोलो। कैसे! इंच भर भी जगह ख़ाली नहीं। पूरे के पूरे दिल पर मायाविनी का राज। ध्वस्त भी करेगी, जोड़ेगी भी।

क ख ग लिख। स्वर कौन से। बता और व्यंजन भी बता।

लोगों की आशाओं पर पूरा उतर। मुस्कुरा। खुश रख। मत बता। मुस्कान अन्दर जन्मती है। कहीं बाहर से आकर नहीं बैठती होंठों पर।

दश्त है। और तारों का जलता जंगल। सब्ज़ पहाड़ी की जानिब वह है।

मैं ख़ुद ही अपना अवमूल्यन करता हूँ। चीज़ें मुड़तीं जो नहीं।

अर्थ ग़ायब। जो अपने हैं, शत्रु हो गये।

हर पल आत्मनिन्दा। अपने ही अहम् पर प्रत्यारोप।

तब अतीत के सारे पापों का लेखा–जोखा शुरू।

मैं कौन हूँ! सम्बद्धता और अर्थ जानने की लगातार कोशिश।

अपने बारे में वही विश्वास करना, जो करना चाहता हूँ।

सबूत भी नहीं खोजेंगे। अपने प्रिय विश्वास का खंडन नहीं होता।

तब यथार्थ से भागना आसान। सामना करने से। इसलिए मेरी मायाविनी हवा का अंगघात। एक पेड़ झूमना शुरू। नीचे बैठे तीन श्वेत चीते। पचास बीत चुके वर्ष मेरे पास बैठ मेरी कहानियाँ सुनाते हैं।

आधी नींद से क्यों जागा? कमरे के बाहर भारी बूटों की आवाज़ें।

आँख खुली। रेणु पास स्टूल पर बैठी। उसकी आँखें दरवाज़े पर।

हरियाणा के दो कमांडो अन्दर आये। शरीर पर कहीं भी एक इंच फ़ालतू मांस नहीं। मरने–मारने को हमेशा तैयार।

शिमलावाले ने छोटी चीख़ मारी। दो मरीज़ बाहर दौड़ गये।

एक : डी.आई.जी. साब ने भेजा है।

मैं : क्यों भेजा विकास ने?

रेणु : चुप हो जा। तुझे तो अभी–अभी की बात तक याद नहीं रहती। गीता ने राय साहब को फ़ोन किया था।

कमरे की हड़बड़ाहट सुन नर्स तेज़ क़दमों से अन्दर आयी।

दो बावर्दी, ऑटोमैटिक हथियार उठाये जवान देख ठिठक गयी।

नर्स : कौन हैं आप लोग? यहाँ क्यों आये?

दो : प्रोफ़ेसर साहब के रिश्तेदार। थोड़े दिन, रात को इनके पास रहेंगे।

नर्स : आपको वैपन्ज के साथ कमरे में नहीं आना चाहिए। मरीज़ डर गये।

एक : आप रख लो बहन जी, जब जायेंगे तो ले लेंगे।

नर्स : नहीं मैं नहीं रखूँगी। कहीं चल गये तो?

नर्स गयी। मरीज़ शान्त।

रेणु : आप लोगों ने चाय पीनी हो तो दूसरी मंज़िल...

दो : हम सब कुछ खोज लेते हैं मैडम।

दोनों बाहर गये। बाहर चाय की ट्राली रुकी। रेणु दो प्याले ले आयी।

रेणु ने कहा—दीपक, तुम्हें गीता के सामने मरने की बात नहीं करनी चाहिए। हताश हो चुकी है। सात सालों से तुम्हारी बीवी नहीं, माँ है। नहलाना, कपड़े पहनाना, अपने हाथ से रोटी खिलाना।

मैंने कहा : नहीं करूँगा।

—तेरी बदमाशी जानती हूँ। झट से मान जाना। करना अपने मन की।

जब जानती है तो क्या कहूँ। पूछने का मन किया, आज चाँद निकलेगा। रेणु ने कहा कि तुम्हारा ठीक होना ज़रूरी है। तुम हर चैलेंज का सामना कर लेते हो। मेरा मर्द बच्चा। हमारे लिए ठीक मत हो। अपने लिए हो। अभी तुम्हें एक और *कोर्ट मार्शल* लिखना है।

—अब मैं कुछ नहीं लिख पाऊँगा।

—तू कहाँ का जोगी—जान है कि भविष्य का पता चल गया! पहचान अपनी ताक़त। कुछ भी कर सकते हो। ठीक होकर पहली किताब लिखोगे तो एक पैकेट सिगरेट दूँगी।

भविष्य

सिगरेट से निधि की याद आ गयी।

शायद पहली बार मिलने के बाद, एक महीने के वक्फे से दिल्ली जाना हुआ। प्यारे और पुराने दोस्त नीरज गोस्वामी के चित्रों की प्रदर्शनी थी। उसका हठ कि पहले दिन पहुँचूँ। पहुँच गया। बहुत लोग थे। अजित कौर और अर्पणा से परिचय हुआ। जगदीप को कुछ हो जाता है मुझे देखते ही। तस्वीरें लेना शुरू कर देता है। आज शाम भी यही किया।

मैंने कहा—बहुत हो गयी। क्या करूँगा!

जगदीप ने कहा—माशूक़ों में बाँट देंगे। बिल्कुल मुफ़्त।

निधि आयी। साथ कुछ लोग। मेरे लिए अनजान। पहला सवाल पूछा कि उसे फ़ोन क्यों नहीं किया।

—मेरे पास आपका नम्बर नहीं था।

—अपना कार्ड तो दिया था।

—वह तो उसी शाम फाड़ दिया था।

उसका रंग फीका पड़ा। कुछ देर देखा। खुलकर हँसी। आजकल लोगों को दूर रखने के लिए छोटे–छोटे अपमान करता हूँ।

निधि ने कहा कि आप जैसा अजीब आदमी नहीं देखा। ऐसी बातें अकेले में कही जाती हैं।

मैंने कहा कि ख़ूबसूरत औरतों को चापलूस और चमचा मर्दों की आदत हो जाती है।

उसने छेड़ा कि लगता है, आपके अन्दर हथियार बनाने का कारख़ाना लगा है। मैं मुस्कुराया। उसने ताली बजायी।

—हँसा दिया न मैंने। मुझे जगदीप ने बताया था, सर जी कभी नहीं हँसते। अच्छे लगते हैं हँसते हुए।

उसकी आँखों में एक पवित्र चमक देख मेरा डर कम हुआ।

मन ने समझाया, अगर एक औरत आततायी हो तो सब औरतें श्वेत चीता नहीं हो जातीं।

निधि बोली, कल आपने मेरे साथ चाय पीनी है। घर में कि बाहर?

बताया कि किसी के घर नहीं आता।

वह औरत से एक शरारती बच्ची बन गयी। अपना गला छूकर कहा—कसम है। घर चलेंगे तो बिल्कुल नहीं छेड़ूँगी।

मैंने उसका माथा छुआ। शीतल हो गया। निधि अशुभ हो ही नहीं सकती। मैं ही अशुभ आदमी हूँ। जिंक्स्ड मैन।

—आपको तो छेड़ना भी नहीं आता।

—पहले सब कुछ आता था। अब सब कुछ भूल गया।

उसके चेहरे पर सदाबहार मुस्कान। आश्वासन दिया :

—मैं सब कुछ याद करा दूँगी। जगदीप बता रहा था, आपको गुस्सा बहुत आता है। जब जी करे, कर लीजिए। मुझे अच्छा लगेगा।

एक दूसरे से ख़ुश हम चाय पीते रहे।

रात लेटते ही सो गया।

मुझे बहुत देर बाद इस सच का पता चला, सब औरतें आततायी नहीं होतीं। सब औरतों को देह की भूख नहीं होती। मैं अब सुगन्धों के संसार

में था। हम ख़ामोश बातचीत कर लेते। मैं उसकी आवाज़ महसूस करने लगा। सुनता नहीं मेरी रोशनी अब ठंडी नहीं। गरमाइश भी और छू लेना भी। क्या भाग्य ने हमें जोड़ा है। भाग्य नहीं, डैस्टिनी। क्या औरत गिरजाघर का एक छोटा–सा कमरा भी है। पहले दुष्कर्म–स्वीकृति। कन्फैशन। और फिर पाप–मुक्ति। रिडेम्पशन।

ठीक कहा था अल्काज़ी साहब ने। अपनी दोस्त के साथ लोफरों की तरह घूमो, लेकिन इन अच्छे दिनों ने अभी बुलावा देना है। न सुबह महकी, न हुस्न की शमा जली।

अतीत : पी.जी.आई., चंडीगढ़

छोटी बहन सरिता अपने पति प्रदीप शारदा के साथ आयी। प्रदीप का जन्म शायद लोगों की सेवा के लिए हुआ है। हमारे समय का श्रवण। मुझे नमस्ते करने के बाद कमरे के लोगों से कहा कि अपनी–अपनी पर्चियाँ और पैसे निकालो। जो चाहिए, नीचे से ला दूँ।

मैंने मुँह कसकर बन्द कर लिया। कुछ नहीं चाहिए में सिर हिलाया। प्रदीप ने शिकायत की, वह एक महीने से रोज़ कमरे में तीन–चार बार आता है। मैंने कभी कुछ लाने को नहीं कहा।

प्रदीप पी.जी.आई. तकनीकी विभाग में काम करता है। वह मरीज़ों की दवाइयाँ लेने नीचे गया।

सरिता पास रखे स्टूल पर बैठी और पूछा कि मुँह क्यों बन्द है।

जवाब सिकन्दर ने दिया :

–भैंण जी, बड्डे साहब अख़बार खा रहे हंण।

सरिता ने उँगल–अँगूठे से गालें दवाईं। मुँह खुला। उँगली डाल चिथड़े निकाले।

–क्या भूख लगी थी वीर जी?

न में सिर हिलाया।

सिकन्दर ने एक और डरावनी ख़बर दी :

–बड्डे साहब कहंदे ने मैं बिस्तरे दी चादर खाँवाँगा। बड़ी मुश्किल नाल अख़बार तो कम चलाया। भूख लगदी है ते रोटी क्यों नहीं खांदे?

हरनाम सिंह कमरे में आये, सिकन्दर के केले लेने गये थे। सरिता ने पूछा :

—चाचा जी, मेरे वीर जी का क्या होगा?

—अकालपुरख भली करणगे।

अभी अकालपुरख मुझसे रूठे हुए हैं।

—वीर जी, कल खाने को क्या लाऊँ?

—लाओ। खाऊँगा।

—शाल ले आऊँ? ठंड शुरू हो गयी।

न में सिर हिलाया।

—वीर जी, सिर हिलाने की बुरी आदत छोड़ो। हम तो आवाज़ सुनने को तरस गये।

डॉक्टर मेहँदीरत्ता आये। सरिता, प्रदीप को घर जाने को कहा। वे गये।

—दीपक, उठो। गैलरी में चलेंगे।

—थक जाऊँगा।

—थकोगे तो लौट आयेंगे। उठाऊँ हाथ पकड़कर?

न में सिर हिलाया।

—तुमने कब किसी को अपना हाथ पकड़ने दिया!

गैलरी में चलते हुए कहानी 'नमक का दारोगा' सुनायी। प्रेमचन्द की वह कहानी सुना चुके तो कुछ देर हम चुपचाप चलते रहे।

—कहानी का नायक कौन है?

—ज़मींदार।

मेहँदीरत्ता चौंके—प्रेमचन्द ने दरोगा को नायक....

—गलत। वह तो कमज़ोर भी है, कायर भी। जो ज़मींदार उसे नौकरी से निकलवाता है, उसी की नौकरी गद्‌गद हो स्वीकार कर लेता है। यह कहानी ज़मींदारों के यशोगान की कहानी है। मेहँदीरत्ता जानते हैं कि मानसिक रोगी के कुछ जाग्रत क्षण आते हैं और निकल जाते हैं।

मैं अपनी बीमार दुनिया में लौट आया।

थक गया। कमरे में। बिस्तरा।

अतीत

हमने साथ–साथ नीरज गोस्वामी के चित्र देखे। कुछ के अर्थ नीरज ने समझाये।

एक चित्र : स्त्री–पुरुष के चेहरे साथ–साथ सटे हुए। फिर भी उनमें एक नदी के पाट जितनी दूरी। तन से दूर नहीं, मन से दूर। चित्र पत्थर हो गये।

–नीरज, अगर कभी लिख पाया तो इस पेंटिंग को किताब के कवर के लिए लूँगा।

–शीर्षक देना है क्या!

–रहने दो। शीर्षक से अर्थ सीमित हो जाते हैं।

वर्षों बाद नाटक *काल कोठरी* की कवर पेंटिंग बनी। वाणी प्रकाशन की लापरवाही के कारण नीरज गोस्वामी का नाम कहीं था ही नहीं।

निधि ने पूछा–कल चाय के लिए कब लेने आयें?

मैंने कहा–जब मन करे लेकिन पहले विकास से पूछ लें।

उसने मुझे भरपूर आँखों से देखा। छोटा–सा तीखापन।

–क्यों पूछूँ? इज़ विकास यूअर कीपर? जगदीप भी कह रहा था, आप उनकी देखरेख में हैं। क्या हुआ है आपको! यू आर ए परफैक्टली हैल्दी मैन।

–कुछ नहीं हुआ। विकास को दोस्तों की देखरेख करना अच्छा लगता है। वह खुश। ताली बजायी।

–फिर तो मैं भी आपकी देखरेख करूँगी। मज़ा आ जायेगा।

यह बत्तीस वर्ष की लड़की कैसे एकदम खुश हो जाती है!

चाय पीते बहस शुरू हो गयी कि कुछ कलाकार अपनी कला में सफल क्यों नहीं हो पाते।

जगदीप ने कहा, गुरुदेव बतायेंगे।

–इतने सारे कवियों, लेखकों को उनके साधारण काम और वेश्याओं ने उतना बरबाद नहीं किया, जितना उनकी पत्नियों ने।

निधि : नीरज, एक मेरी पेंटिंग बनाओ न। शायद सर किताब के कवर पर दे दें।

नीरज : बनाने के लिए पाँच जहाँगीर सबाल वाला कम पड़ेंगे। मैं तो अभी बिल्कुल बच्चा हूँ।

जगदीप ने आदतन बदमाशी की।

—मैडम, आप गुरुदेव को इस सरकारी नाम सर से बुलाती रहीं तो ले चुके आपकी तस्वीर किताब के लिए। कोई और रिश्ता बना लें।

निधि को उसकी कार तक छोड़ने गया। विकास पीछे था, मुझे पता नहीं चला। दरवाज़ा खोल मेरी तरफ़ मुड़ी। किसी प्रतीक्षा में। जिस बात का सन्देह है, तय किया, पूछ लूँ।

—मेरे आँगन में चन्दन का पेड़ था। अब नहीं। क्या आपने ले लिया? वह अवाक्। खड़ी की खड़ी। नीरज गोस्वामी ने हल्का ब्रश छुआ और उसका चेहरा पीला हो गया।

विकास ने मेरा हाथ पकड़ा, कहा निधि से, चलते हैं। दीपक जी थक गये होंगे।

विकास को पता चल गया कि मैं अपने अभिशप्त इतिहास में लौटा कि लौटा।

अतीत : अस्पताल दाख़िले से पहले

पारुल बेटी अख़बार पढ़ती। ख़बरों का खुलासा मुझे हिन्दी में बताती।

गीता टायलेट से झपटती मेरे सामने खड़ी।

—तुम शिट जाते हो तो क्या करते हो! सारी सीट गन्दी। पानी नहीं डालते! आधा दिन बू में खड़ी गीले ब्रश से साफ़ करती रहूँ। अब स्वीपर भी बनाओगे! तुम मुझे दुःख देने के लिए जानबूझकर ऐसा करते हो। पता नहीं किस जन्म के बदले...

सुकान्त : आप पाजामे का नारा क्यों लटकाये रखते हैं? व्हाट डू यू वांट टू प्रूव?

पारुल मेरे ऊपर गयी है। हर वक़्त ज्वालामुखी के मुँह पर बैठी। अख़बार मेज़ पर पटक एकदम ठंडी आवाज़ में ऊँचा बोली :

—शट अप! जस्ट शट अप! ह्वाई आर यू पीपल आफ्टर हिज़ ब्लड? एंड सुकान्त। इज़ दिस द वे टू टाक टू यूअर फादर? यू मस्ट बी ए रियल बास्टर्ड।

पारुल से सब डरते हैं।

गीता : पारुल, तुम मेरी जगह होतीं...

पारुल : जानती हो, क्या करती? इस आदमी को डाईवोर्स देती, नहीं तो शान्ति से मरने देती। आई वुड नैवर बिकम ए सैवेज।

सब अपने–अपने कोप–भवन में गये। मैं बरामदे में।

–तुम सचमुच हो! क्या तुम्हें मेरी रोगी कल्पना ने जन्म दिया?

–तुमसे मुक्ति पाने के बाद ही अपने से मुक्ति पाऊँगा।

–इतना आसान है क्या अपने साये से मुक्त होना।

–आज तक काले रंग की टैक्सी में नहीं बैठा। लगातार अर्थ की खोज में।

–असमर्थ हो गया मैं प्यार करने में। वह मुझे रात के समय तैरने ले जाती है।

–चीख़ की गूँज में उससे लगभग ख़ामोश बातचीत।

–स्वदेश जी, आप मेरे पास रहिए। बिल्कुल ठीक कर दूँगी। मेरी शरीर–सुगन्ध ही आपके लिए दवाई बन जायेगी। मैं आपको अपनी कहानी सुनाऊँगी।

–प्रत्येक प्रकाश की परछाईं भी। अपने समय का हैमलेट हूँ मैं।

क्या तुम्हारा होना एक ट्रिक है...सिर्फ़ छलावा...एक सघन गुफा में रहेंगे....तब कुछ भी जानने की ललक नहीं रहेगी...एक–दूसरे को पुरानी गाथाएँ सुनायेंगे...गुफा के बाहर हवा मैदान बनाती रहेगी...हम उस अँधेरे में भी एक–दूसरे को देख सकेंगे...मुझे छूकर मंत्रबिद्ध कर दोगी...मैं फिर लम्बी कहानियाँ शुरू करूँगा...गले की हड्डी के पास बने गढ़े पर होंठ रख तुम्हारा तापमान जाँचूँगा...फिर हम दोनों हरियाली छिड़केंगे...तुम हाथ बाँध कहोगी, मुझ पर ग़ुस्सा करो स्वदेश...मैं एकदम ठंडी...मैं चन्द्र पुरुष...नहीं करूँगा ग़ुस्सा। तुम्हें जी भर सताऊँगा। तब भाषा शरमाकर गुफा के बाहर चली जायेगी। हमारे शरीर एक–दूसरे से बातें करेंगे...तुम सुख सिसकारियाँ भरोगी...हो सकता तुम पिंजरा खोल मुझे उड़ जाने दो...लेकिन उड़ूँगा नहीं... तुम्हारा कारागार सुखद है...क्योंकि तुम्हारा शरीर इसका प्रहरी...शरीर–भाषा का कोई व्याकरण नहीं होता।

फिर रविवार। मेरा दुःख दिन। बहुत देखने आने वाले। भगवान भला करेंगे। ज्ञान देने वाले। मेडिसिन के डॉक्टर गौतम–कानों के बाल कटवा लिये। अब ख़रगोश के कान–नर्स ने वज़न–चार्ट आगे किया। देखा।

–इस बार भी पाँच किलो कम। कितना वज़न था दाख़िले के समय?

–फिफ्टी सेवन के.जी.।

डॉ. गौतम पास रखे स्टूल पर बैठ गये।

—दीपक जी, थर्मस मँगवा लें। बाहर कूलर से ठंडा पानी भरवा लें। प्यास लगे तो पानी कहाँ से लेते हैं?

—अपनी नदी को बुला लेता हूँ।

डॉक्टर का चेहरा थोड़ा उतरा। सब कुछ इतना आसान नहीं, जितना लगा। स्वर्ग जाने का रास्ता सीधा नहीं होता। रास्ते में मेनका, उर्वशी जो हैं।

—वज़न अभी और कम होगा। दवाइयों का रिएक्शन। साइकिएट्री की दवाइयों का रिएक्शन। जितनी जल्दी कम होगा, उतनी जल्दी पूरा होगा। चिन्ता नहीं।

—मेरी चिन्ता मेरे पास नहीं। सुन्दर वन में वास जो है।

—बहुत सही जगह है। जीने के लिए फिर से अपने को ढालना होगा।

—जब वर्षा आती है, सुन्दर वन में बाघ अठखेलियाँ करते हैं। कई बार निराला जी कविताएँ भी सुनाते हैं।

—आपकी कुछ कहानियाँ पढ़ीं...

—सबमें काला स्याह जंगल चौकड़ी मारे बैठा है। डॉ. गौतम उठे—कोई किताब चाहिए हो तो बतायें।

—अब मैं किताब पढ़ने का पाप नहीं करूँगा। विज़डम डैस्ट्राएज़।

छुट्टी का दिन मेरे दुःख का दिन। बहनें आयेंगी। रेणु आयेगी। गीता आयेगी। सब देंगे सीख—हिम्मत से काम लो। कोई भी थोड़ी—सी हिम्मत बाज़ार से ख़रीदकर नहीं लाता।

—अतीत पर क़ाबू पाना होगा। तभी वर्तमान पर कंट्रोल हो सकता है।

—लेकिन बूढ़ा बाज क्यों पंख फैलाए?

—अन्धी आँखें तो ठीक हो सकती हैं। अन्धी आत्मा नहीं।

—आईने में किसी और का चेहरा बैठा है। ब्यूटीफल एंड टेरीफाइंग।

—उसकी अजनबी दुनिया के सारे रहस्य जानने की ललक।

—वह मेरी बियाबान दुनिया में हरियाली छिड़केगी।

—कुछ नहीं होता। कोई नहीं आता। कोई नहीं जाता। यह कितना डरावना है।

बैकेट आये। स्टूल पर बैठे। वही पुराना लम्बा कोट जिससे शब्दों की गन्ध आयी। आँखें क्रूर, क्योंकि उन्होंने अन्तिम सत्य पहचान लिया। अर्थहीन जीवन।

—*Are you also waiting for Godot?*

मैंने चुप रहना ठीक समझा। अभी तक उनका नाटक ठीक से नहीं समझा। वह अभिनेता में बदल गये। *Don't question me.The blind have no notion of time. The things of time are hidden.*

बैकेट ने पट्टियों से ढँकी दायीं बाँह पर हाथ फेरा।

—*You are a good playwright Swadsh. But you are a bad lover.* चलता हूँ। आपके प्राइम मिनिस्टर ने लंच पर बुलाया है। जाऊँगा राष्ट्रपति के घर। बैकेट ने माथा छुआ। आँखें बन्द। घोषणा की :

TIME HAS STOPPED.

रेणु आयी। मरियल नमस्ते की।

—भैड़या, नमस्ते तो हँसकर कर लिया कर। मम्मी आयी हैं लुधियाना से। तेरे लिए हलवा भेजा है।

—मीठा नहीं खाता।

—गलती मेरी है वीरा। संविधान पढ़ना भूल गयी। लिखा जो है स्वदेश दीपक मीठा नहीं खाता। हर बात पर हमेशा न। हाँ करना भी सीख लो। सुनने वाले को अच्छा लगता है।

रेणु ने हलवा सिकन्दर को भी दिया। हमने खाया।

सिकन्दर : बड़ा स्वाद। तुसी बणाया भैंण जी?

रेणु : मोया! मैं तुझे हलवा बनानेवाली लगती हूँ? सुन। पता चला है, तू बापू के पीछे शादी कराने के लिए पड़ा है। शादी हो जाए तो काम करना पड़ता है।

—कम ते घरवाली करेगी। मैं ताँ टंग ते टंग रख के बैठाँगा।

—सच कहा सिकन्दर। मर्द औरत को लेकर बिगड़ा बैल है। लेकिन यह तो बता, शादी क्यों करना चाहता है?

—भैंण जी, बच्चे अच्छे लगदे हंण।

—मोया! मुहल्ले के बच्चों को प्यार कर लिया कर।

सिकन्दर की आँखें चमक गयीं। ज़ोर से हँसा।

—भैंण जी, शादी नहीं कराँगा। मुहल्ले दे बचयाँ नाल खेडाँगा। प्यार लई रोज नवाँ बच्चा। स्वाद आ गया।

सिकन्दर अपने सपने के मुहल्ले में पहुँच, बच्चों से खेलने लगा।

रेणु ने मेरा बायाँ हाथ पकड़ा। चेहरे पर कोई झिझक।

रेणु : देखो, बुरा मत मानना। रात को किससे बातें करते हो? कौन आती है तुम्हारे पास? डॉक्टर अवनीत ने गीता से शिकायत की है। कोई रहस्य है जो दीपक शेयर नहीं करते। इलाज कैसे हो! हरनाम चाचा ने भी बोलते सुना है।

क्षणांश में मायाविनी मेरे पास—बिल्कुल मत बताना । कुछ मत बताइए।

—मैं हवा से बातें करता रहता हूँ।

—वह तो तुम कहानियों में करते हो। मैं यहाँ की बात कर रही हूँ।

—रेणु, कुछ रहस्य निजी रहने चाहिए। नहीं तो शाप लगता है।

रेणु कभी ज़िद नहीं करती। दुखों की कहानियों से ख़ूब वाक़िफ़ है।

रेणु : गीता थोड़ी देर में आयेगी। साथ ले जाऊँगी। फ़िल्म देखेंगे। बेचारी कुछ देर के लिए तो काली दुनिया से बाहर निकले। जायें हम।

—मैंने आज तक उसे किसी बात के लिए नहीं रोका! अब वह एकदम सर्द हवा बन गयी है।

गीता के साथ आज सुकान्त। लम्बा हो गया। घबरा गयी आँखों से कमरे में लेटे—बैठे लोगों को देखता। रेणु ने बैठने को कहा, नहीं बैठा।

—ही इज़ रिड्यूस्ड टू ए स्कैल्टन। विल ही डाई सून?

रेणु : शुभ—शुभ बोल। और सुन। अस्पताल में अंग्रेज़ी बोलना मना है।

—ठीक। पापा, आपको थोड़ा सैर करवा दूँ?

गीता : सीढ़ियाँ नहीं उतरनी। गैलरी में घुमा दो।

गैलरी का दूसरा चक्कर पूरा हुआ तो उसने पूछा :

—आप इसलिए बीमार हुए कि ग़ुस्सा, बहुत ग़ुस्सा करते हैं।

मैं चुप। बच्चे झट से सत्य के आसपास पहुँच जाते हैं।

—आप जीना क्यों नहीं चाहते? यू अटैम्प्टिड स्यूसाइड। आग क्यों लगा ली?

—मेरे पास जीने के लिए एक भी कारण नहीं बचा।

—आपका स्टूडेंट भगवंत सिंह हफ़्ते में दो बार गाँव से मोटरसाइकिल पर आता है। सब्ज़ियाँ लाता है। यहाँ आने से नानी ने रोका है।

भगवंत छोटा पहाड़ है। इतना ताक़तवर कि आज तक किसी ने उससे झगड़ा नहीं किया।

—मैंने आपकी कहानियाँ पढ़ लीं। सब ट्रैजिक। समझ भी नहीं आयीं।

—कुछ दुःख उम्र के साथ समझे जाते हैं।

—लेकिन इतने सारे लोग मरते क्यों हैं?

—डैथ इज़ द फाइनल ट्रुथ एंड फाइनल मिस्ट्री।

—ममी बताती है, आपसे सब डरते थे।

—अब मैं सबसे डरता हूँ। ब्लडी सिस्सी।

हम चुप। हमारे बीच संवाद ख़त्म। अब सुकान्त का चेहरा भयमुक्त।

—पापा, मैं आपके पास सैटरडे, संडे रहा करूँगा। अब अस्पताल से डर नहीं लगता। आपके लिए चोरी से सिगरेट लाऊँगा। टायलेट में पी लेना।

मैं दीवार के साथ खड़ा हुआ। सोचा, सुकान्त तो मुझसे नफ़रत नहीं करता। बच्चों को कॉन्फीडेन्स में लेना चाहिए। मेरी भूल।

—रेणु मौसी क्यों कहती हैं, अस्पताल में इंग्लिश नहीं बोल सकते?

—छेड़ रही थी। न बोलो तो अच्छा है। लोग डरते हैं।

—क्यों डरते हैं?

—शासक वर्ग की भाषा से सबको डर लगता है।

मैं बिस्तर में। गीता ने एक ख़त बढ़ाया।

—मुझे नहीं पढ़ना।

—पढ़ लो। जहाँगीर सबावाला का है। बहुत वरीड हैं। चार सालों से जवाब नहीं दिया। जहाँग़ीर एक वर्ष में एक ख़त लिखते हैं। मैं जवाब देता हूँ।

तब कमलेश्वर 'सारिका' में थे। अपनी पहली कहानी 'अश्वारोही' भेजी। बताया कि शीर्षक जहाँगीर सबावाला की पेंटिंग 'द राइडर्ज़' से लिया है।

तब सम्पादक राजनीति नहीं करते थे। मेहनत करते थे। कमलेश्वर ने जाने कहाँ से पेंटिंग की फ़ोटो हासिल की और कहानी के साथ प्रकाशित की। यह बात जहाँगीर को किसी दोस्त ने बतायी। उन्हें बहुत अच्छा लगा। जहाँगीर सबावाला को हिन्दी पढ़नी नहीं आती।

राजकमल से मेरी प्रतिनिधि कहानियों का प्रकाशन तय हुआ।

शीला संधू की इच्छा थी कि अगर सबावाला कवर के लिए अपनी पेंटिंग 'द राइडर्ज़' दें तो बहुत ख़ूब रहेगा। साथ ही मुझे आगाह किया कि वह किताबों के लिए अपनी पेंटिंग्ज़ नहीं देते।

ख़त लिखा। जहाँगीर साहब का जवाब आया। 'द राइडर्ज़' की ट्रांसपेरेंसी भी। जहाँगीर सबावाला के साथ मीठी दोस्ती है।

हमने आज तक एक–दूसरे को देखा नहीं। एक–दूसरे से मिले नहीं।

गीता, रेणु फ़िल्म देखकर लौटे।

गीता : सुकान्त, जूते डालो। चलो अंबाला।

सुकान्त : नो, आई विल स्टे विद पापा।

गीता, रेणु लगभग हैरान।

–यहाँ रात को डर लगेगा।

–नहीं। कमरे के लोगों से कैसा डर! कितने हैल्पलैस हैं!

–और खाओगे क्या? पी.जी.आई. की रोटी!

हरनाम सिंह : भैंण जी, यहाँ इतना खाना देते हैं कि तीन लोग खा लें। काके को ठहरने दें। इसी उमर में हौसला आना शुरू होता है।

किसी ने तकिया दिया, किसी ने चादर। बेंच पर सुकान्त का बिस्तरा लग गया।

गीता : डॉक्टर कहते हैं, घर में फ़ोन होना चाहिए। एप्लाई कर दूँ। आज तक फ़ोन नहीं लगने दिया। बेहद नफ़रत है इस यन्त्र से। लेकिन अब...

–कर दो। लेकिन मेरे नाम से नहीं। अपने नाम से।

गीता बाहर गयी। रेणु ने बिस्तरे का कोना उठा कुछ रखा।

रेणु : कुछ रुपये रख दिये हैं।

–क्यों? मैं क्या करूँगा!

–करना क्या! बीयर मँगवा लेना, मोटी बुद्धि! थाने और अस्पताल में कभी भी पैसों की ज़रूरत पड़ सकती है। एक सलाह दूँ। हर वक़्त घोड़े पर सवार न रहा कर।

रेणु गयी। हरनाम सिंह ने सुकान्त से कहा–चल काका, नीचे का चक्कर लगा आयें। तेरे पापा के लिए दूधवाली चाय ले आयें।

सुकान्त ने सिकन्दर से पूछा :

—अंकल, आपके लिए क्या लायें?

सिकन्दर ने क्षणभर उसे देखा, ताली बजायी :

—बापू, मैं चाचा बन गया! बड्डा हो गया! केले ले आयीं। छक लाँगे।

बाहर गये। सोचा, बेटे से आज तक लगभग दुश्मनी क्यों रही। हाँ और न के सिवा शायद ही कभी कुछ रहा हो। चाहता था, पास बैठे, लेकिन कहने में हेठी। नहीं पता था कि किशोरावस्था में बच्चों की समझदारी और नासमझी का काल होता है। बहुत नज़दीकी दोस्त ओमप्रकाश वर्मा ने समझाया था :

—प्रोफ़ेसर, जब बेटे का पैर बाप के जूते में आ जाये तो वह बराबर का बन जाता है। तब हमें उससे अपने दुःख बाँटने शुरू कर देने चाहिए। अभी उसे इतनी समझ नहीं होती कि अपने आप सब कुछ समझ ले। हम उसे काम बताते नहीं और चाहते हैं, तुरन्त कर दे। बाप होने का अहंकार बेटे को अजनबी बना देता है। सुकान्त बहुत स्याना है। बाँटो उससे अपने दुख।

सुकान्त के हाथ में किताब। पूछा, कौन—सी?

—मादाम बोवेरी। आपके बुक रैक से ली।

—तुम्हारी आयु में ऐसी किताबें नहीं पढ़ते।

—मैं अब बड़ा हो गया हूँ। आई एम सिक्सटीन। मैं गैलरी में बैठकर पढ़ूँगा। नींद देर रो आती है।

गीता को हमेशा डर लगा रहता है कि कहीं मेरी तरह सुकान्त लेखक न बन जाये। वह भी हिन्दी का।

झपकी आयी। वह नहीं आयी। बेटी की शादी में लगी होगी।

क़दमों की आवाज़। युवा पुलिस अफ़सर। दो कमांडो। एक भरे—भरे शरीर की गरिमा में नहाई महिला।

अधिकारी : सर, मैं अश्विनी शर्मा। सैक्टर—17 पुलिस स्टेशन का एस.एच.ओ.। इस मोटी को पहचाना?

न में सिर हिलाया।

अश्विनी : मोटी मीरा है। आपकी स्टूडेंट। मेरी वाइफ। सुबह उठा तो रोये जा रही थी। पूछा तो बताया, दीपक सर बीमार हैं। पी.जी.आई. में दाख़िल हैं।

मैं दंग। मीरा, आजकल तो आशिक़ के मरने पर कोई नहीं रोता। तू प्रोफ़ेसर के बीमार होने पर रोये जा रही है। ले आया।

—मीरा ने मेरे माथे पर हाथ रखा। सर, आप जल्दी ठीक हो जायेंगे। यह कैसे हुआ?

—एक बाघिन से द्वन्द्व युद्ध ठन गया।

मीरा : लेकिन आप तो शिकार...

सुकान्त : ही टाक्स इन मैटाफर्ज़।

मीरा : सर, फिर आऊँगी मिलने।

— डोंट कम। आई एम अफ्रेड ऑफ़ विजिट्र्स एंड लैपड्र्ज़।

वह गये। सुकान्त से कहा :

—बरामदे में बैठे थक गये होगे। सो जाओ।

आँखें बन्द होने लगीं। मेरे दुःस्वप्न काल की शुरुआत। जो कहीं नहीं हैं, वे आयेंगे। सवाल—जवाब होंगे और मैं फिर दुख के दरिया में डूबूँगा।

—वह पुरानी गाथाओं की नायिका है। अँधेरे में भी दिखाई देती है।

—वह कलाइयाँ। वह कोण पर तनी गर्दन। वह तीन स्तन। मेरी कामसूत्र।

—मेरे घर में हवा का प्रवेश निषिद्ध। रोशनदान में बैठ सिर धुनती है

—भय खा जाता है साहस को। तब विवेचन की शक्ति भी नहीं रहती।

—मैं बन गया गहनाता चाँद। अब कोई मेरा हमकलाम नहीं।

—लिखना मेरे कवच—कुंडल थे। ले गयी वह सिडक्ट्रैस।

—पूछती है, स्वदेश दीपक को रोना क्यों नहीं आता।

—कितना सुख, कितनी शान्ति मिलेगी अगर उसका गला दबा दूँ, मार दूँ !

—सुबह साँस रोक लेती है। मेरा दुर्लभ संसार ग़ायब। और मैं लकवाग्रस्त।

—मुझे अक्सर मुगालता कि अब वह शत्रु नहीं। मेरा हरा जंगल है।

—जब उसकी जाँघ पर लेट जाता हूँ, तो छलावा नहीं महसूस होता। एक मादक शरीर—गन्ध।

—तुम्हारी कायर ट्रेजडी। उससे डरते भी हो, उसे हासिल भी करना चाहते हो।

As yet we are not fated foe the final meeting. Then I will drive her mad.

मुझे सिस्टर ने अपने कमरे में बैठकर पढ़ने को कहा। आप सो जाओ। मुझे झूठ डराया गया था। अब वीकएंड आपके पास रहूँगा। वह लेट गया। दुःख हमें एकदम बड़ा भी कर देता है, समझदार भी बना देता है। क्या क़िस्मत पायी है तूने! सोलह वर्ष के बेटे से सेवा।

वर्तमान : बिल्कुल इन दिनों

रात को ट्रंककाल। सुकान्त ने फ़ोन उठाया। मुझे कहा :

—फॉर यू। सम लेडी। शी वांट्स टू टॉक टू यू। वैरी हस्की वायस।

—कौन है?

—नाम पूछा। नहीं बताया। डोंट गैट एंगरी।

फ़ोन पकड़ा और बताया, स्वदेश बोल रहा हूँ।

—मैं त्रिवेन्द्रम, केरल से बोलती। क्या इंग्लिश में बोल सकती।

—बोलिये।

—*I am reading your fractured memoirs in Kathadesh.*

—जी।

—*मैंने माण्डू नहीं देखा* हैज़ गिवन मी द की टू यूअर सफरिंग।

—जी।

—*The seductress that drives you to madness is very powerful. Your soul is still in her custody.*

अब मैं चौकस और चौकन्ना हो गया।

—*I am a more powerful seductress. I can save you from her black powers. Come and stay with me for three months.*

झूठ बोला —

—लेकिन मैं तीन महीने के लिए अमेरिका जा रहा हूँ। आपको मेरा फ़ोन नम्बर कहाँ से मिला?

उसने हिन्दी में कहा :

—मैं सब कुछ जानती।

सुकान्त ने मेरा उड़ा रंग देखा, पूछा :

—कौन थी? क्या कहा?

—केरल से थी। उसे मेरा फ़ोन नम्बर कहाँ से मिला?

—'कथादेश' से लिया होगा। वहाँ से पूछ लो।

फ़ोन किया। हरिनारायण ने बताया कि उनसे किसी केरल की महिला ने मेरा नम्बर नहीं लिया।

–मैं अपने भय–संसार में लौटा कि लौटा। सुकान्त अब मेरा हमराज़ है। स्याना हो गया। सब कुछ शेयर करता हूँ। मेरा मज़ाक़ नहीं उड़ता।

–कल सुबह पी.जी.आई. जाओ। डॉक्टर प्रतापशरण को सब कुछ बताओ। डोंट टैल इट टू ममा। शी विल बी डिस्टर्ब्ड।

अगली सुबह : पी.जी.आई. चंडीगढ़

डॉ. प्रतापशरण को सब कुछ बताया। चेहरे पर कोई भाव नहीं। आँखों की गहराई बढ़ गयी है। ज्ञान का तेज बढ़ गया।

–उसे मेरा फ़ोन नम्बर कहाँ से मिला?

–यह बात इतनी महत्त्वपूर्ण नहीं जितनी आप इसे बना रहे हैं। कोई भी किसी का फ़ोन नम्बर कहीं से ले सकता है।

–एक अपरिचित महिला यह कैसे कह सकती है तीन महीने साथ रहने को?

–अशान्त और असामान्य औरतें हमेशा आपकी तरफ़ आकर्षित होंगी। डिस्टर्ब्ड एंड एबनॉर्मल।

–लेकिन मैं उस सघन गुफा में नहीं जाना चाहता।

–चक्रव्यूह बनाइए। किसी महिला को प्रवेश मत करने दें।

मैं चुप। लेकिन उठा नहीं, डॉ. शरण समझ गये, कुछ बताने में झिझक रहा हूँ। चुप इन्तज़ार करते रहे।

–मायाविनी की बहुत याद आती है।

–वह तो नहीं आती?

–नहीं।

–याद आने में कोई डर नहीं। लेकिन हमें कोशिश करके अपनों की अच्छी बातें याद करनी चाहिए।

मैं उठ खड़ा हुआ। डॉ. शरण ने सलाह दी–थोड़ा–सा भी डिस्टर्ब हों तो तुरन्त यहाँ आयें।

बाहर निकला तो केरल निवासिनी के भय से लगभग मुक्त।

अतीत

बिस्तर पर लेटे, खिड़की से चाँद के चलने की आवाज़ सुनाई देती है। सुन्दर वन में मेरे पास बैठी कामना और मैं। सारा दिन बेवकूफ़ी की बातें

करते रहे। मेरी मायाविनी शब्दातीत। मेरी कल्पना में उकाब के परों की तरह हिलती शाखें। मैं फिर से पथराने लगा हूँ। न जीवित, न मृत। अब यही स्वदेश। क्या अपमान सहने की आदत पड़ जाती है? कभी–कभी देख लेता हूँ अपनों की आँखों में। मैं एक ऊँघती, सुस्त बिल्ली में बदल गया। चूहा पकड़ने के लिए भी छलाँगता नहीं। अब मन करता है, कोई बदसूरत लड़की दोस्त बने। वह दुःख नहीं देगी। क्यों ख़त्म नहीं होता यह लड़खड़ाहट का चरण? नहीं, तो मैं क्यों ख़त्म नहीं होता! तुम थोड़ा बड़े कर्णफूल डाला करो। हिलेंगे तो परछाईं नाक तक आयेगी। मेरे डर की न कोई दिशा, न कोई सीमा। डर ने साक्षात् शरीर धारण कर लिया। अब शेष जीवन क्या किसी न किसी का हाथ पकड़ चलना होगा? मैं एक लँगड़ा बाघ। क्या मैं मादाम बोवेरी बन गया? सुख के सारे सपने दुःस्वप्न में बदल गये। मैं मरना चाहता हूँ। यह एक शुभ अन्त होगा।

सुबह कांता आयी।
उसकी नमस्ते का जवाब नहीं दिया।

–क्या हुआ काका, आज नमस्ते नहीं की!

मैं चुप। उसने हरनाम सिंह से पूछा।

–भैंण जी, पता नहीं आज क्या हो गया इनको! चाय भी नहीं।

–मैं केला दित्ता, नहीं लेया।

कान्ता ने सिर पर हाथ फेरा–अपनी माँ को भी नहीं बतायेगा?

–रात को पाजामा गन्दा हो गया।

कुछ सोचकर–उठे नहीं कि पता नहीं चला?

–पता नहीं चला। उतार दिया। जला दो।

–कितने पाजामे जलाऊँगी! धो लूँगी। उतारा तो टाँगें भी गन्दी हो गयी होंगी?

कोई जवाब नहीं दिया। लगभग हार गयी आवाज़ में हरनाम सिंह को कहा :

–क्या होगा भाई साहब! क्या करें!

–हम निमाणे क्या कर सकते हैं! अकाल पुरुष के दरबार में विनती करें। मैं प्रोफ़ेसर साब को बाथरूम ले चलता हूँ। आप साफ़ कपड़े लेकर आ जायें।

हरनाम ने गुसलखाने पहुँच मुझे आँखें बन्द रखने को कहा। रगड़–रगड़कर साफ़ किया, नहलाया, साफ़ कपड़े डाले। गर्म–गर्म दूधवाली चाय पी। सिकन्दर का केला खाया। नहाने से हल्का हो गया। आँखें मुँद गयीं।

बिस्तर के पास आवाज़ें। आँखें खोलीं। डॉ. प्रतापशरण। नर्स से चार्ट लिया। पढ़ा। सोचा। कुछ काटा।

–सिस्टर, आठ गोलियाँ काट दी हैं। बाकी चार गोलियाँ देनी हैं।

मैंने नमस्ते की।

–कैसे हैं? आज तो सवेरे–सवेरे नहा लिए! थोड़ी–थोड़ी देर बाद गैलरी में चल लें। टैरेस में बैठें।

–मेरा मन नहीं करता।

–तन और मन अलग नहीं होते। हम रोग से लड़ रहे हैं। आप शरीर का ध्यान करें। लगातार लेटे रहें तो अंग काम करना भूल जाते हैं।

मैं चुप।

–परसों आपके केस को लेकर मेडिकल कॉन्फ्रेंस होगी। डॉक्टर और एम.डी. के स्टूडेंट्स को मिलाकर लगभग सौ लोग। आप भी होंगे।

–आपको वहीं बतायेंगे। पत्नी को बुला लें।

–गीता क्या करेगी!

–उनको भी वहीं बतायेंगे। एक बातचीत होगी। सब डॉक्टर मिलकर आपके बारे में सोचेंगे।

डॉ. चारी आये। अपनी पूरी टीम के साथ। नर्स से पूछा :

–अंडे और दूध ले रहे हैं?

–यैस सर!

उन्होंने चादर हटायी। दायीं बाँह उलट–पलटकर देखी। मूँछे हिलीं। डॉ. नायडू से कहा कि कोई इम्प्रूवमेंट नहीं।

–सर, आई फीयर देयर इज़ सम इन्फैक्शन।

जली हुई चमड़ी को छुआ। कुछ सोचा।

–ठीक डॉक्टर नायडू! आप ऑपरेशन थिएटर से अरली डेट लें। वी विल डू ग्राफ्टिंग।

मेरा चेहरा देखा। उस पर बैठा डर देखा। समझाया।

—आपकी जाँघ से मांस लेकर जली हुई बाँह पर जोड़ा जायेगा। इसे स्किन ग्राफ्टिंग कहते हैं। इट विल क्विकन द हीलिंग प्रोसेस। देअर इज़ नथिंग टू वरी। यूअर आर्म विल बिकम आल्मोस्ट न्यू।

हर कोई कहता है, चिन्ता की कोई बात नहीं। मेरे तन पर, मन पर ...इतने घाव...खिड़की के पल्ले हिलते क्यों हैं...उसके द्वारे जाऊँगा तो फिर से शब्दातीत हो जायेगी...मैं ग्रीक ट्रेजडी का नायक नहीं...नहीं होती मरियल कभी ट्रेजडी...सब कुछ दुर्लभ...सब कुछ लुप्त...मेरा मुगालता कि सूरमा था ...रूपवती ने बिस्तर से लगा दिया...मात्र उसकी प्रजा...वह है क्या...कहीं मात्र छलावा तो नहीं...संघर्ष तो दरकिनार...मरने की एक और कोशिश... इस लकवाग्रस्त तन–मन से क्या हासिल...मैं उसकी जाँघ पर कब लेटूँगा ...औरतें मुझे श्राप क्यों दे डालती हैं...हवा हर वक़्त गरजती क्यों हैं...फैज साहब की कोई बात याद नहीं आती...गीता ने चूड़ियाँ बेच दीं...बैंक खाते में सूराख...मेरा रोग...अवसादकारी...धसकन...सब कुछ मन्द अवनत...लगातार गहरी उदासी...नितान्त अकेले पड़ जाना....सारे संसार में कोई ख़ुशी नहीं ...सारे रंग काले...कुछ भी सार्थक नहीं...केवल अशुभ ख़बरों की प्रतीक्षा... कोई सवाल पूछे तो बहुत छोटा जवाब...भाषा बोलना एक ही तान में...मैं ख़ुद कभी प्रश्न नहीं पूछता...लोगों से दरकिनार...निर्जीव, निरुत्साह...झुकी मुद्रा, झुक गये काँधे...कोई बहुत बड़ा क्राइम हो गया...नतीजन गिल्टी...मेरा पाप अक्षम्य...अब उसे ज़िन्दा रहने का कोई हक नहीं...सब छोड़ गये उसे ...अकेले मरना उसकी नियति...

यह मेरे रोग के लक्षण। लेकिन रोग के निदान तो नहीं।

डॉक्टर वर्मा का क्लास रूम। चार्ट पेपर पर लिखे मोटे अक्षर।

—दीपक जी, इन अक्षरों के वाक्य बनायें। कोई अर्थ निकलना चाहिए।

—वाक्य होगा तो अर्थ भी होगा।

—नहीं। मैंने घोड़ा देखा, रोटी खायी, इन्हें हम अर्थपूर्ण वाक्य नहीं मानते। यह ज़रूरी नहीं, आप एक सिरे से बनायें। किसी भी अक्षर को ले सकते हैं।

थोड़ी देर सोचा। पूछा—वाक्य बनाने से क्या होगा?

—हम आपके सोचने को, विचारों को तरतीब से करने की कोशिश करेंगे।

ग : गधे आम नहीं खाते।

डॉ. वर्मा : आपको कैसे पता?

—मिर्ज़ा ग़ालिब ने बताया।

क : कामना मेरी हत्यारिन है।

डॉ. वर्मा : इस वाक्य का कोई अर्थ नहीं।

—मेरे जीवन के सारे अर्थ इसी वाक्य में हैं।

प : प्रधानमंत्री को कविता नहीं लिखनी चाहिए।

श : शासक—वर्ग दोगला और मिथ्या होता है।

ब : बैल रामधुन गा रहा है।

डॉ. वर्मा : यह कैसे हो सकता है?

—इसे अकविता कहते हैं।

व : सुन्दर वन में बहुत वर्षा होती है, श्वेत चीते तब ग़ज़लें गाते हैं।

र : राजेन्द्र यादव को नोबेल प्राइज। हिन्दी वालों में शोक छा गया।

स : सौमित्र मोहन कविता नहीं लिखता, फिर भी कवि।

द : स्वदेश दीपक सबसे रद्दी लेखक है।

त : तारों की चमक कहाँ गयी!

क्ष : क्षत्रिय चाय का खोखा खोलता है।

म : मेरे, जीने का एक भी कारण नहीं रहा।

य : *You left your smile in my mind.*

डॉ. वर्मा : हिन्दी में लिखें।

—यह वाक्य इंग्लिश में ही लिखा जा सकता है।

पेन मेज़ पर रख दिया। डॉ. वर्मा ने पूछा : और नहीं लिखेंगे?

न में सिर हिला। वह कमरे तक छोड़ने के लिए उठे।

—चला जाऊँगा। रास्ता याद हो गया।

—आपको छोड़ना अच्छा लगता है। वज़न बहुत कम हो गया।

—थोड़ा और कम हो तो खिड़की से आसमान में उड़ जाऊँगा।

—आसमान में तो विमान से भी उड़ा जा सकता है।

रुका। चकित। फिर ख़ुश।

—मुझे तो किसी ने बताया ही नहीं। अब विमान से उड़ूँगा।

कॉन्फ्रेंस हॉल। डॉक्टर अन्दर जा चुके हैं। अवनीत शर्मा बता रहे हैं :

—पहले इनका मेडिकल केस और हिस्ट्री पढ़ी जायेगी। तब तक आप अन्दर नहीं होंगे। फिर बुलाया जायेगा। सवाल दीपक जी से पूछे जायेंगे। मैडम, आप न बोलेंगी, न जवाब देने में इनकी मदद करेंगी। अवनीत अन्दर गये। गीता ने मेरे दोनों हाथ अपने हाथों में लिए।

गीता : जो कोई कुछ पूछे, बताना। शायद कोई रास्ता...

—अब कहाँ बचा है कोई रास्ता!

गीता : अपनी कहानियों के पात्रों की आत्मा देखते हो। कभी अपनी...

I am dead soul of Gogol.

हम दोनों चुप। एक—दूसरे में नहीं, अपने आप में खोये हुए। मायाविनी ने हौले से हिदायत दी—मेरे, अपने बारे में कोई बात मत करना। नहीं तो मैं एकदम बूढ़ी हो जाऊँगी।

क्या मायाविनी Rider Haggard की SHE है?

हम हॉल में। मनोरोग विभाग के अध्यक्ष प्रो. कुल्हाड़ा सेमिनार चेयर कर रहे हैं—कॉन्फ्रेंस के नियम बताये।

—स्वदेश जी, कोई भी डॉक्टर आपसे दो से ऊपर प्रश्न नहीं पूछ सकता। आपका मन करे तो जवाब दें। चुप रह सकते हैं। कॉन्फ्रेंस में हिस्सा लेना कोई ज़रूरी नहीं। आप चाहें तो अभी जा सकते हैं।

मैं हिला। गीता समझ गयी, उठूँगा। घुटना दबाकर बैठा दिया।

प्रो. कुल्हाड़ा : स्वदेश दीपक छब्बीस वर्ष तक अंग्रेज़ी के प्रोफ़ेसर रहे हैं। हिन्दी में लिखते हैं। दस किताबें, नाटक *कोर्ट मार्शल* इनका लिखा हुआ है। आजकल चंडीगढ़ में मंचन हो रहा है। दीपक जी, आप थक जायें तो बतायें, उसी समय यह मेडिकल कॉन्फ्रेंस बन्द कर देंगे।

जेबों से पेन निकल आये। नोटबुक्स खुल गयीं।

डॉ. अजित अवस्थी : इन दिनों आप कैसी किताबें पढ़ते हैं?

—जासूसी और थ्रिलर्ज़।

डॉ. अवस्थी : यू मीन चीप बुक्स?

—नो। सच बुक्स आर कॉल्ड पापुलर लिट्रेचर। नॉट चीप बुक्स।

प्रो. कुल्हाड़ा : हमें भूलना नहीं चाहिए, दीपक अंग्रेज़ी के प्रोफ़ेसर हैं। चाहें तो इसी समय हमारी क्लास ले सकते हैं।

हँसी के टुकड़े कहीं—कहीं उछले। मेरा तनाव कम हो रहा है।

डॉ. अवस्थी : आप जो पढ़ते हैं, कितना याद रहता है?

—कुछ नहीं। एक किताब कई बार पढ़ लेता हूँ।

कोई डॉक्टर : आपको लगता है कि एक मिराज, छलावे के पीछे हैं?

—जब स्मृति लुप्त होने लगे तो कोई भी घर, अपना घर है, का मुगालता हो सकता है।

वही डॉ. : फिर जो अपना है, कैसे पहचानेंगे?

—जो दुर्लभ है, जो जटिल है, उसको पा लेने की ज़िद। सुबह एकदम चुप और हवा गहरी गर्जना करती हुई।

प्रो. कुल्हाड़ा : इतनी कठिन कविता में जवाब न दें। हैं तो हम डॉक्टर ही।

कोई डॉ. : क्या अपने लोग अच्छे नहीं लगते?

—नहीं, हमेशा सलाह देंगे। पास होते हैं तो अन्दर से लकवाग्रस्त हो जाता हूँ। पाठ कर। रामजी का नाम ले। दस तक गिन।

डॉ. : आप किस विषय पर लगातार सोचते हैं?

—अपनी राह से हट गया। दिशाहीन। *A spiritual drifter like Robert Frost.*

प्रो. कुल्हाड़ा : आपकी साँस फूल गयी। कुछ देर चुप रह सकते हैं।

—आजकल सिगरेट नहीं पी रहा। साँस तो फूलेगी।

कोई डॉ. : आप कभी–कभी रात को किससे बातें करते हैं?

मैं चुप। गीता ने कुहनी से छुआ, बताओ।

—If you ask me such personal questions I will start telling lies.

डॉ. : घर टूट जाता है, कभी सोचा आपने?

—नहीं। मैं तो आजकल सोचता हूँ, अदम साहब ने ठीक कहा है :

दिल खुश हुआ मस्जिदे वीरान देखकर
चलो मेरी तरह खुदा का भी खाना ख़राब है।

डॉ. : आपको कैसे सपने आते हैं?

—चूहा इतने ख़तरनाक सपने देखता है, अगर दिल्ली को पता चले तो हार्ट–अटैक हो जाये।

गीता : सीधे जवाब दो।

प्रो. कुल्हाड़ा : मैडम, आप इनकी कोई मदद न करें।

डॉ. : आप हमेशा ट्रेजडी क्यों लिखते हैं?

—*Tragedy is the only truth of like.* वह जो शब्दातीत मेरे साथ रहती है, हमेशा कहती है : आपका जन्म त्रासदी लिखने के लिए हुआ है।

डॉ. : क्या आपको औरतें अच्छी नहीं लगतीं?

—डर लगता है मुझे औरतों से।

डॉ. : अगर पूछा ज़ाये, अगले जन्म में क्या बनेंगे?

—ऊँघती बिल्ली बनूँगा। चाँद के साथ बेआवाज़ चलूँगा।

किसी आदमी ने हमारी छोटी मेज़ पर चाय रखी। गीता ने कहा, पी लो। ये लोग पता नहीं और कितने सवाल पूछेंगे। थक गये? उठें? आज गुस्सा मत करना। फॉर माई सेक।

जंगली कुत्ते। पेट ज़मीन से लगा। मेरी तरफ़ घिसटते जंगल के कुत्ते। बाहर लटकी, लगातार जीभें, हिंसक बूँदें नीचे गिरतीं। क्या मैं उनका आहार हूँ? मेरे डर का दरवाज़ा खुल गया। क्या वह आयेगी रक्षा करने जिसने मेरा रक्षा–कवच चुरा लिया? गीता से पूछा कि दिन कब होगा? रात ख़त्म क्यों नहीं होती? समझ गयी, मैं अपने उत्तेजक संसार में गया कि गया। मेरा हाथ पकड़ा। दबाया। दरवाज़े पर रुक गया। सात सालों में शरीर के किसी भी लक्षण को पहचान लेती है।

डॉ. : पिछले कई वर्षों में आप क्यों नहीं लिख सके?

—मेरा शब्दकोश उसने चुरा लिया।

डॉ. : आप मरना क्यों चाहते हैं?

—कँटीली तारों के उस ओर शरीर–मुक्ति है।

मैं उकताया। प्रश्न इतने निरर्थक हैं। मैं टेलीफ़ोन की तरह बोल रहा हूँ। वहीं बैठा रहा। उस देश चल पड़ा जहाँ लोग मेरी भाषा नहीं समझते। मैं उनकी भाषा नहीं समझता।

डॉ. : आपको और नहीं तो अख़बार ज़रूर पढ़ना चाहिए। डाइवर्शन के लिए।

—क्यों सुनूँ चीख़ की अनुगूँज? आपने ठंडी रोशनी छुई है कभी?

डॉ. : क्या आपका कोई लक्ष्य है?

—मैं सब्ज़ पहाड़ी की जानिब जाऊँगा।

कॉन्फरेंस कमरे में तनाव उग आया। समझ गये डॉक्टर कि मेरा स्थानान्तर होना आरम्भ।

डॉ. : आपको निर्णय लेना होगा रोग से लड़ने...

No, I am a damned Hamlet. The prince of hesitation.

गीता ने कहा, मत बोलो इंग्लिश। मैंने बताया, अब हिन्दी नहीं आती।

मेरा शरीर वहाँ से अनुपस्थित होना शुरू हो गया।

डॉ. : आप तय कर चुके हैं कि किसकी वजह से बीमार हुए? नफ़रत करते हैं क्या?

—अब नहीं। *She smiles and she weeps.*

डॉ. : अब अच्छा लगने का कारण?

—चुपचाप सूखते फूल। मेरी वादाख़िलाफ़ी। मैं जलावतन कर दिया गया। मैं जलपान करूँगा। अनिद्रा...काले अनुभव....काला बसन्त। निर्वाक्.. निष्पाप। सात साल...फाँसी का तख्ता...गला...रस्सा...खींचो रस्सा।

गीता ने घुटनों को छू चुप कराया। बैठे—बैठे साँस चढ़ गयी।

प्रो. कुल्हाड़ा : दीपक जी थक रहे हैं। कोई बिल्कुल ज़रूरी सवाल हो तो पूछें।

डॉ. अवनीत : मेरी सलाह है कि कॉन्फ्रेंस बन्द करें। माई पेशेंट इज़ टायर्ड।

प्रो. कुल्हाड़ा चुप रहे। यह और सवाल पूछने की मंजूरी थी।

डॉ. : हम केवल अपने लिए नहीं जीते। आपके बच्चे हैं, बेटी और बेटा।

—डूब गये बेटा—बेटी दुःख की नदी में। छूत का रोग। नहीं रहेंगे आसपास। मैं अब गॉड से बातचीत करता हूँ। उसने बताया, सब मर गये तुम्हारे लिए। मैं समुद्र में तैरती बोतलें देखता हूँ। उनमें मेरे गुप्त सन्देश। लोग घुटनों से बोलते हैं। मेरा मरा हुआ पिता कहता है, पीछे चला। मेरी पत्नी। मेरा कफ़न। आवाज़े—मत रहो अपनों के साथ। मेरे तीन बच्चे क्यों नहीं। मैं सम्राट। मेरे दरबारी। *Now my kingdom of the mad.* मैं पुष्कर में। मेरे ऊँटों का मेला...मेरे दिमाग़ पर ताला लग गया...मैं सिर से पाँव तक दुर्गन्ध...दया का नाटक। *I am not fated to meet her...*अपनों की प्रार्थनाएँ. ..मरता क्यों नहीं...सबको मारकर मरेगा...*There is no woman like me.... Smart, brainy, beautiful, sexy and fatal.* मत पूछो मेरे घर का पता...मेरा पियानो कहाँ गया...टूट—फूट गये सारे वाक्य...*Words have divored the dictionary.* भ्रम ही जीवन...मैं एक नैतिक कोढ़ी...मैं महासंकट...सबके लिए ...कब होगा मेरा अन्त!

गीता ने होंठ पोंछे, गला पोंछा। थूक गिर रहा है। बलपूर्वक कहा, अब बिल्कुल नहीं बोलना, पता नहीं क्या–क्या पूछे जा रहे हैं! यू ऑर बोन टायर्ड।

डॉ. : अगर आपको...

स्वदेश : *Words. Words. Words. Am I a criminal? Being grilled and unclothed. Beware of her burning eyes.* अपने श्वेत चीतों के संग आयेगी। मार देगी। उसके नितम्ब थोड़े बड़े...थोड़े भारी... बिल्कुल सैक्सी। *A Am I kafka? Am I the hero of the Trial? Is this a court? My fractured soul on trial. Swadesh Deepak.Public exhibit number one. My grief is suspected. The doom is only truth. There is no motivation. There are one hundred prosecutors. Where is my Defence council?*

मेरा बचाव पक्ष का वकील...

सकता गये लोग। थूक के छींटे पोंछे गीता ने।

एक डॉक्टर धीरे–धीरे अपने स्थान से खड़ा हुआ। बिल्कुल गोरा रंग। बाल कसकर काढ़े। बिल्कुल ग्रीक देवता–सा शरीर। वह बोला, मैं पार्थो चौधरी, बचाव पक्ष का वकील हूँ। डिफेंस काउंसिल ऑफ़ स्वदेश दीपक।

8

घूमते अँधेरे–सा पतझड़

यह मेरा चरम पल था।

नहीं, विक्षिप्त हो गये आदमी का चरम पल था।

समय ने कहा, अब तुम्हारे होने का कोई अर्थ नहीं। छीन ली मेरी शरणस्थली।

मेरा कोई मायना क्यों नहीं!

आत्मा के कोने में बैठी स्मृतियाँ ऊँघने लगीं। मेरी याददाश्त ग़ायब कि ग़ायब।

मेरे नाख़ून तक थक गये हैं।

जूतों की दुकान से मिठाई की महक। औरतें थक चुकी हैं।

दोपहर को गीता ने पूछा, जल्दी जाऊँ। सवेरे पारुल ने दिल्ली जाना है।

मेरी आँखों में लिखा क्यों उसने पढ़ लिया?

–भूल गये। बताया था, पारुल ताज ग्रुप ऑफ़ होटल्ज़ में सेलेक्ट हो गयी। ट्रेनिंग शुरू होनी है। अन्दर वाक्य जन्मा। मेरी बेटी होटल में काम करेगी। लेकिन शब्दों का हाथ ध्वनि ने नहीं पकड़ा।

–जाओ। तैयारी करवाओ। लौटना असम्भव।

गीता की आँखों में डर। दीपक कहीं फिर अपने नगर गया कि गया।

–तुम्हें बुरा लगता है। कहो तो नहीं भेजते।

–जो दिल्ली जाये, लौटकर नहीं आता।

गीता गयी। उसके कन्धे थोड़ा और झुक गये हैं। चाचा हरनाम सिंह लगातार मेरी तरफ़ देखते मुँह में पाठ कर रहे हैं।

बेटा सिकन्दर तीसरी बार पी.जी.आई. में दाख़िल हुआ है। चाचाजी इस रंग के लक्षणों से वाकिफ़ हो गये हैं।

कान्ता ने कहा, आज जल्दी घर जायेगी। पोती का जन्मदिन है।

मैं फन्दों से भरे जंगल में पहुँच गया था। यह फन्दे अहेरी बनाते हैं, हरे–कोमल बाँस से।

उसकी पीठ चाँदी की है। आयी और मेरे पास बैठ गयी।

मैंने खड़ी चट्टान पर चढ़ना शुरू कर दिया। किसी ने नहीं देखा चढ़ते हुए।

कान्ता ने फिर बताया कि आज पोती...

–गो। जाओ। कारण मत बताओ। भाई के पास हो। थाने में नहीं। मत बोल लम्बा।

कान्ता फिर बैठी। चुपचाप रो रही है। अपने पर क़ाबू पाया।

–बड़ी बहन अब लम्बा बोलने लग पड़ी!

चाचा ने कान्ता का हाथ पकड़कर कहा कि चलो भैंण जी, बस में बैठा हूँ। बड़ी ने हरनाम चाचा की आँखों में जनमा भय देखा, चुपचाप उसके साथ चली गयी।

सिकन्दर : बड्डे साहब, आप जी से डर लग रया है। अंग्रेज़ी मत बोलना। केला खा लो, ठीक हो जाओगे।

भय का राज्य पलभर में फैल जाता है। युद्ध पंजाब बार्डर पर शुरू होता है, खन्दकें कलकत्ता में खोदनी शुरू। कमरे में लेटे मरीज़ों और बैठे परिचारकों को गन्ध आ गयी। लाइटें बुझेंगी। आत्मा की स्टेज पर नाटक का मंचन शुरू हो जायेगा। हरनाम चाचा मेरे नज़दीक स्टूल पर बैठ गये।

प्रोफ़ेसर साहब, आज आपको भगवान कृष्ण की कहानी सुनाता हूँ। जितने बड़े जोधा, उससे बड़े समझदार। हर रणनीति से वाक़िफ़। खेतों में काम करने वालों की, दूध बेचने वाले की फ़ौज बनाई। कंस जैसे ताकतवर और जालिम राजा की जड़ों तक पानी डाल दिया। फिर कोई कंस उगेगा ही नहीं। एक बार युद्ध हुआ। दुश्मन की फ़ौज भारी पड़ रही थी। श्रीकृष्ण समझ गये कि शत्रु हरायेगा भी, जान से भी मारेगा। ज़िन्दा रहना ज़रूरी है, तभी अगली लड़ाई लड़ सकेंगे। अपने फ़ौजियों के साथ जंग के मैदान से भाग लिए। इसीलिए भगवान श्रीकृष्ण का एक नाम रणछोड़जी है।

सिकन्दर : बापू। कहाँणी बड्डे साहब को क्यों सुनायी? भगवान किरशन नहीं हैं।

हरनाम सिंह : पुत्तर। हम सबके अन्दर गुरु महाराज का छोटा–सा अंश होता है। साहबजादे दीवार में चिनवा दिये गये। परलाप करते मर्द, औरतें, बच्चे देख गुरु गोविन्द सिंह दहाड़े–बन्द करो रोना। दो बेटे मरे हैं, मेरे अनगिनत बेटे ज़िन्दा हैं। मैं उनके हाथों में शमशीर दूँगा।

कहते हैं, लोगों की आँखों में आँसू सूख गये। उसकी जगह अंगारे उग आये। प्रोफ़ेसर साहब एक जंग हारे हैं। अगले युद्ध में जीत इनकी होगी। हमारे सूरमा गुरु महाराज इनके साथ कन्धे से कन्धा मिला मैदानेजंग में उतरेंगे।

रणछोड़जी कुमुक लेकर नहीं पहुँचे। सूरमा गुरु गोविन्द सिंह महाराज नहीं पहुँचे। बिस्तर के दोनों तरफ़ हाथों से टटोला। वह मेरे हथियार चुरा ले गयी थी। युद्ध की घोषणा कर दी गयी। मैं निहत्था मैदानेजंग में उतर गया।

सायरन बजाओ। यू लेज़ी बास्टर्ड्ज़। द एनिमी प्लेन्ज़ हैव क्रॉस्ड दी बार्डर।

मरीज़ों ने मुँह चादर से ढाँप लिए।

वह आ गयी। तीन सफ़ेद चीते। मुझे मार देगी। शी विल किल मी।

बाहर बेंच पर बैठे विकास के दोनों कमांडो ने किल शब्द सुना। पलक झपकते मेरे बिस्तर के पास। एक इस तरफ़, दूसरा उस तरफ़। कन्धों पर लटके स्वचालित हथियार हाथों में। उनके कानों में ख़ूनी शब्द चार्ज बजने लगा।

–कौन आयेगा मारने? सारा का सारा छेद दूँगा उसे।

–साहब। बिल्कुल मत डरना। साक्षात् श्रीकृष्ण जी भी दरवाज़े के अन्दर नहीं आ सकते।

–दलवीर, चौकस रह। मैं डी.आई.जी. साहब को फ़ोन करके आया।

–नो विकास। नो वी.एन.राय। ही हैज़ जायन्ड द एनिमी।

हरनाम सिंह ने उन्हें समझाया कि कोई मारने नहीं आ रहा। इनका डरावना सपना शुरू हो गया। आप दरवाज़े के पास जाओ।

–सरदार जी। हम तो यहीं खड़े रहेंगे। जब तक डी.आई.जी. साहब हुक्म न दें, डॉक्टर न कहे, हम नहीं जानेवाले।

वे दोनों धीरे–धीरे गर्दन घुमा खोज करने लगे। कहाँ छिपा है क़ातिल!

मेरा ट्रैंच, खोदो खाई। बमबारी शुरू।

शिमलावाले ने चीख़कर कहा कि इस बास्टर्ड को बाहर ले जाओ। प्रोफ़ेसर पूरा पागल हो गया।

सतबीर सिंह उसकी चारपाई के पास गया।

–नौजवान! अपने से बड़ों को गाली नहीं देते। अपने आप चुप हो जा। हमने चुप कराया तो हमेशा के लिए चुप हो जायेगा।

रक्षामन्त्री ने ख़ुद यह ख़तरनाक रहस्य बताया, तुम्हारा सिडक्ट्रैस एवरी संडे सेफ्टीरेजर से टाँगों के भूरे बाल साफ़ करता। उन्हें अ और इ का भेद आज तक समझ नहीं आया।

लॉन में पड़ी बूढ़ी कुर्सी। उस पर रखे बनावटी दाँत किसके हैं?

सारे दुःख अकेले कैसे सुलझाऊँ! मेरे लिए सबसे फरेबी लफ़्ज़–आप ठीक हो जायेंगे।

सिकन्दर : बापू, चुप करा। बड्डा साहब मर जायेगा।

बापू : नहीं मरेंगे। कलगीवाले पास खड़े हैं। सोने का तीर कमान पर चढ़ गया। कौन–सी ताक़त अब छुयेगी प्रोफ़ेसर साहब को।

उठ खड़ा हुआ। लोहे के बिस्तर की परिक्रमा की।

हरनाम सिंह : भागाँ भरयो। दुधवाली चा ले आवाँ।

–मैंनू ओहदे ख़ून दी बाल्टी भरके लेया देवो। इक छीक विच पी जाँवाँगा। मॉड गॉन है। आ गयी। आयरलैंड से आ गयी। रोज़ रात आती। झूठ बोलती। तैनू ठीक कर दयाँगी। रोज़ मेरा एक जहाज़ समुन्दर में डूब जाता। *She is Helen of Troy. The first fatal woman. The curse of men.* चाचा जी! मेरे सारे जहाज़ डुबो दोगी। कीवें कराँगा समुन्दर पार। इस महाविपत्ति में कोई मेरे साथ नहीं।

सिरहाना टिकाने के लिए लोहे की मोटी रॉड देखी। शिशिर के अश्व दौड़ने लगे।

बकरी की लम्बी, लाल मोटी जीभ। जयकारा । बोल कृष्ण बलदेव की जय! रॉड तोड़ने के लिए माथे से टक्कर। रॉड टूटी नहीं। माथा नहीं फूटा। ख़ून नहीं निकला। माथा बीच में मोटा।

सिकन्दर चीख़ा–बापू! मत्थे ते गुडुम बण गया।

–हरनाम चाचा! बोल दे। सबको बोल दे। जो पकड़े, बरछे से छेदूँगा।

दूसरी टक्कर। मेरा घोड़ा। मेरा घोड़ा। एकदम जा। मेरा घोड़ा ला। मैं वार डिक्लेयर कर दित्ती।

सिस्टर अन्दर आयी। सिस्टर बाहर भागी।

हरनाम सिंह ने मरीज़ों को हौसला दिया कि पेजर से डॉक्टर बुलायेगी।

आज मैं उसकी हत्या करूँगा। *I will kill the bitch-goddess.*

सिकन्दर ने कहा कि बड्डे साहब! हथियार तो हैं नहीं, हैं ही नहीं। असी दोवें ओंदा गला दबा देयाँगे। स्वाद आ जायेगा।

टाँगों के बीच चूहा। मरियल चूहा। डर गया। रोने लगा।

सिस्टर आयी। लम्बा, पतला, साँवला आदमी साथ।

मरीज़ ख़ुश। डॉक्टर साब आ गये। अब यह राक्षस चुप होगा।

मेरे सामने खड़ा। दौड़ना बन्द। बंगाल से। इसलिए शुद्ध हिन्दी बोलता।

—स्वदेश जी, मेरा नाम बताइए।

साइकाइट्रिस्ट जानता है। नाम बाहर की चीज़ों से जोड़ता है।

—सूर्यकान्त त्रिपाठी निराला।

—मेरा इतना भाग्य कहाँ कि महान कवि का नाम ले लूँ। मेरा नाम इतना आसान है। आप हमेशा भूल जाते हैं। संकेत दूँ। महाभारत से है।

—दूसरी घातक औरत। द्रौपदी।

—नहीं, मेरा नाम शान्तनु गुसाईं है।

मौक़ा मिला। रॉड को तोड़ने के लिए माथे से टक्कर। पकड़ने के लिए कुछ लोग उठे। अपने ही दर्प से पराजित द्रौपदी ने राजाज्ञा दी :

—बैठे रहिए। स्वदेश जी को कोई नहीं पकड़ेगा।

मैं खड़ी चट्टान पर चढ़ने लगा। मैं ज़मीन पर पैर रखे बिना चलने लगा।

—मैं फ़ोन करके गीता जी को बुलाता हूँ। एक घंटे में पहुँच...

—गीता नहीं आ सकती। पाकिस्तान गयी। राष्ट्रपति से मिलेगी। प्रार्थनापत्र देगी। दीपक को ठीक करने के लिए पाकिस्तान के पीर—फ़क़ीर मनाने की इजाज़त दें। आपके मुल्क के पीर—फ़क़ीर बहुत पहुँचे हुए हैं।

सिस्टर ने द्रौपदी को सलाह दी—प्लीज़, कॉल डॉक्टर अवनीत। प्रोफ़ेसर इज़ रनिंग हाई टेंपरेचर। हिज़ बॉडी इज़ बर्निंग।

सिस्टर, आप थर्मामीटर लगायें। मैं अवनीत सर को फ़ोन करता हूँ।

सिस्टर थर्मामीटर लायी। डरी हुई।

—प्रोफ़ेसर साहब! मैं आपकी छोटी बहन। थर्मामीटर लगाऊँ तो दाँतों से तोड़ेंगे तो नहीं!

—सिकन्दर को लगाओ। बुख़ार उसको। मैं यह लोहे की रॉड।

तीसरी टक्कर। रॉड को कुछ नहीं हुआ। एक और गुडुम। शिमलावाला सुबकिया :

—Professor sir, your suffering is endless. You must die. I will pray.

उसने गर्दन हिलाने वाले को देखा। डर। चुप।

—मेरे वीर। बोल लै अंग्रेज़ी। दुःख बताने के लिए सब ज़ुबानें ज़ायज।

एवरी लैंग्वेज फेल्ज़ टू एक्सप्रेस द ग्रीफ ऑफ़ मैन।

—दीपक सर, चुप हो जाओ। हुणं कोई दुख शेयर नहीं करदा। सारे मखौल उडाँदें। हो जाओ चुप।

मैंने थका हुआ घोड़ा छोड़ दिया। नये अश्व पर सवार हो गया। वह कमरे की तरफ़ आती दिखाई दी। क्या भ्रम? मायाविनी का आकार धारण।

—मत आना अन्दर बिल्कुल नहीं। मैं तुमसे...बड़ा पिशाच...सब...के ...सामने...तेरे दिल की पूरी करूँगा। संभोग। तेरे साथ। गर्भवती हो...जायेगी तेरी बेटी। हाउ मच हैव यू पेड फॉर माई सोल! द मोमेंट आई सॉ यू। दैट मोंमेट आई रीअलाइज़्ड यूअर हाबी इज़ कलेक्टिंग सोल्ज़। डोंट एवर डेयर टू थिंक दैट पोयट्स एंड राइटर्ज आर सिंपलटन्ज़। गो बैक यू टू यूअर डैन। चीते को तुम्हारी मिथुन—गन्ध का पता चल गया। वह पहुँचा। *The whole forest will throb with your cries of pain and pleasure, you bloody rich bitch.*

आज बहुत डर गयी। उल्टा हो भागी। सिर ज़मीन पर। टाँगें हवा में। गर्दन से थूक कोई नहीं पोंछ रहा। गीता अंबाला। जले हुए हाथ से पियानो बजाया। न मीठी आवाज़। न कर्कश। पियानो नाराज़।

एक साथ आये शान्तनु, गौतम और अवनीत शर्मा। पहली बार किसी डॉक्टर को कुर्ते—पाजामे में देखा। दानव परिचारक का प्रवेश। हाथ में निवार—रस्सी का गुच्छा। मेरी तरफ़ तिरछी निगाह से देखा। भैंगी आँखें।

—Welcome. Everybody welcome to the theatre of Beckett.

अवनीत : नाटक का नाम बतायें।

—सुन्दर हत्यारिन को फाँसी नहीं होती।

अवनीत : गलत। कोई मृत्युदंड दे तो फाँसी लगेगी।

—ग़लत। वह प्रेसीडेंट से दया की याचना करेगी। इतनी सुन्दर औरत की तस्वीर देख राष्ट्रपति छोड़ देंगे। आख़िर तो इन्सान हैं। मर्द भी हैं।

डॉक्टर गौतम ने डरी हुई नर्स को देखा। काँपते हाथ में काँपता थर्मामीटर उससे ले लिया।

—दीपक जी! मैं डॉक्टर गौतम। आपके शरीर का रखवाला। थर्मामीटर लगाऊँ? आप दाँतों से दबा तोड़ेंगे नहीं। मेरी नौकरी चली जायेगी। मेरा पोलियोग्रस्त बेटा भूख से मर जायेगा।

मुँह खोला। थर्मामीटर लगाया। निकाला। देखा। फिर देखा। प्लास्टिक के घर में रखा। टोपी पहना दी।

डॉ. अवनीत : कितना है?

डॉ. गौतम चुप।

सिकन्दर : एक सौ चालीस।

शिमलावाला : चुप रह! एक सौ चालीस हो तो सिर अभी पिघल जाये?

सिकन्दर : तू चुप। बड्डे साहब। थोड़ा बुख़ार कैसे चढ़ेगा।

अवनीत ने देखा। सब एकदम चुप।

डॉ. गौतम : अभी एक सौ पाँच है। बढ़ सकता है। मेडिकल वार्ड में एकदम शिफ्ट करूँगा। प्लीज़ कॉल फॉर द स्ट्रेचर।

डॉ. अवनीत : मिस्टर दीपक को कहीं शिफ्ट नहीं किया जायेगा। ही इज़ माई पेशेंट। आई विल टेक द डिसीजन।

डॉ. गौतम : बीमार आदमी सब डॉक्टरों का पेशेंट होता है। बुख़ार बढ़ा तो ब्रेन डैमेज हो सकता है। शायद आप मेडिकल डिपार्टमेंट की वर्किंग नहीं जानते। एमरजेंसी कॉल नोट की जाती है। पेशेंट देखने के बाद डॉक्टर बीमारी के बारे में लिखता है, दवाई के बारे में लिखता है। अपनी सलाह देता है। एमरजेंसी हो तो पेशेंट का इंचार्ज एमरजेंसी डॉक्टर होता है। इट इज़ कॉल्ड मेडिकल लॉ एंड मेडिकल एथिक्स।

डॉ. अवनीत : आप वैसे ही नाराज़ हो गये। यह हमेशा कुछ छिपाते हैं। इस मेंटल स्टेज में शायद रहस्य खोल दें। फिर इलाज...

डॉ. गौतम : आप साइकिएट्री वाले अपने को इतना सुपीरियर क्यों समझते हैं? स्वदेश दीपक प्रलाप कर रहे हैं। ही इज़ रेविंग। ही इज़ ऑन द एज ऑफ़ मैडनेस। ही कैन टेक द जम्प एनी मोमेंट। मैं जाता हूँ।

यू डोंट नीड मी। दिस पूअर, हैल्पलैस पेशेंट नीड्ज मी। मैं अपनी रिपोर्ट में सब कुछ लिखूँगा। इन्हें कुछ हो गया, कुछ भी, तो भगवान भी आपको क़ानून और कोर्ट से नहीं बचा सकते। प्लीज़ बिलीव मी। आई विल बी द स्टेट विटनैस अगेन्स्ट यू।

थोड़े काल के लिए मैं अपने प्रलाप–जगत से बाहर आ गया। लम्बे संवाद लिखने की लत मुझे है। गौतम कैसे बोल रहे हैं। ज़रूर मेरे लिखे संवाद रट लिए होंगे। ही कुड हैव बीन ए टैंस एक्टर लाइक पीयूष मिश्रा।

मैंने अपना परित्याग कर दिया। अपने प्रिय, पर्सनल, प्रलाप–संसार में जीना सुरक्षित।

मैं टूटे हाथ–पंखों में तब्दील हुआ। कमरे के कोने में फेंक दिया गया। चाहे मेडिकल वार्ड। चाहे मनोरोग वार्ड। मेरे लिए क्या फ़र्क़! दोनों जगह मेरी क़ातिल।

मैं एक अनिश्चित और धुँधली छतरी हूँ।

दिमाग़ फिर धड़कना शुरू। प्लीज़ गॉड! माई ब्रेन हैज़ स्टार्टेड थ्रॉबिंग।

मैंने डॉक्टर अवनीत से पूछा कि जब सर्दियाँ आती हैं तो औरतों के पेट मोटे होना क्यों शुरू हो जाते हैं?

हरनाम चाचा ने थूक से लिथड़े गले को पोंछा।

दोनों डॉक्टर बिल्कुल हैरतज़दा। नर्स के हिलते होंठ। शायद पाठ।

–मुझे उसकी पीली बिल्ली की बहुत याद आती है। कुत्ते की तरह बिल्ली वफ़ादार नहीं होती। जिसने प्यार से हाथ फेरा, उसकी।

–मोटी औरतें बाँह उठा बाल सँवार रही हैं। बगलों के बाल क्यों नहीं सँवारतीं?

डॉ. गौतम : यूअर पेशेंट विल गो एनी मोमेंट। ब्रेन पेरेलीसिस इज़ सैंटिग इन। वी हैव लॉस्ट द ओनली चांस ऑफ़ शिफ्टिंग हिम टू मेडिकल वार्ड। हू...

डॉ. अवनीत : डॉक्टर गौतम, आपको इस तरह घबराना नहीं चाहिए। यह ब्रेन फीवर नहीं। हम इसे अति–उत्तेजना का क्षण कहते हैं। मरीज़ के लिए बहुत तकलीफ़देह। कभी–कभी हमारे लिए एक बेशक़ीमती लम्हा। साइकिएट्री में एक रोग है–*Bipolar Disorder*. पेशेंट लिब्ज़ बिटवीन टू एक्सट्रीम्ज़। डॉक्टर प्रतापशरण का थीसिस है कि कठोर तथा क्रूर अपराधी

तथा बाइपोलर के मनोरोगी कुछ रहस्य कभी नहीं बताते। *In psychiatry machines are so helpless.*

डॉ. गौतम : *Sorry, doctor Avneet. For a moment I lost my cool. In fact I like Swadesh....*

डॉ. अवनीत : यही दीपक की ट्रेजडी है कि इन्हें बहुत–से लोग बहुत प्यार करते हैं। दीपक जी को विश्वास हो गया कि ये विशेष आदमी हैं। माँ ने जन्म नहीं दिया। भगवान सीधे स्वर्ग से इन्हें धरती पर लाये और हमारे पास छोड़ गये।

उन्होंने दानव परिचारक को मुझे बिस्तर पर लेटाने का संकेत किया। उठाने के लिए थोड़ा झुका। डॉ. अवनीत ने कहा कि पहले इनका हाथ रॉड से छुड़ाया जाये।

पहले उसने हौले से हाथ खींचा। मायाविनी ने अपनी सारी शक्तियाँ मेरे हाथ में डाल दीं। दानव का मुँह लाल। ज़ोर लगाने से। इतने लोगों के सामने अपमानित होने से। मुट्ठी भर वज़न का हाथ अलग नहीं कर सका।

उसने एक उँगली पकड़ी। पीछे मोड़ना शुरू किया। दर्द बाकी उँगलियों में दौड़ने लगा।

गर्दन हिलाने वाले इंजीनियर की गर्दन एक जगह रुक गयी। बिस्तरे पर बैठे पूछा :

–क्यों पहलवान, सर जी की उँगलियाँ तोड़ने का इरादा है क्या? इनके कान में फूँक मार। हाथ छूट जायेगा। तू मोटा है। ताक़तवर नहीं।

डॉक्टर गौतम ने कान में फूँक मारी। हाथ रॉड से अलग हो गया। इंजीनियर की गर्दन फिर से हिलनी शुरू। डॉक्टर गौतम ने उसकी तरफ़ सवालिया आँखों से देखा।

–सर, पेशे से इंजीनियर हूँ। कई बार फूँक मारकर मशीनें स्टार्ट कर देते हैं।

स्वदेश लेटा हुआ। ड्रिप लग गया। एक बूँद ग्लूकोज बॉटल से टपकी। रबर–ट्यूब में फिसली, आगे बढ़ी और...स्वदेश को क़तरा–क़तरा जीवन–यात्रा मुग्ध कर लेती है।

डॉ. अवनीत ने हरनाम चाचा से पूछा कि क्या दीपक ने रात को खाना खाया था? न?

अवनीत : आपने खाना क्यों नहीं खाया?

—क्योंकि मुझे ज़ोरों की भूख लगी थी।

अवनीत : अपने बचपन की कोई एक घटना बताइए।

—छोटा था। पुजारी को रोटी देने उसके मन्दिर गया। पेड़ से पीठ टिकाये पुजारी को हस्तमैथुन करते देखा।

अवनीत : इस क्षण आपका मन क्या करने को कर रहा है?

—मैं जिराफ़ का चित्र बनाऊँगा। एक बड़ा कैनवास, एक छोटी सीढ़ी दो।

अवनीत : सारे लोग आपको इतना प्यार क्यों देते हैं? आपके कारण डॉक्टर गौतम को गुस्सा आ गया।

—मेरा सौभाग्य। क़ायदे से उन्हें मुझ पर थूकना चाहिए। घटिया, बदसूरत आदमी। रद्दी लेखक।

अवनीत : आप सोये–सोये कई बार बोलते हैं—वह मुझे छोड़ेगी नहीं। किसने कहा ऐसा?

—कृष्णा जी ने नहीं कहा था। सोबती सपने में भी किसी का बुरा नहीं चाहतीं। माया बख़्शी ने कहा था।

—अवनीत : कौन माया बख़्शी? (पॉज़) आपकी कहानी 'किसी एक पेड़ का नाम लो' की माया? दैट वाज़ यूअर डार्केस्ट स्टोरी।

—कृष्णा जी को पढ़कर सुनायी। सिर उठाया। उनके चेहरे पर रात के वक़्त दोपहर का सूरज। बोलीं :

—स्वदेश साहब....

जब कृष्णा जी नाम के साथ साहब लगायें तो चौकन्ना हो जाना चाहिए। किसी भी फूल को हथियार में बदल सकती है।

—स्वदेश साहब! आपने तीन दिन के लिए माया बख़्शी को अजय से मिलाया। खिलंदड़ी माया को सख़्तजान अजय से इश्क़ हो गया। आपने माया को कोई काला संकेत नहीं दिया। और उसकी अजय से आख़िरी मुलाक़ात जेल के फाँसी घर में। क्यों? मैं बताती हूँ। आप न सिर्फ़ ख़ानदानी हरामज़ादे हैं, एक जालिम इन्सान भी हैं। माया बख़्शी अपना हक़ ज़रूर हासिल करेगी। हर हालत में करेगी। आपको छोड़ेगी नहीं।

वर्षों बाद समझ आया कि कृष्णा जी भविष्य देख लेती हैं। उन्होंने ठीक कहा था। माया बख़्शी ने मुझे नहीं छोड़ा। बस, नाम बदल लिया—मायाविनी।

अवनीत : कौन है मायाविनी?

—कोई नहीं। योरोप के साहित्य में एक शक्तिशाली उपस्थिति है। सिडक्ट्रेस। मायाविनी इस शब्द का अनुवाद।

अवनीत समझ गये, मैं पकड़ाई देते—देते निकल गया।

अवनीत : आपकी कल्पना...

—नहीं, बिल्कुल नहीं। यह छद्म मुलाक़ातें कतई नहीं।

अवनीत : आप सोने की कोशिश क्यों नहीं करते?

—सोऊँगा तो दबोच लिया जाऊँगा।

अवनीत : आप कोशिश तो...

—जब आदमी अन्दर से मर जाये तो ताउम्र सुरंग में चलता रहेगा। डॉक्टर शर्मा, मेरा रोग डॉक्टरों की पहुँच—पकड़ से बाहर।

Have you heard of mercy killing? Sometimes it is a blessing. Please bless me.

डॉ. शर्मा भी जानते हैं कि जब हम विदेशी भाषा बोलते हैं तो भटक जाते हैं।

अवनीत : मनोरोग के डॉक्टर कभी हार नहीं मानते। आप टुकड़ों में, 'इन पैचिज', ठीक होने लगे हैं। हमारे लिए यह बेशकीमती संकेत हैं। *We will renew you.*

—डॉ. गौतम : आपकी केस—हिस्ट्री पढ़ी। *Why such a volcanic temper?*

—जो नपुसंक है, उसे केवल ग़ुस्सा ही आ सकता है।

अवनीत : सुकान्त के दिल से यहाँ ठहरने का डर कैसे निकला? कई बार आपके पास रहने को कहा, नहीं माना। अब वह रात रुकने की ज़िद करता है।

—मैंने उसे एक रात में दस साल बड़ा कर दिया। उसके हाथ में दुःख की उँगली पकड़ा दी। फ्रॉम सिक्सटीन ही बिकेम ट्वंटीसिक्स इन वन ट्विंकल ऑफ़ द आई। दुख एकदम मज़बूत भी बनाता है, अपने प्रति क्रुअल भी। *From a teenager he became a man of twenty six. Tough, mentally strong and a man of his words.* जब हम बेटी अथवा बेटे के सिर पर बहुत देर तक हाथ रखते हैं तो उसे कमज़ोर और कायर बनाते हैं। यह सत्य मुझे मेरी तन्त्र—गुरु ने सिखाया था। जब मन करता था, उनके

पास, उनके आश्रम में रहता था। मुझे देखते ही वे चुप हो जाती थीं, उदास हो जाती थीं क्योंकि उनको भविष्य देखने का ज्ञान मिला हुआ था! *She was damned because she could foresee the future. She decided to die and she died.*

–अवनीत अंग्रेज़ी नहीं बोलते। कई बार हमारी अपनी भाषा अशक्त पड़ जाती है।

–How did this metamorphosis takes place in Sukant?

अतीत

उस रात चाँद ने अपना टाइम–टेबल अचानक बदल दिया। चाँद प्रेमियों की तरह लापरवाह भी, पागल भी। दिन को प्रकाश बनाना भूल गया। अब बाहर कैसे आये कमरे से! चाँदनी तो बनायी नहीं। मैं बेचैन। बिस्तरे में लगातार हिलता। करवट जो नहीं ले सकता। मेरे चेहरे पर उसने कहने और न कहने की लड़ाई देखी। मैं अनिर्णय में था।

–पापा, कुछ कहना है? कहते क्यों नहीं! स्केयर्ड क्यों हैं?

सुकान्त को कुछ दिन पहले समझाया था, मेरे साथ हिन्दी में बोलने की कोशिश करे। अपनी भाषा हमें ताकत देती है। उन दोस्तों से ऐसे दुःख बाँटे जो उन्हें असहाय बना दें। मेरे सबसे नज़दीक सौमित्र मोहन है। नहीं बताया। जहाँगीर सबावाला को पता नहीं चलने दिया। राजेन्द्र यादव, कृष्णा सोबती, निर्मल वर्मा को कुछ पता नहीं। यह मेरा अहंकार नहीं है। जब ऐसी बीमारी है, कोई कुछ नहीं कर सकता, तो उनके दुखों में इजाफ़ा क्यों करूँ? शीला संधू को बताना ज़रूरी था। वह लोहे की बनी हैं।

मुझे प्यार करने वालों को मेरे पास देखने आने से रोक सकती हैं। देख लो। कोई नहीं आया सिवाय कृष्णा जी के। कृष्णा सोबती को कोई नहीं रोक सकता। वह आयीं। हवा की सारी ताक़तें उनके साथ होती हैं।

सुकान्त : बताओ। जो ठीक लगेगा, करूँगा। अब डर नहीं लगता।

बाहर ले चलने का इशारा किया। वह झल्ला गया। अभी शक्ति आयी है, सब्र नहीं।

–व्हाई कांट यू स्पीक इन द रूम?

–अशुभ बातें कमरे में नहीं की जातीं।

हम गोलाई में बनी लम्बी गैलरी में थे।

—एक सिगरेट पिलाओ।

सुकान्त : मैं नहीं...

—मत बोलो झूठ। तुम्हारी आयु में सारे लड़के छिपकर पीते हैं। मैं भी पीता था। सुकान्त ने सिगरेट दिया। डर गया।

—अगर पीते नर्स ने देख लिया, मेल अटैन्डेंस ने देख लिया तो...

मेरा स्वदेश उस क्षण लौटा। साथ मेरा ज़हर भी वापस लौट आया।

—फक देम। समटाइम्ज़ यू मस्ट फक एवरी बाडी। लाइट द ब्लडी सिगरेट।

दायें हाथ की उँगलियों में पकड़ा। कश लगाने के लिए हाथ ऊपर किया। सिगरेट फ़र्श पर गिरी। बायीं उँगलियों को पकड़ने का अभ्यास नहीं। उसने उठाया। मेरे होंठों के पास लाया।

—आप पीओ। मैं पकडूँगा। ओ गॉड! माई पुअर फादर! माई हैल्पलेस फादर! वह रोया कि रोया।

—सिगरेट तो मैं ख़ुद पीऊँगा। आगे से मेरे लिए पुअर, हैल्पलेस जैसे रोमांटिक शब्द नहीं बोलना। शाकाहारी शब्द मेरे लिए नहीं। पूरी डिक्शनरी में मेरे लिए सिर्फ़ दो शब्द हैं—ब्लडी, बास्टर्ड।

और वह पुरुष बनना शुरू हो गया।

—अगर मैं अस्पताल में मर जाऊँ तो चंडीगढ़ में जला देना। लाश अंबाला नहीं ले जाना। आग हर शहर में जला सकती है। यह आग का धर्म है। किसी को ख़बर नहीं देनी। ख़ून के रिश्ते वालों को भी नहीं। मेरे भाई–बहन नहीं । तुम्हारे मामा–मामी नहीं। दाह–संस्कार जैसे भव्य शब्द हरामी स्वदेश के लिए नहीं हैं। कोई दिक़्क़त पड़े तो यहाँ की नगरपालिका से मदद ले लेना। नगरपालिका के लोग बहुत दयावान होते हैं। लावारिस कुत्तों और स्वदेश दीपक की लाश मुफ़्त में जलाते हैं। तुम्हारा विरोध होगा। गालियाँ देंगे। गीता अंबाला हो तो मत बुलाना। बहुत जला चुका सुकन्या को। डरो मत। बिल्कुल डरो मत। यह करने का तुम्हारा क़ानूनी अधिकार है। मैं पारुल को कह सकता था। स्ट्राँग है। तुरन्त फ़ैसला लेती है। लेकिन है तो बेटी।

गलियारे में हवा की चहलक़दमी शुरू। हवा को गोलाई में उड़ना नहीं आता। भन्नाकर गोल दीवारों से टक्कर। साँय–साँय में तब्दील हो गयी।

सुकान्त चुप। मुझे उसके छोटे कन्धों पर बड़ी चट्टान नहीं रखनी चाहिए।

–सुनो सुकान्त, भूलकर भी यह मत सोचना, मैं अपने पागल क्षणों में हूँ। तुम चाहो तो मेरा कहा बिल्कुल मत मानो। मर जाने के बाद न दुःख होता है, न चिन्ता। लेकिन झूठी हाँ नहीं करना। हमेशा के लिए अपनी आँखों में छोटे हो जाओगे। मैं यह कर चुका हूँ। पिता ने कहा था, हरिद्वार मत जाना। नहीं गया। बिस्तर पर मरे। दूसरी बार पेहेवा में उनके स्वर्ग–प्रवेश के लिए क्रिया–कर्म नहीं किया। अब बहुत ख़ुश हैं। गाली देकर शाबाशी देने की आदत। मिलते हैं, सिर पर हाथ रख हँसते हैं–मेरा असली बेटा। मेरा हरामी पुत्तर।

हवा के ठंडे गोले में चलना शुरू। साफ़ देखा, सुकान्त को झुरझुरी आयी। हर तरह की हवा के बारे में बहुत लिखा। दोस्त बन गयी। आज गर्म हूँ। आज ठंडी हूँ। चहलक़दमी करूँगी, ठुमक–ठुमक चलूँगी। पहले से सरगोशी कर देती है। बस, एक बार नाराज़ हुई, जब उस कहानी का शीर्षक था–'क्योंकि हवा पढ़ नहीं सकती'। रूठी। चार दिन के लिए बहता जुकाम। गीता ने अपने दोस्त डॉक्टर से दवाई लाने को कहा। बुजुर्ग है, छेड़ता है। गीता ने वाक्य और डरावना बनाया–जुकाम के बाद बुख़ार होता है। कई बार ग्यारह दिन। फिर छलाँग मारते फिरना। बुखार माँ–बहन की गालियों से नहीं डरता। फिर तुम्हारी गोपियाँ कितनी उदास होंगी जब इतने दिन कॉलेज नहीं जाओगे!

मैं गया। डॉक्टर वजिन्दर सिंह के पास। गीता मेरे जुक़ाम की रिश्तेदारी गले–कैंसर से निकाल सकती है। तीस साल से डॉक्टर वजिन्दर सिंह के पास जा रहा हूँ। अपने अनुभव से हासिल किया ज्ञान है कि डॉक्टर और माशूक कभी नहीं बदलने चाहिए। आप फ़ालतू सवालों से बच जाते हैं।

जब बताया कि जुकाम है, तो बस हँसते रहे।

–ज़रूर गीता बेटी ने ज़बरदस्ती भेजा होगा।

–डरपोक है।

–न दीपक जी, कुछ बीवियाँ आप जैसे पति के लिए एक्स्ट्रा केयरफुल होती हैं। अब वजह आप ही जानें। मैं पूछकर क्या लूँगा! सत्तर साल का हो गया। दवाई देता हूँ। शाम तक ठीक।

उनके कंपाउंडर ने काग़ज़ पर गोलियाँ रखीं। बहुत हैं।

—जब एक दिन में ठीक हो जाऊँगा तो इतनी गोलियाँ किसलिए?

—दवाई दो दिन के लिए है। गीता ख़ुश हो जायेगी। इंडियन हस्बैंड हैव फारगाटन द आर्ट ऑफ़ कीपिंग द वाइफ हैपी। मेरी वाइफ बिल्कुल ख़ुश। तभी तो पाँच बेटे–बेटियाँ। नहीं तो दो बच्चों के बाद कोई पढ़ी–लिखी बीवी पास फटकने ही नहीं देती।

गोलियाँ एक ही दिन खायीं। बाकी का जलग्रहण।

सबक मिल गया। अब हवा के लिए अपशब्द नहीं लिखता। मुझे बचने के तरीक़े आते हैं। दीवार। पीठ। अब हवा चौतरफ़ा ठंडा नहीं कर सकती।

—*Are you tired? Shall we go in?*

—मैं थका नहीं। हवा हरकारा है। कमरे में चलने को कह रही है। वनलता सेन पहुँच गयी है।

—कौन वनलाता सेन?

—पहली बार मिलूँगा। मिलने के बाद बताऊँगा।

—इट्स ए बेंगाली साउंडिंग नेम।

—इट्स ए फ्रैंच साउंडिंग नेम।

सुकान्त रुका। टकटकी बाँध मुझे देखा। पूछ लिया—*Papa, are you entering the kingdom of the mad?*

—*Son, My son. I have already entered the kingdom of madness.*

हवा ने तरेरा, सुकान्त किशोर है। सारा सत्य नहीं बताना चाहिए।

पहले सोचा, शाउट करूँ। सच हमेशा पूरा। डाँटा नहीं। हवा प्रिय सखा। लिखने के दिनों में कितना बतिया लिया करता था!

मैं अपनी तलाश में निकल पड़ा। शायद वनलता सेन मुक्ति का कोई संकेत दे। वही है। बिल्कुल वही वनलता सेन जिससे जीवनानन्द दास की कविताओं ने मिलाया।

लेटा। उसने तौलिया थोड़ा गीला किया। माथा–मुँह पोंछा।

—स्वदेश जी, किसने चोरी कर लिए आपके रंग?

वनलता सेन ग़ुस्से में है। पृथ्वी ग़ुस्से में है।

—आपका मन नहीं तो मत बोलें। मैं दोनों तरफ़ से बात कर सकती हूँ। चुपचाप सूखने और रोने का मौसम है मेरा।

—जीवनानन्द दास आपसे निराश हैं, नाराज़ हैं।

मैं अपनी साँस गँवा बैठा। अपनी गुफा में जाऊँगा।

—पता है, आप उनको क्यों अच्छे लगते थे? लिखा हुआ किसी को अच्छा लगे न लगे। पाठक आत्मा बन जाते। फिर गपशप होती। *He was deliberatly ignored all his life.* धनवानों के, भद्र लोगों के महान कवि के लिए वह चेलैंज बन गये थे। आप कभी आलोचकों के बताये फार्मूले पर नहीं चलते थे। जितने साधारण, जितने मामूली कारण से आप पराजित हुए, शायद ही कोई और हुआ हो। आपकी कठोरता, आपका सामन्ती अहंकार कहीं ओढ़ा हुआ दिखावा तो नहीं था? मेरे कवि को समझ नहीं आ रहा।

मेरे मुँह से निकल गया :

—है तो आपके बंगाल की।

उसकी आँखों से समुद्र छलाँगकर बाहर निकल गया।

उसकी आँखों में जीवित ज्वालामुखी छलाँग लगाकर बैठ गया।

वनलता सेन को ग़ुस्से में देख मैं धनवान हो गया। दोनों कन्धों पर फैले बाल पीठ पर झटक दिये। वह मुझसे लम्बी हो गयी।

—फिर मत कहिए ऐसी अशुभ और घृणित बात। बंगाल का अपना पवित्र कल्चर है। कवि, लेखक, कलाकार का निजी जीवन चाहे कलुषित हो, उसे देवताओं के साथ बैठाया जाता है। पागल करार नहीं दिया जाता। आपकी मायाविनी में आपके क्षेत्र का विषैला रक्त है। जो अप्राप्य है, उरो नष्ट कर दो। उसके दादा यहाँ से बंगाल माइग्रेट किये थे। उनके पास कुछ ज़हरीले बीज थे।

जैसे उसके कवि मितभाषी, वैसे वह भी। थक गयी। उसका वक्ष पक्षी—पेट की तरह ऊपर नीचे होता। बाल फिर कन्धों पर।

मैंने चींटियों की तरह लगातार छानबीन शुरू कर दी।

अगला श्राप क्या वनलता सेन देगी?

मैंने मछलियों को डराना शुरू कर दिया।

मैं क़ब्रिस्तान में गया और लौटने का रास्ता भूल गया। तब से वास वहीं। मेरी पानी की नदी गुम। इधर—उधर खड़ा, सड़ता जल। किसने तोड़े फूलों के पैर?

—वह मायाविनी, उसकी शक्तियाँ...

–मत कहिए उसे मायाविनी। घातक सौन्दर्य के अतिरिक्त कुछ भी नहीं उसके पास। मायाविनी है तो आपकी पत्नी गीता! सात वर्षों से एक दुर्ग में तब्दील हो गयी औरत। कोई और छोड़ जाती। कौन रहने देता है, जीने देता है एक अर्धविक्षिप्त को इस समाज में! वह महामाया हो गयी और कोई एक शब्द नहीं बोल सकी आपके अपमान में। आपने राजाज्ञा दी और उसने आपके किसी मित्र को देखने आने नहीं दिया। वह जहाँगीर सबावाला को झूठे ख़त लिखती रही कि आप ठीक हैं। आपने तीन बार आत्महत्या की कोशिश की। उसने पारुल–सुकान्त को ख़बर नहीं लगने दी। जानती है, कायर पिता सन्तान को अच्छे नहीं लगते। स्वदेश जी, आप...

वनलता सेन वाक्य पूरा नहीं कर सकी। वह लगातार रो रही है। वह चुप रो रही है। उसके कन्धे लगातार हिल रहे हैं। उसका कायाकल्प। एक दुःख की नदी।

इसका नाम अगर सरयू शर्मा होता तो? मैं थर–थर काँपा। स्वयं कवि ने एक बार बताया था–दो नायिकाएँ कभी नहीं रोतीं। मेरी वनलता। आपकी माया बख्शी।

मेरे पास रूमाल नहीं। कैसे पोंछूँ आँसू–धुला चेहरा। गुडमैनर्स से तुम्हारा क्या मतलब! गुस्सा आया! क्यों नहीं समझती वनलता! मेरी ज़िन्दगी पट्टे पर। लीज समाप्त।

मेरे सारे सपने लुप्त। दिस इज़ नाट अनइंटेंशनल।

मेरा विषाद। मेरी रोग–ग्रस्त आत्मा। मेरे सपनों का ताप में झुलसना जारी। मेरा अंग–अंग शिथिल। सात साल लम्बा समर। और कितना लड़ूं!

मेरा कोई लक्ष्य नहीं। कोई मछली की आँख नहीं। फिर क्यों चाहते हैं सब? क्यों चाहती है लम्बे बालोंवाली रोती वनलता? मेरा परम लक्ष्य होना चाहिए, बोलूँ। कुछ बोलूँ। शायद चुप हो जाये।

–मैं उसके जादू–महल से निकलना नहीं जानता।

वनलता की आँखों में जलता ज्वालामुखी लौट आया।

–कैसा जादू–महल! यह आपकी रोगी कल्पना है। सारे पुरुष बिकाऊ नहीं होते। जीवनानन्द दास बिकाऊ नहीं थे। मरते समय निपट अकेले। कोई अपना, कोई रिश्तेदार नहीं और आप...

उसने फेफड़ों में हवा भरी, उसकी आवाज़ में शंख बजा।

—क्यों जी रहे हैं आप क्षमा याचना के साथ? अपने दोष निकाल अपने को नायक मान बैठे हैं। एक बार मेरे कवि ने कहा था—स्वदेश के पास सम्पूर्ण कल्पना नहीं। वह टुकड़ों में अच्छा है।

वनलता सेन की आवाज़ में नगाड़े बजने लगे।

—यू आर नो मोर अ वारियर। जम्प। टेक अ मीनिंगफुल जम्प लाइक माई पोयट। आपका दम्भ। मिथ्या अहंकार। पुरुष की मूर्खता। घर में बैठी मायाविनी गीता ने इतनी मज़बूत क़िलेबन्दी कर दी कि तीन बार मृत्यु दुर्ग—द्वार से टकराकर लौट गयी। आप जायेंगे बंगाल अपनी सिडक्ट्रेस तलाशने...

—मैं साहस कहाँ से लाऊँ...

—अब मैं बताऊँगी आपको कि साहस बनिए की दुकान पर नहीं मिलता। *Swadesh, oh, Swadesh. I hate spiritual cowards.* गुड नाइट। अपने कवि जीवनानन्द दास को जब बताऊँगी—*Swadesh is dead. He was always a fake warrior. Then my poet will no more mourn for you.* आप नाटक *कोर्ट मार्शल* के लेखक हो ही नहीं सकते।

नगाड़ों की डरावनी गर्जना। वनलता सेन उठी। गयी। उसके किये ख़ाली स्थान से नगाड़े बजते रहे।

वर्तमान

सुबह गीता जल्दी पहुँची। आज से बिजली के झटके। इलेक्ट्रिक शॉक्स। मेडिकल कॉन्फ्रेंस के बाद मेरे बारे में मन्त्रणा हुई—डॉक्टर पार्थो चौधरी ने बिजली के झटके देने की सलाह दी।

डॉ. अवनीत शर्मा ने विरोध किया कि उनके पेशेंट का दिल कमज़ोर है। ख़तरा...पार्थो चौधरी ने कहा कि अगर ख़तरा है तो मर जाने दीजिए स्वदेश को। सदा के लिए एक लोथ—वेजीटेबल। क्यों रखना चाहते हैं किसी लेखक को जीवित इस हालत में? लन्दन के अस्पताल में पचहत्तर साल के मरीज़ को शॉक्स रिकमैंड किये। ठीक हो गया। मेरे साथ के ब्रिटिश डॉक्टर मुझे पागल पार्थो कहकर छेड़ते थे। स्वदेश को शॉक्स देने के दो परिणाम। वह रोगी—संसार से बाहर जा सकता है। वह मर सकता है। बोथ रिज़ल्ट्स विल बी गुड फार हिम।

फ़ैसला डॉक्टर पार्थो के पक्ष में हुआ।

इसलिए गीता सुबह जल्दी पहुँची। न राम–राम, न नमस्ते, न गुडमॉर्निंग।

हम करते भी तो झूठ होता। उसने माथे के तीन उभार देखे। चुप रही। इतनी लम्बी लड़ाई की सेनापति। कुछ भी पूछना बेकार। सिकन्दर ने उत्साह के साथ सूचनाएँ दीं : बड्डे साहब अंग्रेज़ी बोले। असी सारे डरे, रोण लगे। साहब ने मत्थे नाल रॉड तोड़न लई टक्कर मारी। गुडुम बंण गया। गुस्सा होर वद्या। अंग्रेज़ी व दूजी टक्कर मारी। नर्स आयी। छोटा डॉक्टर आया। नाल मोटा जमदूत। साहब होर टक्कर मारी। तीजा गुडुम। होर डॉक्टर आ गये। वीर जी अंग्रेज़ी बोलदे रये।

सिकन्दर केला खाने के लिए रुका। शिमलावाला डरी आवाज़ में बोला :

–मैडम, यूअर हस्बैंड इज़ रियली मैड। टैल डाक्टर्ज़ टू किल हिम। यू कैन हैव सेकिंड हस्बैंड।

गीता ने सिकुड़ा हुआ थैंक्स कहा। अकाउंटेंट चुप।

–जब तुम्हें पता है कि कुछ हो जाता है तो इंग्लिश क्यों बोलते हो?

–शब्द कैद डिक्शनरी में। उन्हें आज़ाद कराऊँगा। एक भाषा के शब्द दूसरी भाषा के शब्दों से सहवास। शालीन लोग संभोग नहीं बोलते। शब्द जंगली जानवर। भयानक। क्रोधी। डरावने और सुन्दर। एक विशुद्ध कवि जब सहवास कराता है तो 'निराला' हो जाता है। 'जुही की कली' और 'राम की शक्ति–पूजा' । एक महान कवि सहवास कराता है तो मैथिलीशरण गुप्त हो जाता है। राष्ट्रकवि हमेशा अप्रामाणिक होते हैं।

–और दीपक क्या हो जाता है?

–दीपक वर्जीनिया वुल्फ़। सागर की गहराई में लगातार बढ़ती वुल्फ़। और कर दिया मुक्त उसे समुद्र ने। कितना उथला मेरा सागर! सिर्फ़ घुटनों तक पानी।

–तुम सचमुच मरना चाहते हो तो फिर .22 की राइफल क्यों बेची? वुल्फ को समुद्र ने मुक्ति दिलायी। तुम्हें गीता दिलाती। अब और नहीं देख सकती तुम्हें इंच–इंच मरता। कौन ले गया तुम्हारी धज! कहाँ गयी तुम्हारी आँखों की ठंडी आग जिससे लोग बिंध जाते थे! नाउ अ फिज़ीकल क्रिप्पल। यू मस्ट डाई। माई दीपक, मस्ट डाई। आई विल चेंज माई प्रेयर्ज

टू गॉड। तुम्हारे मरने की प्रार्थना करूँगी। मेरे होते दीपक किसी से भी दया की भीख नहीं माँग सकता। सुकान्त ने स्कूल–दोस्तों से छिपाना शुरू कर दिया। तुम उसके फादर नहीं, रिलेटिव हो।

अब मुझे सूअर की तरह कीचड़ में लोटना अच्छा लगता है।

यह औरत जिसका नाम गीता मेहता है, शत्रु–शिविर में गयी कि गयी।

मैं शाही शब्दों का आम शब्दों से विवाह करवाऊँगा। इंग्लिश शब्द, फ्रेंच शब्द, जर्मन और काले नीग्रो शब्द एक कम्यून में रहेंगे। शब्दों का अतीत जितना कम पूछो, उतना ही अच्छा। वह राजकुमारी दरअसल अपनी सुन्दर कमनीय नौकरानी से इश्क़ करती है। रोज़ रात को समुद्र–मन्थन।

–मैं वर्जीनिया वुल्फ़ बोल रही हूँ। स्वदेश दीपक नहीं।

गीता : मुझे याद है, तुम चूहों से बहुत डरते थे। पिंजरे में क़ैद चूहा भी बाहर छोड़ने में काँपते थे। मैं खीझती। मन में छेड़ती भी–क्या दिलेर मर्द है दीपक!

–अंग्रेज़–काल की बनी पुरानी कोठियों में साँप सैर करने अक्सर कमरों में आ जाते। तुम भारी बूटवाला पैर उस पर रख कमर तोड़ देते। वह भागने से बेबस। फिर सिर कुचल देते। बच्चों को समझाते–पहले कमर तोड़ मूवमेंट बन्द कर दो। सबसे अच्छा हथियार हॉकी। अब सुकान्त भी आराम से साँप मार लेता है।

मेरी ओर लगातार देखा, चूहे–साँप की बात को सन्दर्भ दिया :

–अब सुना है, किसी औरत ने तुम्हें पागल बना दिया है। कैसे पड़ गयी तुम पर औरत की परछाईं?

आज इतना क्यों बोल रही है? इसे हमेशा मेरी कठोर–कर्कश आवाज़ अटपटी लगती थी। शादी की पहली सुबह गुड मॉर्निंग की तो छेड़ा था :

–सुन दीपू, तू गुडमॉर्निंग, नमस्ते–वमस्ते मत किया करो। लगता है, धमकी दे रहे हो।

कौन–सा दुःख बयान करूँ इस ज़िद्दी लड़की को। मेरे असभ्य हथियारों को चाहती थी, प्यार करती थी।

–गीता, डाचीवाला मुहारें कैसे मोड़ ले! मेरे ख़ुशबू के सरोवर तो सूख गये। हंस आये, प्यासे लौट गये। दिन ढले न दरवेश आता है, न दस्तक देता है। जोगी सारी रात का साथ देते, भोर होते ही, गाते वक़्त आँख क्यों नहीं मिलाते। मनजीत पूछती है। मैं बता नहीं सकता।

टेढ़े दाँत ने लिश्कारा मारा। कर्टन–रेज़र। गुस्सा।

–मत करो मुझसे कविता में बात। *Poetry has destroyed you, poetry has driven you mad.* मुझे तुम्हारे एलियट से नफ़रत है, येट्स से नफ़रत है। मुझे तुम्हारे सौमित्र मोहन से नफ़रत है। कविता से रोटी खिलाओगे बच्चों को, मुझे?

वह चुप। कविता के हाथ छोड़ विनती की–मैं दिहाड़ी मज़दूर हूँ। मुझे कोई काम दो।

आज गीता का लिबास मधुमक्खियों का है।

मादा उकाब थक गयी। उसके धीरे–धीरे उड़ते पंखों की खनखच–खनखच। कैसे समझाऊँ! नीरस जीवन का दुखद अन्त। और बची रहती है कविता–सुगन्ध...

अतीत

कीर्तिनगर, दिल्ली। शायद तीस वर्ष पहले। दोस्त ने कहा कि चलो, कि तुम्हें सौमित्र मोहन से मिलवाते हैं। यहीं रहता है। उसके घर पहुँचे।

वह एक तीन–चार वर्ष के बच्चे को मुर्गा बन रिझा रहा है। हमारे होने के बावजूद उसने कुकड़ूँ–कूँ की बाँग देना जारी रखा। बच्चा अपनी ज़िद से टस से मस नहीं हुआ। तेज़ी से एक महिला कमरे में आयी, उसकी गोद से बच्चा झपटा और अन्दर चली गयी। ज़रूर इसकी पत्नी होगी। शानदार मर्दों के भाग्य में अक्सर ऐसी ही बीवियाँ लिखी होती हैं। परिचय के बाद सौमित्र ने पहला सवाल पूछा–आपको धर्मवीर भारती की कविता बहुत पसन्द है।

मैं खीझा। इसे सन्दर्भ बताना चाहिए। मित्र ने बताया कि तुम्हारी लम्बी कहानी 'अश्वारोही' में भारती की कविता–पंक्तियाँ कोट की गयी हैं।

–भारती की लाइनें कहानी की डिमांड थीं। हम प्रोज़ लिखने वालों को कविता की लाइनें इस्तेमाल करने का नैतिक हक़ है।

सौमित्र ने थर्टीज के फ़ैशन में सँवारे बालों पर हाथ फेरा। मुझे पता लग गया कि बातें करते वक़्त उसका तन और मन हमेशा चौकन्ने।

मन किया, इस सुदर्शन कवि से पूछूँ कि क्या वह सिर्फ़ मुर्दों में तब्दील हो सकता है? दहाड़ना, गुर्राना, घात लगाना जानता है कि नहीं? पूछा नहीं? पूछा नहीं। ऐसे गुण–अवगुण ख़ुद पता चल जाते हैं।

—मेरा लिखा कुछ पढ़ा है?

—नहीं, अंबाला रहता हूँ। छोटे शहर में छोटी पत्रिकाएँ नहीं आतीं।

सौमित्र ने कौतुक से मुझे देखा और कहा—तुम बदमाश हो।

उसका मुँह खुला, ठहाका बाहर आया और छत को छू गया। इतना लम्बा कहकहा मेरी एक दोस्त लगाती है जिसे गुमान है कि वह दुनिया की सबसे बदसूरत औरत है। कोई मर्द का बच्चा शादी करके दिखाये। उसके साथ फ़िल्म देखने, चाय पीने, किताबों की दुकान पर जाता हूँ तो लोग मुझे घूरते हैं, उसे नहीं। कमरे में लौट गालियाँ देता हूँ तो वह ठहाका लगाती है और ज़हरीला तीर छोड़ती है—कुड़ियों जैसा मुंडा।

सौमित्र ने दुबली—पतली काया की किताब मुझे दी।

—मेरी कविता की पुस्तिका, *चाकू से खेलते हुए।*

सोचा, उसे बताऊँ, चाकू मर्द की पेशाब—नलकी का प्रतीक है। नहीं बताया। पुस्तिका शब्द पहली बार सुना। नर्म नाज़ुक। दिक़्क़त यह कि इसे पकड़ूँ कहाँ से—हैंडल विद केयर क़िस्म की चीज़ । चलो, अपने आपसे पीछा छुड़ाते हैं।

—दीपक, मुझे पता है, अंग्रेज़ी पढ़ाते हो। बताओ, हिन्दी के कौन—से कवि पढ़े हैं?

—महादेवी पन्त और सुमित्रानन्दन वर्मा।

सौमित्र के चेहरे पर नव—रस आये, नवरस गये।

—ठीक से नाम...

—क्या फ़र्क़ पड़ता है अगर किसी के साथ वर्मा लगा दो, किसी के साथ पन्त! दुनिया के सबसे बड़े देश का सबसे बड़ा आन्दोलन चला। आज़ादी के लिए। हिन्दी के महान कवियों को कुछ नहीं लेना—देना लहू में लथपथ लोगों की उम्मीदों से। एक प्रकृति की ओट में खड़ा शिखंडी। दूसरी—दूर तुमसे रहकर अखंड सुहागनी का असम्भव दम्भ भरती। लेखकों के महान होने का निर्णय भविष्य करता है। इन दोनों कवियों का भविष्य बहुत छोटा है, स्कूल—कॉलेज की किताबों में सिमटा भविष्य।

सौमित्र ने डरकर पूछा—कहीं तुम कॉमरेड तो नहीं?

मेरे पन्त और वर्मा की जगह बदलने का उसे मज़ा आया। ठहाका। इस बार छत नहीं छुआ। दरवाज़े के पीछे से फ़ौजी आवाज़—मत हँसो,

इतना ऊँचा। जाग जायेगा। बच्चों के बारे में विचित्र सत्य–जागे हों तो मुर्गा बनाते हैं। सोये हों तो हँसने पर पाबन्दी। आज भी याद है कि पहली बार जब सौमित्र के घर गया तो चाय तक नहीं पूछी, न पिलायी। अब समझ आ गया कि पत्नी से डरना सौमित्र मोहन का स्थायी भाव है।

वर्तमान : अस्पताल में

आज मुझे अपनी पत्नी गीता से डर लग रहा है। अचानक नाराज़ क्योंकर होगी! मेरे लेटे रहने की आदी है। मैं बुरी तरह निर्भर। क्या इसलिए? नहीं, इतनी छोटी नहीं। मेरे जंगल में नर–नेता नहीं।

देखने आने वाले की आँखों में बर्फ़ीला पानी। बातें और हौसले गर्माइश के।

अब मुझसे लम्बी दूरी तक बात कर सकना कठिन हो गया।

मैं कीचड़ की आख़िरी परत में धँसना लगातार जारी।

गीता : साइकिएट्री वार्ड में तीन महीने से ऊपर मरीज़ नहीं रखते। रूल है यह। कहाँ जाओगे अगर मैं न ले जाऊँ! कोई नहीं रखता ऐसे रोगी को अपने घर।

–गीता मेहता रखेगी। उसके पास रहूँगा।

गीता : *You impossible mad man. I am Geeta Mehta. I am Geeta Deepak. You have torn a woman into two.*

डॉ. अवनीत शर्मा अन्दर आये। गीता की खीझ सुनी। नाराज़गी देखी।

डॉ. अवनीत : आप एक ऐसे आदमी से नाराज़ हो रही हैं जिसकी मानसिक आयु एक वर्ष के बच्चे की है।

गीता : कल रात क्या तमाशा किया दीपक ने?

अवनीत : वही किया जो इस रोग के रोगी करते हैं। हमें चुप्पा मरीज़ नहीं चाहिए। वह एक छोटा–सा कोना भी नहीं देखने देता। ऐंठन सिर्फ़ शरीर की नहीं, अन्दर की भी होती है। इस आकस्मिक खलबली से हम डॉक्टर हैरान रह जाते हैं। आप तो...

गीता : मेरा कर्स। अब मुझमें और शक्ति नहीं रह गयी। दीपक मर जाये, नहीं तो मैं मर जाऊँ।

अवनीत : चाहने भर से कोई नहीं बच सकता। अभिशाप को बाँटकर जीना होता है। हाउ कैन यू एस्केप यूअर शेयर?

आज मुझे भी अपनी पत्नी से डर लग रहा है। क्या किया मैंने! बस, अपनी दुःख–शैया पर लेटा ही तो हूँ। यह औरत जो मेरी बड़ी–बड़ी बदमाशियाँ भूल जाती है, आज अकारण नाराज़ क्यों? जाने दो। काहे को समझ आयेगा।

मैं समर का समर्थ विजेता। अब हथियार डाल दिये।

मैं ताउम्र सुरंग में चलता रहूँगा। मेरा निजी श्राप। मेरी तस्वीर वह निकाल ले गयी। क्या करे गीता ख़ाली फ्रेम का!

मायाविनी ने बताया कि आज रात बर्फ़ गिरेगी। मेरे चलने के निशान नहीं पड़ेंगे। लड़की जब भी कविता लिखेगी, उसे मासिक धर्म शुरू। तब उसे कविता नहीं, पुरुष चाहिए। मैं कितने डग में धरती मापूँगा? मैं तो तुम्हारे घर की संगमरमर की सीढ़ियाँ चढ़ने में थर–थर। तुम मेरा हाथ पकड़ने के बहाने मुझे तलाश चुकी हो।

धुआँ अन्दर आने के लिए दरवाज़े के पास खड़ा रहता है। स्वर्ग से ईश्वर का सन्देश आया–बचो ख़तरनाक ख़ूबसूरती से।

अब आयेगी तो आँख ने ऐंचा ताना होगा। योनि में मुरझाया गुलाब। कुत्ते क्यों रोते हैं? स्वदेश दीपक क्यों नहीं रोता? भूल गया मेरे भाई!

अवनीत शर्मा आये। गीता को रूठे हुए मकान में बैठे देखा।

–इन पर ग़ुस्सा आ गया, क्यों? शायद आपको बताया था न कि आपने एक शिशु को जन्म दिया है। मानसिक आयु कुछ महीने। आपको अब तीसरे बच्चे का पालन–पोषण करना होगा।

–मैं हार गयी। थक गयी। जब ठीक था तब वायलेंट। बीमार तब वायलेंट। मैं...

–बदमाश बच्चे को फेंक थोड़े देते हैं। थोड़ी अतिरिक्त मेहनत करनी होती है।

गीता की पनियाई आँखें देख मेरी नयी मित्र वनलता सेन ने सलाह दी कि इन्हें रोने मत दो। बच्चों को पता चला तो सर्वनाश हो जायेगा। गीता जी घर की मुखिया–पुरुष हैं।

गीता की तरफ़ अपलक देखा। चौकस हो गयी। तोपखाने से हथियार निकला कि निकला।

–रोना है तो बाहर जाकर रो लो। आई फक टीयर्ज़। दुख हम पर आया है। भोगेंगे पड़ोसी। गिनती करो मेरे दुश्मनों की। जब रोते हैं तो असल में दया की भीख...

—चुप हो जाओ दीपक! प्लीज़, चुप! मैं बुरे दिनों के डर से नहीं रोयी। मुझे हम दोनों के दनदनाते अच्छे दिन याद आ गये।

डॉ. अवनीत ने बताया कि आज पहला इलेक्ट्रिक शॉक लगेगा। एक दिन छोड़कर कुल दस। पहले इंजेक्शन देंगे। आप बेहोश। फिर शॉक। बिल्कुल दर्द नहीं होगा। आप दायीं करवट दो घंटे सोए रहेंगे।

पुरुष परिचारकों ने लोहे के कड़ों में मेरे हाथ डाले। पेंच कस दिये। डॉक्टर आयी। साँवली। पारुल ने डार्क–मेकअप कर लिया?

—स्वदेश जी! मैं आपका डॉक्टर वसंथा...

—ठीक हिन्दी बोलो। आपकी डॉक्टर। यू आर पारुल। यू आर नॉट वसंथा।

गीता ने उसे बताया, पारुल बेटी का नाम है।

—इधर पी.जी.आई. में नाम बदल लिया पापा। वसंथा एज़ गुड एज़ पारुल।

हाथ मुट्ठी में बदला। पूरे ज़ोर से दबाया जा रहा। नस निकलेगी। गीता बाहर जाने लगी। वसंथा ने सलाह दी :

—यू कैन स्टे बैक मैम। यू मस्ट वाच द सफरिंग ऑफ़ स्वदेश जी इन इट्स मोस्ट ब्रूटल फॉर्म।

एक और डॉक्टर अन्दर आये। गीता ने बताया, डॉ. पार्थो चौधरी।

मेरे माथे पर हाथ रखा, छेड़ा—यह अस्थायी डैथ वारंट मैंने जारी किये हैं।

परिचारिका ने बताया, नर्स बाहर आ गयी।

वसंथा ने मेरे दाँतों के बीच रबर का टुकड़ा रखा। कसकर मुँह बन्द। उसने चाँद–यात्री का कनटोप पहना।

टीका लगाया। मैंने हाड़–मांस का संसार त्याग दिया। अब आगे मुझे कुछ पता नहीं। सम्पूर्ण विस्मरण।

गीता ने बाद में बताया कि बिजली का झटका लगने के बाद कई इंच ऊपर उछलता रहा। लोहे के कड़ों से हाथ बाहर खींचने की कोशिश।

डॉ. पार्थो ने घुटने नीचे दबा उछलना रोका। डॉक्टर वसंथा ने कनटोप हटाया तो चेहरा सफ़ेद। बेटी पिता को बिजली का झटका...

पार्थो चौधरी ने कठोर पड़ गयी आवाज़ में कहा, डॉक्टर वसंथा। आई विल किल आल हिज़ डीमन्ज़ । स्वदेश में डाइ इन द प्रोसेस।

—ओ दीपक! कितने दुःख। मैं अब उस कमरे में नहीं जाऊँगी। इट वाज़ टॉर्चर।

—स्वीटहार्ट, मुझे तो कुछ पता नहीं। आई वाज़ इन कंप्लीट आबलीवियन। योगियों की समाधि—अवस्था का विस्मरण।

कमरे में पहुँचा। सब साथी बिल्कुल हैरान। कुछ नहीं हुआ। न टाँग टूटी, न कहीं जला। बिजली—झटकों के साथ डरावने दृश्य जुड़े रहते हैं। सिकन्दर उछला। केला दिया। गपड़ लिया।

—बापू। बड्डे वीर जी मेरें तों तेज खा गये। वाह जी! मेरे तों बड्डे पागल हंण!

हरनाम चाचा ने कहा :

—गीता बेटा। कंटीन चल्दे हैं। चा पीयाँगे। इन्हा लई आमलेट ले आवाँगे।

गीता ने मुझसे पूछा कि कैसा लग रहा है। थोड़ी देर सोचा। कहा :

—मेरे शरीर में कुछ नया हो रहा है। आमलेट में हरी मिर्च डलवाना। मैं हवा में तैर रहा हूँ।

वह खड़ी हो चुकी थी। फिर बैठ गयी। अब रो रही है।

पता नहीं, वह रो रही है अथवा शिशिर की हवा!

जानता हूँ, उसे मेरा सेहतमन्द समय याद आ गया। कटी मिर्चों से आमलेट का रंग हरियाला। सोच रही है, मेरा धूल ढँका दर्पण शायद साफ़ होने लगे।

क्या उसके आततायी समय का अन्त आने वाला है? घर में बिल्लियाँ मटरगश्ती करेंगी। वे दोनों कैंटीन गये। गर्दन हिलने वाला बोला :

—वीर जी। दर्द होया?

—पता नहीं चला। दो घंटे गहरी नींद सोया।

—वीर जी। मुझे भी शॉक लगवा दो। बिल्कुल नींद नहीं आती। वाइफ की याद आती है। एक बार भी अस्पताल नहीं आयी। बापू से अंग्रेज़ी में कहा—आई एम स्केअर्ड ऑफ़ हॉस्पिटल्ज़। साली, कॉन्वेंटी कुत्ती।

उसका सिर फिर हिलना शुरू हो गया।

डॉक्टर आयी। लम्बी टहनी पर एक फूल। सिरहाने के पास रखा।

–पारुल। तुम्हें फूल कब से अच्छे लगने लगे! सेंटीमेंटल नानसेन्स कहती थी।

वह स्टूल पर बैठी। बिल्कुल चुप। कुछ बोलने की तैयारी में :

–सर, मैंने आपकी केस–हिस्ट्री पढ़ा था। हार्ट वीक। माइंड सिक। शॉक लगाने से पहले दो बार हाथ काँपा। कहीं कुछ...मैं बहुत डर गया था।

–डर गया नहीं, डर गयी थी। शब्दों की शादी करते समय चौकन्ना रहना चाहिए।

–सर, आप मेरी हिन्दी ठीक कर दें। मैं प्रभु से आपको ठीक करने को बोलूँगी। मेरे मित्र हैं।

–प्लीज वसंथा। मुझे प्रभु जी का चेहरा दिखा दो। उसे नोचूँगा। पारुल ने मेरे हाथ पर हाथ रखा। उदास।

–सर, हम सबमें प्रभु हैं। आप सात साल से चेहरा नोच रही।

मेरा बताने का मन नहीं किया कि नोच रही नहीं, नोच रहा बोलना चाहिए।

डॉ. अवनीत आये। ख़ुश–ख़ुश। हालाँकि उनके स्वभाव में ख़ुश होना है नहीं।

–आप वैसे ही डर रहे थे। डॉक्टर पार्थोज़ गैम्बल हैज़ पेड ऑफ़। तीन साल लन्दन के साइकिएट्री अस्पताल में डैपूटेशन पर थे। साथ के डॉक्टर उन्हें इंडियन मैजीशियन कहकर छेड़ते थे। ही इज़ वैरी हैपी। ही हैज़ सीन द स्पार्क ऑफ़ लाइफ। आप दो घंटे सोये रहे, डॉक्टर चौधरी पास बैठे रहे। ही इज़ ट्राइंग टू एन्टर यूअर डार्क सैल्फ।

मैंने अरसे के बार किसी को छेड़ा :

–शिशिर है। सारे साइकिएट्री वार्ड में फूल कैसे खिल गये!

जवाब में डॉक्टर अवनीत ने छेड़ा :

–आपके पाठकों ने भेजे हैं।

डॉ. पार्थो चौधरी आये। स्टूल सिर के पास खींचा, बैठे। बिल्कुल तरोताज़ा। इनकी पोल्का–ड्राट्स की टाई पर छोटे–छोटे फूल उग आये हैं। कभी पूछूँगा, बाल इस तरह कसकर क्यों बनाते हैं, औरतों की तरह। पार्थो बंगाली हो ही नहीं सकते। नाम बंगाली है। सफ़ेद संगमरमर का रंग...

–कलकत्ता में आपका *कोर्ट मार्शल* देखा। ऊषा गांगुली का। इतना आक्रोश–भरा सामाजिक–राजनीतिक आक्रमण शायद किसी और किताब में नहीं।

–आपने कैसे...

–छुट्टियों में अपने घर कलकत्ता जाता हूँ। मेरा रंग देखकर आपको भी लगा होगा, बंगाली नहीं। आपके इलाके के गोरे–चिट्टों का अहंकार तोड़ने के लिए दूसरे प्रदेशों के कुछ लोगों को प्रभु ने ऐसा रूप–रंग दे डाला।

मैं मुस्कुराया। पार्थो मेरे नाटकों के पात्रों की तरह छोटे–छोटे घाव करने वाले संवाद बोलते हैं। कभी मेरे पात्र बने तो शब्द बर्छे बन जायेंगे।

–शरद आ गयी। पक्षी बूढ़े हो गये। स्वदेश बूढ़ा हो गया।

–नो। नो। जो *कोर्ट मार्शल* लिखते हैं, बूढ़ा होने से पहले मर जाते है।

–फूल खिलने के मौसम में स्वदेश मुरझाया का मुरझाया।

–इस रोग में हम अपने चारों तरफ़ मनोवैज्ञानिक फैंस लगा लेते हैं। कोई अन्दर नहीं आयेगा। न अपने। न धूप। न हवा। एवरीथिंग विदर्ज़ अवे। हम दोनों इस फैंस को हटा देंगे।

–बिल्ली थक गयी है म्याऊँ, म्याऊँ करते। बैडरूम में अब चाँदनी नहीं आती।

–स्वदेश, केवल एक प्रश्न। सोचकर न कहिए। नहीं तो निहत्था ही रहूँगा। इस सबकी शुरुआत कलकत्ता में हुई थी न!

सोचा, चुप रहूँ। फिर सोचा, बता दूँ। पार्थो कोई शरलॉक होम्ज़ तो हैं नहीं कि कमरे में बैठे–बैठे सारे रहस्य जान लेंगे।

–हाँ। कलकत्ता में हुई। आपको कैसे पता?

–मैं थिएटर का दीवाना हूँ। कलकत्ता में थिएटर के लोग मुझे बहुत प्यार करते हैं। प्रथम मंचन में कृति वर्मा आपके पास बैठे थे। नाटक के बाद आपके पास खड़े थे। आप अचानक नाराज़ होकर गेस्ट हाउस लौट गये। आप दर्शकों से नहीं मिले। पत्रकारों से नहीं मिले। क्यों?

–कौन कृति वर्मा...

–आपको तो पता है। बताइए। सरकाइए यह बड़ा पत्थर।

मैं चुप। पार्थो चौधरी अहेरी। चारों दिशाओं से घात लगा ली।

गीता अन्दर आयी। उसके साथ छरहरे बदन, साँवले रंग का आदमी। बिल्कुल फ़ौजी।

–इसका नाम सुरेश है। तुम्हारे पास रहेगा। अंबाला कैंटोनमेंट बोर्ड से चटर्जी ने तुम्हारी देख–भाल के लिए भेजा है।

–मेरा कहा मानेगा?

सुरेश : वही मानूँगा जो ठीक होगा। मेम साहब ने कामों की लिस्ट दे दी है।

–ही सीम्ज टू बी वैरी र्यूड।

सुरेश : नो सर! एक्स आर्मी मेन। ग़लत बात नहीं मानता।

पार्थो उठे। मुस्कुराये। बचकर रहें स्वदेश। आपके *कोर्ट मार्शल* का पात्र आ गया।

सारे हमसफ़र न जाने क्या हुए। कुत्ते। बताया नहीं। मिलने आने नहीं दिया। न टूटा तेरा दम्भ। इंच–इंच मरते हुए भी। पिता ठीक कहते थे कि इस जैसा जालिम हरामी बड़ी मुश्किलों और मिन्नतों से पैदा होता है। इसकी उम्र में लोग औरतों से खेलते हैं। यह लफ़्ज़ों से खेलता है। वह ग़ज़लों के शैदाई थे–रोमांटिक!

शब्द–शक्ति से वाकिफ़ नहीं थे। जैसे किसी ने कहा–मैंने माण्डू नहीं देखा।

पहले मैं फ़क़ीर बना। फिर दरवेश बन गया। दुःख से ऊपर। सुख से ऊपर। कपड़ों को आग लगी। कुर्सी पर बैठा सिगरेट पीता रहा। आग अपना काम करती रही। मैं अपना। परिणाम–पी.जी.आई. चंडीगढ़।

कवि–लेखक का प्रिय शब्द एक खिड़की खोलता है, अन्दर झाँकने के लिए। सौमित्र मोहन का प्रिय शब्द–रद्दी। सौमित्र का सृजन–तरीक़ा विचित्र भी। सत्य भी। कविता लिखेगा, मेज़ की ड्राअर में बन्द। सोच लेगा कि अब कविता ख़ुद अपने को ठीक कर लेगी। कुछ महीने बाद ड्राअर से बाहर। कविता वहीं की वहीं। अब सर्जरी शुरू। सौमित्र एक कुशल सर्जन। उसे वही शब्द चाहिए, जो कविता को दरकार है। वह समानार्थी शब्दों से काम नहीं चलाता। यही वजह है कि उसके शब्दों को कभी पेचिश नहीं लगी। अभी तक एक कविता संग्रह–*लुकमान अली,* जबकि उसके समकालीनों के दर्जनों कविता–संग्रह। एक ही फ़ैक्टरी से निकली, असेंबली लाइन कविता।

सौमित्र सौ में से नब्बे कविताएँ रद्दी करार दे फाड़ देता है।

मैं प्रकाशन से पूर्व उसे कुछ भी पढ़ने–सुनाने का रिस्क नहीं लेता। कह देगा उसे रद्दी और मैं मटियामेट। किसी से उलझ जाऊँ तो सौमित्र क़िस्सा ख़त्म करेगा–छोड़ो, रद्दी आदमी है।

पिछले दिनों उसने अपनी कविता–'अधलिखी किताबों और पतझड़' पढ़ने को भेजी। फ़ोन किया–कब लिखी?

–शायद सन् नब्बे के आसपास।

–इतनी देर से!

–कविता है। बच्चा नहीं कि नौ महीने बाद जन्म ले ही लेगा।

कविता की पहली पंक्ति से सौमित्र मोहन ने मेरे इस अंश का शीर्षक दिया, 'बन्द आँखों में/घूमते अँधेरे–सा पतझड़।'

अतीत

राजेन्द्र यादव से तब से गहरी छनती है जब वह 'हंस' का शक्तिमान सम्पादक नहीं था। स्वभाव में उर्दूवालों की शोखी, शरारत, बतरस का बादशाह। क्योंकि हम हिन्दी वालों में सैंस ऑफ़ ह्यूमर है ही नहीं, कभी–कभी बखेड़ा खड़ा हो जाता है। इसके लिए उसका पसन्दीदा लफ़्ज है–घपला।

मेरी शादी 1971 की भारत–पाक जंग से तीन–चार दिन पहले हुई। बाद में मिले तो उसने पूछा, तुम्हारे साथ तो घपला हो गया। इधर शादी, उधर जंग। ख़ूब तकलीफ़ हुई होगी!

–तकलीफ़ कैसी! शाम होते ही ख़तरे का सायरन और ब्लैक आउट। मैं और गीता बिस्तरे में। जब–जब सायरन बजता, और ज़ोर से लिपट जाती।

–साले, गीता को तो तकलीफ़ हुई होगी।

–वह तो है। शादी के तुरन्त बाद प्रेगनेंट हो गयी।

यादव ने चश्मा बदला। पाइप जलाया और शरलॉक होम्ज़ में बदल गया।

दुनिया का सबसे स्याना आदमी। पर बैठे–बिठाये सबके रहस्य जान लेने वाला आदमी। शायद थोड़ा–सा उदास हुआ।

–तुम साले पंजाबी हरामी होते हो। किसी भी स्थिति में मज़े ले लोगे।

कवियों के लिए राजेन्द्र का प्रिय शब्द है–'नराधम'।

आजकल स्वदेश के लिए घपला पूरा नहीं पड़ता, इसलिए नीच और सूअर। उसने लेख लिखा–'होना/सोना एक ख़ूबसूरत दुश्मन के साथ।' और अपने साथ घपला कर बैठा।

यादव अच्छा लेखक है, सम्पादक है, लेकिन महिलाओं से निपटने की सामरिक चालें उसे नहीं आतीं।

शीर्षक में 'ख़ूबसूरत' की जगह 'बदसूरत' शब्द इस्तेमाल करता। कोई औरत विरोध न करती, क्योंकि कोई औरत अपने को बदसूरत नहीं मानती।

मर्द ही मूर्ख हैं कि ख़ूबसूरत औरत के पीछे इतना वक़्त ज़ाया करते हैं, जबकि बदसूरत और ज़्यादा प्रगतिशील होती हैं, कुछ ख़ास क्रियाओं में।

किस तरह प्रत्येक युग में लामबद्ध होकर मर्दों ने औरतों को भोगा, वासनादासी बनाकर रखा, आज तक कहीं नहीं पढ़ा था। राजेन्द्र के नारी एक्सप्लाइटेशन के संचित विचार एक ही लेख में, सौ लेखों पर भारी। लेकिन लिखकर राजेन्द्र को चैन नहीं आया। ऐसा लेख तो नामवर सिंह भी लिख सकते हैं।

उसने सहेजकर रखे नारी के दो–तीन अंगों का नाम लिख डाला। बिल्कुल भूल गया हमारी हिन्दी अभी बहन से भाभी–भाषा बनी है। गालियों के गहनों का महत्त्व हमारी भाषा को पता ही नहीं।

तब शुरू हुआ देशव्यापी गाली–आन्दोलन राजेन्द्र यादव के ख़िलाफ़। बहुत ख़ुश कि जीवन सफल हो गया।

पुस्तक मेले के दिन राजकमल की छोलदारी। राजेन्द्र अध्यक्ष। कुर्सी पर। नीचे बैठे सुधा अरोड़ा, मृणाल पांडे और निर्मल। राजकमल की बूढ़ी विभूतियाँ भी। मेरी और मृणाल की बक–बक। मृणाल जैसा आर्ट ऑफ़ कन्वरसेशन किसी के पास है ही नहीं। उसने मुझे और निर्मल को निशाना बनाया।

–निर्मल जी, स्वदेश की बीमारी आप दोनों का षड्यंत्र है। इसे देख लगता ही नहीं, कभी बीमार था।

राजेन्द्र कुर्सी पर बैठा खीझ रहा है। अध्यक्ष बातचीत का लुत्फ नहीं ले सकता। हिन्दी का सबसे निरीह प्राणी।

तभी एक औरत अन्दर आयी। माथे पर छपा था—मैं हिन्दी पढ़ाती हूँ।

बिना किसी भूमिका के राजेन्द्र पर बरस पड़ी।

राजेन्द्र ने फिर सामरिक भूल की। उसे जवाब देने की कोशिश।

औरत जब लड़की में बदल जाये तो बिल्कुल चुप रहो। थक जाये, चुप हो जाये, तो मर्दों का बनाया सबसे झूठा वाक्य बोलो, आप तो ग़ुस्से में और सुन्दर हो जाती हैं। लेकिन हमारा शरलॉक होम्ज़ औरतों का अनाड़ी।

मुझे ग़ुस्सा आने लगा। आधा उठा...मृणाल पांडे ने हाथ पकड़ नीचे बैठाया।

—बैठे रहो। तुम पंजाबी और देखते ही टाँगें अड़ाने को उतावले हो जाते हो। उस औरत ने अमोघ अस्त्र छोड़ा।

—कभी मथुरा आइए। फिर दिखाऊँ...

राजेन्द्र को ख़ुद पता नहीं कि वह एक भोला—भाला बच्चा भी है। वह मासूमियत में सच बोल जाता है।

—मथुरा काहे को आना। जो दिखाना है, यहीं दिखा दीजिए।

वह औरत छोलदारी से बाहर भागी। राजकमल स्टॉल से बाहर भागी। मुझे पक्का पता है, वह पूरे पुस्तक मेले से भागते हुए बाहर गयी होगी।

—मेरा प्रिय शब्द—फक ऑफ़। बेटी पारुल का—फक ऑफ़। गीता का प्रिय शब्द होता था—गुंडा दीपक।

बहुत सारी मुलाक़ातों के बावजूद निर्मल वर्मा के प्रिय शब्द का आज तक पता नहीं चला। यह शायद इसलिए कि वह शब्दकोश के प्रत्येक शब्द को प्यार करते हैं। शायद उनके लेखन के संयम की वजह से शब्द बाँदी बन हाथ बाँधे उनके सामने खड़े रहते हैं।

अस्पताल में : वर्तमान

शुरुआती सर्दियाँ। मैं सिर्फ़ शॉल ले सकता हूँ। आगे की तरफ़ सीधी अकड़ी बाँह में बिन काटे कोई पुलोवर नहीं जा सकता। कुर्ते लेडीज़ गाउन में बदल गये। जब चाहा जहाँ चाहा, उठा दिया।

Explorers delight.

ठीक हो गया तो क्या फिर से कॉलेज...नहीं। अब कभी नहीं पढ़ा सकूँगा। कार्य—कारण शक्ति ख़त्म। मुझे पढ़ाने के सिवा कुछ नहीं आता। *You are condemned for ever.*

कल्पना की। हाथ में भीख का कटोरा। लगोगे एक बदमाश भिखारी।

राष्ट्रपति को प्रार्थनापत्र भेजूँ। राज्यपाल बना दें। गवर्नर को तो कुछ नहीं करना। सज-धजकर बैठना है। जान बचाने की दौड़ में शामिल नहीं होना चाहिए था। ठीक हो जाना ख़तरनाक होगा। सात साल से बिस्तर पर। ठस्स वही का वही गन्दा फ्यूडल ख़ून। मुझे श्रीकान्त वर्मा होना चाहिए था। इन्दिरा गांधी का चन्द वरदाई। माचिस की तीली से कान खुजाने की आदत। ताज, बम्बई में ठहरा तो होटलवालों ने बड़े साइज की तीलियों वाली माचिस पेश की, ताकि ख़ूब अन्दर प्रवेश करे, खूब मज़ा आये। फाइव स्टार वालों को खुश करने के तरीक़े खूब आते हैं। अपनी माँ की कमीशन ले सकते हैं। माचिस वाली बात कवि की पत्नी ने लिखी, अशोक वाजपेयी ने किसी सरकारी पत्रिका में छापी। पढ़कर लगभग कै। ठीक कहा है—कवियों को आलोचकों और वेश्याओं ने इतना बरबाद नहीं किया, जितना उनकी बीवियों ने। अब मुझसे *मगध* की कविताएँ भी नहीं पढ़ी जातीं। स्थायी बिम्ब—मैल से लिपटी तीली।

सिरहाने के पास कोई खड़ा। आँख खोली। सुरेश। उसने गर्म पानी का गिलास आगे किया।

—कुल्ला कर लें। फिर चाय।

—बैड टी के लिए कुल्ला....

—यह अंग्रेज़ों की बुरी आदत है साब। हमारे अफ़सरों ने अपना ली। मुँह में रातभर का थूक और...

चुपचाप कुल्ला किया घूँट भरा। स्वाद स्वच्छ लगा।

—हिन्दी का अख़बार लाया हूँ पढ़ दूँ?

—हत्या, आतंक, बलात्कार की ख़बरें नहीं पढ़नी—बाकी सुना दो।

उसने अख़बार खोला ही नहीं :

—खबरें तो ऐसी ही हैं साहब।

मरीज़ उठकर बाहर निकलने लगे। सुरेश ने उनके बिस्तर ठीक किये।

मेरे आगे हथेली की। सुबह की खुराक। गोलियाँ।

—नाश्ते के बाद।

उसने ऊपर की जेब से काग़ज़ निकाला। गीता के आदेश। पढ़े :

—साहब, गोलियाँ तो पहले खायी जानी हैं।

–खा लीं।

–दाँतों को ब्रुश कर लें। शेव बनवाने चलना है।

–उँगली से पेस्ट कर लूँगा। दायें हाथ में ब्रश...

–नहीं पकड़ा जाता है। पता है। भगवान ने दो–दो अंग इसलिए दिये हैं कि एक ख़राब हो जाये तो दूसरे से काम लें। साब, मर्द को हार मानना शोभा नहीं देता।

–ठीक है। शेव नहीं कराऊँगा। नाई बहुत बोलता है, ठोड़ी के तिल को उस्तरा लगा देता है। घंटों ख़ून टपकता है।

–साब, मैं साथ हूँ। न बोलेगा, न तिल काटेगा। उसे पता होना चाहिए कि फ़ौजी जब मारता है तो बुरी तरह मारता है। पिटने वाले की माँ को भी दर्द होता है।

–नीचे जाने वाली सीढ़ियाँ। बहुत चौड़ी। ऊपर आने वालों का रेला। नीचे जाने वालों की भीड़। कोई किसी तरफ़ नहीं देखता। किसी के लिए नहीं रुकता।

अर्ध–मृत्युलोक (Hades) के नागरिक।

ऊपर आते रेले में कोई दिखा। लम्बे बाल। चश्मा। होंठों पर साक्षात् बदमाशी। यह तो डॉ. ज्ञान चतुर्वेदी है। किताबों का नहीं, आदमियों का डॉक्टर। इसके थैले में हमेशा बेशुमार फुलझड़ियाँ। मेरा बहुत–बहुत प्रिय। पत्नी शशि भी डॉक्टर। हमारे अंबाला की। मेरी स्टूडेंट। फिर भी इतना आदर। विचित्र किन्तु सत्य।

फेफड़ों में ताक़त भर आवाज़ दी–ज्ञान।

उसने पीछे देखा। सहज ही उतरने वालों की भीड़ में शामिल हुआ। मेरे पास पहुँचा, सीधी तनी बाँह देखी। पहली फुलझड़ी चलायी :

–आपकी बाँह निहंग सिंघों का बरछा है। अपने आप लोग रस्ता छोड़ दें। वैसे पहले भी किसका साहस था आपके रास्ते में आये।

फुटपाथ पर बैठे हज्जाम आज व्यस्त हैं।

–ज्ञान! बहुत लम्बी हो गयी बीमारी।

–इतनी लम्बी कहानियाँ लिखते हैं, छोटी बीमारी कैसे होती! गीता भाभी...

–अब तक हार नहीं मानी।

–कैसे मानेंगी! आपने खुद एक शक्तिशाली पात्र को जन्म दिया।

फिर शादी कर ली। आप ख़ूब दुबले हो गये। और वज़न कम नहीं होना चाहिए। आप एक कमनीय कन्या में बदल जायेंगे। महिला मित्रों को हार्ट अटैक हो जायेगा।

लगातार ख़ुश हूँ। ज्ञान बदमाश है। रोने–धोने की बात नहीं करता।

–आपके लिए मीरा बन गयी निम्मी कैसी है?

ज्ञान को उसकी याद इसलिए है कि जब अंबाला आते तो निम्मी उनसे हमेशा बीमारियों को बातें पूछती। मेरा जुकाम। मेरे सूखे बाल। मेरी उदासी। ज्ञान ने कभी भी उसे एक भी दवाई नहीं बतायी। पूछा :

–ज्ञान, निम्मी को क्या है?

–कुछ नहीं सर। एक डरपोक लड़की वाली बीमारियाँ। इसमें मीरा बनने के गुण हैं। लेकिन साहस नहीं। अग्नि–चन्दन की चिता में बैठने के लिए एक कठोर–निश्चय चाहिए।

अचानक चुप हो गया था। लगा, कोई दिल दुखा देने वाली बात कह गया। ज्ञान को बताया, निम्मी की शादी हो गयी। विदेश में है। आयी नहीं।

–ज़रूर आयेगी। पता नहीं चला होगा। जिन लड़कियों को लगातार जुकाम रहता हो, प्रेम कभी नहीं भूलतीं।

हम दोनों निम्मी की बेवकूफ़ियाँ याद कर ख़ुश हैं।

अब बोरी के टुकड़े पर। नाई ने साबुन लगाना शुरू किया। सुरेश ने हिदायत दी :

–उस्तरा तिल को नहीं छूना चाहिए। ख़ून निकल आता है।

–तिल के आस–पास बाल हैं। साफ़ करते वक़्त...

–मत कर साफ़। छोटी कैंची से काट देना। इतना ख़ून बनता नहीं जितना तू निकाल देता है।

ज्ञान की फुलझड़ियों वाला थैला किसी ने चुरा लिया। उसे अंबाला के दृश्य याद हो आये होंगे। दिन को घर आयी एम.ए. इंग्लिश की नटखट लड़कियाँ उसको जान गयीं। हर लड़की को कोई न कोई रोग। ज्ञान की डिस्पेंसरी मेरे घर में खुल जाती। मैं डाँटता। मत करो तंग। कोई मरो। चाय बनाओ। एक ने पूछ लिया :

–दीपक सर की गालें इतनी रैड क्यों हैं, हमारी क्यों नहीं?

–दो कारण। एक तो धूप में नहीं बैठते। दूसरे, हमेशा ग़ुस्से में।

वह शाम को आता। सीनियर एयरफ़ोर्स और सेना के अधिकारियों का

वक़्त। खाने–पीने की चीज़ें साथ लाते हैं। विंग कमांडर वाही। फाइटर पायलट उन्हें बहुत अच्छा लगा। पूछा :

–आपको फाइटर विमान उड़ाते हुए डर नहीं लगता?

–इससे ज़्यादा डर मुझे अपनी वाइफ से लगता है। फ्लाइंग वाले दिन ज़रूर समझाती है कि प्लेन कैसे धीरे–धीरे उड़ाना चाहिए।

–आपको बुरा नहीं लगता?

–बिल्कुल नहीं। औरतों की बात का बेवकूफ़ मर्द बुरा मानते हैं। जैसे यह दीपक। कितनी बार निम्मी को मेरे सामने डाँटा! शी शुड लीव दिस ब्रूट।

–नहीं छोड़ेगी। मन्त्रमुग्ध है।

–व्हाट इज़ दिस फकिंग मन्तर...

मैंने बताया–स्पैल बाउंड।

एक बार वाही अपने बहुत सीनियर अफ़सर एयर कमोडोर के साथ घर आया। बरार भव्य सिख। ज्ञान के सारे तर्क फेल हो गये। बीयर पीनी पड़ गयी। धीमान बीयर और व्हिस्की दोनों पी, धन्य हो रहा था। बरार साहब घोड़े पर चढ़ गये :

–मिस्टर दीपक! वाही ने बताया, आप राइटर हैं। हिंडन दिल्ली के नज़दीक है।

–नहीं। हिंडन सहारनपुर के पास है। मेरी गर्लफ्रेंड का भाई वहाँ काम करता है। व्हाई शुड शी टैल ए लाई?

वाही ने बरार से कहा :

–आप मान जाइए सर! ए ब्यूटीफुल वूमन इज़ नैवर इन द रॉंग।

इस अमोघ अस्त्र के आगे बरार ने हथियार डाल दिये।

–दीपक सर, हिंडन आइए। सहारनपुर के पास है। मैं वहाँ का सी. ओ. एयर कमोडोर बरार।

पार्टी शान्त नोट पर ख़त्म। वे गये। ज्ञान ने छेड़ये:

–सर, आप ख़ूब ज़बरदस्ती करते हैं। भूगोल बदल दिया। बेचारा बरार।

–बरार ड्रंक था ज्ञान। हिंडन वहीं है जहाँ निम्मी ने बताया। आख़िर उसका भाई वहाँ काम करता है, फिर निम्मी मुझसे झूठ क्यों बोलेगी! मैं उसकी नाक...

—जाने दीजिए। बहुत नाज़ुक नाक है। तोड़ दी तो जुकाम होने पर क्या करेगी!

वर्तमान

अस्पताल के बाहर सड़क पर ज्ञान। फुटपाथ पर। होंठों पर की बदमाश मुस्कान उड़ गयी। फिर सब कुछ फ्रीज। मैं टाट के टुकड़े पर। शेष।

ज्ञान ने मेरे साथ कितने अन्तरंग, गर्माइश से भरे और शरारती–ग़ुस्सैल दृश्यों में हिस्सा लिया है। क्या सोच रहा होगा! स्वदेश किस ऊँचाई से गिरा और सब सड़क किनारे टाट के टुकड़े पर।

नहीं पता ज्ञान को। मैं सिरे से यतीम हो गया।

ज्ञान चतुर्वेदी का व्यंग्य मीठी छेड़–छाड़। सुख। शब्दों में अपमान लपेट नहीं परोसता। एक बार डाँटा था–सर मत कहा करो।

जवाब : कुछ चेहरे सर के योग्य होते हैं। जैसे कुछ चेहरे इश्क़ के क़ाबिल। एक बार सलाह : सर, आप बहुत तेज़ जीवन जी रहे हैं। कभी सोचिएगा।

मैंने उसे मायाविनी के बारे में नहीं बताया। क्या सोचेगा! यह मेरे समर्थ सर हैं।

उस शातिर ने कैसी शातिर सेंध लगायी। जब पता चला तो बहुत देर चुकी थी।

सारे के सारे गर्म क्षण लुप्त हो गये। किटकिटाती सर्दी बाकी।

अब मैं हमेशा के लिए अव्यक्त हो गया। ख़ुद सवाल। ख़ुद जवाब।

गणिकाओं के जिस्म का हर हिस्सा दुखा हुआ। थकी हुई। खर्राटे ले रही हैं।

किस पेड़ की ऊर्वर और गाभिन गन्ध है यह! अर्धमृत्युलोक (Hades) के किनारे खड़ा सुगन्धित पेड़। मूर्ख जब तक मुँह न खोले, उसे पहचाना नहीं जा सकता। चुप रहो स्वदेश।

प्रेम दो मूर्खों के बीच ग़लतफ़हमी। बड़ा मूर्ख मर्द। जैसे स्वदेश।

लोग खरगोशों के साथ दौड़ते हैं। शिकारी कुत्तों से उनकी दोस्ती है। मैंने जाने–अनजाने कोई बुरा काम नहीं किया। फिर यह पागल–दंड!

आज भगवान को गालियाँ दूँगा। किस भाषा में? ज़हरीली तो पंजाबी में लगेंगी।

ज्ञान ने बायाँ हाथ पकड़ उठाया :

–चलिए, वार्ड में चलते हैं। सर, आपके चेहरे पर कोई रंग बचा नहीं रहा। कैसे–कैसे दुख हैं आपके भाग्य में!

मैं अपनी परिचित अतल खाई की तरफ़ बढ़ा। ज्ञान ने मेरा रास्ता बदल दिया :

–सारी शरारत उस जुकामवाली निम्मी की है। चुरा ले गयी आपके रंग और पहुँच गयी विदेश।

–ज्ञान, निम्मी अच्छी थी न!

–यह बात उससे आपने आठ साल में एक बार नहीं की। जुकाम, बाल सूखने की बातें जब करती थी तो दरअसल कोई और दुःख बता रही होती थी। लेकिन आप तो राज–सिंहासन पर बैठते थे। राजा कभी किसी के दुःख नहीं समझता।

वार्ड की खुली छत पर पहुँचे। धूप में बैठे रोगी। चुप। कोई किसी से बतिया नहीं रहा। अपने–अपने धूप–दिनों की याद में डूबे।

–आप थोड़ा धूप में बैठें। आपके डॉक्टर से मिलकर आया।

–धूप में नहीं बैठूँगा। कमरे में...

–आप पहले भी धूप में कहाँ बैठते थे। ठंडे पानी से हाथ धोये और बरामदे से बाहर फैला दिये। किशोर लड़कियों वाले डर थे आपके। कहीं रंग झुलस न जाये।

सुरेश ने मुझे बिस्तर पर बैठाया। ज्ञान चतुर्वेदी को डॉक्टर के कमरे तक छोड़ा। लौटा।

–साहब, आप आज एकदम चुप हो गये। उदास हैं। मैडम को फ़ोन करूँ?

न में सिर हिलाया। प्रत्येक दुःख का इलाज तो मैडम के पास नहीं। खीझती है, गुस्सा आता है तो अपने भाग्य को कोसती है। एक बार कहा था :

–गीता! तुम्हारा सबसे बड़ा दुर्भाग्य है मुझसे इश्क़, फिर शादी।

–शटअप! जस्ट शटअप! आय एम नॉट ए कैरेक्टर ऑफ़ यूअर स्टोरीज़।

क्या करूँ अपनी कमीनी सोच का! मुझ पर तरस खाती है, सामाजिक कर्तव्य है, इसलिए इस कठोर समय में इतनी देखभाल। सात साल के बाद

मुक्ति की लम्बी साँस लेने का हक़–हासिल है गीता को। मुक्ति तो मेरी मृत्यु से। जो आती है मगर नहीं आती।

स्वदेश तो बृहन्नला है–एक नपुंसक नर्तक। मेरा श्राप–काल शेष सारा जीवन। फिर से सीखूँगा लिखना। नहीं। करत–करत अभ्यास लेखक सुजान नहीं होते।

अब जीता–जागता बीभत्स रस हूँ। बाकी के रस उसने बैंक लॉकर में रख दिये। चाबी उसके पास। मैं लगातार सन्देहग्रस्त। सब मेरे मर जाने की प्रार्थना कर रहे हैं।

अच्छा लगने का कोई तो कारण होना चाहिए। क्यों कोई बिना वजह तुम पर जान देगा!

मत बोलो झूठ। धनुषधारी ईश्वर की आँखों में धज थी जब किसी को भेजा था निरोग करने के लिए।

चमकदार भविष्य

दिल्ली। निधि के साथ उसके घर चाय पीने, पहली बार। कार रुकी तो उतरते हुए कहा, सर जी, आप बैठे रहिए। जान गया, आज जी भर छेड़ेगी। मेरा दरवाज़ा खोला। झुककर फाइव स्टार के दरबान की कोर्निश की। उसके साथ खड़ा हूँ।

–सर, आप बहुत लम्बे हैं।

–बेवकूफ़। तुम बहुत छोटी हो।

मेरी निगाह नेम–प्लेट पर पड़ी। उसका सरनेम देख सकते में। इस उपनाम के लोग निहायत गिरे हुए लोग। अपने असली पिता पर शक भी सरेआम फख्र से करेंगे। यह जताने के लिए कि वह कितने बड़े हरामी हैं।

वह ऊपर के फ्लैट में रहती है। सीढ़ियाँ चढ़ते वक़्त मेरा हाथ पकड़ लिया।

ऊपर पहुँचकर पूछा, सीढ़ियाँ ख़ुद चढ़ लेता। हाथ क्यों पकड़ा?

–सर जी, बहाना चाहिए था। वैसे पकडूँ तो आप नाराज़ हो जायें। तो क्या करूँगी मैं! एक बात कहूँ, अपनी कमीज़ पर 'टच मी नाट' लिखवा लें।

निधि न मूर्ख, न अतिरिक्त मासूम। नेम–प्लेट देखते हुए उसने कुछ–कुछ भाँप लिया था।

–आपको मेरा पूरा नाम अच्छा नहीं लगा?

—नहीं, इस सरनेम के लोग टोटल ईवल होते हैं।

—ज़रूरी तो नहीं सब...

—सब अशुभ होते हैं दूसरों के लिए।

—राय साहब से पूछूँगी।

विकासनारायण राय हमारे सुप्रीम कोर्ट हैं?

—सर जी, आपने कभी पूछा नहीं मेरा हस्बैंड...

—मैं दोस्तों से कभी कुछ नहीं पूछता। सी.आई.डी. नहीं हूँ। जब जितना मन करें, बता देते हैं।

—सुन निधि! तुम्हारा पति तुम पर बहुत शक करता था क्या?

वह एकदम हैरान—था। लेकिन आपको कैसे...

—मुझे बहुत कुछ अपने आप पता चल जाता है। अभी तुम मेरी शक्तियों से वाक़िफ़ नहीं।

—तो किसी ऐसी शक्ति से इंट्रो कराइए कि मैं आपको बहुत अच्छी लगने लगूँ।

निधि जो कुछ कहना चाहती है, नहीं कहा। मुझे समझ आ गया। वार्निंग सिगनल आने लगे। दीपक जी, अपने मन से किसी महिला से नहीं जुड़ना। डिस्टर्ब नहीं होना।

—निधि, तुम अगर कुछ साल बाद जन्म लेतीं तो मेरी बेटी होतीं।

उसके होंठों पर शरारती लड़की आन बैठी।

—दीपक सर, अगर मैं कुछ साल पहले पैदा होती तो आपकी पत्नी होती। ख़तरनाक क्षण की असहज चुप्पी। वह चाय बनाने गयी।

सोच लिया कि आज धनुषधारी से प्रार्थना करूँगा, अपनी संजीवनी वापस ले ले। यह लड़की, जिसका नाम निधि है, मुझे अच्छी लगने लगी है। क्या फिर से मेरे वध का समय आ गया? हाँ, आ सकता है। तुम पहले वाले कड़ियल नहीं रहे।

चाय पीते वक़्त उसने कहा कि खाना यहीं खा लें।

मैंने हाँ की और सलाह दी कि विकास को बता दे। लौटने में देर हो जायेगी।

खट्ट। निधि ने पूरे ज़ोर से प्याला मेज़ पर रखा। टूटा नहीं। उसका कायाकल्प हो गया। जंगली बिल्ली।

–क्यों बता दूँ डी.आई.जी. साहब वी.एन. राय को? मैं कोई क्रिमिनल हूँ क्या? कॉल–गर्ल हूँ? आपको एड्स कर दूँगी? जो उठता है मुझे लेक्चर देता है। जगदीप कहता है–सर जी को तंग मत करना, कुछ हो गया तो। टोनी की नसीहत–मैडम, साडे साहब दा बिल्कुल ख़याल रखना। विकास हमेशा खोजी आँखों में आपके लिए चिन्ता। आप सब मुझे दुश्मन क्यों मानते हैं?

उसने मेज़ पर सिर रखा। बेआवाज़ रोना। हिलती पीठ। मैंने उसके हाथों पर हाथ रखे।

–निधि, सिर ऊपर उठाओ।

उसने उठा लिया।

–मेरी आँखों में देखो।

उसने देखना शुरू किया।

–बेवकूफ़ लड़की। कोई तुम्हारा दुश्मन नहीं। सब तुम्हें बहुत प्यार करते हैं। विकास भी। सौमित्र भी। गोविन्द प्रसाद और हरिनारायण भी। तुम हमारी जुंडली की हो...

उसने बीच में काटा :

–एक नाम नहीं लिया आपने।

–सॉरी। स्वदेश दीपक भी। तुमसे इसलिए कुछ छिपा के रखा है कि तुम दुखी न हो।

–बताइए स्वदेश। टेक मी इन कॉन्फीडेंस। मैं बहुत टफ हूँ।

–मैं पागल हो गया था। सात वर्ष विक्षिप्त। कभी विक्षेप।

उसने कसकर मेरे हाथ पकड़े। पहले आँखों में भय। फिर गहरी उदासी। फिर घूमते अँधेरे–सा पतझड़। फिर निधि की आवाज़ एक माँ की आवाज :

–ओह स्वदेश, माई पूअर, पूअर स्वदेश!

डोम पक्षी लौट आया। झरने का पानी बहना बन्द । मायाविनी का मुँह पीला। मैं किंग लियर। तार–तार हो गये कपड़े। गरजती बिजली। बरसती बरसात। मैं पूरा पागल हो गया। दहाड़ता बूढ़ा लियर। बिजली के झटके। हवा में तैरता मैं।

–निधि, आज मुझमें तुम्हारी आँखें लग गयी हैं।

–निधि, मैं तुम्हारे साथ झूला झूलना चाहता हूँ।

–निधि, मुझ पर कोई दया नहीं करता। लोग पीठ–पीछे अपनी कनपटी पर उँगली रख मेरे पागल होने के इशारे करते हैं।

–मुझसे नहीं पार होती दु:ख की नदी।

–कितना डरावना श्राप है! मैं एक साधारण वाक्य नहीं कह सकता–निधि, तुम कितनी अच्छी हो!

–इस मानसिक विकलांग को म्यूज़ियम में रखवा दो। लोग टिकट खरीदकर देखने आयेंगे।

–निधि, प्लीज़ हैल्प मी टू डाई। आय एम ए लेपर। ए सोशल लेपर।

–अब मैं सब तेरी नज़रों से देख रहा हूँ। ख़ुश हो जाऊँ।

–एक समय का समर्थ विजेता। लो, डाल दिये हथियार।

–मैं तस्वीर से बाहर आना चाहता हूँ। उकता गया फ्रेम–बँधी ज़िन्दगी से।

–तुम्हारी दीवार पर लगा डैनिस। मैनिस बना कि बना।

–क्या आज रात बर्फ़ गिरेगी?

निधि ने मेरे मुँह पर हथेली रखी। चुप। मेरे दु:ख उड़न छू। सचमुच संजीवनी। बजरंगबली लाये।

–स्वदेश, पाँच मिनट अकेले बैठो। कपड़े बदलकर आयी।

–सोने की पतली तार की नोज़–रिंग हो तो डालना।

क्या मेरा कविता–समय आ गया?

What is that noise?
The wind under the door.
What is that noise now?
What is the wind doing.
Nothing again nothing.
Do you see nothing.
Do you remember nothing?
Those are pearls that were his eyes. Are you alive or not?
Is there nothing in your head?

एलियट। तुमने कभी किसी के लिए प्रार्थना नहीं की। मैं तुम्हारे लिए प्रार्थना नहीं करूँगा।

वह कमरे में आयी। शिफॉन की साड़ी में शरीर का संगमरमर बदल गया। नोज़–रिंग ने उसकी आयु दस साल कम कर दी। नाक तीखी हो गयी।

–निधि, फिर कभी मत रोना। मुझे रोती हुई लड़की से डर लगता है।

–आज से हिटलरशाही बन्द। आपके दुःख सुनूँगी तो रोना आयेगा। रोऊँगी। प्लीज़ डोंट ऑर्डर मी स्वदेश।

मेरे नाम के साथ जी सदा के लिए ग़ायब। छोटे बच्चों की तरह आँखें बन्द। प्रभु जी से प्रार्थना।

–हे धनुषधारी। बजरंगबली को आदेश दें। संजीवनी वापस पहाड़ पर रख आयें।

निधि भी प्रार्थना कर रही है। पता नहीं क्या! मेरे लिए? अपने लिए?

9
चल ख़ुसरो घर आपने

झरता है एक पत्ता तो एक नया अँखुआ फूटता है
आसमान भर जाता है नये परिन्दों की उड़ानों से
नदी में नयी मछलियाँ जन्म लेती हैं
दूर तक फैलती जाती है हरियाली
धूल में उभरते हैं नये बच्चों के पाँव के निशान।

–राजेश जोशी

उनका असली रंग सफ़ेद। लेकिन अब संगमरमरी पीलापन। वे आगे से पतले। पीछे से पतले। बीच में मोटे हो गये हैं। फूले पेट की वजह से सन्तुलन बिगड़ गया। वे लुढ़कते हैं तो फिर सीधे नहीं हो पाते। मेरी बाँह की जली हुई चमड़ी गल गयी हैं। कीड़े गली हुई चमड़ी से बिस्तर पर टपकते। चाचा हरनाम सिंह का प्रिय शब्द तेज़ी। रात को जली बाँह में असह्य जलन की बात की तो बोले कि दवाइयों से ख़ून में तेज़ी आ गयी है।

रातभर दायीं बाँह बिस्तर पर छटपटाती रही। तेज़ी बढ़ती गयी। जलन लगातार धारदार। स्वदेश दीपक बाहर से घृणित गन्दा। अन्दर से नाली में बहता मैला। किसी को भी सपने तक में आने से घिन। मायाविनी भी दहशतज़दा। आयी नहीं। स्वप्नवासियों का निवासस्थान ख़ाली। वहाँ मटरगश्ती करते पेट–फूले कीड़े। शिमलावाला सुबह होने से पहले बरामदे में बीड़ी पीने गया। मुझे लगातार हिलते देख बिस्तर के पास ठहर गया। उसने मेरे गले पर रेंगते कीड़े देखे। बाँह पर बँधी सफ़ेद पट्टी पर फिसलते कीड़े देखे। बिस्तरे पर लुढ़के, बीच में मोटा कीड़े देखे। हिन्दी में चीख़ा–बहनचो...प्रोफ़ेसर को कीड़े पड़ गये।

उसकी लम्बी चीख़ ख़त्म होने पर ही नहीं आ रही। सिकन्दर उसे घसीटकर बाहर ले गया। जाग गये मरीज़ बिस्तरों में बुत बने बैठे। मेरी तरफ़ देखते। चीख़ने की हिम्मत जुटा नहीं पा रहे।

सिकन्दर चप्पल से बिस्तर पर लुढ़के कीड़े मारता। हरनाम चाचा ने बिस्तर से उठा स्टूल पर बैठाया।

मुझे कोई डर नहीं। शाम होने तक अनगिनत कीड़े मुझे अन्दर से चाट जायेंगे। फिर नाटक का आख़िरी शब्द लिख दिया जायेगा–पर्दा।

मुझे जीने से डर लगता है, मरने से नहीं। ख़ुद को समझाया, बताया–तेरे जैसे बास्टर्ड को कीड़े ही पड़ने थे। कितने दुःख दिये हैं तुमने दूसरों को! सफ़ेद पड़ चुके चेहरे वाली निम्मी ने कहा–यह शाप मैंने नहीं दिया। तुम जितने क्रुअल थे, उतने ही सॉफ्ट भी।

मैं बेआवाज़ चीख़ा–मेरी याददाश्त छीन लो। प्लीज़, किल माई मैमरी!

पेजर पर सन्देश ही सन्देश। आज की नाइट–ड्यूटी पर डॉक्टर वसंथा आ गयी। पानी पिलाया। सिर पर हाथ रखा। पूछा–दर्द होती?

–आय नेवर फील ऐनी पेन। आय एम अ कोल्ड हार्समैन।

–दीपक सर। आप कितना अभागा होती। दर्द नहीं होती।

–प्लीज़ वसंथा। डोंट स्पीक रांग हिन्दी।

उसने चश्मा उतारा। आँखें पोंछीं। चश्मा लगाया। जानती है, जब लगातार इंग्लिश बोलता हूँ तो अपने सुरक्षित देश जा लेता हूँ। न कोई सुख, न कोई दुःख। अर्धमृत संसार।

–वसंथा, वसंथा, प्लीज़ डोंट क्राई। आय विल नैवर एब्यूज़ यू।

–मैं डर से नहीं रोता। पिता की याद आता। टफ, क्रुअल। आप जैसा, कभी नहीं रोता। उस दिन नहीं रोया जिस दिन फाँसी। सैडिशन। देशद्रोह। बहुत ख़तरनाक सपने देखता।

मुझे वसंथा की ग़लत हिन्दी बुरी नहीं लग रही।

–अगर आन्ध्र नहीं तो बिहार के जंगलों में मार दी जाऊँगी तो लास्ट मोमेंट्स में आपको याद करता।

–वसंथा। माई चाइल्ड। माई डॉटर। यू हैव नो राइट टू डाई। यू मस्ट गिव बर्थ टू बन हंडर्ड वारियर्ज।

तब मुझे पता नहीं था। वसंथा *सबसे उदास कविता* की अपूर्वा है। मैंने गर्भ धारण कर लिया था।

नर्स छत की तरफ़ देख वसंथा को सूचना देती है कि डॉक्टर नायडू छुट्टी पर हैं। डॉक्टर श्रीकान्त दस मिनट में बर्न्ज़ विभाग में पहुँच रहे हैं। मुझे अभी वहाँ ले जाना है। डॉक्टर चारी के ऑर्डर।

हरनाम चाचा ने मेरा चोगा उतारा, पाउडर छिड़का। नया चोगा डाला।

नहीं जानते, शरीर में पड़ गये कीड़ों की दुर्गन्ध पाउडर से नहीं जाती। कुछ दुर्गन्धें हमारी आत्मा का हिस्सा बन जाती हैं।

जैसे स्वदेश दीपक के शरीर में पड़ गये कीड़ों की दुर्गन्ध।

बर्न्ज़ विभाग

डॉक्टर श्रीकान्त। जितने लम्बे ख़ुद, उतने लम्बे हाथ। पतली लम्बी उँगलियाँ, जल चुकी चमड़ी काटने वाला कलाकार। पूछा नहीं, क्योंकि पता है, शरतचन्द के श्रीकान्त हैं। हमारे वाले ठिगने कवि–नेता नहीं। मेज़ पर काले रंग का कपड़ा। सीधी बाँह से टप–टप गिरते कीड़े। लोट–पोट होते। काले कपड़े पर साफ़ दिखाई देते।

लघु राक्षस नाच रहे हैं।

माँ, जो अनपढ़ है, हमेशा शब्द गढ़ती। याद आया। कुलबुल। कुलबुल करते कीड़े। श्रीकान्त ने वसंथा से पूछा कि वॉट इज़ रांग विद हिम डॉक्टर वसंथा? वसंथा ने बताया कि एवरीथिंग इज़ रांग विद स्वदेश, डॉक्टर श्रीकान्त।

वह बहुतों के दुखों में हिस्सेदार रहा है। सब समझ गया। अब मेरे बारे में कुछ नहीं पूछेगा। उसने चादर पर लुढ़कते लघु–दानव देखे। बोतल का ढक्कन खोल तेज़ दवा का छिड़काव किया। पेटू हो गये कीड़े, जहाँ थे वहीं मर गये।

नर्स ने औज़ारों की ट्रे आगे की। कीड़े देख उसे उबकाई आयी। हाथ हिले।

श्रीकान्त ने ट्रे उसके हाथ से ले ली। आदेश दिया–आप बाहर बैठें। फ़ोन करें। एकदम सिस्टर रन्धावा को बुलाएँ। ओनली शी कैन असिस्ट इन सच केस।

वसंथा ने पूछा कि क्या दर्द बहुत होगा?

–शुरू में नहीं। स्किन डैड है। व्हेन आई गो डीपर, इट विल बी वैरी पेनफुल।

—आप बाहर बैठ सकती हैं। आई डोंट नीड यू।

—मैं यहीं ठहरूँगी, माई फादर मे नीड मी। मेरा पेन से परिचय ज़रूरी है।

श्रीकान्त एकदम चुप। एकदम उदास। समझ गये डॉक्टर, वसंथा की उम्र लम्बी नहीं। बिल्कुल भरी जवानी में पुलिस इसकी हत्या कर देगी। बतायेगी एनकाउंटर।

सिस्टर रन्धावा आयी। अगले साल रिटायर होंगी। सम्पूर्ण आत्मविश्वास ने उनकी काया धारणा की। मुझे जानती हैं। छेड़ा :

—दीपक, तुम हमेशा कुछ न कुछ करते रहोगे। लोग मुर्गी—पालन करते हैं। तुमने कीड़ा—पालन शुरू कर दिया। जब भी करोगे, घाटे का सौदा।

कैंची आगे की। श्रीकान्त ने गाँठ काटी। सिरा हाथ में पकड़ा। कहा :

—स्वदेश जी, अब आँखें बन्द करेंगे। कुछ नहीं पूछेंगे। मैं आपका बैंडेज गीली किये बिना खोलूँगा। साथ स्किन उतरेगी, जिसके नीचे इन कीड़ों का घर है। वी कॉल इट ऑपरेशन सर्च एंड डैस्ट्रॉय।

डॉ. श्रीकान्त ने पट्टी का सिरा झटके से खींचा। मैं कुछ इंच ऊपर उठ गया। सिस्टर रन्धावा को शरीर के रिएक्शन का पता था। कन्धे दबा रखे हैं।

दर्द की उठती लहरें। आती, लौटती लहरें।

वसंथा—पापा, यू मे टॉक टू यूअर सैल्फ। यू आर एन एक्टर ऑफ़ साइलेंट मूवी एरा।

बाँह पर तेज़ दवा का छिड़काव किया गया। बू अब बदबू में बदली, मेरे जिस्म का हिस्सा हो गयी।

मेरी विकलांग दुनिया को आक्रान्त कर देने वाली लँगड़ी यादें। कोई साबुत बच गया क्या? आसमानों ताकतें मेरी दुश्मन क्योंकर! कल्पना को झकझोर देने वाले दुःख।

जिस रात दोनों कलाइयाँ ब्लेड से काटीं, हाथ डिब्बे में रखे। एक बूँद रक्त भी चादर पर, फ़र्श पर गिरने नहीं दिया। शुरू से सफ़ाईपसन्द। पारुल डॉक्टर लिवाने गयी।

गीता लगातार हल्के थप्पड़ मार रही है। सिगरेट जलाकर मेरे मुँह में दे रही है। पी रहा हूँ। विज्ञान पढ़ाती है। बाद में बताया कि ऐसे मरीज़ को सोने नहीं देना होता। नहीं तो...

उसके 'नहीं तो' को दिल ही दिल में वज़नी गालियाँ दीं। हो लेने देती मेरा 'नहीं तो'। मेरे लिए मर जाना सबसे अहम काम है।

तीन बार कोशिश की। तीनों बार नाकामयाब। मैं अपनी साख गँवा बैठा।

मेरे लिए मेरे कांस्य युग का अन्त नहीं हुआ। मुझे ख़ुद को अबन्डन करना चाहिए।

मैथुन के दौरान हमेशा किसी और का शरीर क्यों याद आता है?

उन दिनों थर्मामीटर मुझे हमेशा सेक्सी लगता था। हिल–जुल शुरू। हे कृष्ण! तुमने कहा, मैं नदियों में गंगा हूँ। मेरे हिस्से का गंगाजल मुझे देते क्यों नहीं कृष्ण? तुमने कहा–मैं ऋतुओं में वसन्त ऋतु हूँ। मेरा एक मुट्ठी वसन्त लौटा दो कृष्ण! क्या मृत्यु का नियन्ता यमराज अब तुम्हारा कहा नहीं मानता? कृष्ण, तुम पार्थसारथी को युद्ध की आग में धकेल सकते हो। मुझे जल मरने से क्यों रोक लिया?

पिता अपने आख़िरी वर्षों में बिल्कुल बदल गये। खादी के कपड़े। उर्दू के विद्वान तो थे। हिन्दी लिखनी सीख ली। मेरी कहानियों के अनुवाद उर्दू की सरकारी पत्रिकाओं में छपने शुरू। अनुवादक का नाम नहीं देते थे। मुझे राजपुरा के पते पर सौ रुपये का मनिऑर्डर आता, ले लेते। यही वजह है कि उनके मरने तक उर्दू वाले मुझे अपना लेखक समझते रहे। हिन्दी वाले ने कभी अपना नहीं माना क्योंकि किसी वाद की छतरी तले कभी नहीं बैठा। पिता ने शिकायत की थी : यार, इतनी जालिम कहानियाँ मत लिख। हिन्दी से उर्दू में तर्जुमा करते वक़्त तकलीफ़ होती है।

स्याना निकला। मेरा जालिम वक़्त आने से पहले चल निकला। माँ है। उसे बताया नहीं गया। लगभग बहरी। हमेशा चीख़कर बोलती। फटे ढोल में बदल गयी बुढ़िया।

धज अब भी वही। पता चल जाये, पी.जी.आई. आ जाये। तो! सबसे पहले डॉक्टरों की माँओं के, बहनों के खुफ़िया हिस्सों के वर्णन करेगी, उन्हें गालियों के गहने पहनायेगी। फिर राजाज्ञा–घर ले चलो काके को। शास्त्रीजी से पाठ रखवाऊँगी। इसे ज़रूर किसी औरत ने पकड़ लिया है।

जिस दिन माँ गयी, एक दिन पहले उसके पास घंटों बैठा रहा। अपने आख़िरी वक़्त में अपना भाई समझती रही। इन्दर बोलकर बातें करती रही थी। वह खुश थी, भाई इन्दर आ गया। मुझे बहुत अच्छा लगा कि जाते वक़्त इतनी ख़ुश है।

चलती कैंची वाले कमरे में कोई आया। मुझे आँखें खोलने को कहा। पलकों में बन्द दर्द–पानी गालों पर। वसंथा ने रुई से पोंछा। डॉक्टर चारी ने मेरा कन्धा दबाया। डॉक्टर श्रीकान्त कटकटाकट कैंची चला रहे हैं। सुपारी काटने की छोटी आवाज़ें।

डॉ. चारी : विल यू गो डीपर श्रीकान्त। यू मस्ट किल ईच वर्म।

श्रीकान्त ने उनकी तरफ़ देखा। आँखों में सवालिया भाव–कितना गहरा?

डॉ. चारी ने सिस्टर की तरफ़ देखा। समझ गयी। औज़ारों की ट्रे बढ़ायी। दो कैंचियाँ उठायीं। एक हाथ में एक। दूसरे में दूसरी। एक क्षण के लिए चेहरा दिखा। इतना ग़ुस्सा। क्यों? मूँछें काँपतीं। क्यों? मौत की सर्द–क्रूर आवाज़ सुनी :

–क्लोज यूअर आइज़ दीपक। क्लोज़ यूअर माउथ। वसंथा, ग्रिप हिम। सिस्टर रन्धावा, श्रीकान्त ग्रिप हिज़ लैग्ज़। बिल्कुल नहीं हिलने देना।

मल्ल–योद्धाओं ने चालीस किलो के आदमी को जकड़ लिया।

एक कैंची का सिरा कुहनी के पास ज़िन्दा मांस में घुसा। दूसरी का कन्धे के पास।

–दिस डीप डॉक्टर श्रीकान्त। दिस डीप।

कैंचियों ने नर्तक–द्वय की चाल से एक–दूसरे की तरफ़ चलना शुरू कर दिया। मांस के कटते–गिरते छोटे–छोटे टुकड़े। पहले सारे जिस्म में जलते हुए अंगारे दौड़े। पीछे–पीछे आग लगी बर्फ़।

अब मैं अर्धमृत था। आज बिल्कुल नहीं चीखूँगा। एक तरफ़ कर्नल सूरत सिंह बैठे। दूसरी तरफ़ कैप्टन विकास राय। अंगारे और बर्फ़ जगह बदलते रहे। हरनाम चाचा के रणछोड़जी से शिकवा करने लगा।

मेरी देहनगरी के स्वामी! कौन–से पाप किये मैंने पूर्वकाल में! इंच–इंच करके मारने का आदेश आपने मृत्यु–नियन्ता यमराज को क्यों दिया?

रणछोड़जी नटखट लड़की में बदल गये। वक्र हो गये होंठों पर वक्र मुस्कान। अभी चुप।

–मेरे दिल के इर्द–गिर्द दहशत की फिज़ा। मेरे पेड़ की टहनी से परिन्दे उड़ते हैं, वापस क्यों नहीं लौटते!

–अभिशप्त हो गया आपका पेड़। उसकी छाया उससे रूठ गयी। चली गयी। अब आपके भाग्य में कोई परिन्दा नहीं।

–मैं आपको जानता नहीं, इसलिए मानता नहीं। जीवन शब्द विक्षिप्त में क्योंकर...

–मत कीजिए विलाप। नहीं देता शोभा आपको। मन के योद्धा हैं। एक बार रण हारने को अन्तिम पराजय क्योंकर मान लिया! लेकिन यह सत्य आपको किसी ने नहीं बताया कि योद्धा कभी अहंकार नहीं करता। लेकिन देहाभिमानी अपने–आपको व्यक्त नहीं करता। यह आपकी त्रासदी है, आपका श्राप है।

–लेकिन कोई परिचय नहीं, मुझसे कहा, मैंने माण्डू नहीं...

–अब आप बतायेंगे मुझे कि उसने क्या कहा! यही न कि मैंने माण्डू नहीं देखा। कौन–सा अनर्थ हो गया अगर आप उन्हें अच्छे लग गये? मैं होता आपके स्थान पर तो उनके साथ माण्डू जाता। उन मीठे दिनों की मीठी यादों को एक पोटली में बाँध छिपाकर रख लेता। जब कभी उदास होता, एक याद बाहर निकालता, बातें करता और फिर खुश हो लेता। लेकिन आप? आप हिन्दीवाले? मित्रता का मतलब आपके लिए एकदम सहवास और संभोग में बदल जाता है। मिथकों में बतायी सारी गोपियों के साथ क्या मेरी शरीर–मित्रता थी? नहीं। हम दोस्त थे। एक–दूसरे से रूठते थे, मनाते थे। जीवन इन छोटे–छोटे सुखों का कुल जमा जोड़ है।

–लेकिन वनलता सेन ने तो कहा है कि मैं सरासर कायर हूँ।

–वनलता सेन जन्म से क्रोधी है। वह क्रोध में कुछ भी कह जायेंगी। इसे पूर्ण सत्य कैसे मानेंगे।

–लेकिन मेरी मुक्ति...

–मुक्ति शब्द का अर्थ मृत्यु कैसे हो गया? दुःख की नदी से जब बाहर आयें तो अर्जित किये गये अनुभव ही मुक्ति हैं। यह भ्रम कैसे हो गया कि आप अकेले ऐसे हैं, जो विक्षेपग्रस्त हैं? सँजोकर रखिए पीले क्षणों को। जीवनानुभव बनेंगे। स्वीडन के स्टाइनबर्ग को यही रोग हुआ।

वर्षों निहत्थे हो गये आपकी तरह। दुखों के गहरे पानी से मोती चुग लाये। भविष्य देख लिया, शायद तीस नाटक लिखे। अपने युग–समय का क्रूरतम सत्य समझ गये :

Perhaps there will come a time when we will be so enlightened, that we will view, with indifference the brutal, cynical and heartless spectacle that life has to offer.

–और मैं स्वदेश...

वह नर्तक से योद्धा में बदले। आँखों में दिसम्बर की हवा।

–मैं आपके लिए कुछ नहीं करूँगा। जो क्षमा के योग्य नहीं, उन्हें बिल्कुल क्षमा नहीं करता। मैं महाभारत करवाता हूँ और उनका सर्वनाश हो जाता है। मैं अपने अग्रज धुनषधारी से विनती करूँगा आपके लिए।

अन्तर्धान होने से पहले फिर नटखट किशोरी में बदल गये।

–एक सलाह दूँ। जो सुन्दर है, आप उसे डाँटें। पहले मित्र बनाकर। मित्र की गाली प्यार के बोल से मिठड़ी लगती है। जब गये तो मुस्कान मीठी थी। मेरी हितैषी थी।

दोनों सिरों से चलती कैंचियों का मिलन हो गया। आँखें भी लहराते दर्द से चक्रवात में बदल गयीं। पहले डॉ. चारी की मूँछें दिखीं। अब भी हिलती हुई। ग़ुस्से में। बाँह देखने के लिए सिर नीचा किया। कसाई की दुकान में लटकता लोथड़ा। अभी ख़ून पोंछा नहीं गया। सिस्टर रन्धावा ने औज़ार–ट्रे आगे की। डॉ. चारी ने देखी। कैंचियाँ फ़र्श पर पटक दीं। अपनी भाषा में बोले :

–इस आदमी का भाग्य पागल कुत्ता बन गया है।

वसंथा के मुँह से दो बार निकला–अम्माँ, अम्माँ।

वह दीवार के साथ लगकर खड़ी। चेहरा बिल्कुल सफ़ेद। कन्धे काँपते–क्या रोयी कि रोयी। डॉक्टर चारी ने उसके माथे पर हाथ रखा, मज़बूत आवाज़ में बोले–वसंथा, तुम्हारे पिता केरल के सबसे शक्तिशाली योद्धा थे। शासन ने पहले पागल किया। फिर मारा। ऐसे क्षणों में उनको याद किया करो।

श्रीकान्त बाँह साफ़ कर रहे हैं। डॉ. चारी ने आदेश दिया।

–दीपक का ऑपरेशन कल सुबह नौ बजे। डॉ. नायडू दोपहर को छुट्टी से लौट आयेंगे। ही विल बी इंचार्ज ऑफ़ द टीम।

—दीपक, आज पहली बार कह रहा हूँ, आप ठीक हो जायेंगे। आपकी बाँह बच गयी। आप क़लम पकड़ेंगे। न्याय की लड़ाई जारी रखेंगे। यू आर ब्रेव। रियली ब्रेव। दिस सर्जरी वाज पेनफुल। रियली पेनफुल।

बैंडेज हो गयी। सफ़ेद कपड़े में ख़ून रिस रहा है। वसंथा बाहर लायी। काटा बाँह को गया है, दर्द की लहरें टाँगों में। पैर शरीर का साथ छोड़ेंगे।

बेंच पर बैठे इन्तज़ार करते हरनाम चाचा, सिर हिलानेवाला इंजीनियर इन्दर सिंह, कान्ता। शिमलावाला बोला, बाँह काट देंगे। कान्ता उठी। मेरी सारी बाँह पर हाथ फेरा। मेरा छोटा काका! मेरा बेटा! बहुत दर्द हुआ होगा! पता नहीं प्रभुजी इतने नाराज़ क्यों हैं!

मुझे बेंच पर बैठाया गया। हरनाम चाचा ने प्लास्टिक के गिलासों में चाय बाँटी। वसंथा ने छोटा घूँट पिलाया :

—पापा, पापा! आपकी बाँह ठीक हो जाये तो पेड़ में रस्सेवाला झूला झूलेंगे।

मुँह से लम्बी 'ओ' निकली और मैं रोने लगा। साइलेंट वीपिंग। वसंथा ने रुई से पोंछा। गीली। डॉक्टर श्रीकान्त हैंडटावल के साथ बाहर आये। आँखों पर डाल दिया।

—जी भरकर रोयें। दर्द से मुक्ति हो जायेगी। मैं शरतचन्द का ही श्रीकान्त हूँ।

कान्ता—काका, बन्द कर रोना। मेरी जान निकल जायेगी।

क्या उनके लिए रो रहा हूँ जो चले गये? एयरफोर्स के दोस्त, सेना के दोस्त। आज मैं अपने दुःख में रो रहा हूँ। वसंथा बेटी मेरे साथ झूलेगी। मेरी बेटी। वह कहाँ गयी? कैसा अभागा हूँ!

मेरा बेटा? वह कहाँ है? कैसा अभागा हूँ!

मेरा पत्नी? वह कहाँ है? कैसा अभागा हूँ!

चीख़ मेरे अन्दर थी। मेरे अन्दर की चीख़ गूँज बन गयी। रोम—रोम असहनीय दर्द। सच समझ आया। महायात्रा पर अकेले निकलना होता है। वह मेरा नुकीली हड्डियों से शिकार कर रही है। वसन्तराज के लिए मैं क्षमा के योग्य नहीं। अब मैं ख़ाली हाथ रह गया। शेर पेड़ से ज़मीन पर गिरा और मर गया। आज की रात तेंदुआ और क़रीब आ जायेगा। हम दोनों को एक—दूसरे की गन्ध आ रही है। मैं चलता—फिरता प्रेत।

मेरे पीछे–पीछे उड़ता मलबा। आसमानी ताक़तें मेरी शत्रु क्योंकर! मुझे तो प्रार्थना करनी भी नहीं आती। दर्द–सागर कभी भी थमता नहीं। मैं खुले समुद्र की वीरानी में था।

मैं अपने कमरे के बिस्तर पर

मैं रूठ गया। कुछ न खाऊँ तो भी किस्तों में नींद आ जाती है। किस्तों में गुस्सा। जब बोलना अर्थहीन हो, बेमतलब हो, रूठ जाता हूँ। वार्ड–कमरे में लाया गया तब गाली देने के लिए शिमलावाले ने मुआफ़ी माँगी। हरनाम चाचा ने हाथ जोड़ विनती की, कोई ऊँचा न बोले।

डॉक्टर श्रीकान्त आये। बाँह हिलाई–डुलायी। पहले काटते हैं। फिर देखने आते हैं। वसंथा ने चाय पिलाने की कोशिश की। होंठ भींच लिए। गिलास श्रीकान्त ने पकड़ा। चम्मच भर चाय होंठों के पास लाये।

–चाय पी लें। शरत बाबू का आदेश है।

मैंने आधा गिलास चाय पी ली।

–कल के ऑपरेशन को लेकर डॉ. चारी और मनोरोग के हैड प्रोफ़ेसर कुल्हाड़ा में बात–बहस हो रही है। प्रोफ़ेसर कुल्हाड़ा का तर्क है कि बिजली के झटके दिये जाने शुरू हो चुके हैं। कोई अन्तराल, कोई गैप देना नामुमकिन।

डॉ. चारी ने अपना अन्तिम तर्क दिया–जाते हुए शरीर में इन्फैक्शन ख़ून में फैलती है। चौबीस घंटे में अन्त। मुर्दा शरीर को शॉक्स देंगे क्या?

ऑपरेशन तय हो गया। चारी मेरे कमरे में आये। देखा। चुप रहे। उसी समय लगभग दौड़ते हुए डॉक्टर नायडू ने कमरे में प्रवेश किया। ख़ूब नाराज़। उनके पेशेंट को किसी और ने कैसे छू लिया! चारी समझाते हैं :

–डॉ. चारी : दीपक की बाँह में इन्फैक्शन हो गया था। इट कुड स्प्रेड इन द होल बॉडी। फिर कोई नहीं बचा सकता था।

डॉ. नायडू : यस सर! थैंक यू सर!

डॉ. चारी : अगर आप यात्रा से थक गये हों तो मैं...

डॉ नायडू : नो सर! ऑपरेशन मैं ही करूँगा।

आँखें खोलीं। डॉक्टर चारी ने छेड़ा–जब मैं काटता हूँ तो दर्द होता है, जब नायडू ऑपरेशन करेंगे तो बिल्कुल पेनलेस होगा। आपको पता भी नहीं चलेगा।

वह जाने लगे तो वसंथा ने पूछा–सर, यह बोल बिल्कुल नहीं रहे। क्या डर...

–डर से चुप नहीं। स्वदेश को सुन्दर औरतों की तरह रूठने की आदत है। इन्हें कौन मना सकता है! लेकिन वसंथा, रूठना नाराज़ होना नहीं होता।

सब कमरे से गये। जानता हूँ, फिर आयेंगे।

प्रोफ़ेसर कुल्हाड़ा कमरे में आये। मुझे देखते रहे।

प्रो. कुल्हाड़ा : आप लेटे–लेटे भगवान का नाम लें। शक्ति मिलती है।

कान्ता : काके को भगवान का नाम लेना आता ही नहीं। आज तक किसी पूजा के स्थान नहीं गया।

प्रो. कुल्हाड़ा : तो आप पाठ करें। मन्त्र पढ़ने–सुनने से कुछ तो अच्छा होगा।

कान्ता के जाने का समय हो गया। सुरेश से पूछा कि वह सँभाल लेगा न!

–माताजी! मैं साहब के पास ही बैठूँगा। आप कोई चिन्ता मत करें।

हरनाम चाचा चाय लाये। थोड़ा–सा हिलता हूँ तो दर्द जाग जाता है। सुरेश चम्मच से पिलाता है। हरनाम चाचा पास स्टूल पर बैठे हैं।

–चाचा, आपके रणछोड़जी तो बहुत नाराज़ हैं! कह रहे थे, क्षमा नहीं किया जा सकता।

–भगवान कृष्ण शरारती बच्चे जैसे हैं। छेड़ना, तंग करना उनकी आदत है। जब कुछ करेंगे, चमत्कार हो जायेगा।

शिमला वाले ने कहा कि आप सबसे पहले ठीक होंगे। डॉक्टरों ने मांस काटा और आपने उफ भी नहीं की।

सिर हिलाने वाले इन्दर ने कहा कि आप जी तो दरवेश हो गये। न सुख, न दुःख। मदर टेरेसा होम का नौ–दस साल का लड़का आज ही दाख़िल हुआ। मेरे बिस्तरे के पास खड़ा रहता हैं। उसे अपने बारे में कुछ पता नहीं। थोड़ी–थोड़ी देर बाद बरामदे में दौड़ लगाता है। मुझे बोलता देख थोड़ा हैरान।

–अंकल! हम माइकेल। आप तो बोल सकता। फिर चुप क्यों थे?

मैंने बायें हाथ से पास होने का इशारा किया। आगे हुआ। उसके सिर पर बायाँ हाथ रखा।

–अंकल, आप कहानी सुनाओ। आश्रम में सिस्टर रोज़ सुनाती।

आँखें बन्द कीं। दंग रह गया। सारी कहानियाँ मुझे छोड़ गयी हैं।

–माइकेल, एक रानी थी।

मैं चुप। वह चुप। फिर मुस्कुराया–अंकल, बहुत अच्छी स्टोरी है। कल फिर सुनाना।

वह अपने बिस्तर पर जा लेटा। बिल्कुल ख़ुश।

डॉक्टर नायडू फिर आये। काग़ज़ मेरी तरफ़ किया, यह थोड़ी–सी दवाइयाँ स्टॉक में नहीं हैं। कैमिस्ट से मँगवा लें। सात–आठ सौ की होंगी।

–मँगवा लूँगा।

डॉक्टर नायडू थोड़ा नाराज़।

–कैसे मँगवा लेंगे? आपकी बहन यहाँ नहीं। आपकी पत्नी यहाँ नहीं। पैसे हैं क्या आपके पास?

न में सिर हिलाया।

–व्हाई डू यू हेट यूअरसैल्फ सो मच? मुझे सिस्टर रन्धावा ने बताया, आपने सुबह उफ़ तक नहीं की। डॉक्टर चारी जब दो कैंचियों से काट रहे थे, आपको छत से जा टकराना चाहिए था। जितना बड़ा नायक बनेंगे, उतना बड़ा दुःख होगा। दीपक, आई विश टू सी यू डांसिंग।

–डॉक्टर नायडू! ठीक हो गया तो पहला डांस आपके साथ करूँगा।

वह मुस्कुराये। काग़ज़ पर कुछ लिखा। सुरेश को दिया।

–कैमिस्ट से ले आयें। बिल मेरे हिसाब में डाल देगा।

वह बाहर की तरफ़ चले। मुड़े। पूछा : वाइफ को इन्फॉर्म कर दिया?

–नहीं गीता क्या करेगी आकर! व्हाई बादर हर!

–लगता है, आपको दूसरों को दुःख देना अच्छा लगता है। मेरे बहुत–से पोयट फ्रैंड्स हैं। आप जितना क्रूर कोई नहीं हो सकता। यू जस्ट वांट टू हर्ट हर। आर यू अ सैडिस्ट मिस्टर स्वदेश दीपक?

सुरेश ने बीच–बचाव किया।

–सर! मैं अपने साहब को फ़ोन कर दूँगा। वह मैडम को बता देंगे।

जाते–जाते डॉक्टर नायडू ने अपने तरकश से मीठा बाण छोड़ा–सुरेश, कुछ अच्छी–अच्छी बातें दीपक सर को भी सिखा दो। पता नहीं, प्यार को कमज़ोरी और अपमान क्यों मानते हैं!

डॉ. नायडू गये। सुरेश दवाइयाँ लेने गया। लोग अपने–अपने बिस्तरों में। मेरा बिस्तर छिने वर्षों हो चले। पुरुष नहीं रहा। फिर कैसा बिस्तर! मेरे भव्य अक्खड़पन को मेरे चरित्र का खोट क्यों मान लिया गया! मैं किसी को खुश रखने के लिए कभी कुछ नहीं करता। लिखता भी नहीं।

जो ठिगने हैं, उन्हें कद्दावर कैसे मानूँ? उस भाषा के साहित्य का दुर्भाग्य तय है, जहाँ आलोचक महान हों, कवि नहीं। सबकी अन्तिम इच्छा कि नामवर हो जायें। नहीं देखेंगे कभी अपना क़द।

मायाविनी आती है तो रात को। निशाचर प्रजाति की है क्या? रात को नज़र पर भरोसा नहीं किया जा सकता। है कुछ और। मैं देखता हूँ कुछ और। उसने मेरे ऊपर गन्ध छोड़ दी है। किसी को मेरे पास आने का साहस नहीं। संचित यादों का हाथ पकड़े इस लम्बे और ख़तरनाक सफ़र को तय कर रहा हूँ। दंड देने में उसे महारत हासिल है। जली हुई बाँह, गला और छाती उसके दिये चिरस्थायी प्रतीक।

मेरा प्रिय लिबास–आधी बाँहों की क़मीज़। अब कैसे डालूँगा! मैं आज तक समझता रहा, शिकार ताक़त से होता है। जब उसने पागल संसार का वासी बना दिया तब यह डरावना सच समझ आया–शिकार करना दिमाग़ी खेल है, सिर्फ़ ताक़त नहीं। रात को उसने गालियाँ खायीं। सुबह अपने घर नाश्ते के लिए ले गयी। मेरा ध्यान बँटाकर मेरी श्वासनली में दाँत खुभो दिये। मैं सदा के लिए लहूलुहान। न जीवित। न मृत। मैं उसके मोह, घातक आकर्षण में नहा चुका। क्यों सोचता हूँ केवल उसके बारे में फ़ुर्सत के क्षणों में!

डॉक्टर फाउस्टस बन गया। हैलन ऑफ़ ट्रॉय के लिए आत्मा शैतान के पास गिरवी रख दी। जो प्रार्थना जीसस क्राइस्ट से करनी होती है, उससे की :

Oh, Sweet Helen, give me a kiss and make me immortal.

वसंथा आयी, स्टूल पर बैठी। जल गयी बाँहवाला हाथ दोनों हाथों में पकड़ा।

–पापा, नींद नहीं आता?

–वसंथा! मैं तुम्हें सही हिन्दी बोलना सिखाऊँगा। मेरे घर रहोगी?

–नहीं पापा! आपसे हिन्दी सीखने का समय नहीं होता। नैक्स्ट मंथ एम.डी. हो जाता। इधर से चला जाता। फिर किसी भी दिन पुलिस के हाथ मारा जाता।

कितनी किस्मत वाली है वसंथा! ज़िन्दा रहने और मर जाने का ग्राफ बिल्कुल सीधा। न कहीं बीच में सिडक्ट्रेस, आत्महत्या की कोशिशें, न जले हुए निशान।

—तुम अपने पापा का रिवेंज...

—नो। नो। नो। हम लोग रिवेंज के लिए कभी कुछ नहीं करते। राजनीतिक विचारधारा में निजी प्रतिकार के लिए बिल्कुल जगह नहीं होती।

जानता हूँ, यहाँ से निकल वसंथा जंगल की छत पर शरण लेगी। परभक्षियों से बचने का और कोई कारगर तरीक़ा नहीं।

—वसंथा, तुम्हें अपने पिता के अन्तिम शब्द याद हैं?

—बिल्कुल याद हैं। फाँसीघर में पहुँच गये। मुझे डाँट रहे थे—कॉफ़ी बनाने में इतनी देर क्यों लगा रही हो। शासक वर्ग और पुलिस के पास अत्याचार के अनोखे तरीक़े हैं। मरने से पहले उनको पागल बना दिया। जब भी उनका क्रान्ति सैनिक मारा जाता, उसकी डैड बॉडी रात को उनके जेल—कमरे में पुलिस रख देती। एक वाक्य बोलती—अपनी रेवोल्यूशन देख लो। पिता की योद्धा—आत्मा उनके मरने से पहले पुलिस ने लहूलुहान कर दी। वह बिल्कुल पागल हो गये थे। जब उनके मुँह पर काला थैला बाँधने लगे तो कुछ क्षणों के लिए पागल संसार से बाहर आ गये—वसंथा! वसंथा! मेरे पास जल्दी आना। हम दोनों झूला झूलेंगे। आकाश तक ऊँचा जाता झूला।

जाने कैसे मुझे इस सत्य का इल्हाम हो गया—जिन लड़कियों का नाम वसंथा होता है, वह स्वाभाविक मौत कभी नहीं मरतीं। वह हमेशा पूरी तरह लैस रहती हैं। पुलिस के हाथों सच्चे अथवा झूठे एनकाउंटर में मरती हैं।

—वसंथा! डॉक्टर तो हमेशा पेशेंट से एक मानसिक दूरी बनाकर रखते हैं। तुम...

—पापा, आपको देखते ही पिता याद आ गये। आपकी तरह वाल्कैनिक ग़ुस्सा। आपकी तरह ज़मीन से पेट लगाकर बैठा स्थिर बाघ। कभी भी घातक छलाँग लगा देगा। पापा। पापा। एक नाटक मेरे ऊपर लिखना। मैं मर चुकी हूँगी। प्रथम मंचन देखने ज़रूर आऊँगी।

इस बच्ची को ख़ूनी सच कैसे बताऊँ कि मैं लिख नहीं सकता। बाँझ हूँ। बंजर हूँ। अभिशप्त हूँ। मैं हरामज़ादा कहाँ का सूरमा! एक औरत द्वारा वध किया गया नामर्द स्वदेश दीपक।

आँख लगने से पहले पंजाब के सबसे प्यारे शायद बेटे शिवकुमार की याद आ गयी। इस बदसूरत और गुरबत की मारी ज़िन्दगी से पता नहीं कैसे ख़ूबसूरत लम्हे खोज लेता और वे कविता में बदल जाते। जीवन रुत में ही उसे यह दुनिया अच्छी लगनी बन्द ही गयी। मरने से पहले उसने लिखा :

जीवन रुते जो वी मरदा, फुल बने या तारा।

वसंथा भी बहुत जल्द इन फूलों में, इन तारों में शामिल हो जायेगी, जो जवान मौसम में चल बसे...वसंथा हर हालत में तारा बनेगी। रोशनी की ठंडी छाँव का तारा।

•

मेरी आँखें बन्द थीं। मैं सोया हुआ नहीं था। बिना पैरों की आवाज़ के कोई कमरे में आया। रूह काँप गयी। क्या मायाविनी? आँखें खोलीं। बिस्तरे के पास भयानक चेहरे वाला कोई खड़ा है। एक आँख फूटी हुई। नाक टूटकर टेढ़ी। कान कटे हुए। भय से मेरा सिकुड़ता शरीर देख बोला :

—भय मत करें। मैं एक शान्तिप्रिय राक्षस हूँ।

—राक्षसों के दाढ़ी नहीं होती। आपके चेहरे...

—असंख्य छोटे—छोटे घाव हैं। पीताम्बर प्रभु के आशीर्वाद से दाढ़ी आ पायी। घाव छिप गये।

—बट रणछोड़ इज़ वैरी एंग्री विद मी।

—ऋतुराज को अन्याय देख एकदम क्रोध आ जाता है। वे सूर्य का तापमान हैं तो गतिमान वायु भी। चलती है तो फूलों को छू उनकी सुगन्ध आँचल में भर लेती है। जब नटखट नारायण आँचल फैला झटका देते हैं तो धरती पर वसन्त का आगमन हो जाता है।

—मुझ पर दया करने से न कर दी।

—हाँ। आपका विनय—पत्र अग्रज धनुषधारी को दिया। उन्होंने पढ़ा। छेड़ा :

—कृष्ण, दंड को दया से बिल्कुल अलग कैसे करेंगे। स्वदेश अभद्र हुआ। लेकिन उसकी आत्मा के ध्वंस का अधिकार किसी को कैसे मिल सकता है! उसे कुछ दो। लम्बी आयु न दो। अपनी प्रसन्न रहने की कला से उसे छू दो। वसंथा का नाटक लिखना है।

शान्तिप्रिय राक्षस ने अपनी बन्द मुट्ठी मेरे शरीर पर रखी। मेरी आँखों में प्रश्न देख बताया :

—नदियों में गंगा मेरे प्रभु कृष्ण ने आपके लिए एक मुट्ठी वसन्त भेजा है।

उसने मुट्ठी खोल दी। मेरे शरीर पर सुगन्ध की छिड़कन होने लगी। अस्पताल की कसैली गन्ध रौशनदान के रास्ते बाहर निकल गयी। शान्तिप्रिय राक्षस खड़े–खड़े ग़ायब हो गया। रणछोड़जी ने क्या मुझे अपने वसंत का छोटा–सा हिस्सा दे दिया! अब कोई मुझसे प्रतिकार नहीं...

भविष्य

सर्दियाँ। श्रीराम सेंटर में शाम की चाय। आज हमारे साथ पीयूष मिश्रा। बहुत मान करता है, बहुत प्यार करता है। वह मंच के बाहर भी कर्नल सूरत सिंह होता है। दबंग, तेजस्वी और दयाहीन। उसे निधि सिरे से अच्छी नहीं लगती। हाथ धोने गया। यह बातचीत मुझे बाद में निधि ने बतायी।

—स्वदेश जी आपके दोस्त कैसे बन गये?

निधि छेड़ने का मौक़ा कभी नहीं छोड़ती।

—पीयूष जी, दोस्त नहीं, यार। दिलों के बीच रिश्ते बन जायें तो यारी होती है।

—ही इज़ ए मोस्ट क्रुअल मैन। जब घाव करेंगे तो बहुत गहरा होगा। बी केयरफुल।

—मुझे पूरा विश्वास है, स्वदेश के घाव से उनकी सुगन्ध आयेगी।

पीयूष रूठा, वहाँ से उठ गया।

कार में बैठे। उसने स्टार्ट नहीं की। फ़ालतू सवाल पूछने की आदत नहीं।

—आप खाना मेरे साथ खायेंगे...

—नहीं। विकास...

—कभी–कभी मेरी पूरी बात सुन लिया कीजिए। मैंने फ़ोन पर राय साहब को बता दिया है। दस बजे तक आपको वापस पहुँचाने के ऑर्डर दिये हैं।

—रात को तुम्हारे यहाँ खाने के लिए...

उसने कार स्टार्ट कर दी। इंजिन का दिल धड़कना शुरू। वह कर्कश हो गयी।

—रात को आप मेरे यहाँ आयेंगे तो क्या आपका रेप कर दूँगी! आपके दोस्त मुझे कौन—सी चेतावनियाँ देते रहते हैं। मैं आपका कौन—सा अहित कर दूँगी। मैं आपकी शत्रु हूँ न। सब मुझे नफ़रत करते हैं।

उसने सिर स्टीयरिंग पर रख लिया। मैंने कार बन्द की। इंजिन का हार्ट फेल हो गया। उसे हाथ पकड़ कार से बाहर निकाला। फुटपाथ पर अपने पास बैठाया।

—सुनो। सुनो, निधि। जो कहता हूँ, बिल्कुल ध्यान से सुनो। फिर नहीं कहूँगा। धनुषधारी ने, जिनकी आँखों में धज है, तुम्हें मेरे पास भेजा रहा। सालों साल मेरे अन्दर सूखा पड़ा रहा। रणछोड़जी ने एक मुट्ठी वसन्त उड़ेल दी। एक पशु—जगत की सम्राज्ञी ने मुझ पर अपना होना सिद्ध कर दिया। उससे बचने के लिए कड़ा कवच मेरे पास था नहीं। वह अजगर की तरह घातक स्थिरता बनाये रखने में माहिर है। वह पहले आत्मा में नाख़ून चुभो देती है। वह शरीर की कुंडली से दम घोंटने में माहिर है।

साँस चढ़ गयी। चुप हुआ। उसने मेरी सिगरेट सुलगा मेरे मुँह में लगायी।

—बताइए। स्वदेश जी, बताइए मुझे, सारा सत्य बताइए।

—मेरे लिए वह हैलन ऑफ़ ट्रॉय थी, द्रौपदी थी। दो घातक सौन्दर्य, दो आग्नेय नायिकाएँ जो दो युगों के अन्त का कारण बनीं। मैं उसके छद्मावरण से धोखा खा गया। मुझे पता ही न चला कि मेरे वध के लिए वह पूरी तरह लैस थी। उसे घातक दक्षता से मारना आता है। वह हार मानने वाली औरत नहीं थी। वह एक उद्यमी प्रेमिका थी। लेकिन स्वदेश को डराकर कोई नहीं जीत सकता। मेरे इनकार को उसने अपमान समझा। वह एक शाप में बदल गयी।

निधि ने दोनों हाथ अपने हाथ में लिए। एक और सिगरेट दी।

—मुझे रौरव नरक का वासी बना दिया। तीन बार आत्महत्या की कोशिश की। उसने बचा लिया। अपने हाथ से क्योंकर जाने दे। अब मेरे लहू में स्थायी चमक थी। मैं लगातार उत्तेजित रहने लगा। चारों तरफ़ रेगिस्तान था। कैक्टस थे। और हथेली जितनी मकड़ियाँ थीं। उसका प्रभाव सर्वनाशी था। मेरी याददाश्त गयी। मेरी ताक़त गयी। मेरा ग़ुस्सा गया। अब मैं एक लोथ था।

उसके हाथों की पकड़ मज़बूत हो गयी।

—निधि, निधि! जानता हूँ, तुम कौन शब्द बोलना चाहती हो। मत बोलना। दोनों शापग्रस्त हो जायेंगे। उसने यह शब्द नोचकर नष्ट कर दिया है। निधि, निधि! तुम नहीं जानतीं। जीवन से उसने जो कुछ छीना, तुम वापस दे रही हो। निधि, निधि! तुम मेरे साथ नहीं होतीं तो मैं साँस नहीं ले सकता। सुनो निधि! साइकिएट्री की दवाइयों से मैं नपुंसक हो गया। निधि, सुनो। मेरे रोग का साइकल चार—पाँच साल का है। अगेन आई विल टेक द जम्प। बट दिस टाइम आई विल टेक फाइनल जम्प। तुमसे सुरक्षित दूरी पर रहना दुःख है, जलता हुआ दुःख। लेकिन अगर थोड़ा—सा मस्तिष्क अशान्त हुआ तो फिर से उस रौरव नरक में चला जाऊँगा। मेरा भाग्य पागल कुत्ता है, यह बात डॉक्टर चारी ने मलयालम में कही थी।

उसने मेरे होंठों पर हथेली रख दी, बोली तो प्रत्येक शब्द थर, थर था।

—अब चुप हो जाओ स्वदेश! मेरे होते हुए आप आख़िरी छलाँग लगा ही नहीं सकते। कैसे जायेंगे आप अँधेरे की सुरंग में? मेरे हाथों में हमेशा लालटेन होगी। मैं हमेशा आपके साथ रहूँगी। आप जानते नहीं, मेरी प्रार्थना में कितनी शक्ति है। मैं एक बेवकूफ औरत हूँ। मैं एक बहुत अच्छी औरत हूँ। आज से मैं आपकी डॉक्टर। अब हम कभी भी प्यार का जोखिम नहीं उठायेंगे।

उसने मुझे हाथ पकड़ उठाया। उसने मुझे हाथ पकड़कर कार में बैठाया। मेरे दिलो—दिमाग़ से एक—एक करके सारे डर लुप्त हो गये। आज कार तेज़ चला रही है। मैं सिगरेट पी रहा हूँ। मुरारी बापू की तस्वीर मुझे घूर रही है।

—जगदीप बता रहा था, आपका चेहरा जैसा दस साल पहले था, वैसा ही आज भी है। इतनी लम्बी बीमारी कुछ नहीं बिगाड़ सकी।

—जगदीप बदमाश है। छेड़छाड़ के बिना साँस नहीं आती उसे।

—कह रहा था. आप छोटे थे। सवेर—सवेर उठे। बहुत भूख लगी थी। रोटी का डिब्बा खोला। आपने सुबह का सूरज़ खा लिया। तब से वह छोटा—सा सूरज आपके मुँह में बैठा है।

—निधि, प्लीज़! मत छेड़ो।

उसने मीठी धमकी दी–अभी तो मैंने छेड़ना शुरू ही नहीं किया। बस, देखते जाइए।

कार फ़्लैट के सामने रुकी। मेरे उतरते ही उसने लाइट बुझा दी। कार एक विशेष कोण पर खड़ी की। लाइटें जलायीं। सीधी नेम प्लेट पर। लिखा था–अपूर्वा निधि।

–यह किसका नाम है?

–मेरा। आपको सरनेम पसन्द नहीं था न। कोर्ट में एप्लीकेशन देकर सारा नाम बदल दिया। बैंक अकाउंट और दूसरे ज़रूरी कागज़ों में अब नया नाम चलेगा। अपने दोस्तों से कहें, मुझे अपूर्वा कहकर बुलायें।

मैंने उसका हाथ पकड़ कहा–पागल लड़की।

उसने मेरा हाथ पकड़कर कहा–पागल लड़का।

अब वह दूसरों के सामने जी लगाना भूल जाती। दोस्तों की चिन्ता बढ़ गयी।

विकास का फ़ोन आया कि साढ़े नौ हो गये। दीपक लौटे नहीं।

निधि ने बताया कि अभी तो खाना खाया नहीं।

–तो रहने दीजिए। उनके सोने का समय होगा।

–राय साहब, साढ़े दस बजे तक खा लेंगे। सॉरी फॉर द डिले।

–ठीक। मैं लेने आ जाऊँगा।

–नहीं। पहुँच जायेंगे।

–ऑटो में मत भेजियेगा।

–प्लीज़, राय साहब! मैं ख़ुद छोड़ जाऊँगी।

फ़ोन बन्द। अपूर्वा के चेहरे पर ख़ूबसूरत नाराज़गी।

–मैं पूछती हूँ, विकास आप पर इतना अधिकार क्यों जताते हैं?

–सुनो निधि, अधिकार नहीं, चिन्ता। कन्सर्न। वह मेरे नरकवास के दिनों के लगातार गवाह रहे। मुझे एक अनमोल उपहार दिया। जीवन–शक्ति। विल टू लिव। मेरा हाथ पकड़ रोगी–संसार से बाहर लाये। अब मैं फूलों के जंगल में हूँ। मुझे अपने पैरों का पता लग गया। विकास जानता है, मेरा स्वभाव विस्थापित का है। मैं अपने स्वर्ग में ज़्यादा देर नहीं बिता सकता। इसलिए उसने मुझे समय के अनुशासन से बाँध रखा है।

अपूर्वा का चेहरा सहज हो गया।

–कितना पेशेंस है विकास में!

–विकास के साथ इलाहाबाद गया था। उनके घर। माँ जी को मेरे बारे में कुछ–कुछ पता था। एक दिन बातों–बातों में कहा–मेरे चार बेटे हैं, चारों बहुत अच्छे हैं। लेकिन विकास देवता है।

होटल से खाना आ गया। उठते समय निधि अन्दर गयी। लौटी तो हाथ में बड़ा–सा पैकेट। मेरी सवालिया निगाह देख बताया :

–आपके लिए, आधी बाँह की कमीज़ें बहुत अच्छी लगती थीं आपको।

–अब कैसे डालूँगा? मेरी जली हुई बाँह...

–मत किया कीजिए ऐसी दुःख देने वाली बातें। कोई क्योंकर देखेगा आपकी जली बाँह! वह क्या है फ़िल्मी गाना–तेरे चेहरे से नज़र नहीं हटती...

–पैकेट बड़ा है। कितनी कमीज़ें हैं?

–बस, चार ही हैं।

–तुम मुझे उपहार दे रही हो कि दहेज?

–आप शादी के लिए मान जाइए। सुनिये। कल नेवी–ब्लू वाली डालें। आप इस रंग में खिल जायेंगे।

–जो बातें मुझे कहनी चाहिए, तुम कह रही हो।

–आप जैसे गूँगे और बुद्ध पुरुष को सब कुछ लिखकर देना होता है।

निधि जब ऐसी बातें करती है तो मुझे आने वाले दुःख के संकेत मिलने लगते हैं।

सुबह आठ बजे के क़रीब फ़ोन बजा। उठाया। अपूर्वा है।

–कहो।

–जब सुबह–सवेरे कोई सुन्दर लड़की फ़ोन करे तो राम–राम, नमस्ते, नहीं तो गुडमॉर्निंग ज़रूर करते हैं।

–राम–राम, नमस्ते, गुडमॉर्निंग।

–अरविन्द गौड़ का फ़ोन आया। महेश दत्तानी कुछ लोगों से बातचीत करेंगे। आपको और मुझे बुलाया है।

–कितने बजे?

–ग्यारह।

–तो आठ बजे फ़ोन क्यों!

–एक घंटा आपको सजने–सँवरने में लगेगा। नौ बजे मैं आऊँगी। दो घंटे मटरगश्ती करेंगे। उसकी खनकती हँसी–राय साहब से परमिशन आप लेंगे कि मैं?

इससे पहले कि मैं गाली दूँ, उसने फ़ोन बन्द कर दिया।

सीढ़ियाँ उतरा। कार में बैठी है। उसकी दी आधी बाँहों की नेवी–ब्लू कमीज़ डाली है। वह तेज़ी से बाहर निकली। मैं सायेदार पेड़ के नीचे रुक गया। पास आयी। मेरे कन्धों पर हाथ रखे। किसी उँगली पर अँगूठी नहीं। कलाइयों में चूड़ियाँ नहीं।

अब वहाँ छलभरा सन्नाटा था। क्या मेरा संकट का क्षण आ गया? निधि की आँखें भर आयीं। मुझे डर नहीं लग रहा। अब मैं अभेद्य हूँ। पेड़ों की टहनियाँ क्वाँरी। हमारे चाहने से फूल तो नहीं आ सकते।

–दीपक, दीपक! मैं तुम्हें उठा ले जाऊँगी। मैं तुम्हें भगा ले जाऊँगी। यू आर माइन।

आँखों का पानी बाहर आया कि आया। मैंने एहतियात नज़रअन्दाज़ की। अपने माथे पर अंकुश से चोट की।

–मिलते समय नहीं रोते। अलग होंगे तो रो लेना।

उसने मेरा हाथ पकड़ कार में बैठाया। आज लय में नहीं चला रही। स्पीड है।

–कार जितना धीरे चलाओगी, उतनी ही ज़्यादा बातें करेंगे।

उराने रपीड कग की। उराके छोटे रो कान को छुआ। उराके गाथे की शिकन मिट गयी।

–अरविन्द गौड़ को आपका उपन्यास *मायापोत* बहुत पसन्द है। उसने पढ़ने दिया। मुझे अच्छा नहीं लगा।

उसने प्रतिक्रिया के लिए मेरी तरफ़ देखा।

–पूरी बात कहो। बिना रुके पूरी बात कहो।

–*मायापोत* का नायक सन्तोष कोई काम नहीं करता। पैरासाइट। परजीवी है। दोस्त उस पर जान छिड़कते हैं। उसका ख़र्चा उठाते हैं। डॉक्टर राधा उससे शादी करना चाहती है। एक निकम्मे और बेकार आदमी को कोई प्यार क्यों देगा?

–अपूर्वा जी! आप तीस वर्ष की बच्ची हैं। हम हमेशा रीज़न और कारण के सहारे नहीं सोचते। पैरासाइट कोई गुंडा–बदमाश नहीं होता।

एक समझदार और सेंसिटिव आदमी। वह दूसरे पुरुषों की तरह अधिकार नहीं जताता। आप उसे मिलने को आज रोकें, वह कल से नहीं मिलेगा। उसके ज़िन्दा रहने की अपनी निराली लय होती है। मुझे देखें। पिछले पाँच साल से निकम्मा हूँ। बेकार हूँ। परजीवी हूँ। फिर भी विकास, सौमित्र, राजेन्द्र यादव और कुछ दूसरे दोस्त दिलोजान से मेरी ख़ैर मनाते हैं, चाहते हैं। एक पागल लड़की, उसका नाम अपूर्वा है। वह मुझे उठा ले जाना चाहती है। वह मुझे भगा ले जाना चाहती है। हम किसी का बैंक–बैलेंस देखकर उसे चाहते हैं क्या?

वह मुझे अवाक् देखती रही। हासिल करने का असम्भव प्रश्न पूछा :

–अगर मैं विदेश जाकर बस जाऊँ तो मेरे पास आयेंगे न?

–पागल। मेरी पागल अपूर्वा! ऐसा करो। किसी अपनी आयु के पुरुष से दोस्ती करो। अधेड़ और आधे गंजे स्वदेश से नहीं।

–मुझे अधेड़ और आधा गंजा स्वदेश अच्छा लगता है। आय डिज़ायर हिम ओनली।

और सचमुच पागल अपूर्वा विदेश चली गयी। मैं यही हूँ। अपने देश में। फिर सख़्तजान हो गया हूँ। परजीवी हमेशा बहुत सख़्तजान होते हैं।

अतीत से

स्किन ग्राफ्टिंग ऑपरेशन : डॉ. नायडू, श्रीकान्त, दो और डॉक्टर। मेरे सिर के पास वसंथा।

–पापा, आपकी राइट आर्म ठीक हो जायेगा।

–वसंथा, जायेगा नहीं, जायेगी।

मैं गोलाकार रोशनी देखता हूँ। मेज़ से चौड़ी। बिल्कुल डर गया।

डॉ. नायडू : डरिए मत। डॉक्टर चारी की तरह पेन नहीं करूँगा। आप मेरे मित्र जो हैं।

मैं इस शैंडलियर से डर गया।

–गिरा तो मर जाऊँगा।

डॉ. नायडू : अगर गिरा तो हम सब मर जायेंगे। लेकिन गिरेगा नहीं।

मैं : वसंथा, मेरी नदी सूख गयी। तैरना चाहता हूँ।

वसंथा : जिस प्रभु ने वसन्त दिया, वे नया जल भेजेंगे।

ऑपरेशन हो गया। जाँघ का मांस बाँह पर जोड़ा गया। कुछ महसूस नहीं हुआ। आय वाज़ अंडर सिडेशन।

आँखें खोलो अपने कमरे में। अपने बिस्तर पर। सिकन्दर चहका—बड्डे साहब जी जाग गये!

सब मेरे बिस्तरे के पास।

शिमलावाला : सर, वाज़ इट पेनफुल?

न में सिर हिलाया।

इन्दर : भा'जी, पंज घंटे लगे। मैं तो डर गया। पाठ करदा रहा।

हरनाम चाचा : कलगी वाले प्रोफ़ेसर साहब दी रक्षा कर रहे ने। आदमजात कुछ नहीं बिगाड़ सकती।

कान्ता : मुझसे बात कर काका। मैं, गीता और सरिता बाहर बेंच पर बैठे—बैठे मर ही गये। पाँच घंटे। पता नहीं क्या—क्या काटा!

गीता पास आयी। हाथ में चाय का कप और चम्मच।

—मुँह खोलो दीपक!

मैंने मुँह खोला। गीता ने चम्मच से चाय पिलायी।

नर्स आयी। हाथ में थर्मामीटर। मैंने न में सिर हिलाया। गीता ने उसके हाथ से थर्मामीटर ले लिया। मैंने मुँह खोला। गीता ने थर्मामीटर लगाया। नर्स को लौटाया। वह गयी। बहुत दबी आवाज़ में गीता को कहा :

—आज थर्मामीटर बहुत सेक्सी था।

वह पहले चौंकी। फिर थोड़ा टेढ़ा मुस्कुरायी।

—बदमाश दीपक ठीक हो गया।

शरीर में दाख़िल किये गये नशे ने नींद को वापरा ला दिया।

मायाविनी आयी। तीन चीते साथ छोड़ गये हैं। आज निराकार है। अपनी काया मेरे हत्यारे शहर में छोड़ आयी। आज मुझे बोलना है।

—तुम मेरी मुंसिफ हो। और दंड कब दोगी!

—तुमने पेड़ों की टहनियों पर बौने प्रेत बैठा रखे हैं। हम दोनों अपने—अपने हत्यारे हैं।

—और कब तक जीना होगा ख़ंजर की नोक पर!

—मैं सूर्य की तरफ़ देखता हूँ तो छींकें क्यों आती हैं?

—हनीमून के दिनों में शेरनी लगभग तीन सौ बार संभोग करती है। जब एक शेर थक जाये तो दूसरे को कामुक बुलावा जाता है।

—तानाशाह प्रेमिका एक प्रेमी से बहुत जल्द उकता जाती है। पालतू बनाने और निस्तेज करने के लिए उसे नया पुरुष चाहिए।

–मैंने तुम्हारी हदें माप लीं। तुम एक हैरतअंगेज़ हद तक कामुक बन्दर हो। मेरे जटिलतम काल का अन्त हुआ कि हुआ।

वह उठ खड़ी हुई। अब सशरीर है। बाहर जाने के लिए मुड़ी।

–स्वदेश जी! वनलता सेन आयी थी। मुझे उससे डर लगता है।

वह गयी। उसके पैर विजेता की तरह मज़बूत नहीं थे। घिसटते हुए। वसंथा के हाथ में प्लेट। उसमें मिठाई। मीठा नहीं खाता। खा लिया।

–पापा, एम.डी. हो गया। अब जाता।

–बेटे, जाता नहीं, जाती। थोड़े दिन मेरे घर रहोगी तो हिन्दी सिखा दूँगा।

–पापा! आज लास्ट मीटिंग होता। जहाँ जाता, वहाँ से कोई वापिस नहीं आता हमारा अन्त होता पुलिस एन्काउंटर।

मैं सकते में। मेरे छोटी–सी बेटी जीने–मरने के क्रूर निर्णय कैसे तुरन्त कर लेती है! वसंथा के माथे पर लिखा भाग्य स्पष्ट पढ़ लिया–पुलिस की गोली नहीं तो फाँसी। जिन लड़कियों का नाम वसंथा होता है, वह अपनी मौत कभी नहीं मरतीं।

–यू विल नाट क्राई पापा! प्लीज़, ब्लैस मी!

–सोचा था, तुम्हारी शादी करूँगा, तुम्हें आशीर्वाद दूँगा।

–आशीर्वाद नहीं माँगता। वरदान दो। वांट टू बी टफ एंड क्रुअल लाइक यू।

–वसंथा, वसंथा मैं टफ नहीं हूँ। एक औरत ने मुझे डरा दिया। दिन–रात कुत्ते के पिल्ले की तरह कूँ–कूँ।

–आप ठीक होगा। डॉक्टर चारी ने कहा। वह कभी झूठ नहीं बोलते। आपकी शक्ति लौटेगा। आप अपनी बेटा वसंथा को केन्द्र बना नाटक लिखेगा। पापा, पापा! नाटक का नाम बता। अभी बता।

मेरे अन्दर वर्षा शुरू हो गयी। जून की वर्षा, लम्बे गीले बाल। सो चुके शब्दों ने करवट ली। हमें जीवन दो। हम मंच से अपने दर्शकों से बातें करेंगे। बारिश का हाथ पकड़े हवा भी आयी। इसके धारदार चाकू ने लगातार छुआ। विश्वास हो गया कि बसन्त थोड़े–से फ़ासले पर है। अपनी मृत्यु का ख़ुद वरण करने वाली बेटी वसंथा के लिए सृष्टि–कथा के मिथ को वसंथा के मिथ में तब्दील कर दूँगा। सृजन–शक्ति ने हामी भरी। तुम जो कुछ भी तय करो। लिख सकते हो।

लेकिन तब कहाँ पता था कि अस्पताल की रिहाई के तीन साल बाद भी सूखा पड़ा रहेगा। क़तरा–क़तरा लहू जलता रहेगा। मस्तिष्क और आत्मबोध एक–दूसरे का हाथ नहीं पकड़ेंगे। मैं बाँझ औरत की तरह गर्भ धारण करने के लिए जूझता रहूँगा। पहली किताब बेटी के लिए। नहीं तो कभी कुछ नहीं लिखना। मेरा हठ तो घर वापस लौटा। इट वाज़ ए वेल्कम साइन। मैंने अच्छे नसीब की खोज शुरू कर दी।

–वसंथा वसंथा, तुम्हारे नाटक का नाम होगा–सबसे उदास कविता।

–वसंथा का चेहरा यकायक कठोर हो गया। मेरे माथे पर हाथ रखा।

–पापा, पापा, वसंथा जाती। फिर नहीं आता।

आख़िरी बार उसकी हिन्दी ठीक करने का मन किया। लेकिन की नहीं। जिसने किसी भी दिन पुलिस–मुठभेड़ में मारा जाना है, वह सही हिन्दी बोलेगी तो मरने से बच थोड़ा जायेगी।

यह अन्तिम विदाई थी। न कभी उसकी कोई ख़बर आयी, न ख़ुद वसंथा आयी।

अतीत

बिजली के झटके लगने फिर जारी हो गये। मैं फिर एकदम उदास। पूर्वजन्मों में विश्वास नहीं। इस जन्म में बची हुई याददाश्त बताती है, किसी का बुरा नहीं किया। फिर आसमानी ताक़तें मेरी दुश्मन क्योंकर हो गयीं! अब बाकी आयु दवाइयों के सहारे गुजारूँगा। मनोरोग की दवाइयाँ मंदक हैं, बाहर–अन्दर हमेशा आधी बेहोशी की अवस्था।

डॉक्टर पार्थो चौधरी बिस्तर के पास बैठते हैं। हम दोनों के बीच मौन वार्तालाप भी नहीं। उनके पास अथाह धीरता है। मेरे पास कठोर हठ। मैं रूठ जाने में माहिर हूँ। कोपभवन में बैठी कैकेयी से भी आगे। मैं जन्म से एकाकी प्राणी। ख़ुद से सवाल–जवाब करने में माहिर।

ये लोग मेरे दम का इम्तहान ले रहे हैं। मैं लगातार पानी पीता हूँ। निरजलित हो गया हूँ।

गीता चाय लेने रैडक्रॉस कैंटीन गयी। मैं और डॉक्टर पार्थो अकेले।

इस क्षण मैं बिल्कुल चौकन्ना नहीं था, आँखें मूंद धूप सेंकती बिजली।

डॉ. पार्थो : कलकत्ता में *कोर्ट मार्शल* देखने के बाद उन्होंने यही कहा था न आपसे, मैंने माण्डू नहीं देखा!

—उन्होंने एक सोचे हुए क्षण में मुझ पर हल्ला बोल दिया। कोपभवन से बाहर आ गया—हाँ, यही कहा था। आपसे किसने बताया?

कामना अनगिनत बार फिर मेरे सामने खड़ी हो गयी। मक़बूल फ़िदा हुसैन और जहाँगीर सबावाला ने उसे मिलकर बनाया होगा। द्रौपदी बिल्कुल उस जैसी रही होगी। यह सोचकर मैं बिल्कुल डर गया कि यह औरत द्रौपदी की तरह शपथ ले सकती है—जब तक मेरे केश ख़ून से धोये नहीं जायेंगे, मैं सँवारूँगी नहीं। सुन्दर हमेशा भयावह होता है। उसके पास से उड़कर सुगन्ध मेरे पास आयी, परफ्यूम की नहीं, उसके सुगन्धित लहू की। एक मूर्ख इच्छा ने जन्म लिया—मैं इसे हर हालत में हासिल करूँगा। जीत अहंकार की हुई। आक्रमण कर। इतनी सुन्दर औरत को दुःख दिया जाना चाहिए। इससे मुझे जंगली खुशी मिलती थी। उन दिनों मैं केवल शरीर के श्लोक जानता था।

भविष्य

निधि का फ़ोन आया। उसकी मारुति कार टाटा सूमो से टकरा गयी। कई बार सलाह दे चुका था, कार चलाते हुए मोबाइल पर बातें न करे। म्यूज़िक कैसेट न बदले। पवित्र मुस्कान के साथ जवाब—आप डरते बहुत हैं। अब हो गयी दुर्घटना।

—जब दुर्घटना हुई, मोबाइल पर बातें कर रही थी।

—हाँ, लेकिन टाटा सूमो अचानक रुक गयी...

—शटअप! तुम समझती हो, पागल हूँ। तुम्हें सलाह देता हूँ।

—प्लीज़, दीपक! कुछ नहीं हुआ। चालीस छोटी—छोटी चोटें लगीं। मेरी माँ से पूछ लें। पास बैठी हैं।

—उस औरत से कोई बात नहीं करना चाहता। ईडियट, तू बच कैसे गयी! मरी क्यों नहीं?

—टाटा सूमो से टक्कर लगने से क्षणभर पहले आप अगली सीट पर आ बैठे। चीख़कर मुझे ब्रेक लगाने को कहा। मौत से पहले आपका चेहरा देखा। अब मुझे मरने से डर नहीं लग रहा था। ब्रेक लगा सकी।

—तुम जैसी नालायक को मर जाना चाहिए था।

—कितनी गालियाँ देते हो दीपक...

—यह मेरा खानदानी लक्षण है।

फ़ोन पर रोने की आवाज़ आयी। मेरा गुस्सा सातवें आसमान को छू गया।

—मुझे मर लेने दो। तब जी भरकर रो लेना।

—रो इसलिए रही हूँ कि आपने मुझे इतनी गालियाँ दीं। हैं न प्रे...

—मत बोलना यह शब्द। दोनों अभिशप्त हो जायेंगे। कल आ रहा हूँ।

—नो। अभी नहीं आना। मेरी नाक बहुत मोटी...

—और बाकी हिस्से?

—बाकी अंगों का आकार बिल्कुल वैसा है दीपक, जैसा आपको अच्छा...

—तुम एकदम बदमाश लड़की हो।

पत्थरों पर बहते पानी की आवाज़ आयी।

—राबर्ट ब्राउनिंग की कविता—पंक्ति सुनाऊँ—यू स्माइल। माई पेंटिंग इज़ कम्प्लीट।

वह लगातार हँसती रही। झरना लगातार बहता रहा।

खिड़की में लगा जिरानियम का फूल इस साल ज़रूर खिलेगा। डॉक्टर पार्थो चौधरी के साथ सातवाँ साइकिएट्रिक सैशन।

मैंने पार्थो के आगे हथियार डाल दिये हैं। इस आदमी पर न मेरे रूठने का असर होता है, न चुप हो जाने से कोई फ़र्क़ पड़ता है। वह मेरा अन्तरंग स्वरूप, आल्टर ईगो, बन चुका है। उस पर जुनून सवार हो गया, मेरे सारे के सारे भयावह और जानलेवा रहस्यों को जान लेने का।

मेरे अँधेरे सफ़र का यही अन्त तय था।

मैं पानी की सतह से ऊपर उठने को लगातार ज़ोर लगाती अपंग पनडुब्बी हूँ। निराशा और अवसादपूर्ण अँधेरे कभी कम होते हैं, कभी विस्तार ले लेते हैं। कल शाम डूबते सूर्य की रोशनी में बादल की सुनहरी जाँघ देखी। बिल्कुल सेक्सी। कामना। उस सुबह तन्त्र—विद्या की किताब देने के लिए जब तुम झुकी थीं, मुझे तुम्हारी पीठ का कर्व याद आ गया। दोनों हाथों की उँगलियाँ जोड़ पकड़ सकता था। तुम आग की गहरी मित्र। असम्भव का जीता—जागता सबूत। प्रूफ़ ऑफ़ इम्प्रोबेबल।

—उन्होंने उस रात आपके साथ माण्डू जाने की इच्छा प्रकट की। आप वायलेंट क्यों हो गये?

—मुझे देखते ही उसके सोये हुए सपने अँगड़ाई ले उठ बैठे। ऐसे रसभरे सपने एक बदसूरत पति का हाथ पकड़ नहीं देखे जा सकते। सौन्दर्यप्रिय है वह। सोचा होगा, स्वदेश साधन बन सकता है इन सपनों को देखने—भोगने का। लेकिन उसे पता नहीं था—मैं कभी भी किराये के लिए ख़ाली नहीं हूँ।

वहाँ बैठे एम.डी. कर रहे डॉक्टर लगातार नोट्स लेते हुए।

—जब आपने अपमान किया, सबके सामने गालियाँ दीं तो वह अगली सुबह लिवा ले जाने के लिए कमरे में क्यों आयी?

—आप जब लन्दन में थे तो सिल्विया प्लैथ से मिले?

पार्थो एकदम चुप हैं। चौकस भी। शायद मैंने आक्रमण का कोई नया कोण चुन लिया।

—मेरे लन्दन जाने से पहले प्लैथ ने आत्महत्या कर ली थी। गैस के चूल्हे पर मुँह रखा और गैस चला दी। उसके पति टैड ह्यूज का किसी मॉडल से अफेयर चल रहा था। सिल्विया बर्दाश्त न कर सकी। आत्महत्या की तीसरी कोशिश में सफल हो गयी। शी बिकेम ए कल्ट फिगर। स्वदेश जी, आप प्लैथ के बारे में क्यों पूछ रहे हैं?

--सिल्विया प्लैथ ने मुझमें जन्म ले लिया। मैंने भी तीन कोशिशें कीं। जानते हैं, मेरी मायाविनी मेरे कमरे में क्यों आयी? जिन औरतों को अनबुझ प्यास लगी हो, उनके लिए प्लैथ ने कहा है :

एवरी वोमेन अडोर्ज़ ए फासिस्ट
द ब्रूट इन द फेस, द ब्रूट।
ब्रूट हार्ट ऑफ़ ए ब्रूट लाइक यू।

सबसे पहले पार्थो चौधरी के कान लाल हुए। फिर यह क्रोधी लाली आँखों में उछल आयी। वह कुर्सी पर आधा उठे। मज़बूत बाँहें मेज़ पर। चेहरे पर जलते अंगारे आन बैठे। बोले तो मृत्युदंड सुनाती आवाज़ :

—स्वदेश दीपक! आप जैसा घृणा के योग्य आदमी मैंने देखा ही नहीं। अपने पक्ष में आपको सब कुछ याद रहता है। सिल्विया प्लैथ की कविता को मनचाहा मोड़ देंगे। अर्थ बदल देंगे। जितनी कालिख आपमें है, पता नहीं लिख कैसे लेते हैं! आप जैसे जानवर को लेखक मानने में शर्म आती है।

मुझे क्रोध बिल्कुल नहीं आ सका। अर्जुन से वृहन्नला जो बन चुका हूँ। एक नपुंसक नर्तक।

यह देख दंग रह गया कि पार्थो चौधरी मुस्करा रहे हैं। वह मेरी आँखों में मेरा ही बिम्ब घायल कर ख़ुश हैं।

—स्वदेश जी, इतनी गालियाँ खाने के बाद क्या आप मेरे घर आयेंगे? नाश्ते के लिए लिवा ले जाने के लिए।

—पुराने दिन होते, मेरा शक्तिकाल होता तो मैं आपका ख़ून कर चुका होता।

—बिल्कुल सही कह रहे हैं। इतने लोगों के सामने गालियाँ खाने के बाद वह भले घर की भली महिला गेस्टहाउस क्यों आयी? आपको अपने घर नाश्ते के लिए क्यों ले गयी? मैं बताता हूँ। आपको शायद पता नहीं, हमारे बंगाल में कवि–लेखक को देवता का स्थान दिया गया है। साधारण से साधारण घर में टैगोर और शरतचन्द्र के चित्र लगे हैं। छोटी–छोटी दुकानों में इनके फ़ोटो हैं। पूजा का स्थान और दर्जा प्राप्त है लेखकों को। पुस्तक मेले में निर्धन अपने पेट काटकर किताबें ख़रीदते हैं। संस्कृति की पूँजी है इनके पास। इसलिए सोनार बंगाल बन गया निर्धन बंगाल। जानते हैं, आपकी गालियाँ उन्हें क्यों नहीं लगीं? *कोर्ट मार्शल* नाटक के स्वदेश का ज़रूरी हिस्सा। उसके चरित्र का कुल जमा–विरोध का असीम क्रोध। अपने छोटे–से मन से बाहर निकलें, छोटी सोच का दायरा तोड़ें। वह अशुभ इरादों वाली महिला हो ही नहीं सकती। मुझे उसका पता दीजिए। ख़त लिखूँगा। आयेगी पी.जी.आई. चंडीगढ़ आयेगी। वह अशुभ बिल्कुल नहीं है। कहें तो यहाँ आने को कहूँ?

—आप क्योंकर कहेंगे! कामना हर रात मिलने आती है।

यकायक मेरा रहस्य खुल गया। पार्थो को पता चल गया। किससे बातें करता हूँ, किससे इंग्लिश में बातें करता हूँ। मेरी कल्पना ने किसी एक को ठोस शरीर में बदल दिया।

जादू महल में जरनैली सड़क बननी शुरू हो गयी। बाहर निकलने के लिए सड़क। छोटे–छोटे दृश्य उड़कर मेरे पास आने लगे। किताब निकालने के

लिए मुड़ी कमर का मोड़े। मखमली त्वचा। सारी भद्रता भूल उँगली से छू लिया। मेरी तरफ़ मुड़ी, छेड़ा :

—मन कर रहा है तो ठीक से छू लें।

मेरा चेहरा देखा। खिड़—खिड़ हँसती रही।

—आप तो ब्लश कर रहे हैं। स्वदेश।

उसने किताब खोली। चश्मा लगाया। साक्षात् शरीर—इच्छा में बदल गयी।

—आप चश्मे में बिल्कुल सेक्सी लगती हैं।

—तो चलिये माण्डू। चौबीसों घंटे चश्मा लगाये रखूँगी।

—आपको मेरी गालियों का बुरा नहीं लगा?

चौबीसों घंटे चमचा मरदों से घिरी रहती हूँ। इन्क्लुडिंग माई हस्बैंड। ही बैग्ज़ टू स्लीप विद मी। आपको देखा। जब आप बोले तो मिथकों के द्वार खुल गये। आप कार्तिकेय हैं शिवजी के योद्धा और क्रोधी बेटे। माँ को श्राप दे डाला—अगर कोई औरत मेरे मन्दिर पूजा के लिए आयेगी तो सात जन्म तक विधवा रहेगी। अच्छा, आप बतायें स्वदेश, हम साथ होते तो क्या होता?

—मैं बैड टी के बाद सहवास करता।

—इतनी सवेरे—सवेरे सेक्स?

—दिन की शुरुआत अच्छी होनी चाहिए।

उसने मेरी तरफ़ देखा। पहले चुप। फिर उदास। जानती है, माण्डू जाना हमारी क़िस्मत में नहीं। देवता हमें अभिशाप दे चुके हैं। कलकत्ता का दृश्य टूटा। मैं पार्थो के पास, पार्थो मेरे कमरे में।

पहले कृष्ण बलदेव वैद की याद आयी। अच्छे मित्र। फिर झगड़ालू और अनपढ़ औरतों की तरह हम रूठे। लगभग पन्द्रह साल हो गये। हारवर्ड से उनके डॉक्टरेड थीमिस की याद आई—ट्विस्ट इन द टेल्ज़ ऑफ़ हैनरी जेम्ज़। कालरिज की लम्बी कविता 'द राइम ऑफ़ द एंशियंट मेरीनर' याद आयी। हैनरी जेम्ज़ की 'टर्न ऑफ़ द स्क्रू' लम्बी कहानी याद आयी। कृष्ण बलदेव वैद इन्हें दुनिया की महानतम, अलौकिक, सुपर नेचुरल, कहानी और कविता मानते हैं। वैद चाहे गुस्से में मेरे बड़े भाई हैं, वह सोचते भी ठीक हैं, लिखते—कहते भी सही हैं।

—बरामदे में चलना शुरू किया। पैर मज़बूत । हवा में तैरते। हैनरी जेम्ज़ की कहानी 'टर्न ऑफ़ द स्क्रू' पूरी की पूरी याद आ गयी। मेरे माथे में लगा पेंच मुड़ा। फिर घूमता ही गया, खुल गया। पहले रौशनदान खुला। फिर खिड़की खुली। मैं लगातार रोशनी में नहा रहा हूँ। लगातार नहा रहा हूँ। दृश्य अपनी सही जगहों पर बैठ गये। शरीर के पछतावे ख़त्म होना शुरू। निराशा–विषादपूर्ण साये धूप में ग़ायब। पहली प्रार्थना–मैं सफ़ेद कागज़ों का हिस्सा कब बनूँगा।

शरीर की नदी बहनी शुरू । बिम्ब, प्रतीक और रूपक लौट रहे हैं। मेरा डर अब बौनी औरत। उसके पीछे उड़ता मांस–भक्षी पक्षी ख़ून–चमड़ी में लौटा। मुझे एक सुरक्षित रास्ता दिखने लगा।

मेरे आदिम ख़ौफ़ छोटे होने लगे।

मायाविनी ने तन्त्र–बिद्ध कपड़े उतारे। अब वह कामना है। मैं स्वदेश हूँ। एक बार उसके ख़त का जवाब देर से दिया। शिकायत आयी–स्वदेश मुझे याद नहीं करते। उसे बताया था–मैंने अपनी सारी यादों का फिक्स्ड डिपाजिट कामना के नाम करवा दिया है। यह एफ.डी. कलकत्ता के नेशनल ऐंड ग्रिंडले बैंक में आपके नाम जमा है। जब जी चाहे थोड़ी–सी यादें निकलवा लें।

मेरे माथे में पशु–कथाएँ जन्म लेना बन्द। डर में इजाफ़ा बन्द। अब गर्मी के दिनों में मेरा निवास उत्तरी ध्रुव नहीं था। मैंने सुरक्षित रास्ते खोजने बन्द कर दिये। मैं अपनी हद मापने लगा।

अस्पताल में उस रात वह आख़िरी बार मेरे पास आयी। एकदम चुप। एकदम उदास। पूजा–स्थल वाले वस्त्र।

—कामना। मेरी बुरी आदतें सीख लीं। न नमस्ते, न गुडइवनिंग।

—गुडइवनिंग स्वदेश! आपको अस्पताल से छुट्टी मिलने वाली है।

—बाहर निकल किसका हाथ पकड़ूँगा।

—आप काहे को पकड़ेंगे किसी का हाथ। मन करे तो अपना हाथ ख़ुद पकड़ लें।

—कामना, मैं रेगिस्तान बन गया हूँ। लिखूँगा कैसे?

—आपमें असीमित जीवनशक्ति है। पहचानिए। स्वदेश, आप मरुस्थल में उद्यान बना सकते हैं।

—मेरा साहस। मेरा नैतिक साहस लौट आने की प्रार्थना करो।

—मैं चलती हूँ। छोटी बेटी को स्कूल भेजना है। अब फिर नहीं आऊँगी।

—कामना, मैंने अभी तक अपने असभ्य होने की क्षमा...

वह खड़ी हुई। आँखों में सुलगते अंगारे।

—बन्द कीजिए क्षमा याचना के साथ जीना। मुझे असभ्य स्वदेश दीपक अच्छा लगा था। मेरी कल्पना का सम्पूर्ण पुरुष। हमेशा रेंगते हुए सभ्य मर्द बहुत देखे हैं। तन से कीड़े। मन से कीड़े।

सारी रात अच्छी बातें सोचीं। अच्छे निर्णय लिए। कामना अच्छी लगी। अब मैं टी.एस. एलियट के लिए प्रार्थना करूँगा। उसकी क़ब्र पर ख़ुदा है : मेरे लिए प्रार्थना कीजिए। वह जानता था कि शब्द और भाषा हमें मुक्ति नहीं दिला सकते। केवल प्रार्थना बचा सकती है।

अब मैं अंग्रेज़ी नहीं बोलूँगा। कुछ लोग मेरा अहंकार कहेंगे। जानते जो नहीं कि विक्षिप्त प्रत्येक देश का नागरिक होता है। इंटरनेशनल पासपोर्ट। मैं स्पेनिश बोल सकता था, रशियन भी, इटैलियन और डच भी। जर्मन नहीं। बहुत मुश्किल है। विक्षेप अवस्था में देश, काल और भाषा की सीमा से बाहर निकल जाते हैं हम अन्तरराष्ट्रीय नागरिक।

अब दुःख आया तो छत पर खड़े होकर दोस्तों को बताऊँगा, बाँटूँगा। दुःख छिपाने का दम्भ रोगी दम्भ होता है।

अब जहाँगीर सबावाला को ख़त लिखूँगा। राजेन्द्र यादव को लिखूँगा। सौमित्र मोहन को लिखूँगा। लेकिन कृष्णा सोबती को नहीं लिखूँगा। उसे रोगी दोस्त अच्छे नहीं लगते। अब शीला संधू के पास दिल्ली जाऊँगा। सारे रहस्य बाटूँगा। वह कभी किसी का मखौल नहीं उड़ातीं। पहले की तरह फिर सलाह देंगी—दीपक, जाओ उसके पास। तुम्हें चाहती है। शत्रु क्योंकर होंगी। फिर नाराज़ होंगी—मत किया करो इतना ग़ुस्सा। दरअसल जब हम निहायत ग़ुस्सा करते हैं तो अन्दर से ख़ुद को नोचते हैं, भयानक दुःख पाते हैं।

अब औरत नहीं, महिला कहूँगा। ऊँचा नहीं बोलूँगा। करेक्ट नहीं करूँगा। हाथ बाँधे खड़ा रहूँगा।

अब मैं वसंथा का नाटक लिखूँगा। क्या नाम बताया था? *सबसे उदास कविता।* मुमकिन है, बेटी वसंथा अब तक उदास कविता बन गयी हो। अब बस। इसके बाद होंठों पर ख़ुदा का नाम है साकी।

शाम को डॉक्टर प्रतापशरण पास बैठ बताते हैं :

–दीपक जी, कल आपको पी.जी.आई. से छुट्टी दी जायेगी। मैं बिस्तर पर झटके से बैठ गया।

–मैं यहीं रहूँगा। घर नहीं जाऊँगा।

–अस्पताल से मोह हो जाना ख़तरनाक होता है। साइकिएट्री वार्ड में पेशेंट तीन महीने से ऊपर नहीं रखा जा सकता। आपका केस विशेष था। पाँच महीने दाख़िल रहे। कोई नहीं मारेगा आपको। कोशिश करें। अपनी सोच को पाज़िटिव बनायें। मानसिक पुनर्वास, रीहैबिलिटेशन का समय बहुत कठिन होता है।

चुप रहा। क्या अब मेरे दुखों की लिस्ट में इजाफ़ा होगा?

–घर के लोग, मिलने–जुलने वाले लोग समझते हैं कि मरीज़ अस्पताल से रिलीज हुआ, मतलब ठीक हो गया। मनोरोग का मरीज़ कभी भी पूरी तरह ठीक नहीं होता। इस देश का हर आदमी हर बीमारी का विशेषज्ञ है। आप तंग होंगे, ग़ुस्सा आयेगा। ऐसे उत्तेजक और प्रकोपक लोगों को घर से बाहर निकाल दें। दिल से बाहर निकाल दें।

डॉक्टर शरण यदाकदा मुस्कुराते हैं–अब मुस्कुराएँ, डाँटना, गाली देना, आपके लिए मुश्किल नहीं। आप तो औरतों तक को क्षमा नहीं करते। इन इरीटैन्ट्स के लिए दुर्वासा बन जाइए। ग़ुस्सा आये तो तुरन्त सड़क पर निकल जाइए।

–क्या मैं लिख सकूँगा?

–अभी नहीं। लेकिन किसी विषय का चुनाव करें। उस पर सोचें। आपको अभी भय लगेगा। मनोरोगी के डर जातीय स्मृतियों के साथ जुड़ जाते हैं। इनसे संघर्ष नहीं करना। स्वीकार कर लेना होता है। आपने हर हफ़्ते मेरे पास आना है। गपशप करेंगे। आपने किसी दूसरे शहर जाना हो तो पहले मुझसे पूछना है। शरीर व्यस्त रखें। कमरों की झाड़–पोंछ करें। पौधों का रख–रखाव करें। टी.वी. देखें। उकता जायें तो बाहर निकल लें।

—क्या मैं पूरी तरह ठीक नहीं?

—कोई भी आदमी पूरी तरह ठीक नहीं होता। आप लेखक हैं। कोशिश करके सोचने की दिशा बदल सकते हैं। लेकिन जल्दी नहीं करनी। जल्दी बिल्कुल नहीं करनी।

चाचा हरनाम सिंह सिकन्दर को घुमाकर लौटे तो सबसे पहले उन्हें बताया। हाथ जोड़, आँखें बन्द कर उन्होंने कलगी वाले की प्रार्थना की। आँखें खोलीं। मुस्कुराये:

गोरी सोवे सेज पर, मुख पर डारे केस
चल खुसरो घर आपने, रैन भई चहुँ देस।

उनके हाथ पकड़ कहा—चाचा जी, आपको कितने दुःख दिये। मेरे जूठे बर्तन भी आप साफ़ करते रहे।

मेरी आँखों में आँसू। पवित्र आँसू। चाचा हरनाम ने कहा—विद्वानों की सेवा से पुण्य लगता है। आपके आशीर्वाद से सिकन्दर को परसों छुट्टी मिल जायेगी।

सिकन्दर ने सलाह दी—बड्डे साहब, जब भी रोणा आये, केला खा लो।

चल ख़ुसरो घर आपने...

वर्तमान

मैं घर लौट आया। मुझे भूल गया। घर से दोस्ती करनी पड़ती है। मैं अपने कमरे में। हर चीज़ ठीक उस जगह पर जहाँ होनी चाहिए। गीता ने किसी को कुछ छेड़ने नहीं दिया। क्या पता था उसे कि लौट आऊँगा अपनी किताबों के पास? गीता और सुकान्त जाली के दरवाज़े से थोड़ी—थोड़ी देर बाद अन्दर झाँक लेते हैं। पगला गये हाथी और आदमी पर पूरा भरोसा नहीं करना चाहिए।

कमरे में कुछ है जो मुझे तंग—इरीटेट कर रहा है। सोचना स्लोमोशन में हो गया है। रात नींद नहीं आयेगी। किसी अँधेरे कोने से सूचना मिली—आसमानी रंग की सफ़ेदी। अस्पताल के कमरे बिल्कुल सफ़ेद। बाहर निकला। गीता ने पूछा—क्या हुआ? कुछ चाहिए? आवाज़ दे देते।

—घूमने जा रहा हूँ।

—अभी तो तीन बजे हैं। थोड़ी देर...

–कहाँ लिखा है, तीन बजे घूमने नहीं जा सकता!

उसे विश्वास हो गया कि यह कसैला आदमी ठीक हो जायेगा।

–सुकान्त को आ लेने दो। उसके साथ...

–आई डोंट नीड एनी ब्लडी हैल्प।

अपने रंगों के व्यापारी आमोद जोशी के पास पहुँचा। मुझे देख पहले हक्का–बक्का, फिर बिल्कुल ख़ुश। हमारा आदिमंच थिएटर ग्रुप का पुराना साथ। उसके होते मेरा कोई काम नहीं रुकता। उसे कमरे की सफ़ेदी के बारे में बताया।

–हो जायेगा सफ़ेद। मैं अभी दो आदमी भेजता हूँ। आप जब तक चाय पियो। उसने कुछ दोस्तों को मेरे लौटने की ख़बर की। आ गये। शोरूम में गोष्ठी शुरू अँधेरा शुरू। मेरा डर शुरू।

–मैं स्कूटर पर छोड़ आता हूँ।

–रिक्शा में चले जायें।

–नहीं। पैदल जाऊँगा।

चल पड़ा। एक ही सड़क घर को जाती है। बायें मुड़ूँगा। तीसरा गेट। बायें मुड़ा। तीसरा गेट ग़ायब। कहाँ उड़ गया?

एकदम सोचा। ज़ोर से चीखूँ। कोई न कोई सुनेगा। आयेगा। पूछूँ, तीसरा गेट कौन ले गया। अभी मत डर जनखे। तू माल रोड पर है, जंगल में नहीं। मुझे ज़ोरों से पेशाब लग गया।

यादों ने पहले हल्ला बोला। फिर दबोचा, तीन चीते। वसंथा। डॉक्टर चारी। कैंचियाँ। कीड़े–मैगॅट्स । लुकमान अली। बिजली के झटके। पार्थो। कान्ता, और, और, और...छब्बीस बार मायाविनी।

क्या फिर मेरा अस्पताल लौटने का समय आ गया? अपने घर का पता पूछूँगा?

कौन कर सकता है इस महान भय से रक्षा?

इस जानलेवा सर्दी में मेरी अनबुझ प्यास।

शेष जीवन के लिए चेतावनी–ख़तरा हमेशा मौजूद रहेगा।

कौन ले रहा है मेरे दम का इम्तेहान! मेरी रुग्ण सोच। मेरी मायाविनी।

उसके नाम का अर्थ आप नहीं गसमझेंगे। इट इज़ विदाउट हैपीनेस।

सारे ख़ौफ़ ताज़ा। मेरे आकार में कमी आनी शुरू। मैं बनावटी बहादुर।

क्या हमेशा मेरे भय में, मेरे दुखों का इजाफ़ा होता रहेगा?

रिक्शा रुका। उसने मुझे सवारी समझा। बीड़ी पी रहा है। कहा :

—एक बीड़ी पिलाओ भाई। सुलगाकर दो। मेरे पास आओ।

वह नीचे आया। लम्बा कश लिया। ज़ोर की खाँसी।

—साहब, शुरू में बीड़ी भखाते हैं। फिर लम्बा कश लेते हैं।

—यहाँ चीते तो नहीं रहते?

वह पीछे हुआ। नाक से लम्बी साँस अन्दर खींची। यह आदमी शराबी तो नहीं है!

—साहब, कहाँ जाना है?

—108, माल रोड कहाँ है?

—आप 108 माल रोड के दरवाज़े पर खड़े हैं। घर जायें। सर्दी लग जायेगी।

—थैंक्स ए लॉट, यू आर एन ऐंजल।

वह कूदकर रिक्शा पर बैठा। तेज़ी से ग़ायब। अंग्रेज़ी सुन उसे विश्वास हो गया कि कोई अफ़सर है। यह लोग कभी भी, किसी को भी अन्दर करवा सकते हैं।

गीता, सुकान्त बरामदे में। आक्रामक मुद्रा।

—कहाँ गये थे? इतनी देर कहाँ कर दी?

—यू शुड बी होम बिफोर डार्क।

—मैं सुकान्त को पुलिस–स्टेशन भेजने लगी थी!

मुझे विश्वास हो गया कि यह मेरी बीवी है।

अस्पताल के दिन ख़त्म : अब अपमान के दिन

हर हिन्दुस्तानी एक डॉक्टर होता है। हर मर्ज़ का इलाज उसकी उँगलियों पर। मेरे परिचित बुजुर्ग और गीता के दूर पार के रिश्तेदार आये। किचन में काम कर रही गीता को आवाज़ दे बाहर बुलाया। पारुल अख़बार का पाठ कर रही है।

—भैंण जी, प्रोफ़ेसर साब का शर्तिया इलाज। सात गिलास पानी पिलाओ। दो दिन में ठीक न हो जायें तो मूँछें मुँडवा दूँगा।

वैसे उनकी मूँछें हैं ही नहीं।

गीता : इतना पानी तो दीपक रोज़ पी जाता है।

—नहीं भैंणजी। मेरी बात ग़लत समझे। सुबह उठते ही छींक लगाकर सात गिलास पानी पीना है। यके बाद दीगरे, तीसरे दिन दीपक जी छलाँगें मारेंगे।

वह गया। जानता हूँ, उर्दू का अख़बार पढ़ता है। उसमें बीमारियों के नुस्खे होते हैं।

पारुल : द ओल्ड एंड दि फूल। आपको रिएक्ट करना चाहिए था।

पुराने दिन होते तो कॉलर से पकड़ गेट से बाहर धकिया आता।

गीता : तेरा बाप क्या रिएक्ट करेगा। मुझे कोई उठा के ले जाये तो भी चुप रहेगा।

पारुल : ममा। बी श्योर। नो वन वुड किडनेप ए वोमेन ऑफ़ यूअर टैंपर।

गीता की सहेली, मेरी दोस्त मिसेज़ सिंह देखने आयी। अच्छे वक़्तों में डटकर मेरे घर खाती–पीती थी। मुझे बिस्तर पर लेटे देखा। ज़हरबुझा तीर चलाया :

—गीता! कुछ लोग बड़े नसीब वाले होते हैं। बिस्तर पर लेटकर खाते हैं। मनभावन बात सुन हम ख़ुश होते हैं। गीता को उसकी बात बुरी नहीं लगी। मिसेज़ सिंह गयी।

—पापा, आई शुड हैव स्लैप्ट हर। आप रिएक्ट...

—पारुल, मुझ पर कोई बात रजिस्टर नहीं होती है। मैं न्यूट्रल गियर में डाल दिया गया हूँ। वेट फॉर समटाइम। इन लोगों को हिट लिस्ट पर रख लिया है।

—आई रिमेंबर माई फादर! द रोरिंग मैन। ओ गॉड! हाउ लांग! हाउ लांग गॉड!

दिल ही दिल में जानता हूँ जंग हार चुका हूँ।

हारी हुई फ़ौज का सिपहसालार। फ़र्ज़ी जीत की कल्पना ही कर सकता हूँ। अब मेरे साथ रोज़ अनैतिक नाटक खेला जाता है। घरवाले, बाहर वाले शामिल हैं। मैंने महिमा के सपने देखने बन्द कर दिये। घर में अपमानजनक युद्धविराम के साथ रहता हूँ।

सवेरे–सवेरे नहाने की आदत। कपड़े बदल बरामदे में बैठा हूँ। काम पर जाती जीवन संगनी पास रुकी।

—कहीं काम पर जाना है क्या?

न में सिर हिलाया।

—फिर सजे–धजे क्यों बैठे हो? इतने अच्छे कपड़े घर में मत पहनो। बाहर जाओगे तो काम आयेंगे।

—मैंने कहाँ बाहर जाना है!

—यहाँ सिंहासन पर जो बैठे हो। सुनो। कोई काम तलाश...

—मुझे तो कोई काम करना नहीं आता। लिट्रेचर पढ़ा सकता हूँ, लिख सकता हूँ।

—ओ गॉड, किस बुरे दिन तुम्हें देखा था!

उस दिन की याद दिलाने की हिम्मत नहीं हुई। जिस दिन देखा, तुम्हारे पाँव ज़मीन में गड़ गये थे—ही इज़ लिविंग वाल्केनो।

डॉक्टर अवनीत शर्मा को फ़ोन करूँगा। मुझे फिर दाख़िल कर लें। अपने ही घर में जलावतन—ज़फ़रनसीब कैसे हो सकता हूँ!

ईश्वर का जलवा देख पहाड़ भी भस्म हो सकते हैं। मेरी जादू–बयानी जल गयी। मैं एक दागी आदमी हूँ। शेक्सपियर के शब्दों में—द ब्रांडिड फ़ोरहैड। मेरी जबीं का दाग देख सब जान जाते हैं—पागल। फिर उनको कुछ भी कहने का लाइसेंस मिल जाता है। मैं भिड़न्त मोल नहीं ले सकता। डर। किसी से नहीं डरता। किसी की भी इज़्ज़त नहीं करता। तेरा अन्तिम दृश्य कब पूरा होगा! पटाक्षेप। सारे बवालों का अन्त।

कॉलेज में साथ पढ़ाने वाला इन्द्रजीत आया। बीमारी के सात सालों में एक बार भी दर्शन नहीं दिये।

—दीपक साहब! एक तकलीफ़ देनी है। मुझे एम.ए. में अमेरिकन पोयट्री पढ़ानी है। आप जानते हो, मेरा हाथ पोयट्री में तंग है। आप कुछ दिन गाइड कर दें तो पढ़ा लूँगा।

—मैंने बोलना चाहा। शब्दों का गला घोंट दिया गया। ओ माई गॉड! इज़ ही अ मान्स्टर? हाउ कैन वन बी सो क्रुअल? शब्द जन्मे।

—प्रोफ़ेसर इन्दरजीत। मुझे सब कुछ भूल गया। आप अब मेरे घर नहीं आयेंगे। न ही फ़ोन करेंगे। प्लीज़ गो।

सर्दी शबाब पर और आसमान में गर्भवान बादल। मौसम की तैयारी ज़रूरी लगी। छतरी ख़रीदी जाये। राजेश वर्मा उर्फ़ राजू सदर बाज़ार में है। शहर के हर दुकानदार से याराना। फ़ोन किया। स्कूटर पर जगत सिंह एंड संज़ पर ले गया। बूढ़े सरदार रावलपिंडी के। मिठड़े बोल। देखते ही पूछा :

—साहब बहादुर, बड़े वर्षों बाद तशरीफ़ लाये!

नौकर ने छतरियाँ दिखानी शुरू कीं। न करता रहा। सरदार जी ने ख़ुद एक छतरी खोली। अच्छी थी। न कर दी। वह बिल्कुल हैरान। पूछा :

—साहब बहादुर, क्या कमी है इस छतरी में?

उन्हें समझाया—इसमें तारें लगी हुई हैं।

वह गिरते—गिरते बचे, हैरतकुन आँखों से देखा—छतरी में तो तारें होंगी ही।

—अच्छा, पहले बताना चाहिए था। दे दें।

राजू : दीपक सर को मज़ाक़ करने की आदत है।

वही राजू मेरे साथ बम्बई और कलकत्ता गया, जब अकेले सफ़र करना मना था।

अस्पताल से लौटने के बाद मेरा सुरक्षा घेरा कमज़ोर हो गया।

बीवी काम पर जाती है तो बरामदे में होता हूँ। आती है तो बरामदे में। पहला सवाल हमेशा एक ही—कोई फ़ोन आया?

न की। उसे बताया नहीं कि लोकल कॉल सुनता नहीं।

जानता हूँ, छापामार टुकड़ी के बाद पैदल सेना आयेगी। वह मेरे बीमार अतीत को कई बार हथियार बना लेती है।

—क्या क़िस्मत पायी है। मैं काम करूँ, तुम ऐश! ऐसा बेशर्म मर्द एक ही हो सकता है। तुम महीना—महीना नहाते नहीं थे। बदबू मारते थे। मैं ही थी कि सेवा करती रही।

मेरी वाली बीमारी के मरीज़ों का अपमान किया जाता है। कोई भी ख़ैर नहीं मनाता।

पति जब कमाऊ न रहे तो परिवार में फ़ालतू क्यों हो जाता है? पता नहीं।

बूढ़े शेर को समूह से निकाल क्यों दिया जाता है? पता नहीं। अब मैं दागी, ब्रैंडिड, इन्सान। विक्षेप की आड़ में कुछ भी कह लो। हमेशा कोई जासूस मेरे पीछे साये की तरह लगा रहता है।

लोग, घर के लोग, मुझे डराने में मसरूफ रहने लगे। सारी गतिविधियाँ बन्द। फिर भी ज़िन्दगी पुरसुकून नहीं।

मेरा नाटक अजन्मा। वसंथा क्या सोचती होगी! क्या मर गयी? मेरे लिए बवाल हो गया। इन दुश्वारी के दिनों से तो अस्पताल अच्छा।

विकास राय को कुछ बताना नहीं पड़ता। आया। सब कुछ समझ गया। दिल्ली ले गया। लम्बा वक़्त उसके पास। अंबाला में किसी मेहमान–सा कुछ दिन। विकास कभी सीख नहीं देता। ज़रूरी समझे तो इशारा भर करेगा। मेरे घर रहा है। मुझे मेरे पुराने टाइमटेबल में बाँधना शुरू किया। लोगों से मिलने–जुड़ने लगा। जीवनधारा का हिस्सा बनने लगा। मेरा वज़न बढ़ने लगा।

मैं अपने ही घर में बूढ़ा हो गया पालतू कुत्ता था। न मारा जा सके, न निकाला जा सके। थाली में ढककर रोटी रख दी जाती। खानी है तो खाओ, नहीं तो ऐश करो। अब मैं छोटी जाति का हो गया था। चेतावनी दी गयी :

–अगर मैं तुमसे पहले मरती हूँ तो तुम मेरी चिता को अग्नि मत देना। नरक में भी जगह न मिलेगी। आग सुकान्त लगायेगा।

–मुझे ऐसे वाहियात कामों में कोई रुचि नहीं।

हक्की–बक्की। नामर्द आगे से जवाब देने लगा।

–जानती नहीं। ए लैपर्ड नैवर चेंज़िज स्पॉट्स। यह नक़ली नाटक और कितने दिन चलेगा!

–मेरे पास जीने का कोई और भरोसेमन्द ज़रिया भी तो नहीं। मेरे पास भरी–पूरी दहाड़ भी तो नहीं।

सौमित्र दिल्ली से आया। उसे सवाल पूछने वाली वकीली आदत नहीं।

–मैं बोलता रहा। वह तस्वीरें लेता रहा। कुछ दिनों बाद जब उसने तस्वीरें भेजीं तो थर–थर काँपा। मैं कीड़े में बदल चुका था।

–इन तस्वीरों से बच्चों को डराया जा सकता है।

–इस आदमी से घिन ही आ सकती है। परिवार वाले बिल्कुल सही।

–रसोई में काकरोच देखते ही हाथ में चप्पल। फटाक! काकरोच की लम्बाई–चौड़ाई बढ़ जाती है। स्वदेश को देखते ही हाथ में जूता, मुँह में श्लोक। मेरे सिर से हर वक़्त उड़ते हज़ारों परिन्दे।

सौमित्र के आने का दूसरा दिन। देर शाम वह और सुकान्त मेरे अस्पताल से रिहा होने का छोटा-सा जश्न मना रहे हैं। ट्रंक कॉल आयी। बड़ी बहन ने ख़बर दी कि माता जी पूरी हो गयीं। हमारे पंजाब में मरने पर इन्सान पूरा हो जाता है।

सौमित्र को क्योंकर बताना? उसने तो माँ को देखा तक नहीं।

सुबह उसे कहा कि माँ मर गयी है। यमुना नगर जाना है। दोपहर लौट आऊँगा।

सौमित्र ने कहा कि अब वापस जायेगा। माहौल बदल गया है। फिर उसने हौले से कहा—दीपक, तुम्हारी शक्तियाँ लौट रही हैं। अब लिख सकोगे।

यमुना नगर में माँ की अर्थी उठने से पहले मौसी ने कनपटी पर उँगली घुमायी। यह किसी को पागल बताने का सबसे नग्न और नीच इशारा है।

—हमारी बड़ी बहन को पागल आग नहीं दे सकता।

छोटे भाई ने चिता को आग दी। मुझे बिल्कुल बुरा नहीं लगा।

—क्या मैं दुःख से, सुख से ऊपर उठ रहा हूँ?

—मेरे लिए अब जीने, मरने की कोई अहमियत नहीं।

—ज्वार-भाटे का शासन ख़त्म। जीना बदस्तूर जारी रहेगा।

दिल्ली से मिलने आया। नाम अरविन्द गौड़। अस्मिता थिएटर ग्रुप का डायरेक्टर। न उसका काम पहले देखा, न उसको। आँखों में जागती हुई प्रतिबद्ध चमक।

गीता पास बैठी। जानती है, मुझसे संवाद नहीं होता। हाँ, नहीं तो, न।

गीता ने कहा कि रंजीत कपूर दिल्ली में मंचन कर चुके हैं, फिर आप...

—मेरा *कोर्ट मार्शल* रंजीत भाई से थोड़ा अलग होगा। फ्लैशबैक का इस्तेमाल करूँगा।

गीता ने मेरी तरफ़ देखा। शार्टहैंड में बोला—करने दो।

अरविन्द ने कहा—प्रथम मंचन वाले दिन आपको दिल्ली आना होगा।

हम दोनों चुप। गीता का चेहरा उतर गया। नहीं आयेगा कहेगी तो ज़लील होने वाले कारण बताने होंगे।

–दीपक आजकल कहीं आते–जाते नहीं। इनके मित्र विकास राय से बात करूँगी। उनके साथ कहीं भी चले जायेंगे।

–अरविन्द गौड़ ने एक रोगी रहस्य का मेरे पास होना महसूस किया। स्याना है। चुप रहा। पता नहीं, यह फ़िज़ूल सूचना उसे क्यों दी :

–रंजीत कपूर दो बार अंबाला आ चुका है।

अरविन्द गौड़ *कोर्ट मार्शल* के सौ से ऊपर मंचन कर चुका है।

रात का मध्यान्तर। जाग रहा हूँ। नींद टुकड़ों में आती है। नटखट प्रेमिका जब चाहे आ गयी। जब चाहे चली गयी।

वसंथा आयी। पलँग के पास कुर्सी पर बैठी। मैं खिल गया। बेटी आयी है घर।

–पापा, मेरा नाटक। मेरी सबसे उदास कविता।

न लिखने के बहुत–से बहाने सीख लिए हैं।

–वसंथा, नाटक का विषय सशस्त्र क्रान्ति है। मैं इस बारे में कुछ नहीं जानता।

–आप जब *कोर्ट मार्शल* लिखती तो सेना के बारे में क्या जानती। खोज–ख़बर करती। तब लिखती। पापा, डू यूअर होमवर्क। आई वांट माई प्ले।

–वसंथा, मैं केवल त्रासदी लिखता हूँ, नाटक में तुम्हारा मरना तय है।

वसंथा ने मेरे हाथ अपने हाथ में पकड़े। आँख भर आयीं। पिता को बेटी ने कोई अशुभ बात बतानी होगी।

–पापा, पापा, वसंथा तो मर चुका। पुलिस ने दोनों घुटनों में थाने में गोली मारा। खेत में फेंका। पापा! पापा! कई घंटे लम्बी मौत। आपको याद करता। दर्द नहीं। पेन नहीं। रोया नहीं।

–मेरी पागल बेटी! प्रथम मंचन देखने आना। मुझे पता चल जायेगा।

–पापा। अकेले नहीं आता। वार ग्रुप के साथी भी देखने आती।

–वसंथा! प्रार्थना करो, मेरी भी मृत्यु हो जाये। कहीं भी रहने का मेरा पासपोर्ट ज़ब्त हुआ कि हुआ।

–पहले *सबसे उदास कविता* लिखती। फिर मरती।

सैर करते हुए सोचता हूँ। पेड़ों से गपशप लगाता हूँ। सैर करके लौटा। गीता ने मेज़ पर चाय रखी। मुझे देखा। हैरान। एकदम ख़ुश।

–दीपू, तुम्हारे चेहरे पर पुराने दिनों वाली चमक आ गयी। कुछ लिखने...हाँ में सिर हिलाया।

–थैंक गॉड! देखना, अब तुम बिल्कुल ठीक हो जाओगे।

गीता अब घर में कर्फ्यू लगा देगी। किसी को भी मिलने–जुलने नहीं देगी। मैं घर के अन्दर हूँगा। मैं घर के अन्दर नहीं भी हूँगा।

मैं अन्दर सिमटना शुरू। बाहर के लोग और दृश्य अपने आप मेरी दुनिया से निकल गये। मैं फिर से मौन वार्तालाप करने लगा। सपने में किसी का भी आना–जाना बन्द। मैं लगातार शुद्ध हो रहा था। मुझे अपनी प्राथमिकता का पता था। नायिका का नाम। यह तय था कि नायिका दो का जमा होगी। वसंथा की स्पष्ट राजनीतिक सोच। निधि का खिलन्दड़ापन। दोनों एक–दूसरी को पूरा करेंगी।

गीता की, परिवार की प्रिय, रेणु मित्तल घर आयी। गोदी में कुछ महीनों की बेटी। रेणु हिन्दी साहित्य में सिर से पाँव तक डूबी। बेटी का नाम पूछा। रेणु मुस्कुरायी। आँखों में ख़ुशी चमकी। अपूर्वा।

अपने कमरे में आया। काग़ज़ पर मोटे अक्षरों में लिखा–अपूर्वा। अन्य पात्र आत्मा के मंच से निकल काग़ज़ पर आ गये–डॉक्टर सुकान्त, नरेन, डी.एस.पी. अहूजा, रिटायर्ड जज, जेलर, ज़मींदार, जगमाल सिंह...

मैं एक ही दिन में पूरे महीनों से था। मैं पुरुष से नारी बन गया। प्रसन्न, आनन्द। पता नहीं क्यों सोच लिया, नाटक का आरम्भ कविता से होगा। अन्त कविता से होगा।

बहुत लिख चुका कठोर और क्रूर भाषा। क्रान्ति का नाटक कविता की कोमल भाषा में होगा। अपने आप रात को दो बजे नींद खुल गयी। लिखने के दिनों में मेरे अन्दर अलार्म घड़ी लग जाती है।

हमेशा अन्तिम दृश्य पहले लिखता हूँ, ताकि अपने बनाये फ्रेम से बाहर न निकल सकूँ।

ख़ुद–ब–ख़ुद पता चल गया कि इस नाटक की कविताएँ राजेश जोशी लिखेगा। वह नारों का कवि नहीं। वह शब्दों को नये अर्थ देने में समर्थ है। लेकिन न राजेश जोशी से कोई मुलाक़ात, न कोई खतो–खिताबत।

पहले मैं फ़र्श से उठा और छत पर बैठ गया। वहाँ से उठा और चाँद पर जा बैठा। आत्मग्लानि गयी। ख़ुद से नफ़रत ग़ायब। रात की विज़िटर से डर गया। दायें हाथ की उँगलियों की पेन पर पकड़ मज़बूत! परिवारवालों की नाराज़गी ग़ायब। अब मेरे ऊपर अपनी पकड़ मज़बूत। लोगों की आँखों में स्वीकृति के लिए देखना बन्द। अब मैं लिख रहा था। सर्जक था। एक छोटा–सा परमात्मा! मैं अन्तिम सूर्यास्त का लेखक हूँ।

ज्ञान चतुर्वेदी भोपाल से आया। पहले शरीर के दुःख बताये–ज्ञान, मैं इम्पोर्टेंट हो गया हूँ। नपुंसक।

–अपनी महिला–मित्रों को सूचित कर दीजिए। सुरक्षित महसूस करेंगी।

फिर डॉक्टर ज्ञान ने समझाया :

–मनोरोग की दवाइयों का यह साइड इफैक्ट होता है। भूले से भी इसकी कोई दवाई मत लें। सेक्स–विशेषज्ञ डॉक्टर पाल से तो बिल्कुल नहीं। इनके चेले सड़क पर खड़े हो जवाँ मर्द बनाने के पर्चे बाँटते हैं।

नाटक के बारे में बताया। राजेश जोशी से कविताएँ लिखवाने की बात की।

–आप चिन्ता न करें। राजेश जोशी भोपाल में है। मेरा मित्र। मैं उसके पीछे कुछ और लेखक–कवि लगा दूँगा। मंजूर एहतेशाम उसकी जान खायेगा। भगवत रावत उसके प्राणों के पीछे पड़ जायेगा। तंग आकर राजेश को कविताएँ लिखनी पड़ेंगी। आप नाटक के बारे में कुछ लिख दें। अपने हाथ से राजेश को दूँगा। आख़िर डॉक्टरों से कवि कुछ तो डरते हैं।

पन्द्रह दिन। राजेश जोशी ने कविताएँ भेजीं। फाँसीघर में बैठी अपूर्वा के छोटे से कमरे में सूर्योदय हो गया।

नाटक का आरम्भ और अन्त कविता से करने का प्रयोग सफल रहा। श्रेय राजेश जोशी को।

भविष्य

सबसे उदास कविता लिख लिया गया।

अरविन्द अंबाला आया। सुनाया, थोड़ी देर चुप रहा। कहा :

–नाटक बहुत ख़तरनाक है। लेकिन मैं करूँगा मंचन।

शशि प्रकाश ने कहा—आप कभी बिहार नहीं गये, आप कभी आन्ध्र प्रदेश नहीं गये। फिर भी सशस्त्र क्रान्ति के बारे में नाटक बहुत हद तक सही है।

बहुत—बहुत खुश हुए डॉक्टर प्रतापशरण। मेरा लिख पाना इस डॉक्टर की निजी विजय थी। जानते हैं कि मेरे रोग वाले कभी भी पूरे ठीक नहीं होते।

नाटक के अन्तिम दृश्य से बाहर निकलते समय अपूर्वा—वसंथा। मेरा घातक और प्राणहर पीला रंग। सदा—सदा के लिए अपने साथ ले गयी। अब मुझे अपने लौट आये वसन्त में पूरा विश्वास था। मैंने अपना अन्धा तमगा उतार फेंका। मेरी आँखों का ज़हर लौट आया। मेरे अन्दर सोये लोग जाग उठे। मैं उन्हें जीवन दूँगा। जब मैं एक सशक्त योद्धा हूँ। प्राण दूँगा तो प्राण लूँगा भी। अब मैं मामूली स्वप्नदर्शी नहीं था। मेरा अन्त मौन नहीं होगा। दिल्ली में अस्मिता द्वारा *सबसे उदास कविता* के प्रथम मंचन की शाम। मैं बेपनाह ग़ुस्से में। कारण याद नहीं। नाटक के निर्देशक अपने प्रिय अरविन्द गौड़ को कहा—निधि को मेरे पास मत बैठने दें।

अरविन्द पहले हैरान, फिर उदास।

—निधि जी का फ़ोन आया था। आपके साथ बैठ उदास कविता देखना चाहती है। रोकूँगा तो बुरा लगेगा।

—उसके बुरा लगने का इतना डर है तो दिखाओ उसे नाटक। मैं चलता हूँ।

उस शाम मैंने निधि का हाथ सरेआम छोड़ दिया।

गगन गिल, विकास राय, सौमित्र, सुकान्त, पीयूष मिश्रा, मीशा और स्वदेश ने साथ बैठ नाटक देखा। हिन्दी के कर्ण—अर्जुन राजेन्द्र यादव और निर्मल वर्मा नहीं थे—दिल्ली से बाहर थे।

अन्तिम दृश्य में अपूर्वा—वसंथा ने फाँसी के तख्ते, से, इस नाटक के लिए ख़ासतौर से लिखी गयी राजेश जोशी की कविता पढ़नी शुरू की। इसके बाद वह इस दुनिया से अन्तिम क़दम बाहर रख लेगी।

मैं अपूर्वा—वसंथा से एकात्म हो गया। मैं राजेश जोशी की कविता के बाहर भी, अन्दर भी।

प्रकाश अपूर्वा के चेहरे पर। उसने रिबन से बँधे बाल खोलकर सिर को झटका दिया। बाल कन्धों पर बिखर गये। यह मृत्यु के प्रति खुला अनादर था। टोटल डिफायेन्स। अपूर्वा भय–मुक्त। स्वदेश भय–मुक्त हो रहा है। राजेश जोशी शुरू से भय–मुक्त।

आ और मुझे अपनी अँधेरे के तागों से बुनी शाल में
ढाँप ले।
आ मेरी पलकों को सदा के लिए मूँद देने वाली नींद
आ!
मेरी अन्तिम साँसों की सौदागर आ।
जीवन के सारे दृश्य को मेरी आँखों की स्लेट से
मिटा देने वाली ओ दुष्ट बुढ़िया आ।
आ कि इस देह के सिवा कुछ भी नहीं है
तेरे पास ले जाने को!
आ कि पूरे कर चुकी है सारे संकल्प यह देह
आ कि हर फ़ाइल पूरी की जा चुकी है
आ कि दे दिये हैं सारे ख़तों के उत्तर
आ कि अन्याय का प्रतिकार किया जा चुका
प्रतिशोध लिया जा चुका।
आ कि मुझे तुझसे कोई प्रेम नहीं
पर आ कि अब भय भी नहीं कोई।

अँधेरा

मैं रो भी सकता हूँ। मैं गालियाँ दे सकता हूँ। मैं हिंसक हो सकता हूँ। वसंथा ने हाथ पकड़ा। उठाया। कहा :

–पापा, पापा! जम्प आउट ऑफ़ योअर डस्टी हिस्ट्री।

लहू तेज़ी से चला और मेरी उँगलियों की पोरों तक आ गया।

मैंने एक विराट छलाँग लगायी। मैं डरपोक दुनिया से बाहर निकल आया।

कामना की शरीर जितनी लम्बी सुन्दरता अब विभ्रम न थी। नो मोर हैलुसीनेशन। अब फूल फन्तासी से मुक्त थे। पत्थरों ने फिर सपने देखने शुरू कर दिये। तुम्हारे छद्म वेष चमकदार हैं। इस लिबास में शरीर के

सारे सुन्दर झूठ छिपे हैं। चाँद की तरह नरम बालों पर रोशनी पड़ रही है। अब मैं छूकर देखूँगा। मेरे पास उसकी एक भी तस्वीर नहीं। लेकिन मेरे पास वह ख़ुद जो है। मेरा शस्त्रागार मेरे खो गये हथियारों से भर गया।

वक़्ते–ज़रूरत एक हथियार चुनकर आक्रमण कर दूँगा। ऑफेंस इज़ द बेस्ट डिफेंस। खुद–मुख्तार हुआ और उस सात साल लम्बे अप्रिय इलाक़े से बाहर निकल आया। मैंने ख़ुद पर फतह पा ली। अब मैं अपना अनुवाद नहीं रहा। मछलियाँ एकदम हिंसक हो गयीं। हवा अब न रूखी थी, न निरुत्साही। हवा अब ठंडी औरत नहीं थी। काम–शैथिल्य वाली बंजर और फ्रिजिड औरत। हवा मेरी पुरानी ताक़त। मेरी छापामार ताक़त। मेरे पास हथियार बन लौट आयी। अब मैं किसी की भी शिकारगाह नहीं। सात साल तक वृहन्नला था। पुरुष नर्तक। मन से नपुंसक। तन से नामर्द।

मैं अपना असली रूप धारण करने लगा। स्वदेश दीपक ग़ुस्सैल। अन्धा क्रोध। न क्षमा करे, न क्षमा माँगे। अब बबुआ नहीं। बकौल राजेन्द्र यादव, नीच। न निजी अन्याय देख मुँह फेरना, न सामाजिक अन्याय देख चुप रहना। वह *कोर्ट मार्शल* लिखता है। लेकिन अहंकार बिल्कुल नहीं। अपना लिखा मुट्ठी–भर धूल। अब मेरे लिए औरत एक पूज्य देवी। उसके साथ सुख नहीं बाँटने, दुःख नहीं बाँटने। देह बाँटकर दोनों को हरा–भरा नहीं करना। नारी–विमर्श की बातें करूँगा और 'हंस' सम्पादक की तरह वाह–वाह लूटूँगा।

अब मैं दानिशमन्द कहीं चालाक चूतिया तो नहीं हो रहा!

अस्पताल से छुट्टी के वक़्त डॉक्टर अवनीत शर्मा ने गीता को कहा था–मैडम, आपके तीसरी सन्तान हुई है दीपक। फिर से पालन–पोषण सीखिए।

फिर से सामना

पहली बार 1991 में इस शहर आया था। दस वर्ष बाद फिर यहाँ। अब शहर का नाम भी बदल गया। कोलकाता। ऊषा गांगुली ने मेरे नाटक के 250 मंचन पूरे किये। *सबसे उदास कविता पढ़ना है*। छोटा–सा स्वदेश उत्सव। ऊषा न सिर्फ़ मेरी प्रिय हैं, गीता की गहरी दोस्त।

आने से पहले डॉक्टर प्रतापशरण से मिला। उन्होंने सलाह दी :

—आपको बहुत डर लगता है तो मत जायें। लेकिन इस आन्तरिक भय, साइकिक फियर, से मुक्त होने का एक ही तरीक़ा है। सामना करें। कन्फ्रंट इट। आपके पूरे ठीक होने में यह अन्तिम रुकावट है। द लास्ट हर्डल। अगर वह मिलने आती हैं तो बिल्कुल सहज, नॉर्मल होकर मिलें, बातें करें। लेकिन गुस्सा बिल्कुल नहीं करना। अपनी बीमारी के बारे में कुछ भी नहीं बताना। हो सकता है, उन्हें आपके आने का पता ही न चले।

मैं डॉक्टर शरण को कह नहीं पाया कि कामना को सब कुछ पता रहता है।

कोलकता में पाँचवाँ दिन। ऊषा ने सर्किट हाउस में ठहराया है। पता है मुझे होटल में ठहरना पसन्द नहीं। कमरे से निकल नीचे डाइनिंग हॉल में आया। सुबह की पहली चाय पीने। रिसेप्शन पर बैठे युवक ने रोका। कहा :

—सर, आपका फ़ोटो 'स्टेट्समैन' में आया है।

उसने अख़बार का पेज दिखाया। आज पढ़े जाने वाले नाटक की सूचना। साथ मेरी तस्वीर। मेरे पत्थर हो गये चेहरे को देख उसने सोच लिया, मुझे हिन्दी समझ नहीं आती।

—सर, दिस इज़ योअर फ़ोटो इन द 'स्टेट्समैन'।

मेरे पैरों के साथ बहुत भारी, बहुत वज़नी पत्थर बाँध दिये गये। लगभग घिसटकर अपने प्रिय स्थान पर बैठा। खिड़की बाहर की तरफ़ खोली। ताल–जल को छूकर हवा अन्दर आयी। मेरी नाक पर चुटकी काट आगे बढ़ गयी।

आज रायल बेंगाल टाइगर आयेगी।

आज कन्फ्रंटेशन होगी। उसकी डरा देने वाली सुगन्ध आ रही है। आज ख़ून से ख़ून को पुकार लगा दी। क्या फिर खाई में छलाँग?

—आज देहनगरी के स्वामी अपना दिया एक मुट्ठी वसन्त लौटा तो नहीं लेंगे!

—आज इस अव्यक्त देहाभिमानी की त्रासदी पूरी हो जायेगी न!

—आज मैं उसके स्वभाव को प्राप्त हो जाऊँगा क्या?

—आज वह तीन चीतों के साथ आयेगी कि खुद अकेली मादा चीता?

–आज तुम्हारी सारी सामरिक चालें असफल। रथ का पहिया कीचड़ में। तुम हथियार चलाना भूल जाओगे। फिर निश्चित मृत्यु। लम्बी मौत। मनोरोग विभाग और एक गाली। सज़ा सात वर्ष।

–आज आया तुझे समझ, हराम के बीज। तुझ–सा हल्का, रद्दी और मानसिक विकलांग लेखक दुनिया की किसी भाषा में है ही नहीं। तू सिर्फ़ सूअर नहीं, सूअर की औलाद है। एक चौक में खड़े कर तुझे पत्थरों से मारना चाहिए। तुझ पर थूका जाना चाहिए। परिवार के प्राणियों को तुझसे घिन है, पाठकों से प्यार और प्रशंसा की उम्मीद रखते हो। वह भी लिखे बिना।

तुमने एक औरत और उसके सौन्दर्य को मिथ बना दिया। काल्पनिक पौराणिक कथा में बदल दिया। सुन्दर औरत जब मिथ में बदल जाये तो सर्वनाश करती है। वह हैलेन ऑफ़ ट्रॉय बन पूरी ग्रीक सभ्यता का अन्त करवा देती है। कई बार वह घातक सौन्दर्यस्वामिनी द्रौपदी बन एक–एक योद्धा का वध करवाती है। पशु–जंगल की सम्राज्ञी किसी शत्रु–योद्धा के रक्त से पहले सिर के बाल धोयेगी, फिर सँवारेगी। मिथ में बदलते ही सौन्दर्य का निवास जंगल में। बाहर भी पशु। अन्दर भी पशु।

कमरे में आ लेट गया। लारपोज की टैब्लेट निकाली। यह गोली रात को लेनी होती है। मनोरोग की दवाई का समय और संख्या तय करने में डॉक्टरों को महीनों लग जाते हैं। समय बिल्कुल नहीं बदलना होता। लारपोज़ वापस रख दी। बाइपोलर डिसऑर्डर के रोगी का वास कभी उत्तरी ध्रुव पर तो कभी दक्षिणी ध्रुव पर। तब आदमी अकाल्पनिक हो जाता है।

न शेव करूँगा। न नहाऊँगा। न कपड़े बदलूँगा। रात के कुर्ते–तहमद में ठीक। निरीह और निहत्था दिखना चाहता हूँ। कैसी भिक्षा माँगनी है? अगर उसने दे दी तो? तू चूतिया देवदास कब से हो गया! मरने के लिए दो औरतों की दरकार।

मुझे कीड़े याद आ गये। कलाई से बहता ख़ून। कमर के ऊपर लगी आग में कपड़े जलने के बाद सुलगता मांस। कई बार अपने ही गन्द में लिथड़ा, सोलह साल के बेटे से थर–थर काँपता। जब गीता दूध देती, तब दुश्मन। अस्पताल। मनोरोग वार्ड। केले। सिकन्दर। हरनाम चाचा । कलगी

वाले महाराज। बिजली के झटके। पाँच महीने अपने आपसे आती कसैली गन्ध। नपुंसक। कायर। कुत्ता।

कुत्ते! क्या अब भी तू सम्पूर्ण नहीं हुआ? कन्फ्रंट द बिच्च!

यह सन्देश मिलने से पहले उसके वहाँ पहुँचने की सुगन्ध मुझे आ गयी। मेरी इन्द्रियाँ सान पर चढ़ी हुईं। आत्मद्वार खुल गये।

सीढ़ियों से नीचे उतरा। आख़िरी सीढ़ी पर रुक गया। पहले जी भर देख लूँ।

मेरी योगिनी! बिल्कुल वही की वही जो वर्षों पहले अन्तिम बार देखी थी। सफ़ेद साड़ी। सफ़ेद ब्लाउज़। बाल थोड़े गीले। आभूषणविहीन। और कलाई! कलाई पर मौली। क्या आज फिर मुझे नाश्ते के लिए ले जायेगी, मेरा वध करने के लिए? बीच के वर्ष बिना छुए पास से गुज़र गये। मेरी माया बख़्शी। मेरा सुबह का सूर्य। मैं इसी के हाथों फिर मरना चाहता हूँ।

मेरी आत्मा ने बाँहें फैला दीं। उसने देखा, तेज़ कदमों से मेरी तरफ़ बढ़ी। एक–दूसरे को लिखे ख़त याद आ गये। सुनहरे फ्रेम के चश्मे में शरीर का घातक आकर्षण चरम पर। चश्मेवाली लड़की चूमना मेरे लिए हमेशा आकर्षण रहा। कोशिशों के बाद मिलता सुरक्षित कोण कि कहीं चश्मा टूट न जाये।

वह पास पहुँची। डॉक्टर प्रतापशरण ने याद दिलाया–सुरक्षित दूरी। आत्मा ने फैली बाँह अन्दर कर ली। हॉल कमरा साँस रोके हमारे मिलने के दृश्य की कल्पना में गुम था। वह वस्त्रहीन हो गयी। उदास साँस छोड़ी।

उसके दोनों हाथ अपने हाथों में लिए। उसकी कुर्सी तक लाया। वह ताल की तरफ़ खुलने वाली खिड़की के पास थी। पानी ने साँस रोक ली। हवा ने साँस रोक ली। उसके गीले बाल बिल्कुल नहीं हिले। क्या अपने मन्त्र भूल गयी?

वह अपलक मुझे देख रही है। हैरतज़दा।

–स्वदेश! आपके गालों में अंगारे होते थे। रंग इतना पीला कैसे हो गया?

सोचा, बता दूँ। पीला है नहीं, पीला पड़ गया। जिसके पास मुझे इंच–इंच करके मारने का दैवी लाइसेंस, वह सामने बैठी...लेकिन बताया नहीं।

–सुना है, आप बीमार रहे! कॉलेज की नौकरी छोड़नी पड़ गयी!

यह औरत ज़रूर–बर–ज़रूर आत्मा की खोजी है। पुराने दिन होते, मैं हथियारों से लैस होता तो एक हाथ से इसके गीले बाल खैंचता। चेहरा बिल्कुल अपने पास लाता और अग्नि–बाण चला देता–यू ब्लडी बिच्च! यह सुनी–सुनायी बात नहीं।

मस्तिष्क का कंट्रोल रूम काम करना बन्द, अंग–संचालन बन्द। पूरा वाक्य नहीं बोल पाता। कपड़ों पर गिरती चाय–सब्ज़ी। पाजामा हर वक़्त गीला। कीचड़ लिथड़ा सूअर, पूरा नाम मादरचो...स्वदेश दीपक। मेरा चेहरा देख अपनों को थूकने का मन करता। बच्चों का हाथ सड़क किनारे पड़े पत्थर की ओर बढ़ जाता...

लेकिन पुराने दिन तो कामना ने चुरा लिए थे। कुछ नहीं कहा।

–आपने ख़तों का जवाब देना बन्द कर दिया। बताते तो मैं आती...

–मैं दुःख कभी भी, किसी से भी नहीं बाँटता। इट इज़ समथिंग पर्सनल एंड प्राइवेट। आय रिमेंबर विलियम फॉकनर–बिटवीन ग्रीफ एंड नथिंग, आय विल टेक ग्रीफ। आप आतीं तो जानती हैं, क्या होता? आप बिस्तरे पर लेटा लम्बा कीड़ा देखतीं। आप मरे हुए शब्द सुनतीं। आपको निहायत नफ़रत...

उसने कठोर आवाज़ में आगे बोलने से रोका :

–ऐसा कुछ न होता स्वदेश! आप देह के दायरे के बाहर देख ही नहीं पाते। मैं आती तो पता है, क्या होता? बिस्तर के पास बैठ एक डाँट लगाती और आप उठ खड़े होते। आपको पता ही नहीं मेरी शक्ति का। लेकिन हुआ क्या था?

पुराने दिन होते तो बताता कि तुम मेरी नैमिसिस (Nemesis) हो, प्रतिशोध की देवी। घोर शत्रु। मेरी मुंसिफ हो। दंड देने के बाद पूछती हो कि हुआ क्या था?

मैं दोहत्थड़ छाती पीटता था। मार दो। मार दो। मार दो। कौन मारता! ख़ुद तीन बार कोशिश। कायर की कोशिश हमेशा नाकाम। सबसे बड़ा श्राप, मैं अपनी भाषा भूल जाता था! मेरे पास किसी एक किताब का एक भी सपना नहीं बचा था। न मेरा अन्त मिशिमा का हुआ, न मेरा अन्त कबावता का हुआ। क्योंकि मैं तन से भी नपुंसक हो गया, क्योंकि मैं मन से भी नपुंसक हो गया। हर वक़्त रिरियाता पिल्ला। एक गुप्त दहशत थी।

मेरे दुख अकथित थे। मैं लगातार सिकुड़ी मुद्रा में था। एक क्षण के लिए आग उठाती थी। अगले क्षण बर्फ़ बन जाती थी। मुझे अपने आपसे घिन आने लगी। ज़िन्दा रहना नाक़ाबिले बरदाश्त था।

लेकिन कामना को कुछ नहीं बताया। मुझे उसके कल्ट, उसके पन्थ, उसके सम्प्रदाय का कुछ पता नहीं। उसकी गुप्त दक्षता। उसका रहस्यमय कौशल!

उसे अचानक पता चल गया कि उससे डर गया। वह उदास हो गयी। वह सुन्दर वन चली गयी। वह अपना रायल बेंगाल टाइगर खोजने लगी। तालजल को छूकर पनीली हवा अन्दर आयी। किसी बदमाश किशोरी की तरह उसके बालों को छेड़ इठलाती हुई गुम हो गयी। बाल उसकी गोरी गर्दन के बायें भाग पर लिपटकर लेट गये।

हाथ बढ़ाया, दो उँगलियों से बालों को वापस पीठ पर किया। वह बिल्कुल उदास।

–स्वदेश, एक बार भी मन नहीं किया मुझे ख़बर करने को?

पता नहीं क्यों वर्षों पहले का, बातों का धनवान स्वदेश लौट आया!

–एक बार आपको फ़ोन करके अपने पास बुलाने का बहुत मन किया। मैं आपसे अदालती विवाह करना चाहता था।

उसे लगा, वर्षों पहले का स्वदेश लौट आया। वह पूरा हँसी।

–बुलाना था। कोर्ट मैरिज काहे को! मैं तुम्हारा अपहरण करवा लेती। कहीं और जा ठाठ–बाट से विवाह करती। पता है, फिर क्या होता? तुम्हें हर रोज़ ग़ुस्सा आता, गालियाँ देते। मैं तुम्हें अपने दुर्ग में मना लेती।

सोचा, उसे बता दूँ। यू ब्लडी बिच्च! आई वांट यू इन टोटल। तुम मेरा भाग्य हो। नहीं बताया। मुझे कीट्स के ख़त की एक लाइन याद आ गयी :

जिस कमरे में तुम नहीं होतीं, उस कमरे में साँस नहीं ले पाता।

सोचा, कामना को बता दूँ। नहीं बताया।

क्योंकि हम दोनों समझते हैं कि अपने–अपने निजी स्वप्न अपने ही पास रखने हैं। वी आर नॉट फ़ेटेड टू मीट।

हम दोनों जानते हैं कि यह हमारा अन्तिम बार मिलना है। हम दोनों बिल्कुल उदास नहीं। शायद हम दोनों ने अपना–अपना हठ छोड़ दिया। हमारा हासिल कुछ भी नहीं।

मैंने हल्की–सी हिलजुल उसके शरीर में देखी। बहुत सुन्दर औरतों का शरीर उठने के संकेत इसी सेक्सी तरीक़े से देता है।

–मैं शाम को *सबसे उदास कविता* सुनने नहीं आऊँगी।

–ऐसा कुछ है नहीं कि सुना जाये।

–मैंने मंच पर देख लिया, पढ़ भी लिया। सुनो स्वदेश, अपने आपको छोटा करने की आदत कहाँ से ले ली? आप आक्रामक ही अच्छे थे।

मैं उसे बाहर छोड़ने आया। जानती है, कार तक नहीं जाऊँगा। उसने कुछ क्षण मुझे देखा। इस रहस्य का पता चल गया कि स्वदेश अब गुमशुदा है। नहीं मिलने का। तेज़ क़दमों से कार की तरफ़ बढ़ी। रुकी। उतने ही तेज़ क़दमों से लौटी। मेरी साँस आनी–जानी बन्द। '

बिल्कुल मेरे सामने खड़ी। पता नहीं, मुझसे पूछा। पता नहीं, मुझसे कहा :

–स्वदेश, मेरा कोई दोष!

❑❑